TRAITÉ THÉORIQUE ET PRATIQUE

DES

ORDONNANCES SUR REQUÊTE

ET

DES RÉFÉRÉS

D'après le dernier état de la législation, de la doctrine et de la jurisprudence

(AVEC FORMULES)

PAR

L. MÉRIGNHAC,

et

A. MÉRIGNHAC, ✳

Ancien magistrat,
Ancien président de la Chambre des Avoués
près le Tribunal civil de Toulouse.

Professeur
à la Faculté de Droit, de l'Université
de Toulouse.

PREMIÈRE PARTIE

ORDONNANCES SUR REQUÊTE

TOULOUSE

LIBRAIRIE DES JURIS-CLASSEURS

PIERRE SOUBIRON, ÉDITEUR

43, RUE ROQUELAINE, 43

—

1906

TRAITÉ THÉORIQUE ET PRATIQUE

DES

ORDONNANCES SUR REQUÊTE

ET

DES RÉFÉRÉS

PREMIÈRE PARTIE

ORDONNANCES SUR REQUÊTE

TRAITÉ THÉORIQUE ET PRATIQUE

DES

ORDONNANCES SUR REQUÊTE

ET

DES RÉFÉRÉS

D'après le dernier état de la législation, de la doctrine et de la jurisprudence

(AVEC FORMULES)

PAR

L. MÉRIGNHAC,   et   **A. MÉRIGNHAC,** ✻

Ancien magistrat,   Professeur
Ancien président de la Chambre des Avoués   à la Faculté de Droit, de l'Université
près le Tribunal civil de Toulouse.   de Toulouse.

PREMIÈRE PARTIE

ORDONNANCES SUR REQUÊTE

TOULOUSE

LIBRAIRIE DES JURIS-CLASSEURS

PIERRE SOUBIRON, ÉDITEUR

43, RUE ROQUELAINE, 43

—

1906

INTRODUCTION

Il est peu de matières dont l'importance pratique égale celle des Ordonnances sur requête et des Référés. Dans des hypothèses fort nombreuses, le président du tribunal de première instance est appelé à rendre des Ordonnances à suite des requêtes qui lui sont présentées à cet effet, soit dans les matières extrajudiciaires, soit pour autoriser diverses poursuites ou procédures, soit enfin pour introduire certaines instances déterminées. A cet égard, ses pouvoirs et attributions sont contenus dans des textes multiples disséminés dans les divers codes et dans des lois spéciales, textes que les magistrats et les hommes d'affaires doivent souvent rechercher par un travail long et minutieux. Déterminer d'abord le caractère de ces ordonnances sur la nature desquelles on est loin d'être d'accord, les grouper ensuite en une analyse méthodique contenant leurs diverses formes, leurs effets, aussi bien que les voies de recours dont elles sont susceptibles, nous a paru constituer un travail d'une utilité incontestable et pour celui qui doit les rendre et pour ceux qui ont mandat de les solliciter. Les Ordonnances

I.   1

sur requête sont ou celles que rend le juge chargé de procéder à des actes d'instruction et de diriger certaines procédures spéciales, ou bien celles émanées du président ou du juge qui le remplace, pour autoriser certains actes, introduire certaines instances et dispenser de certaines formalités. Les premières ne rentrent pas dans le cadre de ce travail où il ne doit être question que des secondes intervenant dans les cas où le président est autorisé par la loi ou la jurisprudence, qui s'est développée à côté de la loi, à prendre une décision prompte sur des points pour lesquels l'intervention du tribunal et même la procédure rapide du Référé ne sauraient souvent empêcher des dommages irréparables. Dans ces hypothèses où l'on a ainsi recours au président du tribunal, nul ne saurait nier la grande utilité d'un guide sûr, dégagé de toute controverse inutile et donnant, dans un exposé rapide, l'état de la doctrine et de la jurisprudence les plus récentes.

Ce besoin se fait sentir encore plus, si possible, dans la matière des Référés. On a dit, avec raison, que la juridiction du Référé est une de celles qui exigent le plus, chez les présidents des tribunaux civils, certaines qualités d'esprit et de caractère. Bien qu'elle ait été qualifiée par M. Garsonnet de magistrature essentiellement parisienne, elle est cependant d'une application constante dans les grands tribunaux ; et si elle n'est pas d'un usage quotidien devant ceux des villes de moindre importance, elle ne laisse pas de soulever partout des difficultés considérables, car la gravité des questions juridiques est indépendante de l'importance des milieux. Procédure prompte, expéditive, autorisée dans tous les cas d'urgence et lorsqu'il s'agit de statuer sur des difficultés d'exécution, le Référé, s'il est bien conduit, peut produire d'excellents résultats, de mauvais dans le cas *contraire. Et le magistrat n'a pour guide que les six articles du titre XVIe du livre V de la première partie du Code de procédure civile, ou plutôt tout simplement la formule laconique de l'article 806 de ce même Code. Aussi le laconisme de cette disposition a soulevé des controverses multiples dans la doctrine et la jurisprudence, et donné lieu à des solutions contradictoires dans les décisions judiciaires. Si la matière des Ordonnances sur requête est riche en textes divers, celle des Référés est, par contre, d'une pauvreté regrettable. Voilà pourquoi le dernier projet de revision du Code de procédure civile, déposé, au nom du Gouvernement, par M. Sarrien, Garde des Sceaux, à la Chambre des députés, le 25 octobre 1898, contient dix articles au lieu de six, présente quelques développements nécessaires et tranche certaines questions actuellement débattues. La matière des Référés y est, en outre, placée à la suite de titres relatifs aux incidents de procédure, car, ainsi qu'il est dit fort exactement dans l'exposé des motifs, « la procédure des Référés est aujourd'hui une procédure courante qui doit prendre place à côté des textes relatifs à la procédure de première instance. »*

Quoi qu'il en soit, la revision législative, si elle aboutit, ne pourra certainement pas poser des règles certaines à propos des innombrables hypothèses soumises à la juridiction du juge des Référés, qui va sans cesse s'agrandissant avec l'augmentation des transactions et la multiplication des rapports sociaux de toute nature. Il importe donc de grouper en un ordre aussi méthodique que possible les hypothèses d'application du Référé, afin de dégager les principes exacts relativement aux cas qui se sont déjà présentés et de préparer les éléments de solution pour ceux qui pourront apparaître ultérieurement. Si grande, en effet, que soit la liberté de décision du juge du Référé, elle n'est pourtant pas illimitée ; et ce n'est pas le point le moins délicat que de déterminer exactement quelles en sont les limites. Donc, ici, *comme à propos des Ordonnances sur requête, nous aurons soin, après avoir déterminé le caractère du Référé, d'en indiquer les formes, le domaine et les effets, et d'établir les diverses voies de recours applicables en la matière.*

Il a déjà été beaucoup écrit relativement aux Ordonnances sur requête et aux Référés, soit dans des ouvrages spéciaux, soit dans les grands répertoires de jurisprudence. Mais le sujet est de ceux dont on peut dire qu'il vieillit, en quelque sorte, sous la plume. *A chaque instant, des décisions nouvelles surgissent sur des points qui jusque-là n'avaient pas été prévus en matière de* Référé ; *elles se sont notamment produites à propos des récentes lois du 1er juillet 1901, en vertu desquelles ont été dissoutes les congrégations religieuses, et du 9 décembre 1905 concernant la séparation des Églises et de l'État. Ou bien quelque disposition législative ajoutée aux précédentes vient augmenter le domaine déjà si vaste des Ordonnances sur requête. C'est par cette double considération que nous paraît justifiée la publication du présent ouvrage, dans lequel, comme à propos des* Contrats relatifs à l'hypothèque légale de la femme mariée, *et des* Traités du Régime de Communauté, *des* Hypothèques, *des* Privilèges, *de la* Prescription, *de la* Tutelle *et de la* Vente, *les auteurs ont uni les notions théoriques de l'enseignement à l'expérience des affaires.*

PREMIÈRE PARTIE

DES ORDONNANCES SUR REQUÊTE

LIVRE PREMIER

Principes Généraux.

CHAPITRE PREMIER

Nature et caractères des ordonnances sur requête.

---

1. — Le président du tribunal de première instance est, avons-nous dit dans notre *Introduction*, appelé, en vertu de textes multiples, à rendre des ordonnances à suite des requêtes qui lui sont présentées à cet effet, soit dans les matières extrajudiciaires, soit pour autoriser diverses poursuites ou procédures, soit, enfin, pour introduire certaines instances déterminées. Comme nous le disions encore dans notre *Introduction*, ce magistrat intervient aussi pour remplir certaines formalités, dispenser de certains actes, surtout pour parer souvent à une situation présentant une urgence telle, que le recours au tribunal ou même au juge des référés présenterait un moyen inefficace pour prévenir des dommages souvent irréparables.

2. — Le président du tribunal de première instance n'est pas le seul magistrat qui ait le pouvoir de rendre des ordonnances. Ce droit appartient aussi aux divers juges-commissaires désignés dans certaines instances spéciales pour diriger la procédure ou faire des actes d'instruction. Notamment, un juge-commissaire est nommé par le tribunal en matière de vérification d'écriture, d'enquête ordinaire, d'expertise, de reddition de comptes, de partage, de distribution par contribution, d'ordre, etc., et, dans toutes ces matières, le juge désigné sera appelé à rendre des ordonnances pour faire marcher la procédure dont la direction lui a été confiée. Mais ces dernières ordonnances se rattachent aux diverses procédures dont nous venons de parler et dont elles font partie ; tout ce qui les concerne est tracé par les textes qui gouvernent ces procédures, textes auxquels nous renvoyons. Nous n'avons à nous occuper, ici, que des ordonnances rendues par le président et c'est seulement pour elles que cette étude est faite, ainsi qu'il a été dit dans l'*Introduction*.

3. — On est loin d'être d'accord sur la nature et le caractère des ordonnances que le président du tribunal est appelé à rendre. Tandis que les uns les considèrent, sauf quelques exceptions, comme un acte purement gracieux et discrétionnaire, d'autres, et nous sommes de ce nombre, y voient un acte tantôt gracieux

et tantôt contentieux. Dans le premier cas, les ordonnances ne sont susceptibles d'aucun recours; elles le
sont, au contraire, dans le second.

4. — Et, d'abord, on ne saurait contester qu'il est
des ordonnances que le président rend d'une manière
purement gracieuse, qui constituent des actes de pure
administration rentrant dans les fonctions du magistrat
ayant l'administration intérieure du tribunal. Ainsi,
le président est chargé de distribuer les causes inscrites au rôle, de désigner les juges-commissaires dans les
cas prescrits par la loi, de commettre les huissiers dans
les notifications qui doivent avoir lieu par huissier
commis, de régler les qualités pour l'expédition des
jugements, de taxer les experts et les notaires. Dans
toutes ces hypothèses et autres semblables, il accomplit un acte d'administration et il ne lui viendra jamais
à la pensée de répondre par un refus aux demandes
qui lui seront adressées. Et encore, aurons-nous à
constater que les ordonnances relatives au règlement
des qualités et aux taxes pourront être entreprises
pour cause de nullité ou excès de pouvoir. Mais, enfin,
dans tous ces cas, disons-nous, le président sera tenu
de statuer affirmativement; et il ne pourra répondre
par un refus, sous peine d'entraver l'administration de
la justice, d'engager sa responsabilité et de commettre
un déni de justice.

5. — On peut aussi considérer comme ayant un
caractère purement administratif les ordonnances que
la loi exige pour l'introduction de certaines instances.
Ainsi, notamment les demandes en séparation de
biens, en séparation de corps et en divorce ne peuvent
être introduites qu'en vertu d'une ordonnance préalable

du président du tribunal. Ici, encore, on ne comprendrait pas que le magistrat pût refuser l'ordonnance
sollicitée à cet effet, car il entraverait le cours de la
justice. Mais nous verrons que les ordonnances rendues
à suite du préliminaire de conciliation en matière de
séparation de corps ou de divorce, pourront être attaquées à raison des mesures provisoires qu'elles contien-
dront indépendamment de la permission d'introduire
l'instance.

6. — A côté de ces ordonnances purement gracieuses ou administratives, le président du tribunal
est très souvent appelé à en rendre d'autres ayant,
celles-ci, un caractère vraiment contentieux et de nature à porter grief aux droits ou aux intérêts, soit de
la partie qui les sollicite, soit de celui contre qui elles
sont rendues. Par exemple, un créancier demande
l'autorisation de pratiquer une saisie contre son débiteur, ou bien un légataire universel veut se faire
envoyer en possession des biens de la succession conformément aux prescriptions de l'article 1008 du Code
civil. Dans tous ces cas et autres analogues, le président n'est pas tenu de répondre aux requêtes qui lui
sont présentées, à cet effet, par des ordonnances conformes; il est libre d'accorder ou de refuser ce qui lui est
demandé; il agit, ici, non plus comme administrateur,
mais comme juge; sa décision n'appartient pas à sa
juridiction gracieuse, mais à sa juridiction contentieuse,
et cette décision, comme toute décision judiciaire en
principe, doit pouvoir être l'objet d'un recours. Ce
recours est nécessaire, car l'ordonnance, qu'elle soit
affirmative ou négative, portera, dans tous les cas,
préjudice à l'une des parties : au débiteur, à l'héritier,

dans le premier cas, au créancier, au légataire, dans le second.

7. — On le voit, les ordonnances sur requête autorisent le président du tribunal à se prononcer, sans débat, sur des questions importantes et à disposer seul d'intérêts souvent considérables. Aussi s'est-on demandé s'il doit seulement intervenir dans les cas strictement prévus par la loi, ou s'il peut, au contraire, statuer en dehors de ces cas. On admet, en général, qu'il a le droit et le devoir de répondre à toutes les requêtes que les parties lui adressent, dans les hypothèses ou une décision immédiate est nécessaire. — Voir en ce sens Garsonnet-Cézar-Bru, *Traité théorique et pratique de procédure*, 2ᵉ édition, t. VIII, § 2979 2°. — Pourtant un arrêt de la Cour de Paris du 6 janvier 1866 s'est prononcé en sens contraire [D. 66, 2, 27]. Nous aurons à rapporter, quand nous nous livrerons à l'étude des diverses ordonnances, des cas nombreux dans lesquels le président statue en dehors de ceux prévus par la loi, et nous constaterons ainsi que l'énumération donnée par le législateur n'est nullement limitative. Ajoutons que l'usage de recourir en cas d'urgence au président, en dehors des cas énumérés par la loi, est consacré par l'article 54 du décret du 30 mars 1808, qui prescrit « toute requête à fin d'arrêt ou de revendication des meubles ou marchandises *ou autres mesures d'urgence*. » Ce texte est donc absolument général. — Garsonnet, *loc. cit.* ; — Bertin, *Ordonnances sur requête et sur référé*, I, nᵒˢ 32 et 33.

CHAPITRE II

Voies de recours contre les ordonnances sur requête.

---

8. — Nous venons de dire que les ordonnances ayant un caractère contentieux peuvent être l'objet d'un recours de la part de la partie qui se croit lésée. En général, on ne doute pas que ce recours ne soit nécessaire et cette proposition est consacrée par la jurisprudence dans de nombreuses décisions. Mais quand une ordonnance aura-t-elle un caractère contentieux autorisant un recours? Voilà ce qu'il importe de préciser.

9. — Les ordonnances, dit la Cour de Bordeaux, dans un arrêt du 23 juin 1885 [P. 85, 1, 1001 ; S. 85, 2, 185], peuvent être attaquées directement par la voie de l'appel, toutes les fois qu'elles font grief aux droits ou aux intérêts d'une partie et qu'elles ne sont susceptibles d'aucun autre recours.

10. — Si, en principe, déclare la Cour de Poitiers, les ordonnancces sur requête ne sont pas susceptibles d'appel, la règle de droit commun reprend son empire toutes les fois que le juge n'a pas eu à faire acte de juridiction purement gracieuse et spécialement lorsque la matière donne lieu à une contestation. — Arrêt du 17 mars 1880 [P. 82, 1, 924 ; S. 82, 2. 186].

11. — Et, ajoute la Cour d'Aix, parce que le président aura fait comparaître devant lui l'adversaire et lui aura demandé des explications, cette circonstance ne change pas la nature de ses pouvoirs et ne peut rendre contentieux et partant susceptible d'appel un acte qui émane de sa juridiction gracieuse. — Arrêt du 27 janvier 1871 [P. 72, 1178 ; S. 72, 2, 289].

12. — D'autre part, la Cour de Paris a jugé, en matière de saisie d'objets contrefaits, qu'aux termes de l'article 47 de la loi du 5 juillet 1844, tout propriétaire d'un brevet pouvant, en vertu de l'ordonnance du président, faire décrire, avec ou sans saisie, les objets prétendus contrefaits, il résulte de ce texte que ce magistrat ne peut refuser cette ordonnance, puisque la mesure à laquelle elle doit servir de base est indispensable pour intenter le procès en contrefaçon. — Arrêt du 22 juin 1885 [D. 86, 913, sous Cass., 31 mai 1886].

13. — Nous voyons donc se dessiner la théorie de la jurisprudence : l'ordonnance sur requête aura un caractère contentieux et sera comme telle susceptible d'un recours, si elle fait grief à une partie ou si le refus du président d'accorder la mesure sollicitée, la met dans l'impossibilité d'exercer un droit conféré par la loi. D'ailleurs, la circonstance qu'un débat aura eu lieu devant le magistrat, si elle peut indiquer le caractère contentieux de la décision à intervenir, n'est pas de nature à imprimer ce caractère à cette décision.

14. — Conformément à ces principes, la Cour de Bordeaux a décidé que les héritiers d'un notaire ont le

droit de demander au président de nommer un notaire
de leur choix pour gérer provisoirement l'étude, en
remplacement de celui qu'il avait déjà désigné sur les
conclusions du ministère public ; et que son ordonnance
est susceptible d'appel si, sans motif sérieux, elle refuse
de dire droit à leur demande. — Arrêt du 23 juin 1885,
précité.

Ici, l'ordonnance de refus portait grief aux héritiers,
car ils avaient intérêt à faire nommer un notaire de
leur choix et ayant leur confiance.

15. — Enfin la Cour de cassation a déclaré susceptible de recours l'ordonnance désignant un tiers expert,
en dehors de l'une des parties, alors que le compromis
portait que cette désignation serait faite avec le concours des deux parties. — Arrêt du 15 janvier 1890
[P. 90, 1, 932].

16. — Le principe du recours contre les ordonnances ayant un caractère contentieux étant ainsi
établi, il faut se demander quel sera ce recours. La
décision pourra-t-elle être frappée d'opposition devant
le magistrat qui l'a rendue ou devant le tribunal, ou
bien faudra-t-il l'entreprendre par la voie de l'appel ;
enfin le recours en cassation sera-t-il permis ? Telles
sont les différentes questions qui se posent et que
nous allons examiner. Elles ont donné et donnent
encore lieu à de vives controverses ; et, en ce qui les
concerne, la jurisprudence et la doctrine se trouvent
absolument divisées.

SECTION PREMIÈRE

Opposition.

17. — Les ordonnances sur requête ayant un caractère contentieux, sont-elles susceptibles d'opposition
et, en cas d'affirmative, devant qui cette opposition
doit-elle être portée ; est-ce devant le magistrat lui-
même qui a rendu la décision. ou bien devant le tribunal qu'il préside ?

ARTICLE PREMIER

Opposition devant le président.

18. — Le président, lorsqu'il rend une ordonnance, a
l'habitude d'y insérer, dans certaines hypothèses. la réserve : *qu'il lui en sera référé en cas de difficulté.* Cette
réserve est très sage et permet au magistrat de revenir
sur une décision pour laquelle sa religion n'avait pas été
peut-être suffisamment éclairée ou qui a été basée sur des
motifs dont la partie adverse pourra prouver le peu de
fondement. Une ordonnance permettant, par exemple,
de pratiquer une saisie contre un débiteur, peut causer
à celui-ci un préjudice considérable, ruiner même son
crédit. En vertu de la réserve dont nous parlons, le
président pourra examiner plus attentivement, et, cette
fois, contradictoirement, la demande qui lui a été sou-

mise et maintenir ou rétracter sa décision. A cet effet, la partie lésée fera, devant lui, opposition ou tierce opposition, comme s'expriment quelques arrêts, en appelant le requérant.

Cette manière de procéder a été consacrée par de nombreux arrêts. — Voir Cass., 16 mai 1860 [D. 60, 1, 432; P. 60, 1148; S. 61, 1, 181]; — Lyon, 22 déc. 1848 [D. 49, 2, 47]; — Rennes, 20 janvier 1849 [D. 49, 2, 234; P. 49, 1, 46; S. 49, 2. 576]; — Agen, 7 juillet 1869 [D. 75, 2, 105, note 6; P. 69, 1287; S. 69, 2, 331]; — Aix, 3 mars 1871 [D. 72, 2, 41]; — Bourges, 13 mars 1872 [D. 72, 2, 208]; — Douai, 21 janvier 1884 [D. 87, 2, 17]; — Nancy, 20 déc. 1892 [D. 94, 2, 9].

19. — Mais la jurisprudence décide qu'en l'absence de la réserve dont nous parlons, l'ordonnance ne peut pas être frappée d'opposition devant le président. et que, dès lors, celui-ci n'a plus le droit de la rétracter. — Voir en ce sens : Lyon, 6 mai 1861]D. 61, 2, 113]; — Cass., 13 août 1862 [D. 62, 1, 347]; — Paris, 3 et 4 mai 1867 [D. 67, 2, 159 et 160]; — 19 février 1872 [D. 72, 2, 228]; — Bordeaux, 16 juillet 1872 [D. 75, 2, 108; P. 72, 1182; S. 72, 2, 291]; — Paris, 25 mars 1892 [D. 92, 1, 245]; — Paris. 15 janvier 1894 [S. 94, 2, 168].

20. — D'autre part, la faculté réservée ne peut être exercée, en matière de saisie, qu'autant que l'ajournement en validité de la saisie n'est pas venu, en saisissant le tribunal, dessaisir le président.

En l'absence d'une réserve, le président pourra-t-il valablement statuer par voie de référé? La Cour de cassation s'est prononcée pour l'affirmative à propos d'une ordonnance d'envoi en possession. — Arrêt du 24 avril 1844 [P. 44, 2, 407; S. 45, 1, 66]; — *Sic* :

Besançon, 5 mai 1869 [P. 70, 231 ; S. 70, 2, 50] ; —
Agen, 7 juillet 1869 [P. 69, 1287 ; S. 69, 2, 331].

Elle a affirmé sa jurisprudence dans un arrêt du
3 avril 1895 [P. et S. 95, 1, 221 ; D. 96, 1, 5], où elle
se prononce d'une façon plus absolue que dans l'arrêt
précité du 24 avril 1844, au point de vue de la voie à
suivre pour exercer le recours qu'elle consacre une
seconde fois. Dans l'arrêt de 1844, elle avait dit, à propos d'une ordonnance d'envoi en possession, que les
héritiers sont recevables à former opposition devant le
président, lorsqu'ils se bornent à réclamer des mesures
provisoires qui n'excèdent pas les limites d'un référé ;
et, dans l'arrêt de 1895, à propos d'une ordonnance de
même nature. elle déclare, d'une manière générale,
que la forme à suivre est celle du référé introduit par
voie d'opposition à la décision rendue par défaut. Ce
dernier arrêt a une importance considérable, car il
organise un système qui met en jeu et la matière de la
tierce opposition et celle des référés, et qui ouvre,
d'autre part, contre les ordonnances sur requête, une
voie de recours générale, puisque, pour être exercée,
elle n'a plus besoin de la réserve *qu'il en sera référé*.
Il mérite donc d'être examiné avec le plus grand soin ;
il faut rechercher les circonstances dans lesquelles il
est intervenu, les faits qui l'ont motivé, les décisions
qui étaient l'objet du recours, afin d'aboutir à des conclusions claires et précises en ce qui le concerne.

Le président du tribunal de Joigny avait, par une
ordonnance sur requête en date du 11 août 1892, et
conformément aux prescriptions de l'article 1008 du
Code civil, envoyé un légataire général et universel en
possession de son legs ; cette ordonnance fut attaquée

par voie d'opposition portée devant le juge des référés,
et ce magistrat déclara cette opposition recevable. Sa
décision ayant été l'objet d'un appel, la Cour d'appel
de Paris, dans un arrêt du 15 janvier 1894, décida que
l'ordonnance qui accorde l'envoi en possession, étant
un acte de juridiction gracieuse, n'était pas susceptible
d'opposition. Voici cet arrêt : « Considérant que l'ordonnance en date du 11 août 1892, par laquelle le président du tribunal de Joigny a, conformément aux
dispositions de l'article 1008 du Code civil, envoyé la
dame... en possession du legs universel a elle fait aux
termes du testament olographe de... en date du 10 juillet 1885, est un acte de la juridiction gracieuse, qui,
par sa nature, n'est pas susceptible d'opposition ; —
considérant que c'est à tort que par l'ordonnance de
référé dont est appel, le président du tribunal de Joigny
a déclaré recevable l'opposition formée par... à l'ordonnance d'envoi en possession ; — considérant, à la
vérité, que, si le président du tribunal civil, statuant
en référé, a compétence et qualité pour ordonner, à la
demande des héritiers du sang, toute mesure urgente
et provisoire destinée à assurer la conservation et la
bonne administration de la succession devenue liti-
gieuse, telle que la nomination d'un séquestre ou d'un
administrateur provisoire, ses pouvoirs ne vont pas
jusqu'à lui permettre de porter atteinte à l'ordonnance
d'envoi en possession, en en suspendant provisoirement
les effets jusqu'à ce qu'il soit statué définitivement par
le juge du fond sur la validité du testament attaqué ;
qu'en ordonnant, dans ces conditions, la suspension
des effets de l'ordonnance d'envoi en possession du
11 août 1892, le président du tribunal civil de Joigny

a commis un excès de pouvoir ; — Par ces motifs ; — émendant et statuant à nouveau ; — dit que l'opposition de... à l'ordonnance d'envoi en possession du 21 août 1892 n'était pas recevable ; — dit qu'en suspendant les effets de cette ordonnance, le président du tribunal civil de Joigny a commis un excès de pouvoir ; — dit et ordonne, en conséquence, que ladite ordonnance d'envoi en possession sortira son plein et entier effet... »

21. — Cet arrêt pose donc deux principes : 1° l'ordonnance d'envoi en possession est un acte de juridiction gracieuse qui, par sa nature, n'est pas susceptible de recours ; 2° le juge des référés, en suspendant les effets de cette ordonnance, a commis un excès de pouvoir ; en sa qualité, il n'avait qu'un seul droit : ordonner des mesures urgentes et provisoires. [Voir l'arrêt dans P. et S. 1894, 2, 168.]

Sur pourvoi, la Cour de cassation a rendu l'arrêt précité du 3 avril 1895 dont voici la teneur : « La Cour, sur le moyen unique du pourvoi, — Vu l'article 1008, C. civ., — Attendu que l'envoi en possession ordonné dans les conditions prévues par les articles 1006 et 1008, C. civ. peut avoir pour effet de compromettre les droits et les intérêts de l'héritier légitime ; que, dès lors, le recours doit appartenir à celui-ci contre la décision du juge qui ordonne l'envoi, si aucune disposition de loi ne l'interdit ; que cette interdiction n'existe pas ; — Attendu que le recours doit être exercé d'après les règles du droit commun, c'est-à-dire en vertu de l'article 474, C. proc., par une opposition portée devant le magistrat qui a rendu l'ordonnance, au cas où elle a été rendue en l'absence de l'héritier légitime non cité, ou par appel porté devant la Cour, quand cette ordon-

nance a été contradictoire ; — Attendu que l'arrêt
attaqué, en déclarant, contrairement à ces principes,
que l'ordonnance du président du tribunal de Joigny,
en date du 11 août 1892, qui avait ordonné l'envoi en
possession de la dame..., était un acte de la juridiction
gracieuse qui, par sa nature, n'était pas susceptible
d'opposition, a violé la loi ; — Casse... »

La Cour suprême pose également deux principes,
mais ils sont absolument opposés à ceux de la Cour de
Paris : 1° l'ordonnance d'envoi en possession n'est pas
un acte de juridiction gracieuse, car elle fait grief aux
droits et aux intérêts de l'héritier légitime ; elle est
donc, à ce titre, susceptible de recours ; 2° ce recours
consistera dans la *tierce opposition* portée devant le
magistrat ayant rendu l'ordonnance, si elle est intervenue en l'absence de l'héritier légitime non cité, ou
dans l'appel devant la Cour, si elle est contradictoire.
L'arrêt ne précise pas que le magistrat devant qui la
tierce opposition sera portée siègera, cette fois, comme
juge des référés ; mais il le déclare implicitement,
puisque le débat a roulé sur une ordonnance rendue
par le président du tribunal de Joigny, qui avait déclaré
l'opposition recevable comme juge des référés.

22. — Nous avons, dans nos principes généraux,
admis cette doctrine que, parmi les ordonnances sur requête, les unes ont un caractère gracieux et les autres
un caratère contentieux qui les rend susceptibles de
recours ; et, au nombre de ces dernières, nous avons
rangé l'ordonnance d'envoi en possession comme pouvant compromettre les droits et les intérêts de l'héritier légitime ; et nous voyons que l'arrêt de 1895 la
consacre d'une manière formelle. En ce qui concerne

les voies de recours contre les ordonnances contentieuses, nous avons présenté l'appel comme constituant
la voie normale, et l'arrêt déclare aussi que l'ordonnance d'envoi en possession, si elle est contradictoire,
doit être entreprise par l'appel porté devant la Cour.

Mais nous avons dit que l'opposition devant le président, en vertu de la réserve qu'il lui en sera référé
en cas de difficulté, constituait la voie la plus rapide,
et partant, la plus efficace. La Cour de cassation, sans
aller contre ce système, et s'occupant spécialement d'une
ordonnance rendue sans cette réserve, en l'absence de
la partie adverse non citée, déclare que, dans ce cas,
la tierce opposition sera ouverte contre la décision et
que cette tierce opposition sera portée devant le président de qui elle émane, mais statuant cette fois comme
juge des référés.

23. — Ce nouveau système a été soigneusement
examiné par M. Bonjean, dans son *Traité des ordonnances sur requête et sur référé*, et il lui donne une
complète approbation. « Ainsi, dit-il, la Cour suprême
ne consacre pas seulement le droit, pour la partie lésée
par une ordonnance sur requête, d'y former opposition
devant le magistrat qui l'a rendue. Elle détermine
encore implicitement la forme sous laquelle cette opposition doit être portée devant le juge compétent, et
cette forme est celle du *référé* » [t. I, n° 263 *in fine*].
Un peu plus loin, le même auteur ajoute : « Puisque
l'opposition doit être portée devant le président, mais
ne peut être introduite par requête, il faut en conclure
qu'elle sera nécessairement soumise au président statuant de la seule façon qui comporte un débat contradictoire, la partie appelée, c'est-à-dire en référé et sur

assignation. C'est ce qu'a décidé l'arrêt de cassation qu'on vient de lire » [*loc. cit.*, n° 266]. Enfin, au n° 268, on lit : « Bien entendu, dans ce système, disparaît la trop fameuse *réserve d'en référer*, si discutable en droit, si discutée dans ses conséquences, et qui n'a pas peu contribué à obscurcir et à faire méconnaître le droit lumineux du défendeur éventuel. Ne paraissait-elle pas, en effet, refuser elle-même *a contrario* la voie normale du référé au tiers lésé par une ordonnance privée de cette formule arbitraire ? »

Nous ne voyons pas comment, par cela seul que la Cour de cassation a admis la tierce-opposition par la voie du référé en dehors de toute réserve, la *réserve d'en référer* se trouve du coup supprimée ; et nous pensons bien que son usage persistera pour produire les effets avantageux que nous avons signalés. Cette réserve, suivant M. Bonjean, n'aurait pas peu contribué à obscurcir et à faire disparaître le droit du défendeur éventuel. Nous estimons, au contraire, que le magistrat, en l'introduisant dans sa décision, a précisément pour but de sauvegarder ce droit ; et, par l'opposition qu'elle autorise, il est aussi bien défendu et protégé devant le juge des ordonnances, qu'il le sera devant le juge des référés.

24. — Cette observation faite, examinons le nouveau système dans toutes ses conséquences. La *tierce opposition* visée par l'arrêt de 1895 doit être portée, ainsi qu'il le déclare lui-même et comme le veut l'article 475, devant le magistrat qui a rendu l'ordonnance sur requête. En sera-t-il ainsi ? Nous sommes obligés de répondre négativement, parce que le juge des référés n'est pas le juge des ordonnances ; ce sera, si l'on veut, le magistrat ayant rendu l'ordonnance qui connaîtra de

l'opposition ; mais dans le premier cas il a exercé une
juridiction, et dans le second il en exercera une autre
absolument différente, car chacune de ces juridictions
a son domaine séparé, ses attributions spéciales. Ainsi,
le juge des référés ne saurait sur citation rendre une
ordonnance prescrivant le dépôt d'un testament olographe chez un notaire ou envoyant en possession un
légataire universel, puisque la base de ces demandes
consiste, non pas dans une citation, mais dans une
requête. Et réciproquement le juge des ordonnances
n'a pas le droit de rendre, à suite de requête, une décision de référé, à moins qu'il ne se trouve dans un de ces
cas où la loi l'y autorise, comme par exemple, en matière de délivrance d'une copie d'un acte resté imparfait ou d'une seconde grosse [art. 843, 845, C. proc. civ.].
Même composé des mêmes magistrats, un tribunal n'a
pas le droit de statuer, en chambre du conseil, sur une
opposition à un jugement rendu à l'audience; pas plus
qu'il n'est autorisé à se prononcer, à l'audience, sur
les difficultés relatives à un jugement rendu en chambre
du conseil. C'est que l'affaire est introduite à l'audience
par un ajournement, tandis qu'elle l'est par requête
devant la chambre du conseil ; à l'audience, le tribunal
constitue une juridiction contentieuse; à la chambre
du conseil, il forme une juridiction en quelque sorte
gracieuse et pour ainsi dire de famille. La même distinction existe, et plus prononcée encore, entre le
président rendant les ordonnances et le président jugeant
en référé ; dans le premier cas, il est administrateur
ou il rend une décision sans débats et sans publicité;
dans le second, il est juge toujours dans un débat public ; pour chacun il exerce une juridiction différente,

en sorte qu'on ne peut pas dire, comme le veut la loi, comme le veut l'arrêt, que la tierce opposition soumise au juge des référés est portée devant le même juge qui a rendu la décision entreprise.

Ces objections ne regardent que la forme; celles qui concernent le fonds sont plus graves. Puisque l'on soumet la tierce opposition, au tribunal des référés, encore faut-il prendre ce tribunal avec la compétence qui lui est propre et que la loi lui assigne; et d'après l'article 806, C. proc., cette compétence n'existe que dans les cas d'urgence ou lorsqu'il s'agit de statuer provisoirement sur les difficultés relatives à l'exécution d'un titre exécutoire. Or, toute mesure remplie en vertu d'une ordonnance sur requête ne fait pas naître nécessairement cette urgence ou cette difficulté d'exécution qu'exige le texte; et il est des ordonnances qui ainsi ne donneront pas lieu à référé. Prenons l'hypothèse prévue par l'arrêt et plaçons-nous en présence d'un envoi en possession; supposons que le legs universel comprend uniquement un immeuble que le testateur avait donné à bail à son héritier légitime avec lequel il cohabitait. Le légataire obtient l'envoi en possession conformément à l'article 1008, C. civ.; mais il n'accomplit aucun acte à la suite de cet envoi, car il n'a qu'à attendre l'échéance des loyers pour les percevoir. Cependant l'héritier légitime forme opposition à l'ordonnance et saisit le juge des référés; dans ces conditions, où est l'urgence, où est la difficulté motivant le référé? Rien ne l'autorise ici, et pourtant il faut que le président statue sur l'opposition dont il se trouve saisi; et on arrive alors à élargir sa compétence et à créer un nouveau cas de référé, le référé pour l'opposition.

25. — Mais une objection plus grave encore se présente à l'esprit. Aux termes de l'article 809, C. proc., le président, en référé, statue par provision et sans préjudicier au principal : telle est la formule de ses décisions, telle est la volonté de la loi ; il lui est donc défendu de toucher au fond. Cette prohibition a été respectée par l'arrêt de 1844, puisqu'il a dit que les héritiers sont recevables à former opposition devant le président, lorsqu'ils se bornent à réclamer des mesures provisoires n'excédant pas les limites d'un référé ; elle a été également respectée par l'arrêt de Paris cassé, car il a déclaré que le président statuant en référé était seulement compétent pour ordonner, à la demande des héritiers du sang, toute mesure urgente et provisoire destinée à assurer la conservation et la bonne administration de la succession. Au contraire, le système nouveau n'en tient aucun compte, attendu que le juge du référé est par lui invité à examiner la légitimité de l'ordonnance rendue, pour pouvoir statuer sur l'opposition qui lui est soumise, et par suite à juger le fond et à le faire disparaître, s'il y a lieu. Ainsi ce système soulève les grandes difficultés, se heurte aux graves objections que nous venons de formuler, soit quant à la forme, soit surtout quant au fond. Qu'on ne dise pas que les ordonnances sur requête peuvent être entièrement soumises au juge des référés, parce qu'elles ne constituent que des décisions provisoires et manquent du principal visé par l'article 809, C. proc. civ., car toutes ont nécessairement le principal que comporte leur nature, et, dans certaines, ce principal est aussi définitif qu'il puisse l'être, comme, par exemple, dans celles relatives au dépôt du testament olographe, à la vente du mobilier héréditaire ou à l'envoi en possession du légataire universel, qui, une fois accordé, persistera tant que ne sera pas annulé le testament lui ayant servi de base.

En définitive, la réserve d'en référer, que ne condamne nullement, quoi qu'on en ait dit, l'arrêt de 1895, se présente, dans la plupart des cas, comme une voie essentiellement utile, car elle autorise à tous égards l'opposition à l'ordonnance sur requête. Formée, en effet, par son intervention, cette opposition est portée devant la juridiction d'où émane cette ordonnance, devient possible dans tous les cas et permet au magistrat de toucher au fond et de rétracter sa décision, puisqu'il n'est plus enserré dans les limites étroites du référé; or, cette dernière faculté est indispensable pour vider l'opposition.

26. — Dans un arrêt du 15 novembre 1905 [*Droit* du 17 déc. 1905], la Cour de Besançon vient de déclarer que la voie de recours contre l'ordonnance d'envoi en possession consiste, comme l'a décidé la Cour suprême, dans la tierce opposition établie par l'article 474, C. proc., et portée devant le magistrat qui a rendu l'ordonnance; mais elle a précisé que c'était à tort que, pour cette opposition, la voie du référé avait été employée, laquelle « ne devant aboutir qu'à des mesures provisoires, les seules que le juge des référés ait qualité pour prescrire, ne pouvait, sans faire échec au principal, se terminer par une ordonnance rapportant définitivement celle d'envoi en possession. » — Cet arrêt consacre ainsi la doctrine que nous venons d'émettre.

27. — Pour compléter notre manière de voir, nous

devons expliquer comment, en pratique, sera exercée
la réserve *qu'il en sera référé*. Nous l'avons déjà fait
entrevoir, au n° 18, à propos des ordonnances autorisant une saisie ; il nous faut maintenant établir
une règle générale, que l'un des auteurs de ce traité
peut donner comme la résultante de sa longue pratique
des affaires.

Deux cas peuvent se présenter.

1° La réserve est contenue dans une ordonnance qui
permet de pratiquer une exécution à domicile, par
exemple, une saisie-gagerie, une saisie foraine, une
saisie d'objets prétendus contrefaits. Dans ce premier
cas, lorsque l'huissier se présentera pour faire la saisie,
celui qui devra la subir lui déclarera qu'il s'y oppose
et qu'il veut en référer au président. Devant cette
opposition et cette volonté manifestée, l'officier ministériel sera tenu de surseoir, puisque le titre dont il est
porteur lui en fait une obligation ; il dressera donc
procès-verbal et il y sommera l'opposant de venir, au
lieu et à l'heure par lui indiqués, devant le magistrat
qu'il ira prévenir ainsi que son client. Au lieu et à
l'heure fixés, l'huissier comparaîtra avec les parties,
celles-ci soit seules, soit assistées de leurs avoués ;
et les prétentions respectives seront exposées. La
décision exécutoire sur minute, écrite par l'huissier
au bas du procès-verbal, sera dictée et signée par le
président ; si la première ordonnance est confirmée, il
sera immédiatement procédé à la saisie ; si elle est
rapportée, aucune exécution n'aura lieu.

2° La réserve est renfermée dans une ordonnance ne
comportant point une exécution à domicile ; il s'agit,
en effet, d'une ordonnance accordant un envoi en pos-

session ou autorisant une saisie-arrêt. Ici, la partie adverse ne pourra point déclarer son opposition à l'huissier, ni le sommer de venir devant le président, car aucun huissier ne se présentera pour procéder à une exécution; elle devra alors soumettre l'opposition au magistrat par la procédure ordinaire du référé applicable en l'espèce, c'est-à-dire citer celui qui a obtenu l'ordonnance, soit au délai ordinaire, soit à bref délai si elle en obtient l'autorisation. Dans ce cas donc, les parties comparaîtront à l'audience des référés et l'ordonnance qui interviendra sera rendue en la forme ordinaire. Mais, dans les deux cas, la nouvelle ordonnance aura été autorisée par la réserve *d'en ré-férer*, et sera une suite de la première.

Dans une note rapportée sous un arrêt de la Cour de cassation du 10 novembre 1885 [P. 1886, 1; 12], un éminent magistrat a résumé la manière d'agir qui précède, en disant que la nouvelle ordonnance est rendue « sur citation ou bien, au moins, l'une des parties ame-nant l'autre devant le juge. »

ARTICLE II

Opposition devant le Tribunal.

28. — L'ordonnance peut-elle être entreprise par voie d'opposition devant le tribunal? La jurispru-dence est divisée sur cette question. Plusieurs arrêts se sont prononcés pour la négative, en partant de cette idée qu'il serait contraire à la dignité de la justice et à l'ordre des juridictions qu'un tribunal pût être rendu juge de la légalité des actes du magistrat qui est placé à sa tête. — Cass., 26 août 1867 [P. 68, 153 ; S. 68, 1, 73] ; — Paris, 6 et 23 janvier 1866 [P. 66, 205 ; S. 66, 2, 41] ; — Aix, 27 janvier 1871 [P. 72, 1178].

29. — Mais des décisions plus nombreuses ont adopté l'affirmative. On peut invoquer, en faveur de cette dernière doctrine que nous repousserons cependant ci-après au n° 42, l'article 1028 du Code de procédure civile, aux termes duquel, dans certains cas, l'ordonnance rendant exécutoire une sentence arbitrale peut être entreprise par voie d'opposition devant le tribunal. On peut rappeler aussi que les oppositions aux ordonnances de taxe des frais et honoraires des notaires et des experts sont portées devant le tribunal qui examine l'affaire en chambre du conseil et statue en audience publique. — Voir, pour l'opposition devant le tribunal : Cass., 25 juillet 1854 [D. 55, 1, 178 ; P. 54, 2, 230 ; S. 54, 1, 545] ; — Rouen, 2 mai 1811 [D. A. v° jugement par défaut, n° 187 ; P. et S. chr.] ; — Bordeaux, 12 janvier 1833 [D. *loc. cit.* ; S. et P. chr.] ; — Aix, 11 décembre 1858 [D. 75, 2, 105, note ; P. 60, 1, 1135 ; S. 89, 2, 173] ; — Pau, 19 février 1864 [P. 64, 920 ; S. 64, 2, 100] ; — Besançon, 26 février 1868 [D. 68, 2, 93 ; P. 68, 986 ; S. 68, 2, 251] ; — Limoges, 14 décembre 1878 [P. 79, 1037 ; S. 79, 2, 266].

SECTION II

Appel.

30. — Dans un système, on décide que l'ordonnance n'est susceptible d'opposition ni devant le président, ni devant le tribunal. D'après ce système, l'appel est la seule voie de recours qui soit ouverte contre l'ordonnance ayant, bien entendu, un caractère contentieux. La partie lésée devra donc se pourvoir devant la Cour d'appel, si elle veut faire réformer l'ordonnance qui lui porte grief. Voir : Cass., 22 février 1847 [D. 47, 1, 141]; — 26 novembre 1867 [D. 67, 1, 473; P. 68, 153; S. 68. 1, 73]; — 15 janvier 1890 [D. 92, 1, 63]; — Pau. 27 mai 1830 [D. Rép. v° Droit civil, n° 276; S. et P. chr.]; — Caen, 8 avril 1835 [D. Rép. v° Appel civil, n° 389; S. et P. chr.]; — Montpellier, 8 avril 1839 [D. ib. v° Degrés de juridiction, n° 410]; — Riom, 6 mai 1850 [D. 52, 2. 131]; — Douai, 12 novembre 1852 [D. 56, 2, 24]; — Paris, 6 et 23 janvier 1866 [D. 66, 2, 25]; — 4 mai 1867 [D. 67, 2, 159]; — Nancy, 18 juin 1869 et 3 février 1870 [D. 70, 2. 113]; — Paris, 17 août 1875 [D. 76, 2, 40]; — 20 janvier 1877 [D. 77, 2, 67]; — 4 août 1877 [D. 78. 2, 220]; — 29 juin 1878 [D. 79, 2, 75]; — 27 mai 1879 [D. 81, 2, 209]; — Poitiers, 17 mars 1880 [D. 82, 2, 36]; — Aix, 29 août 1883 [D. 84, 2, 68].

31. — D'autres arrêts autorisent seulement l'appel, lorsque le président a statué avec réserve qu'il lui en serait référé et contre la seconde ordonnance qu'il rend

en vertu de cette réserve. — Cass., 10 novembre 1885
[D. 86, 1, 7 ; P. 86, 1, 12 ; S. 86, 1, 9]; — 16 décembre 1889 [D. 90, 1, 263]; — Alger, 19 novembre 1870
[D. 75, 2, 108]; — Montpellier, 26 décembre 1870
[D. 72, 2, 228]; — Alger, 29 avril 1872 [D. 72, 2, 228];
— Rouen, 17 juillet 1879 [D. 80, 2, 32]; — Paris,
28 août 1879 [D. 80, 2, 30; P. 82, 1, 699]; — 14 décembre 1882 [P. 83, 1, 822 ; S. 83, 2, 151]; — 22 juin
1885 sous Cass.. 31 mai 1886 [S. 89, 1, 371 ; P. 89, 1,
913]; — 24 décembre 1885 et 18 janvier 1886 [S. 86, 2,
36 ; P. 86, 1, 216]; — Aix, 29 novembre 1886 [S. 88, 2,
163 ; P. 88, 1, 867 ; D. 87, 2, 193]; — Alger, 7 décembre 1892 [S. et P. 94, 2, 31 ; D. 93, 2, 529]; — Bordeaux, 22 juillet 1886 [D. 87, 2, 193]; — Poitiers,
4 août 1887 [D. 88, 2, 239]; — *Contra*, Aix, 22 novembre 1894 [S. et P. 95, 2, 81 ; D. 96, 2, 330].

32. — Un arrêt de Paris du 20 janvier 1877 a décidé que l'appel pouvait être dirigé et contre l'ordonnance rendue avec réserve de référé et contre celle
rendue à suite de cette réserve [D. 77, 2, 67].

33. — La théorie d'après laquelle la voie de l'appel
devant la juridiction immédiatement supérieure est la
seule voie de recours ouverte contre les ordonnances
du président, a été consacrée par la Cour de Limoges,
à propos d'une ordonnance d'envoi en possession. —
Arrêt du 3 janvier 1881 [P. 81, 1, 573 ; S. 82, 2, 104].

34. — Et la Cour de Dijon l'a appliquée à l'occasion
d'une ordonnance qui avait refusé cet envoi en possession. — Arrêt du 11 janvier 1883 [P. 83, 1, 443].

Après elle, la Cour de Nancy l'a proclamée dans un
arrêt du 19 mai 1883, à propos également d'une ordonnance qui avait refusé l'envoi en possession demandé

par le légataire universel [P. 84, 1, 632 ; S. 84, 2, 124].

35. — Enfin la Cour de Bordeaux a déclaré que les ordonnances qui font grief aux droits des parties, ne peuvent être attaquées que par la voie de l'appel, la seule ouverte contre elles. Elle s'est prononcée ainsi à l'égard d'une ordonnance qui avait ordonné le dépôt d'un testament dans une étude de notaire, sans tenir compte du choix des parties. — Arrêt du 23 juin 1885 [P. 85, 1, 1001 ; S. 85, 2, 185 ; D. 86, 2, 197].

36. — Certains arrêts partant de ce point de vue que le caractère gracieux l'emporte dans toutes les ordonnances sur requête, aussi bien dans la première que dans celle rendue en suite de la réserve d'en référer, repoussent l'appel en tout cas. Conf. Paris, 3 décembre 1841 [S. 42, 2, 171 ; P. 42, 1, 100]; — 16 décembre 1843 [S. 44, 2, 114 ; P. 44, 1, 81] ; — 28 août 1843 [P. 43, 2, 787]; — 21 janvier 1852 [S. 52, 2, 464 ; P. 52, 1, 169 ; D. 52, 5, 25]; — 20 juillet 1880 [S. 82, 2, 132 ; P. 82, 1, 698 ; D. 81, 2, 30]; — 15 décembre 1882 [S. 83, 2, 151 ; P. 83, 1, 822 ; D. 83, 2, 97].

37. — L'appel, en tout cas, n'est ouvert que contre les ordonnances ayant un caractère contentieux. En conséquence, la jurisprudence l'a déclaré non recevable notamment contre une ordonnance ayant permis d'assigner à bref délai, et contre une autre remplaçant un sequestre ou administrateur judiciaire précédemment nommé. — Voir Paris. 25 avril 1874 [D. 74, 2, 205] ; — Cass., 15 mai 1876 [D. 76, 1, 344] ; — Rennes, 20 mai 1879 [D. 81, 2, 8]; — Toulouse, 28 août 1884 [D. 85, 2, 217] ; — Bordeaux, 23 juin 1885, précité ; — Caen, 20 novembre 1893 [D. 94, 2, 167].

38. — En ce qui concerne la forme de l'appel, il a

été jugé qu'il doit être introduit par requête présentée au premier président. — Besançon, 21 novembre 1894 [D. 95, 2, 317; P. et S. 96, 2, 46]. — *Sic* Crépon, *Traité de l'appel*, n° 2389. — Ainsi, de même que l'ordonnance est rendue sans que la partie adverse soit appelée, de même l'appel est fait en l'absence de la partie qui a obtenu cette ordonnance. Comme application de ce principe, il a été jugé que c'est par voie de requête que doit être formé l'appel d'une ordonnance qui refuse de donner commission rogatoire au président du tribunal du lieu où réside la femme, relativement à l'introduction d'une instance en divorce. — Alger, 23 novembre 1905 [*Droit* des 19 et 20 févr. 1906].

39. — Sur le point de départ du délai de l'appel, en admettant que l'ordonnance peut être aussi frappée d'opposition, voir Douai, 21 janvier 1884 [D. 87, 2, 17].

SECTION III

Pourvoi en cassation.

40. — Peut-on se pourvoir en cassation contre les ordonnances sur requête ayant un caractère contentieux? La Cour de cassation a eu à se prononcer à l'occasion d'une ordonnance qui avait autorisé un breveté à faire procéder à la description avec saisie d'objets prétendus contrefaits. Elle a décidé qu'une telle ordonnance, exécutée sans recours ni réclamation, ne pouvait être l'objet d'un pourvoi en cassation pour excès de pouvoir. — Arrêt du 16 mars 1860 [P. 60, 1, 148; S. 61, 1, 181].

Il est certain que le Procureur Général près la Cour de cassation a, dans tous les cas, le droit de se pourvoir, dans l'intérêt de la loi, contre une ordonnance entachée d'excès de pouvoir ou qui violerait la loi, soit en la forme, soit au fond. — Voir Garsonnet, *loc. cit.*, t. V, § 2083.

SECTION IV

Examen critique des voies de recours contre les ordonnances sur requête.

41. — Parmi les voies de recours que nous venons de passer en revue, quelle est celle qu'il faut considérer comme la plus utile et la plus juridique? telle est la question qu'il faut maintenant examiner.

Incontestablement, à notre avis, le moyen le plus rapide, le plus efficace et le moins dispendieux d'attaquer l'ordonnance sur requête, est offert par l'opposition portée devant le président lui-même, en vertu et en exécution de la *réserve* insérée qu'il lui en sera référé en cas de difficulté. L'exactitude de cette proposition se vérifie surtout à propos des ordonnances autorisant une saisie ou une exécution quelconque. En effet, à l'officier ministériel qui se présentera pour saisir ou exécuter, la partie lésée ou se prétendant lésée répondra qu'elle s'oppose à toute saisie, à toute exécution, en invoquant la réserve dont nous parlons et qui constitue une condition de l'ordonnance. Nécessairement, l'officier ministériel devra surseoir, sans pouvoir passer outre, et renvoyer les parties devant le président qui, cette fois, statuera contradictoirement. Après examen, celui-ci rendra une seconde ordonnance maintenant ou révoquant la première. Dans ce dernier cas, la partie qui devait subir la saisie ou l'exécution, n'aura éprouvé aucun préjudice, puisque rien n'aura été fait. Et le requérant lui-même devra se féliciter de cette solution, car il s'exposait à subir des dommages en faisant procéder à un acte qui, plus tard, serait déclaré mal fondé. L'opposition devant le président constitue donc, nous le disions à bon droit, le recours le plus rapide et le plus efficace, et nous avons ajouté, avec raison aussi, le moins dispendieux, attendu qu'il n'entraîne aucun frais.

L'opposition devant le président est-elle un recours vraiment juridique? nous ne saurions en douter. Il ne s'agit pas ici de l'opposition de droit commun organisée par le Code de procédure civile contre les décisions rendues par défaut, opposition qui intervient après que le juge se trouve dessaisi et qui nécessite et crée une procédure nouvelle. En matière d'ordonnance sur requête portant la réserve qu'il lui en sera référé en cas de difficulté, le président n'est pas dessaisi après sa décision. Au moyen de ladite réserve, il stipule que cette décision lui reviendra si son exécution soulève des difficultés, et qu'il aura la faculté de la retirer, le cas échéant. Son ordonnance, il ne l'accorde que conditionnellement, et il la déclare ensuite non avenue, si la condition se réalise et s'il reconnaît qu'il n'y avait pas lieu de l'accorder. On ne peut pas dire que le président commet un excès de pouvoir en insérant la réserve en question, car elle n'a rien de contraire aux lois et ne constitue qu'un mode de la décision qu'il rend dans la limite de sa compétence. D'ailleurs, en l'exécutant, le requérant accepte l'ordonnance telle qu'elle a été rendue ; s'il veut protester contre la réserve insérée, il doit se pourvoir de ce chef avant toute exécution. Mais, en agissant ainsi, il irait évidemment contre ses intérêts, attendu qu'à raison du retard qu'elle aurait à subir, la mesure par lui sollicitée pourrait n'avoir aucune utilité.

Le président agit donc d'une manière sage et prudente en insérant dans son ordonnance la réserve dont s'agit, toutes les fois que la matière le comporte. Dans les tribunaux importants, il est obligé de répondre sans retard aux nombreuses requêtes qui lui sont présentées ; lorsqu'il permet une saisie, il autorise une mesure très rigoureuse ; et il est bon qu'il puisse revenir sur sa décision, s'il y a lieu.

42. — En l'absence de la réserve dont nous parlons, le président, suivant nous, n'a pas le droit de revenir sur son ordonnance ; nous renvoyons sur ce point à la discussion contenue aux n°s 19 et s. D'autre part, nous avons vu que la jurisprudence est divisée sur la question de savoir si l'opposition peut être portée devant le tribunal. C'est le moment d'examiner cette question. Le président, dans les ordonnances qu'il rend, exerce une juridiction propre et indépendante, qui n'est pas soumise à celle du tribunal. Celui-ci ne constitue donc pas à l'égard du président une juridiction supérieure appelée à réformer ses décisions ; si cela arrive, ce n'est qu'exceptionnellement et en vertu d'un texte formel, comme, par exemple, en matière d'opposition aux ordonnances de taxe des frais et honoraires des notaires et des experts.

Il serait contraire à la dignité de la justice que le tribunal eût le droit de réformer les décisions de celui qui siège à sa tête. D'ailleurs, comment le tribunal pourrait-il être saisi par voie d'opposition ? L'opposition telle qu'elle est prévue et réglée par le Code de procédure civile, est établie contre les jugements rendus par défaut, c'est-à-dire contre une partie qui n'a pas comparu, quoique régulièrement assignée. Or, dans les ordonnances du président, la partie adverse n'est pas appelée ; il ne saurait donc être question de défaut en ce qui la concerne.

Enfin, l'opposition est soumise aux juges qui ont rendu la décision entreprise par cette voie ; ils n'ont pas entendu la partie condamnée, leur religion a pu être surprise ; mieux éclairés, cette fois, par un débat contradictoire, ils pourront rétracter leur premier jugement et rendre un jugement contraire. Or, le tribunal saisi par l'opposition n'a pas rendu l'ordonnance ; il est complètement étranger à cette décision ; comment pourrait-il donc rendre une décision contraire basée sur cette idée qu'il s'est trouvé mieux éclairé ?

En réalité, l'opposition portée devant le tribunal constitue une instance nouvelle, une sorte d'appel soumis à une juridiction qui n'est pas une juridiction supérieure à celle ayant rendu l'ordonnance attaquée et qui, par suite, se trouve sans compétence pour statuer. Nous ne saurions donc admettre que l'ordonnance sur requête puisse être déférée par voie d'opposition au tribunal.

43. — Reste l'appel généralement admis par la jurisprudence, sous les distinctions que nous avons plus haut signalées. On a soutenu qu'il entraîne des frais et des lenteurs; que s'il est introduit par requête présentée au premier président, comme le suppose l'arrêt précité de Besançon, du 21 novembre 1894, la décision qui intervient sans contradicteur, n'offre pas plus de garantie que l'ordonnance attaquée rendue sans contradicteur aussi; que si l'on appelle la partie ayant obtenu cette ordonnance, on établit un débat contradictoire, débat que la loi a voulu écarter en établissant l'usage de la procédure sur requête. — Voir Garsonnet, *loc. cit.*, VIII, § 2983, 4°.

Ces objections ne sauraient faire écarter l'appel dans la matière dont nous nous occupons. Sans doute, il entraîne des lenteurs et ne peut, comme l'opposition devant le président, empêcher l'exécution de l'ordonnance, car celle-ci ne sera connue que par cette exécution elle-même; mais, s'il est accueilli, l'arrêt qui interviendra fera rétablir, dans la mesure du possible, les choses dans leur état primitif et pourra servir de base à de justes dommages. Sans doute, encore, l'appel occasionne des frais; mais c'est là une conséquence inévitable de toute procédure. Qu'importe que l'appel se juge sans contradicteur, puisque l'ordonnance a été rendue dans les mêmes conditions; la situation est la même dans les deux cas, et les juges suppléent aux moyens qu'eût fait valoir la défense. D'ailleurs, aucune loi ne prohibe le débat contradictoire; et la Cour suprême, par l'arrêt précité du 3 avril 1895, a déclaré recevable l'appel contre une ordonnance d'envoi en possession rendue après un débat de cette nature. L'appel est donc, à notre avis, la voie normale et juridique de recours contre toutes les ordonnances ayant un caractère contentieux.

44. — La doctrine est aussi divisée que la jurisprudence. D'après les uns, les ordonnances sur requête
ont le caractère d'un acte d'administration ou de tutelle
judiciaire, émanant de la juridiction purement gracieuse,
discrétionnaire. du président et, par suite, sont sous-
traites aux diverses voies de recours ouvertes contre
les décisions contentieuses. — Voir en ce sens : Chauveau sur Carré, *Les lois de la procédure civile*, t. I,
quest. 378 ; — Bertin, *loc. cit.*, n° 10 et suiv. ; — Bazot,
Ordonn. sur requête et ordonn. de référé, p. 11 ; —
Bioche, *Dictionnaire de procédure*, IV, V° Ordonnance
du juge, p. 189 ; — Debelleyme, *Ordonnances sur
requête et sur référé*, I. p. 6. — Glasson en note sous
l'arrêt et cassation du 3 avril 1895 précité [D. 96, 1,
5] ; — Colmet de Santerre, *Cours analytique du Code
civil*, t. 4, n° 151 *bis*, II ; — Aubry et Rau, *Cours de
droit civil français*, 4ᵉ édition, t. VII, p. 446 ; — Demolombe, *Donations et testaments*, t. IV, n° 512 ; — Carré,
Les lois de la procédure, t. II. p. 236 et 500.

45. — D'après les autres, les ordonnances sur requête sont sans doute des actes d'administration ; mais
il n'y a aucune raison de rejeter, en principe, en ce
qui les concerne, les voies de recours admises contre
les décisions judiciaires en général. — Voir, en ce
sens, avec des variantes : Crépon, *Appel civil*, t. I,
n°ˢ 1192, 1193 ; — Bonjean, *loc, cit.*, t. I, §§ 54, 72 et s.;
— de Peyramont, rapport à propos de l'arrêt de Cass.
du 26 nov. 1867 [P. 68, 153 ; S. 68, 1, 73] ; — Cazalens,
notes dans D. 75, 2, 73, 105 et 137].

46. — Suivant M. Garsonnet, « il ne reste qu'à
considérer l'ordonnance elle-même comme inattaquable
et les textes qui la déclarent susceptible d'appel ou

d'opposition comme exceptionnels; mais à regarder
les droits des parties lésées comme intacts, et à leur
ouvrir l'accès des juridictions ordinaires pour attaquer
devant elles, comme nuisibles ou non justifiées, et faire
rapporter par elles les mesures ordonnées par le président. Ces juridictions sont : 1° Dans les cas ordinaires, le tribunal de première instance, puis, s'il y a
lieu, la Cour d'appel; 2° en cas d'urgence, le Président
statuant en référé. » *Loc. cit.*, VIII, § 2983, 5°.

47. — Nous ne saurions accepter cette solution qui
oblige une partie à laisser pratiquer à son préjudice,
sans pouvoir s'y opposer, une saisie-gagerie, une saisie-
foraine, une saisie-arrêt (art. 819, 822, 557, C. proc.
civ.), sauf à faire rapporter plus tard ces mesures, soit
par le tribunal, soit par la Cour d'appel, soit par le
président lui-même en audience de référé, alors que
ces mesures auront produit un effet irrévocable en portant atteinte au crédit de celui qui les aura subies.

48. — D'ailleurs, en ce qui concerne d'abord le président, nous avons établi qu'il ne peut pas, comme juge
des référés, sauf dans les cas bien rares où un texte
l'y autorise, rétracter ou réformer une décision qu'il
a concédée comme magistrat rendant des ordonnances
sur requête. Nous l'avons dit, il exerce dans le premier cas une juridiction et une autre dans le second;
ces deux juridictions sont distinctes et différentes; l'une
n'est pas élevée au-dessus de l'autre, et celle-là ne peut
pas jouer vis-à-vis de celle-ci le rôle d'un tribunal
supérieur. Le président a bien le pouvoir, conformément à l'article 806 du Code de procédure civile, de
statuer provisoirement en référé, soit dans les cas
d'urgence, soit sur les difficultés relatives à l'exécu-

tion d'une décision judiciaire ; mais, nous l'avons dit encore, il ne saurait en rien toucher à cette décision quant au fond, s'il ne s'est pas réservé ce droit.

Quant au tribunal, si l'ordonnance a permis une mesure qu'il est appelé à valider, comme, par exemple, une saisie, il pourra certainement, dans l'instance en validité, annuler cette mesure, la saisie dans l'espèce, et, dans ce cas, l'ordonnance tombera par la force des choses, par voie de conséquence, sans que les juges aient à se prononcer à son égard. Si, au contraire, le président a statué sur une matière qui n'a pas besoin d'être validée, le tribunal n'en sera pas saisi et il n'aura point par suite à se prononcer sur l'ordonnance : il en sera ainsi notamment pour l'envoi en possession des biens d'une succession au profit d'un légataire général et universel. Bien que le testament instituant ce dernier soit plus tard attaqué, l'envoi en possession produira son effet tant qu'il n'aura pas été annulé et aura notamment pour résultat, comme le décide la jurisprudence, ainsi que nous aurons à le constater, de laisser à l'héritier la charge de prouver que ce testament n'émane pas du testateur au cas où son écriture est déniée.

- Aussi l'opinion dont nous parlons, déclare-t-elle que, dans ces derniers cas, les droits lésés par l'ordonnance pourront être rétablis dans une instance ultérieure et distincte. Or, à supposer que cette instance puisse se produire, toute réclamation de ce chef y manquerait d'objet et de base. Quelle réparation accorder, en effet, lorsque, notamment, par la volonté du magistrat, un testament olographe aura été confié à un notaire autre que celui choisi par les parties ? Ordonnera-t-on un déplacement? Mais le notaire dépositaire a pris charge, dressé acte de dépôt; placé la pièce au rang de ses minutes et délivré expédition; vis-à-vis de lui, la mesure se trouve irrévocable. Accordera-t-on alors des dommages? mais aucun préjudice matériel appréciable n'existe. Du reste, argument qui nous semble irréfutable, si, lorsqu'elle intervient, l'ordonnance est purement gracieuse et sans recours, comment peut-elle devenir ensuite contentieuse et susceptible de critique?

49. — Nous concluons donc que les ordonnances sur requête ayant un caractère contentieux peuvent être attaquées par la voie de l'opposition devant le président qui les a rendues, pourvu que ce magistrat ait introduit la réserve qu'il lui en sera référé en cas de difficulté, et par la voie de l'appel autorisé contre les décisions judiciaires présentant les conditions voulues.

50. — Nous estimons, d'autre part, que l'opposition, quand la réserve a été introduite, est préférable à l'appel pour les raisons suivantes :

1° L'opposition permet d'empêcher l'exécution même immédiate de l'ordonnance qui a lieu en cas de saisie, puisque l'on peut aller devant le président au moment où cette exécution va se produire. Au contraire, l'appel ne donne pas cette faculté, car il exige des formalités et il ne sera effectué que lorsque l'ordonnance sera connue par l'exécution elle-même ;

2° L'opposition ne nécessite aucun frais, alors que l'appel en entraîne de considérables ;

3° L'opposition étant portée devant le président qui a rendu la décision, se fait en général sans déplacement ; pour l'appel, il faudra aller saisir une juridiction souvent éloignée.

Le projet de revision du Code de procédure civile déposé au nom du Gouvernement, à la Chambre des députés, le 25 octobre 1898, contient dans l'article 10 du titre des référés une disposition ainsi conçue : « On ne peut se pourvoir en référé contre une ordonnance sur requête que dans les cas prévus par la loi : l'ordonnance et la décision rendues sur le référé ne sont pas susceptibles d'appel. » La décision relative à l'appel nous paraît critiquable, car une décision contentieuse implique le recours à un juge supérieur ne s'étant pas déjà prononcé, alors que l'ordonnance sur requête et la décision rendue en référé émanent, en somme, du même magistrat. D'autre part, il ne semble pas possible d'interdire le référé, en dehors des cas prévus par la loi, lorsque le président se l'est formellement réservé. Il rend en ce cas, en effet, nous l'avons dit, une ordonnance conditionnelle, dans le plein exercice de sa juridiction, et l'on ne saurait lui enlever le droit d'adjoindre une réserve stipulée dans l'intérêt des parties elles-mêmes. Si on le lui enlevait, dans le doute, il ne permettrait pas la mesure qu'on lui réclame et cela pour le plus grand dommage des justiciables.

CHAPITRE III

Formes et exécution des ordonnances sur requête

SECTION PREMIÈRE

Formes des ordonnances sur requête.

51. — Nous réservant de donner pour chaque ordonnance que nous étudierons, la forme spéciale qui lui convient, ainsi que pour la requête qui lui sert de base, nous allons examiner seulement ici la procédure générale des ordonnances.

L'ordonnance sur requête, comme le mot le dit, est rendue par le président à suite de la requête qui lui est présentée à cet effet. Cette requête est écrite sur timbre. — Bertin, *loc. cit.*, n° 14 ; — Bazot, *loc. cit.*, p. 46 ; — Garsonnet, *loc. cit.*, § 2980, II. — Elle doit contenir : 1° les nom, prénoms, profession, domicile et qualité du demandeur, ainsi que le nom de son avoué ;

2° l'exposé très sommaire des faits qui la motivent. — Bertin, Bazot, Garsonnet, *loc. cit.*; — 3° les nom, prénoms, profession, domicile et qualité de la partie contre qui elle est présentée ; 4° l'objet précis de la demande ; 5° l'indication des titres sur lesquels elle s'appuie, si le demandeur en a, et des textes de loi qui lui servent de base ; 6° enfin des conclusions tendant à obtenir ce qui est demandé.

La requête datée est signée et présentée par l'avoué du demandeur, car le ministère des avoués est requis en cette matière, conformément au droit commun d'après lequel on ne saurait s'adresser officiellement au juge sans recourir au ministère de l'avoué. — Voir en ce sens : Bertin et Bazot, *loc. cit.*; — Garsonnet, *loc. cit.*, note 3. On peut invoquer à l'appui de cette solution l'article 512 du Code de procédure civile, aux termes duquel, dans la requête présentée au tribunal pour la prise à partie, « *il ne pourra être employé aucun terme injurieux contre les juges, à peine, contre la partie, de telle amende, et contre son avoué, de telle injonction ou suspension qu'il appartiendra.* » D'ailleurs, le président se trouve dans l'impossibilité de vérifier par lui-même l'exactitude des faits exposés dans la requête, et l'avoué garantit cette exactitude sous sa responsabilité personnelle.

52. — L'ordonnance est rendue par le président — Bazot, *loc. cit.* ; — Bertin, *loc. cit.*, n° 63 ; — Garsonnet, *loc. cit.*, note 5 ; — et, en cas d'empêchement, par le vice-président ou le juge plus ancien. A Paris, le président étant dans l'impossibilité matérielle de répondre à toutes les requêtes qui sont présentées, rend lui-même les ordonnances à certains jours fixés, et, pour les autres jours, il laisse ce soin à un vice-président ou à un juge.

53. — Lorsque le président ne rend pas lui-même l'ordonnance, est-il nécessaire qu'elle constate, à peine de nullité, que le magistrat qui l'a rendue a agi pour le président ou pour le vice-président ou le juge plus ancien légitimement empêchés ? La Cour de Colmar s'est prononcée pour l'affirmative dans un arrêt du 19 novembre 1831 [D. A, V° jugement, n° 725]. Mais la négative a été admise par la Cour de Toulouse par arrêt du 29 janvier 1845 [D. 45, 2, 129 ; S. 45, 2, 471 ; P. 45, 1, 62]. On peut dire, à l'appui de cette dernière solution, qu'il y a présomption légale que le magistrat qui signe alors l'ordonnance agit légalement et légitimement. Du reste, aucune disposition de loi n'impose l'obligation d'insérer, à peine de nullité, la mention de l'empêchement du magistrat remplacé.

D'autre part, l'article 145 du Code de procédure civile fournit un autre argument ; il déclare, pour le règlement de l'opposition aux qualités, que « sur un simple acte d'avoué à avoué, les parties seront réglées sur cette opposition par le juge qui aura présidé ; en cas d'empêchement, par le plus ancien suivant l'ordre du tableau. » Ce texte, on le voit, n'exige pas que l'empêchement qu'il prévoit, soit mentionné dans l'ordonnance de règlement. Ainsi l'empêchement du magistrat compétent est présumé réel par le seul fait qu'on est dans l'obligation de recourir au juge plus ancien pour le remplacer. — Voir en ce sens : Cass. 28 janvier 1895 [D. 95, 1, 184 ; P. et S. 95, 1, 211]. — A notre avis, cependant, il est sage de mentionner l'empêchement. Lorsqu'une question est discutée, surtout

en matière de formalités, la prudence conseille de faire
ce qui est nécessaire pour empêcher qu'elle soit plus
tard posée.

54. — On se demande si le président doit procéder
avec l'assistance du greffier et rendre son ordonnance au tribunal. A cet égard, l'article 1040 du Code
de procédure civile dispose : « *Tous actes et procès-
verbaux du ministère du juge seront faits au lieu où
siège le tribunal; le juge y sera toujours assisté du
greffier qui gardera les minutes et délivrera les expéditions; en cas d'urgence, le juge pourra répondre en
sa demeure sur les requêtes qui lui seront présentées.* »

En principe donc, d'après ce texte, le président doit
rendre son ordonnance au Palais, avec l'assistance du
greffier qui rédige la minute dictée par le magistrat,
la dépose au greffe et en délivre expédition. Voilà la
règle. Mais à cette règle une exception est apportée
par le législateur lorsqu'il y a urgence; alors le
magistrat peut rendre sa décision en sa demeure, en
son hôtel; suivant l'ancienne expression qui a fait
appeler *Actes d'hôtel* les ordonnances ainsi rendues;
or, l'urgence existe dans la plupart des cas où le président est appelé à rendre une ordonnance sur requête;
aussi, dans la pratique, l'exception est-elle presque
devenue la règle. L'avoué constate donc, dans sa
requête, qu'il y a urgence, et il se présente soit au tribunal, soit au domicile du magistrat, pour obtenir
l'ordonnance de celui-ci, car on considère comme actes
d'hôtel les ordonnances qu'il rend dans ce cas, même
au palais, en son cabinet ou en la chambre du conseil. Le plus souvent, en matière gracieuse et même
en matière contentieuse, aucune difficulté n'étant

à prévoir, l'ordonnance sera conforme à la demande,
et l'avoué l'aura rédigée à la suite de la requête
avec cette mention que, vu l'urgence, elle sera exécutoire sur minute et même parfois avant l'enregistrement, en sorte que le président n'aura qu'à la
signer, sauf à y introduire par renvoi toute modifica-
tion ou addition qu'il juge convenable, et il la remettra ensuite à l'avoué. Dans ces conditions, l'assistance du greffier n'a aucune raison d'être, puisqu'il ne saurait être question ni de minute à écrire
par lui et à déposer au greffe, ni, par suite, d'expédition à délivrer. Si le greffier était obligé d'écrire
les ordonnances au fur et à mesure que les avoués
les demandent et les obtiennent, un retard et un
encombrement se produiraient qui nuiraient à la
bonne administration de la justice. — *Sic* : Chauveau
sur Carré, *loc. cit.*, quest. 3431 *ter* ; — Thomine-Desmazures, *Commentaire sur le Code de proc. civ.*, t. II,
p. 710 ; — Bioche, *loc. cit.*, n° 12 ; — Debelleyme,
loc. cit., t. I, p. 87 ; — Bertin, *loc. cit.*, t. I, n°s 11 et
13 ; — Bazot, *loc. cit.*, p. 47 ; — Garsonnet, *loc. cit.*,
notes 10, 11, 12 et 13 ; — Bonjean, *loc, cit.*, n°s 196,
197. — Comp. Toulouse, 1er septembre 1824 [S. et P
chr.]. — 13 juillet 1827 [S. et P. chr.]. Voir Instr. du
Garde des Sceaux de juin 1826.

55. — Cette pratique qui dispense de l'assistance et
de la signature du greffier, du dépôt au greffe et de
l'expédition, quand il s'agit d'une ordonnance déclarée
exécutoire sur minute, où qu'elle soit d'ailleurs rendue,
est à la fois utile et logique. Il s'agit, en effet, de pratiquer une saisie conservatoire sur des meubles qu'on
enlève, ou une saisie foraine contre un débiteur qui va

disparaître ; ou bien de frapper de saisie-arrêt des marchandises déjà remises en gare, une créance qu'on va payer sur l'heure ; ou bien encore de faire commettre un huissier pour signifier une surenchère du dixième et l'on est arrivé au dernier jour du délai accordé par l'article 2185 du Code civil ; dans tous ces cas, il y a une extrême urgence, péril en la demeure. L'avoué a rédigé la requête et écrit à la suite l'ordonnance qui autorise l'exécution sur minute et même avant l'enregistrement ; le président n'a plus qu'à la signer et l'huissier est prêt. S'il faut alors mander le greffier et attendre que l'ordonnance ait été enregistrée, déposée au greffe et expédiée, les meubles auront disparu, les marchandises seront parties, la créance aura été payée et les délais de la surenchère seront depuis longtemps expirés. D'autre part, pourquoi encombrer les archives du greffe par le dépôt d'une pièce que personne n'aura besoin de consulter, qui n'a qu'une utilité momentanée et n'aura plus sa raison d'être dès que la mesure autorisée aura été remplie.

56. — Mais, lorsque, soit à défaut d'urgence, soit à raison de l'intérêt des tiers, ou d'une utilité permanente, l'exécution sur minute n'a pas été autorisée ; s'il s'agit d'une concession dont la durée doit persister, comme un envoi en possession au profit d'un légataire général et universel ; d'une mesure qui a un caractère d'intérêt général, comme la garde des minutes d'un notaire décédé confiée à un autre notaire ; d'une décision vraiment judiciaire, comme l'ordonnance statuant sur les mesures provisoires en matière de divorce ; alors et dans tous autres cas analogues, on comprend le dépôt au greffe et l'expédition de l'ordonnance ; alors,

par suite, le greffier devra écrire lui-même l'ordonnance sous la dictée du président et la revêtir de sa signature, car on rentre dans la règle de l'article 1040 du Code de procédure précité. Alors, enfin, le président doit rendre son ordonnance au tribunal. L'expédition délivrée en forme de grosse, c'est-à-dire revêtue de la formule exécutoire, sera nécessaire au légataire pour traiter avec les tiers des biens de la succession; elle servira aux héritiers du notaire de garantie contre toute réclamation à propos des minutes de leur auteur; elle permettra au conjoint d'exécuter les mesures ordonnées à son profit.

57. — Nous disons qu'alors le greffier devra signer l'ordonnance avec le président. Serait-elle nulle s'il ne la signait pas? On répond négativement et avec raison. En effet, en pareil cas, d'après l'article 138 du Code de procédure civile, un jugement ne serait pas nul d'une façon absolue; d'autre part, les articles 37, 48 et 73 du décret du 30 mars 1808 disent que la signature du greffier peut être suppléée. — *Sic* : Chauveau sur Carré, *loc. cit.*, quest. 3431 *bis*; — Bonjean, *loc. cit.*, n°s 195 et s.; — Thomine-Desmazures, *loc. cit.*, t. II, p. 347.

58. — Pourtant l'affirmative a été admise par un arrêt de la Cour de Toulouse du 17 juin 1822 [S. et P. chr.], qui, avant la loi du 22 juillet 1867, a décidé que l'ordonnance ayant commis un huissier pour la signification d'un jugement prononçant la contrainte par corps, devait être signée par le greffier, à peine de nullité.

59. — Au cas où le président est assisté du greffier, c'est ce dernier, avons-nous dit, qui doit écrire l'or-

donnance et tenir la plume ; si la loi ne le prescrit pas
d'une manière expresse, la déférence due au magistrat
le commande. — Voir *Av. min. just.*, 27 sept. 1808.
Déc. min. just., 11 octobre 1808.

60. — Lorsque l'ordonnance est rendue en dehors
d'une instance pendante, c'est le président seul qui est
compétent. Si elle est rendue au cours d'une instance,
et si le tribunal se compose de plusieurs chambres, la
requête doit être présentée au président de la chambre
à laquelle la cause a été distribuée. — Voir Décret du
30 mars 1808, article 54. *Sic* : Garsonnet, *loc. cit.*,
texte et note 6.

61. — La requête ayant pour but d'obtenir un jugement en chambre du conseil, doit être présentée au
président et aux juges composant le tribunal ; mais
elle demande spécialement au président, avant qu'il
soit fait droit, de désigner un juge qui sera chargé de
faire son rapport et d'ordonner la communication des
pièces au ministère public ; et le président rend à suite
une ordonnance conforme.

62. — Le président statue sur la requête qui lui est
présentée, après avoir entendu l'avoué et la partie
requérante si elle est présente et avoir examiné aussi
les pièces qui peuvent être produites à l'appui. —
Debelleyme, *loc. cit.*, t. I, p. 86 ; — Garsonnet, *loc.
cit.*, texte et note 14.

63. — S'il refusait de se prononcer, il commettrait
un déni de justice et serait passible de la prise à partie
accordée par l'article 506 du Code de procédure civile
contre les juges qui « refusent de répondre les
requêtes. » Il prétexterait en vain, pour se dispenser
de statuer, que le cas à lui soumis n'est prévu par

aucun texte de loi, puisque l'article 4 du Code civil
déclare, à son tour, que « *le juge qui refusera de juger,
sous prétexte du silence, de l'obscurité ou de l'insuffisance de la loi, pourra être poursuivi comme coupable
de déni de justice.* » — Bonjean, *loc. cit.*, I. n°s 188 et s.

64. — D'ailleurs, jouissant d'un pouvoir discrétionnaire absolu pour apprécier les requêtes qui lui sont
présentées, il peut ou les rejeter purement et simplement ou y faire droit en tout ou en partie ; il a le droit
aussi d'insérer, dans son ordonnance, pour la mesure
qu'il autorise, telles conditions, restrictions, précautions ou réserves qu'il juge nécessaires. — *Sic* : Garsonnet, *loc. cit.*

65. — Il peut notamment n'accorder son ordonnance que sous la réserve qu'il lui en sera référé en
cas de difficulté. Nous avons parlé de cette réserve
en traitant des voies de recours, et nous avons dit
qu'elle était nécessaire pour que l'opposition devant
le juge même qui a rendu la décision pût être recevable. Nous avons alors insisté sur l'utilité de ladite
réserve, création de M. Debelleyme. — Voir les détails
donnés à cet égard dans l'ouvrage précité, t. I, p. 142
et s. et *supra*, n°s 17 et s.

66. — Cette pratique a soulevé de nombreuses cri-
tiques, mais elle a été admise et elle est surtout usitée
à Paris à cause de son incontestable utilité. Aujour-
d'hui, la jurisprudence admet, d'une façon à peu près
générale, que le président a le droit d'insérer la réserve
dont s'agit. — Voir Lyon, 17 mai 1861 [D. 61, 2, 113];
— Paris, 16 juin 1866 [S. 67, 2, 180 ; P. 67, 788];
— 16 août 1866 [D. 67, 2, 65 ; S. et P. *ibid.*]; —
23 mars 1867 [S. et P. *ibid.*]; — 3 mai 1867 [D. 67,

2, 159 ; S. et P. *ibid.*] ; — 4 mai 1867 [D. 67, 2, 157 ;
S. et P. *ibid.*] ; — 11 février 1868 [D. 71, 2, 85 ; S. 69,
2, 112 ; P. 69, 569] ; — Montpellier, 26 décembre 1870
[D. 72, 2, 228 ; S. 72, 2, 195 ; P. 72, 814] ; — Paris,
7 août 1871 [S. 72, 2, 195 ; P. 72, 814] ; — Bordeaux,
16 juillet 1872 [D. 75, 2, 108 ; S. 72, 2, 291 ; D. 72,
1182] ; — Paris, 20 janvier 1877 [D. 77, 2, 67]. — *Sic* :
Garsonnet, *loc. cit.* — Voir cependant en sens contraire : Alger, 19 novembre 1870 [D. 75, 2, 105 ; S. 72,
2, 195 ; D. 72, 814] ; — Chauveau sur Carré, *loc. cit.*,
Quest., 2757 *bis* ; — Bertin, *loc. cit.*, t. I, n°s 47 et s. ; —
Bazot, *loc. cit.*, p. 137 et s. ; — Bonjean, *loc. cit.*,
n°s 116 et s.

67. — En matière de saisie-arrêt, notamment, il a
été décidé que l'autorisation de saisir-arrêter donnée
par le président à charge de lui en référer en cas de
difficulté, peut être rétractée tant que le tribunal n'est
pas saisi par l'assignation en validité de la saisie-
arrêt. — Paris, 3 octobre 1891 [D. 92, 2, 167 ; S. et P,
92, 2, 209].

68. — Soit qu'il accorde, soit qu'il refuse la mesure
demandée, le président doit motiver son ordonnance ;
il ne faut pas, en effet, qu'on puisse dire qu'il a agi
d'une manière arbitraire. D'autre part, il est nécessaire que les juges à qui sa décision pourra être déférée,
sachent, pour statuer en connaissance de cause, pourquoi il a accordé ou pourquoi il a refusé. Toutefois,
l'ordonnance sur requête ne saurait être annulée pour
défaut de motifs, comme peuvent l'être, de ce chef, les
véritables jugements. — *Sic* : Garsonnet, *loc. cit.*,
t. VIII, § 2980, et t. III, §§ 1114 et s.

69. — Mais, à raison même de son caractère, il ne

faut pas, disent les auteurs, que l'ordonnance sur
requête soit trop longuement motivée, car elle finirait
par devenir une consultation d'homme d'affaires, au
lieu de constituer une décision de magistrat. — Voir
en ce sens : Bioche, *loc. cit.*, n° 9 ; — Bertin, *loc. cit.*,
n° 10 ; — Bazot, *loc. cit.* ; — Garsonnet, *loc. cit.*,
§ 2980 ; — Voir aussi : Montpellier, 8 avril 1839 [D. A.
V° Jugement, n° 723 ; P. 39, 2, 118].

70. — Il a été jugé que l'ordonnance du magistrat
levant l'opposition aux qualités d'un jugement ou arrêt
n'a pas besoin d'être motivée. — Cass. 16 janvier 1895
[D. 95, 1, 253 ; S. et P. 95, 1, 224].

71. — Nous avons dit que le président jouit d'un
pouvoir discrétionnaire absolu pour accorder ou
refuser la mesure sollicitée. Il faut pourtant faire une
exception pour les cas où, s'agissant d'une question de
forme, son refus mettrait la partie qui lui présente la
requête, dans l'impossibilité d'exercer un droit. Ainsi,
le président ne saurait refuser la permission d'assigner
en séparation de biens, en séparation de corps ou en
divorce ; ni imposer un sursis dépassant le temps fixé
par la loi. — Voir, en matière de séparation de biens,
Lyon, 22 mars 1836 [D. A., V° Contrat de mariage,
n° 1719 ; P. chr.] ; — *Sic* : Garsonnet, *loc. cit.*

72. — Il ne peut, d'autre part, prendre des mesures
qui constitueraient pour lui un excès de pouvoir.
Notamment, il n'a pas le droit de condamner à des
dommages-intérêts une partie qui refuserait d'exécuter
son ordonnance ; de prononcer la contrainte par corps
abolie en matière civile et commerciale par la loi du
22 juillet 1867 ; d'ordonner qu'il sera passé outre, malgré l'opposition qui pourra être faite contre l'exécution

de sa décision. — Bertin, *loc. cit.*, n° 66 ; — Garsonnet, *loc. cit.* — La règle « voies de nullité n'ont lieu contre les jugements » s'applique, déclare ce dernier auteur, aux ordonnances du président qui sont en ce sens des jugements, et elles ne sont susceptibles que des voies de recours dont il a été parlé.

SECTION II

Exécution des ordonnances sur requête.

73. — Les ordonnances sur requête sont exécutoires comme les autres décisions de justice, et même hors du ressort judiciaire dans lequel elles ont été rendues. — Bioche, *loc. cit.*, n° 16 ; — Bertin, *loc. cit.*, n° 15 ; — Debelleyme, *loc. cit.*, t. I, p. 88 ; — Garsonnet, *loc. cit.*

74. — Nous avons vu que l'ordonnance peut être déclarée exécutoire sur la minute en cas d'urgence. Dans ce cas, cette minute suffira pour procéder à l'exécution. — Garsonnet, *loc. cit.*, et t. III, § 1189.

75. — Mais, lorsque l'exécution sur minute n'a pas été autorisée, l'ordonnance doit être expédiée en forme de grosse, avec la formule exécutoire, et l'expédition délivrée contenant aussi copie de la requête qui a servi de base à ladite ordonnance, sera préalablement signifiée. — Bioche, *loc. cit.*, n° 15 ; — Garsonnet, *loc. cit.*, t. VIII, § 2980, *in fine*. — Arg. tiré des articles 110, 224, 260 et 296 du Code de procédure civile ; Décr. du 10 février 1807, article 70, § 13.

76. — Il est certaines ordonnances qui sont exécu-

toires par provision. Ainsi, aux termes de l'article 417
C. proc. civ., l'ordonnance autorisant une saisie conservatoire est exécutoire nonobstant opposition ou
appel.

77. — L'ordonnance qui, dans les enquêtes ordinaires, condamne les témoins défaillants à l'amende,
est exécutoire nonobstant opposition ou appel, d'après
l'article 263 du même Code.

78. — Il en est de même de celle prononçant une
amende contre les parties qui interrompent ou inter-
pellent les témoins dans les mêmes enquêtes, comme le
déclare l'article 276 du même Code.

79. — Et encore de celles intervenant à propos des
troubles apportés à l'audience et dont la répression
appartient au président en vertu de l'article 89 du
même Code, ainsi que le déclare l'article 90.

LIVRE II

Etude des diverses ordonnances sur requête.

———

80. — Les explications qui précèdent s'appliquent à toutes les ordonnances, et toutes, par suite, se trouvent régies par les principes généraux y énoncés. Mais chacune, ensuite, a sa physionomie propre, intervient dans une matière différente et distincte et tend à la réalisation du but spécial poursuivi par celui au profit de qui elle a été rendue. Aussi, quoique rentrant toutes dans le cadre général où nous les avons placées, les ordonnances diffèrent entre elles dans leur dispositif, leur exécution et leurs effets; d'autre part, elles ne sont pas toutes soumises aux mêmes voies de recours. Et les requêtes qui leur servent de base, si elles sont semblables dans leurs grandes lignes, varient nécessairement dans l'exposé de leurs faits et de leurs titres, comme dans leurs conclusions.

Pour bien connaître les ordonnances, il faut donc étudier chacune d'elles séparément. C'est cette étude que nous allons entreprendre, étude difficile et laborieuse, vaste comme l'est le domaine où se meut, en la matière, le pouvoir du magistrat. Nous l'avons dit au début, le président, surtout dans les tribunaux importants, est appelé à rendre presque tous les jours de nombreuses ordonnances. Sa juridiction, à cet égard, s'applique à la plus grande partie de notre droit, intervient dans la plupart des procédures ; sa compétence est écrite dans une foule d'articles de nos Codes, et la jurisprudence l'étend encore, à raison de l'urgence, à d'autres cas non prévus par le législateur. Il jouit, dès lors, d'un pouvoir discrétionnaire presque illimité. Il ne faut pas s'en plaindre, car, en vertu de ce pouvoir dont il n'abuse pas, il peut sauvegarder bien des intérêts compromis, protéger les personnes et les biens, remédier à des situations délicates et difficiles, dénouer, sinon définitivement, du moins provisoirement, des difficultés dont la solution ne saurait attendre les lenteurs de la justice normale.

L'étude des ordonnances, pour devenir utile et pratique, doit être complète et méthodique. Il faut aller chercher les ordonnances partout où elles sont disséminées, puis les classer d'après leur nature, leur but et les besoins auxquels elles correspondent ; dans chaque classe, grouper celles qui ont des rapports entre elles ; rechercher ensuite le magistrat compétent pour chacune et le droit qu'a ce magistrat de l'accorder ou de la refuser ; indiquer pour chacune la manière dont elle doit être rendue, le mode d'exécution et le recours dont elle est susceptible ; examiner les difficultés qu'elle

peut soulever et les obstacles qu'elle peut rencontrer,
les effets qu'elle doit produire, de façon que l'homme
d'affaires puisse, sans effort, trouver immédiatement
celle qu'il doit obtenir, et le magistrat rendre ou refuser, en pleine connaissance de cause, celle qu'on sollicite de lui. Nous aurons le soin de donner à la suite de
chacune la formule qui lui est propre, précédée de celle
de la requête qui lui sert de base. Les diverses ordonnances sur requête peuvent être groupées dans les trois
catégories générales suivantes que nous allons successivement examiner.

I. — Ordonnances rendues en matière extrajudiciaire.

II. — Ordonnances judiciaires ou préliminaires à
certaines instances ou procédures.

III. — Ordonnances intervenant dans des cas non
prévus par la loi, mais autorisées par l'usage ou la
jurisprudence.

CHAPITRE PREMIER

Ordonnances extrajudiciaires

SECTION PREMIÈRE

Ordonnances en matière d'arbitrage.

§ 1er. — Ordonnance nommant un tiers arbitre.

81. — En principe, les parties, au lieu de soumettre leurs différends aux tribunaux ordinaires, peuvent recourir à un arbitrage. L'article 1003 du Code de procédure civile déclare, en effet, que : « *Toutes personnes peuvent compromettre sur les droits dont elles ont la libre disposition.* » Aux termes de l'article 1006, « *le compromis doit désigner les objets en litige et les noms des arbitres, à peine de nullité.* » « *En cas de partage,* ajoute l'article 1017, *les arbitres autorisés à nommer un tiers seront tenus de le faire par la décision qui prononce le partage ; s'ils ne peuvent en convenir, ils*

*le déclareront sur le procès-verbal et le tiers sera
nommé par le président du tribunal qui doit ordonner l'exécution de la décision arbitrale. Il sera, à cet
effet, présenté requête par la partie la plus diligente. »*

Il est évident que le texte entend dire que la requête
sera présentée au président du tribunal de première
instance, même s'il s'agit d'une affaire commerciale ;
mais les parties ont le droit de désigner le président du
tribunal de commerce, pour faire le choix du tiers-
arbitre. — Voir Aix, 27 janvier 1871, ci-après cité. —
Sic : Bonjean, *loc. cit.*, n° 325 ; — Debelleyme, *loc. cit.*,
I, n°s 5 et 6.

82. — Ainsi, au cas où les arbitres autorisés à nommer un tiers arbitre ne peuvent point se mettre d'accord sur sa nomination, c'est le président du tribunal
civil qui doit, en règle, le désigner ; ils ne sauraient
à cet égard s'en remettre au sort. — Voir Aix, 2 août 1826
[D. 2712, 143, et Rép. V° Arbitre, n° 803 ; — S. et P.
chr.] — *Sic* : Garsonnet et César-Bru, *loc. cit.*, § 3065 ;
— Bonjean, *loc. cit.*, n° 324.

83. — Cependant, la Cour de Caen a admis que l'on
pouvait s'en remettre à la voie du sort pour désigner
le tiers arbitre ; que, dans tous les cas, les parties qui
acceptaient le tiers arbitre désigné de cette manière,
ne pouvaient plus se prévaloir de l'irrégularité qui
pouvait avoir été commise. — Arrêt du 28 août 1845
[P. 48, 2, 22 ; S. 46, 2, 647].

84. — Il peut se faire que les parties, tout en déclarant dans le compromis qu'en cas de partage il y
aurait un tiers arbitre, n'aient pas indiqué comment
ce tiers arbitre serait nommé ; dans cette hypothèse,
c'est encore au président du tribunal qu'il appartient

de le désigner. — *Sic* : Chauveau sur Carré, *loc. cit.*, quest. 3341 *bis*.

85. — Enfin, on peut supposer que le tiers arbitre désigné par les arbitres ne peut point remplir ou refuse le mandat qui lui a été confié. On peut se demander si alors les arbitres pourront choisir une autre personne pour le remplacer. On répond également d'une manière négative : ce droit n'appartient qu'aux parties ou au Président. — Voir : Paris, 22 mai 1826 [D. Rép. V° Arbit., n° 752 ; S. et P. chr.]. — *Sic* : Bioche, *loc. cit.*, n° 263 ; — Bourbeau, *Théorie de la procédure civile*, t, VI, p. 636 et s. ; — Garsonnet, *loc. cit.*

86. — La requête demandant la désignation d'un tiers arbitre doit-elle être présentée au président dans un délai déterminé, dans un délai de rigueur ? La Cour de cassation a répondu négativement. Elle a, en effet, décidé qu'on ne devait point annuler une sentence arbitrale rendue dans les circonstances suivantes après que le compromis avait déjà pris fin. Les parties, conformément à l'article 1017, avaient attribué la nomination du tiers arbitre au président du tribunal ; et la partie qui poursuivait la nullité de la sentence, n'avait pas présenté requête à ce magistrat pour arriver à cette nomination. — Arrêt du 9 février 1891 [D. 92, 1, 125 ; S. et P. 95, 1, 491].

87. — Quel est le caractère de l'ordonnance rendue par le président pour désigner le tiers arbitre ? Appartient elle à la juridiction gracieuse ou à la juridiction contentieuse du magistrat ? Elle appartient évidemment à sa juridiction gracieuse, mais il ne peut pas la refuser. Nous avons dit ci-dessus, dans les *Principes généraux* (n°s 64 et 71) que le président jouissait d'un pou-

voir discrétionnaire absolu pour accorder ou refuser la
mesure qu'on sollicite de lui ; mais qu'il fallait faire
une exception lorsqu'il s'agit d'une mesure de pure
forme, parce qu'alors son refus mettrait la partie dans
l'impossibilité d'exercer un droit reconnu par la loi.
Le président ne saurait donc, malgré son pouvoir discrétionnaire, refuser de répondre à la requête lui demandant de désigner le tiers arbitre.

Ainsi, la Cour d'Aix, dans une espèce où le compromis déclarait que le tiers arbitre serait nommé par le
président du tribunal de commerce, a décidé que l'ordonnance rendue par ce magistrat pour désigner ce
tiers arbitre, constituait un acte de sa juridiction gracieuse qui ne devait être rapporté que par lui, sans
pouvoir être déféré au tribunal auquel il appartenait.
— Voir arrêt du 27 janvier 1871 [P. 72, 1178 ; S. 72,
2, 289].

88. — Une décision contraire a été rendue dans
une autre espèce, mais sans aller cependant contre la
solution qui précède. Dans un compromis, les parties
avaient inséré la clause portant qu'en cas de désaccord
elles concourraient ensemble à la nomination du troisième expert à désigner par le président du tribunal
de commerce. Or, l'une des parties avait, sur requête
présentée par elle seule et sans la participation de
l'autre partie, obtenu une ordonnance nommant le
troisième expert. La Cour de cassation a décidé, à bon
droit, que cette ordonnance pouvait être entreprise par
les voies de recours ordinaires, car, dans cette hypothèse, la décision intervenue ne pouvait être considérée
comme rentrant dans la juridiction gracieuse du magistrat qui l'avait rendue, alors qu'elle engageait la solu-

tion d'une difficulté qui divisait les parties. — Arrêt du 15 janvier 1890 [D. 92, 1, 63 ; P. 90, 1, 932 ; S. 90, 1, 380].

89. — En principe, l'ordonnance nommant le tiers arbitre ne présente pas un caractère d'urgence motivant son exécution sur minute. Dès lors, conformément à la règle générale (n° 56) elle devra être rendue au tribunal avec l'assistance du greffier qui la signera, la déposera au greffe et en délivrera expédition ; cette expédition sera notifiée ensuite au tiers arbitre désigné. Cependant, si l'urgence existait, si, par exemple, le compromis était sur le point d'expirer, nous estimons qu'alors le président pourrait déclarer l'ordonnance exécutoire sur minute, et qu'alors aussi elle pourrait être rendue sans l'assistance et la signature du greffier ; dans ce cas, le dépôt au greffe et l'expédition deviendraient inutiles (n° 54) ; la minute serait remise au tiers arbitre nommé pour établir sa qualité et ses pouvoirs, et ce dernier l'annexerait à la sentence pour être ensuite expédiée avec celle-ci.

90. — FORMULE *de la requête pour obtenir l'ordonnance nommant le tiers arbitre.*

Cette requête, d'après l'article 1017, émane de la partie la plus diligente, et nous la donnons en nous plaçant dans le cas le plus ordinaire, c'est-à-dire celui où on ne demande pas que l'ordonnance soit déclarée exécutoire sur minute ; elle est présentée et signée par un avoué.

A Monsieur le président du tribunal de première instance de.....

Le sieur (*nom, prénoms, profession et domicile du demandeur*), ayant pour avoué Mᵉ..... a l'honneur de vous exposer qu'à suite de la contestation qui s'est élevée entre lui et le sieur (*nom, prénoms, profession et domicile de la partie adverse*), relativement à (*indiquer l'objet de la contestation*), le différend a été soumis à un arbitrage par compromis en date du (*indiquer la date du compromis*), enregistré à (*copier la mention de l'enregistrement*); que les arbitres désignés sont les sieurs (*indiquer les arbitres nommés*) et que faculté leur a été donnée, en cas de partage, de nommer un tiers arbitre; mais que lesdits arbitres n'ont pu s'entendre sur le choix de celui-ci, comme le constate le procès-verbal par eux dressé le....., enregistré le..... (*copier la mention de l'enregistrement*).

En conséquence, l'exposant conclut à ce qu'il vous plaise, Monsieur le président, nommer le tiers arbitre conformément aux prescriptions de l'article 1017, C. proc. civ.

Présenté au Palais de justice à ....., le .....

Signature de l'Avoué.

ORDONNANCE.

Nous, président du tribunal de première instance de ..... assisté de M....., greffier.

Vu la requête qui précède, ainsi que le compromis et le procès-verbal y énoncés, ensemble les dispositions de l'article 1017, C. proc. civ., nommons, pour statuer comme tiers arbitre dans le différend qui divise les parties, le sieur (*nom, prénoms, profession et domicile du tiers arbitre*).

Donné au palais de justice à ....., le .....

Signatures du président et du greffier.

91. — Bien que l'article 1017 dise que la requête sera présentée par la partie la plus diligente, rien n'empêche qu'elle le soit par toutes parties; il devrait en être ainsi, conformément à l'arrêt de cassation du 15 janvier 1890 précité, s'il avait été stipulé que toutes parties la présenteraient.

92. — Quel est le président compétent pour rendre l'ordonnance nommant le tiers arbitre? Nous allons l'indiquer, en traitant de l'ordonnance requise pour rendre exécutoire la sentente arbitrale.

§ 2. — Ordonnance qui rend la sentence arbitrale exécutoire.

93. — Comme le prescrit l'article 1020, « *Le jugement arbitral sera rendu exécutoire par une ordonnance du président du tribunal de première instance dans le ressort duquel il a été rendu; à cet effet, la minute du jugement sera déposée dans les trois jours, par l'un des arbitres, au greffe du Tribunal.* »

94. — Il est généralement admis par la doctrine que le président du tribunal civil est seul compétent pour accorder l'ordonnance qui doit rendre la sentence arbitrale exécutoire, suivant les prescriptions de l'article 1020. D'ailleurs, ce texte est formel à cet égard. — *Sic* : Bioche, *loc. cit.*, nos 606 et 607 ; — Chauveau sur Carré, *loc. cit.*, quest. 3359 ; — Bourbeau, *loc. cit.*, p. 656 ; — Rodière, t. II, p. 518 ; — Boitard, Colmet-Daage et Glasson, *Leçons de procédure civile*, t. II, no 1198 ; — Garsonnet, *loc. cit.*, § 2977-10 ; — Bonjean, *loc. cit.*, no 343.

95. — Ainsi, le président du Tribunal de commerce et le juge de paix sont absolument incompétents pour donner l'exéquatur. — Mêmes auteurs.

96. — La jurisprudence est unanime dans le même sens : le président du tribunal civil a seul qualité, et le président du tribunal de commerce est incompétent, même si l'arbitrage a eu lieu entre commerçants et

pour affaires commerciales. — Riom, 26 janvier 1810
[D. A. I. 786, et Rép. v° Arbitr., n° 1177]; — Rennes,
9 mars 1810 [D. *loc. cit.*; S. et P. chr.]; — 19 novembre 1810 [D. A. 1, 786; S. et P. chr.]; — Paris,
6 mars 1812 [S. et P. chr.]; — Bordeaux, 4 mars 1828
[D. 28, 2, 166 et Rép., *loc. cit.*; S. et P. chr.].

97. — Dès lors, il y a nullité au cas où le président
du tribunal de commerce rend l'ordonnance; et,
comme cette nullité est d'ordre public, on peut l'opposer en tout état de cause; c'est ce qu'a décidé la Cour
de cassation dans un arrêt du 14 juin 1831 [D. 31, 1,
210 et Rép., *loc. cit.*; P. chr.; S. 31, 1, 249]. — Bien
entendu, dans ce cas, seule l'ordonnance est nulle, et
sa nullité ne saurait atteindre la sentence elle-même. —
Voir en ce sens : Chauveau sur Carré, *loc. cit.*,
quest. 3361.

98. — Aussi la Cour de cassation a-t-elle décidé
que, si l'ordonnance a été déposée à tort au greffe du
tribunal de commerce et si le président de ce tribunal
l'a, à tort aussi, revêtue d'une ordonnance d'exéquatur, les arbitres peuvent déposer ensuite la même sentence au greffe du tribunal civil et obtenir du président
de ce dernier tribunal une nouvelle ordonnance, cette
fois valable. — Arrêt du 3 mars 1863 [D. 63, 1, 225 ;
P. 63, 362 ; S. 63, 1, 119].

99. — D'après une opinion, c'est par voie d'opposition qu'on doit demander la nullité de l'ordonnance
rendue par un magistrat incompétent, c'est-à-dire par
le président du tribunal de commerce. — Voir, en ce
sens, Bourges, 20 mars 1830 [D. 30, 2, 185 et Rép.
loc. cit., n° 1190; P. et S. chr.]. — *Sic* : Chauveau
sur Carré, *loc. cit.*

100. — Toutefois, la Cour de Bastia a déclaré qu'il fallait agir par la voie de l'appel. — Arrêt du 10 mars 1846 [D. 46, 2, 73 ; P. 46, 2, 122].

Nous retrouverons la même controverse à propos de la voie accordée pour attaquer l'ordonnance qui refuse l'exéquatur.

101. — Il a été jugé que, au cas où l'exéquatur émane d'un magistrat incompétent, par exemple du président du tribunal de commerce, l'exécution de la sentence par la partie condamnée emporte renonciation aux moyens ou exceptions qui auraient pu être invoqués contre la sentence par cette partie. — Cass., 17 novembre 1863 [P. 65, 970 ; S. 65, 1, 374].

102. — Il est donc certain que l'ordonnance d'exéquatur ne peut être rendue que par le président du tribunal civil. Mais à quel président faudra-t-il s'adresser ? L'article 1020 répond à cette question : il faut, dit le texte, s'adresser au président du tribunal de première instance dans le ressort duquel le jugement arbitral a été rendu. Ainsi l'ordonnance d'exéquatur ne peut émaner que de ce dernier magistrat ; et, par suite, on ne pourrait pas la demander au président du tribunal qui aurait été appelé à juger le litige si l'arbitrage n'était pas intervenu. — Voir, en ce sens, Cass., 26 janvier 1824 [D. A. 1, 788 et Rép., *loc. cit.*; n° 1175 ; P. et S. chr.]. — Voir aussi, Paris, 2 janvier 1834 [P. chr.; S. 34, 2, 302]. — *Sic* : Bonjean, *loc. cit.*, n° 333.

103. — On peut supposer que la sentence n'indique pas le lieu où elle a été rendue ; dans ce cas, on admet qu'elle pourra être déclarée exécutoire par le président du tribunal du ressort où elle a été enregistrée, com-

muniquée à l'une des parties et déposée. — *Sic* : Cass.,
5 février 1895 [P. et S. 96, 1, 24].

104. — Nous venons de dire que la nullité de l'ordonnance d'exéquatur rendue par le président d'un
tribunal de commerce pouvait être couverte par l'exécution de la sentence.

En ce qui concerne la nullité de celle émanant du
président d'un tribunal autre que celui du ressort dans
lequel le jugement arbitral a été rendu, on décide, en
général, qu'elle doit être proposée avant toute exception
ou défense ; qu'à défaut, elle est couverte, s'agissant ici
d'une simple incompétence *ratione personæ*. — En ce
sens, Cass. 17 novembre 1830 [D. 31, 1, 330 et Rép.,
loc. cit., n° 1180 ; P. chr., S. 31, 146]. — Voir également Douai, 12 janvier 1820 [D. Rép., *loc. cit.*, n° 1176 ;
P. et S. chr.].

105. — Il peut arriver que le président compétent
se trouve malade ou empêché et qu'un autre magistrat
du siège soit appelé à rendre, à sa place, l'ordonnance
d'exéquatur. Dans cette hypothèse, l'ordonnance doit
mentionner l'empêchement du président, du vice-président ou du juge plus ancien ; à défaut, elle serait
nulle, et sa nullité pourrait être proposée en tout état
de cause, car on la considère comme d'ordre public.
La question a été jugée par la Cour de Poitiers à propos d'une ordonnance rendue par un Juge suppléant ;
arrêt du 9 mars 1830 [D. 30, 2, 185 et Rép., *loc. cit.*,
n° 1190 ; P. et S. chr.].

Nous avons vu (*supra*, n° 53) que, sur cette question,
la jurisprudence est divisée en ce qui concerne les
autres ordonnances ; et nous avons été amenés à con-

clure que la mention de l'empêchement du président n'était pas exigée à peine de nullité.

106. — En parlant ci-dessus de l'ordonnance de nomination du tiers arbitre, nous avons dit que nous indiquerions, ici, quel est le président compétent pour la rendre. A cet égard, l'article 1017 s'exprime ainsi : « *le tiers sera nommé par le président du tribunal qui doit ordonner l'exécution de la décision arbitrale.* » Donc, pas de difficulté possible ; les deux ordonnances, celle nommant le tiers arbitre et celle d'exéquatur doivent émaner du même président.

107. — Le président du tribunal civil est-il, dans tous les cas, le seul magistrat compétent pour rendre l'ordonnance d'exéquatur ? L'article 1020, dans son § 2, répond négativement à cette question. Si, dit-il. « *il avait été compromis sur l'appel d'un jugement, la décision arbitrale sera déposée au greffe du tribunal d'appel, et l'ordonnance rendue par le président de ce tribunal.* » Dans cette hypothèse donc, ce sera le premier président de la Cour d'appel qui aura compétence pour rendre l'ordonnance d'exéquatur.

108. — Mais, en principe, le premier président de la Cour d'appel n'est compétent que d'une manière exceptionnelle, et la compétence ordinaire, normale appartient au président du tribunal. C'est, dès lors, à ce dernier qu'il faudra s'adresser toutes les fois qu'on ne se trouvera pas dans le cas prévu par le § 2 de l'article 1020.

A cet égard, il a été cependant décidé, en faveur de la compétence du premier président, que si les arbitres ont statué sur des contestations dont étaient à la fois saisis les juges de première instance et les juges

d'appel, la sentence devra être rendue exécutoire par
le premier président de la Cour, bien que plusieurs des
questions tranchées par les arbitres fussent soumises
à la Cour pour la première fois. — *Sic* : Cass.,
26 juin 1833 [D. 33, 1,256 et Rép. *loc. cit.*, n° 1158 ;
P. chr. ; S. 33, 1, 603]; — Le Hir et Jay, *Manuel de
l'arbitre*, n° 467. — Voir en sens contraire : Grenoble,
4 août 1834 [D. 35, 2, 14 et Rép. *loc. cit.* ; P. chr. ; S.
35, 2, 330]; — Bioche, *loc. cit*, V° Arbitrage, n° 614.

109. — Ainsi, la jurisprudence est divisée sur la
question.

D'après un système, l'ordonnance d'exéquatur doit
être rendue par le président de la juridiction à laquelle
revenait la contestation principale, si le compromis
a tranché des contestations appartenant, les unes au
tribunal, les autres à la Cour. — Voir : Limoges,
2 juillet 1840 [D. 41, 2, 138 et Rép. *loc. cit.*, n° 1182 ;
S. 41, 2, 141]; — Chauveau, *loc. cit.*, quest. 3357 ; —
Rousseau et Laisney, *Dictionnaire de Procédure civile*,
V° Arbitrage, n° 399.

110. — Dans ce cas, décide une autre opinion, la
sentence sera rendue exécutoire à la fois par le président du Tribunal et par le premier président de la
Cour. — Voir : Toulouse, 3 juin 1828 [D. 29, 2, 268 et
Rép., *loc. cit.*, n° 1158 ; S. et P. chr.]; — Vatismenil,
Encyclopédie du Droit, V° Arbitrage, n° 266 ; — Rodière, *loc. cit.*, II, p. 518.

111. — Du reste, il est reconnu que l'ordonnance
peut être rendue par le président du tribunal, lorsque
le compromis est intervenu à la suite de plusieurs décisions dont l'une était frappée d'appel, si les parties
ont implicitement renoncé à l'appel. — Cass., 28 jan-

vier 1835 [D. 35, 1, 125 et Rép., *loc. cit.*, n° 1182;
P. chr., 5, 35, 1, 533].

En ce qui concerne la sentence émanée d'un tribunal
arbitral étranger, voir Cass., 28 décembre 1892 [P. et
S. 96, 1, 211].

112. — L'ordonnance d'exéquatur doit être rendue
par le président au palais, avec l'assistance du greffier
qui la signe avec le magistrat.

113. — La Cour de Montpellier a jugé que l'ordon-
dance d'exéquatur d'une sentence arbitrale n'est pas
nulle, par cela seul qu'elle ne porte pas la signature
du greffier qui a assisté le magistrat. — Arrêt du 3 janvier 1857 [D. 59, 216; P. 58, 601; S. 58, 2, 25].

Cette décision n'est pas isolée et beaucoup d'autres
avaient déjà été rendues dans le même sens. — Voir :
Bourges, 4 août 1831 [D. 32, 2, 30, et Rép., *loc. cit.*,
n° 1168; P. chr., S. 32, 2, 569]; — Limoges, 14 juin 1832
[D. 32, 2, 184 et rép., *loc. cit.*; P. chr., 5, 32, 2, 471];
— Bastia, 2 août 1832 [D. Rép., *loc. cit.*; P. chr., 5,
32, 2, 569]; — Paris, 18 mai 1833 [D. Rép., *loc. cit.*,
P. chr., 5. 33, 2, 310]. — Conf. en ce sens : Bourbeau,
loc. cit.

114. — Mais il est nécessaire, à peine de nullité, que
le président, quand il accorde l'exéquatur, soit assisté
du greffier. — Voir Poitiers, 19 mars 1830 [D. 30,
2, 185; S. et P. chr.]. Cette nullité est même d'ordre
public et peut être proposée en tout état de cause —
Même arrêt. — En ce sens : Bourbeau, *loc. cit.*, p 659.

115. — Toutefois, il suffit, sur ce point, d'établir le
fait de l'assistance du greffier. Et la décision qui
déclare que la sentence a été rendue exécutoire par le
président, constate implicitement que ce dernier était

assisté du greffier. — Voir Cass., 2 juillet 1842 [D. 42,
1, 396, et Rép., *loc. cit.*, P. 42, 2, 270 ; S. 42, 1, 988).
— Voir aussi Paris, 17 avril 1847 [D. 47, 4, 21 ; P. 47,
2, 491 ; S. 47, 2, 295].

116. — Aux termes de l'article 1021, l'ordonnance
est accordée « *au bas ou en marge de la minute* » de
la sentence arbitrale que l'un des arbitres est tenu de
déposer dans les trois jours au greffe du tribunal de
première instance dans le ressort duquel elle a été rendue (art. 1020) et qui doit être préalablement enregistrée. — Voir circ. min. du 28 octobre 1808 ; — Cass.,
8 août 1813 [P. et S. chr.].

D'après le même article 1021 « l'ordonnance sera
expédiée en suite de l'expédition de la décision. »

117. — Enfin, suivant cet article, la sentence
arbitrale ne peut être exécutée qu'après l'ordonnance
d'exéquatur. Cette règle est absolue. — Voir : Cass.,
6 mars 1865 [D. 65, 1, 249 ; P. 65, 636 ; S. 65, 1, 265] ;
— Riom, 13 nov. 1855 [P. 57, 1061 ; S. 57, 2, 350] ;
— Dijon, 11 mai 1888 [P. 88, 1, 1241 ; S. 88, 2, 239].
— Elle s'applique même aux sentences provisoires. —
Voir : Bioche, *loc. cit.*, n° 595 ; — Boitard, Colmet-
Daage et Glasson, *loc. cit.*, t. II, n° 1198 ; — Rodière,
loc. cit., t. II, p. 518.

118. — Quels sont les pouvoirs du président en ce
qui concerne l'ordonnance d'exéquatur ? peut-il notamment refuser cette ordonnance ?

On admet que le président peut et doit refuser l'ordonnance, si une partie vient s'opposer à ce qu'elle soit
rendue ; il n'a pas, en effet, qualité pour se prononcer
sur la contestation soulevée par cette partie. En ce
sens : Garsonnet, *loc. cit.*, § 3077.

Il doit encore la refuser en cas d'irrégularité entraînant la nullité radicale de la sentence. — Garsonnet et César-Bru, *loc. cit.* ; — Boitard, Colmet-Daage et Glasson, *loc. cit.*, II, n° 1200 ; — Bonjean, *loc. cit.*, I, n°s 353 et s.

Et aussi lorsque la sentence lui paraît contraire à l'ordre public. — Voir Paris, 14 mai 1829 [D. 29, 2, 156 ; S. et P. chr.]. — Conf., en règle générale, Paris, 14 mai 1864 et Cass. 7 nov. 1865 (P. 66, 281).

119. — Mais il ne saurait refuser son-ordonnance en prétendant que la sentence a été mal rendue au fond ou qu'elle pourrait être attaquée par l'une des parties à raison d'une nullité relative. — Boitard, Colmet-Daage et Glasson, *loc. cit.*

120. — Le président a donc le droit, dans certains cas, de refuser l'ordonnance d'exéquatur. Mais il est incontestable que sa décision constitue, ici, au premier chef, un acte de sa juridiction contentieuse contre lequel, dès lors, un recours doit être permis. Quel sera ce recours ? Devra-t-on se pourvoir par la voie de l'opposition, ou faudra-t-il avoir recours à l'appel ? Dans l'exposé des voies de recours que nous avons donné (voir *supra*, n°s 42 et s.), nous avons été d'avis que, en l'absence de la réserve qu'il en sera référé, l'ordonnance contentieuse du président ne peut être frappée d'opposition devant ce magistrat ; que l'opposition ne saurait être portée devant le tribunal et que, par suite, seul l'appel était permis comme constituant la voie de recours normale et juridique. Nous avons alors constaté que pourtant la question était vivement controversée tant en jurisprudence qu'en doctrine et que, dans une opinion, on déclarait recevable l'opposition devant le tribunal, tandis que, dans une autre, on n'admettait que l'appel. Nous retrouvons ici la même controverse en ce qui concerne spécialement l'ordonnance d'exéquatur.

Ainsi, d'après une opinion, l'opposition constitue la seule voie de recours admise contre l'ordonnance qui refuse l'exéquatur, opposition qui doit être portée devant le tribunal présidé par le magistrat qui a rendu la décision; cette décision n'étant pas un jugement ne saurait être entreprise par la voie de l'appel. — Voir en ce sens : Cass., 1er frim. an XII [D. A. 1, 802 et Rép. V° Arbitr., n° 1212; S. et P. chr.]; — Poitiers, 9 mars 1830, précité; — Douai, 15 mai 1833 [D. 39, 2, 282; P. chr.; S. 33, 2, 568]. — En ce sens, aussi : Glasson, *loc. cit.*, t. II, p. 644.

Au contraire, d'après une autre opinion, l'ordonnance refusant l'exéquatur doit être attaquée par la voie de l'appel devant la Cour ; en cette matière, l'opposition devant le tribunal où siège le président de qui émane le refus n'est pas admise. — Voir Paris, 14 mai 1829 [D. 29, 2, 156 et Rép., *loc. cit.*, n° 1189; S. et P. chr.] Comp., Paris, 9 février 1861 [P. 61, 750; S. 61, 2, 257]. — Dans le même sens : Chauveau, suppl., quest. 3386, *bis*; — Carré, quest. 3361. — M. Bonjean, suivant son opinion générale, admet l'opposition en référé devant le président en tout cas. *Loc. cit.*, n° 356. Conf. *supra*, n° 23.

Dans certains cas, l'article 1028 permet de demander la nullité de la sentence en formant opposition à l'ordonnance d'exéquatur devant le tribunal. Mais ici l'opposition n'est qu'un moyen de faire tomber la sentence; c'est celle-ci qui se trouve en jeu et non pas l'ordonnance d'exéquatur.

121. — Si le président peut refuser son ordonnance, il doit, lorsqu'il l'accorde, la rendre pure et simple, sans avoir le droit de donner son appréciation sur la sentence, soit en la forme, soit au fond. — Paris, 24 janvier 1851 [D. 54, 5, 41 ; P. 52, 1, 39].

122. — FORMULE *de l'ordonnance rendant la sentence exécutoire.*

Nous....., président du tribunal de première instance de...., assisté de M....., greffier, vu la sentence arbitrale qui précède, régulière en la forme et dûment enregistrée; attendu qu'elle ne contient rien de contraire aux lois, à l'ordre public et aux bonnes mœurs, ordonnons qu'elle sera exécutée selon sa forme et teneur.

Fait au palais de justice à....... le.....

Signatures du président et du greffier.

123. — Nous avons dit plus haut que l'ordonnance d'exéquatur, d'après les prescriptions de l'article 1021, doit être « accordée au bas ou en marge de la minute » de la sentence; d'où il faut conclure qu'aucune requête n'est nécessaire pour l'obtenir.

SECTION II

Ordonnance permettant d'obtenir copie d'un acte non enregistré ou resté imparfait.

124. — En règle, les notaires sont tenus de faire enregistrer les actes de leur ministère dans les dix jours, s'ils résident dans la commune où se trouve le bureau d'enregistrement, et dans la quinzaine au cas contraire. Ils seraient passibles d'amende s'ils délivraient expédition d'un acte non encore enregistré. Mais, quoique non enregistré, l'acte n'en est pas moins valable, et les droits du fisc s'opposent seuls à la délivrance de son expédition aux parties intéressées.

D'autre part, un acte notarié peut se trouver imparfait pour des motifs divers : il ne porte pas les signatures nécessaires ; les témoins instrumentaires se trouvaient incapables aux yeux de la loi ; ou bien encore l'officier ministériel ayant prêté son mintstère était incompétent. Dans tous ces cas, l'acte notarié se trouve imparfait, il ne saurait être invoqué comme acte authentique ; mais les parties peuvent avoir intérêt à l'utiliser, par exemple, comme commencement de preuve par écrit, ou comme acte sous seing privé, car l'article 1318 du Code civil déclare que « *l'acte qui n'est point authentique par l'incompétence ou l'incapacité de l'officier, ou par un défaut de forme, vaut comme écriture privée, s'il a été signé par les parties.* »

Dans les deux hypothèses, donc, les parties intéressées devaient pouvoir se faire délivrer une copie de l'acte dont s'agit. — Voir sur ce point : Bertin, *Ordonnances sur requête et sur référé*, t. I, n° 957 ; — Chauveau sur Carré, *loc. cit.*, Quest., 2863 *bis* ; — Boitard, Colmet-Daage et Glasson, *loc. cit.*, t. II, n° 1101 ; — Garsonnet, *loc. cit.*, t. VIII, § 2977, 6, et t. VII, § 2579. — Bonjean, *loc. cit.*, n° 1007.

Aussi cette situation a-t-elle été prévue et réglée par le législateur dans l'article 841 du Code de procédure civile ainsi conçu : « *La partie qui voudra obtenir copie d'un acte non enregistré ou même resté imparfait, présentera sa requête au président du tribunal de première instance, sauf l'exécution des lois et règlements relatifs à l'enregistrement.* »

§ 1er. — Ordonnance permettant de délivrer copie d'un acte non enregistré.

125. — La partie qui voudra obtenir copie d'un acte demeuré non enregistré, présentera requête au président du tribunal de première instance ; elle exposera les faits au magistrat, l'intérêt qu'elle a d'obtenir copie de l'acte dont s'agit et lui demandera de vouloir bien ordonner que, conformément à l'article 841 du Code de procédure civile, cette copie lui sera délivrée par le notaire détenteur de la minute.

A cette requête il sera répondu par une ordonnance conforme ; mais, comme l'article 841 précité contient une réserve pour « *l'exécution des lois et règlements relatifs à l'enregistrement* », le président devra insérer cette réserve dans son ordonnance, et dire que la copie de l'acte ne sera délivrée que sauf paiement des droits d'enregistrement et de l'amende encourue pour non enregistrement dans le délai voulu. — *Sic* : Rodière, *loc. cit.*, t. II, p. 415 ; — Garsonnet, *loc. cit.*

La requête est présentée au président du tribunal de la résidence du notaire, par un avoué occupant près ce tribunal. En principe, l'ordonnance n'est point déclarée exécutoire sur minute et doit, dès lors, être rendue au palais, avec l'assistance du greffier, lequel la signe, la dépose au greffe et en délivre expédition. Elle contient la réserve qu'il en sera référé au président en cas de difficulté, conformément aux prescriptions de l'article 843.

Le président ne peut pas refuser de répondre à la requête qui lui est présentée, car il empêcherait ainsi l'exercice d'un droit reconnu par la loi. Il s'agit, sans doute, ici, d'un acte de pure autorisation, de pure forme et qui rentre, dès lors, dans sa juridiction gracieuse ; mais nous avons vu que, même en exerçant cette juridiction, il ne saurait refuser une ordonnance de cette nature ; ce serait un déni de justice.

De son côté, le notaire se trouvant couvert par l'ordonnance du président, doit délivrer la copie demandée, dont l'usage dans ces conditions ne peut en rien engager sa responsabilité. — Voir : Rouen, 13 mars 1826 [D. 26, 2, 198 et Rép. V° Compulsoire, n° 22 ; S. et P. chr.] ; — Garsonnet, *loc. cit.*

Cependant il faut prévoir le cas où le notaire n'aurait point été payé des autres frais ainsi que des honoraires de l'acte ; il a alors le droit de refuser d'exécuter l'ordonnance qui lui est présentée. — *Sic* : Chauveau sur Carré, *loc. cit.*, quest. 2868 ; — Garsonnet, *loc. cit.*

Du reste, la possibilité de ne pas obéir à l'ordonnance est prévue par l'article 843, qui déclare qu'en « *cas de refus de la part du notaire ou dépositaire, il en sera référé au président du tribunal de première instance.* »

En conséquence, si ce refus se produit, le président statue de nouveau, mais cette fois en référé. — Voir Chauveau sur Carré, *loc. cit.*, quest. 2863 *bis* ; — Pigeau, *loc. cit.*, t. II, p. 335 ; — Garsonnet, *loc. cit.*

Le refus mal fondé du notaire ou dépositaire pourrait engager sa responsabilité et le rendre passible de dommages à l'égard de la partie lésée par ce refus. — Liège, 18 janvier 1816 [D. Rép. V° Notaire, n° 326]. — Voir en ce sens : Garsonnet, *loc. cit.*

Le notaire ou dépositaire qui délivre la copie demandée, y constate au bas qu'il a fait la délivrance en vertu de l'ordonnance du président. A cet égard, l'article 842 s'exprime ainsi : « *La délivrance sera faite, s'il y a lieu, en exécution de l'ordonnance mise en suite de la requête, et il en sera fait mention au bas de la copie délivrée.* »

126. — Formule *de la requête pour obtenir copie d'un acte non enregistré.*

A Monsieur le président du tribunal de première instance de.....

Le sieur (*nom, prénoms, profession et domicile du demandeur*), ayant pour avoué M⁰....., a l'honneur de vous exposer qu'un acte contenant (*indiquer la nature de l'acte*), a été passé le (*indiquer la date de l'acte*) devant M⁰....., notaire à (*indiquer le nom du notaire et sa résidence*), entre l'exposant et le sieur (*nom, prénoms, profession et domicile de l'autre ou des autres contractants*); que cet acte n'ayant pas été soumis à la formalité de l'enregistrement, le notaire rédacteur ne peut en délivrer copie sans votre autorisation. En conséquence, l'exposant conclut à ce qu'il vous plaise, Monsieur le président, vouloir bien, en conformité de l'article 841 du Code de procédure civile, l'autoriser à se faire délivrer, par le notaire sus-désigné, une copie dudit acte qui lui est nécessaire pour faire valoir les droits que cet acte lui confère.

Présenté au palais de justice à....., le.....

Signature de l'avoué.

ORDONNANCE.

Nous, Président du tribunal de première instance de....., assisté de M......, greffier,

Vu la requête qui précède et les faits y énoncés, ensemble l'article 841 du Code de procédure civile, autorisons l'exposant à se faire délivrer par Me..... notaire à..... copie dudit acte de..... passé en son étude le....., et demeuré non enregistré, sous réserve de tous droits d'enregistrement et d'amende; disons qu'il nous en sera référé au cas de refus dudit notaire de faire cette délivrance.

Donné au palais de justice à....., le.....

Signatures du président et du greffier.

§ 2. — Ordonnance permettant de délivrer copie d'un acte demeuré imparfait.

127. — La requête est rédigée dans les mêmes conditions et présentée au même président. Seulement on y expose que l'acte qu'on désigne est demeuré imparfait pour telle cause, par exemple, parce qu'il ne porte pas la signature de l'un des contractants; et, après avoir signalé l'intérêt que l'on a d'en obtenir une copie, on conclut à la délivrance de cette copie.

L'ordonnance rendue à suite est revêtue des mêmes formes que celle qui précède; mais son dispositif est en harmonie avec les conclusions de la requête.

Comme dans le cas précédent, le président n'intervenant que pour la forme, ne saurait refuser son ordonnance. S'il s'élève ensuite une difficulté, elle sera résolue par lui sur le référé qui se produira; compétence lui est attribuée à cet égard. Ainsi la Cour de cassation a décidé qu'un testament demeuré inachevé pour défaut de signature pouvait constituer un acte imparfait dans le sens de l'article 841; et que le président, en référé, était compétent pour ordonner qu'une copie en serait délivrée à qui de droit. — Arrêt du 28 avril 1862 [D. 62, 1, 239; P. 62, 697; S. 62, 1, 492].

Toutefois, elle a déclaré que les notaires ne sont pas tenus de donner copie d'un acte imparfait dont la nullité a été prononcée pour cause de fraude. — Arrêt du 15 mars 1836 [D. 36, 1, 196; P. chr., S. 36, 1. 943].

Elle a décidé d'autre part que, par voie de référé, le président ne pouvait pas ordonner le dépôt d'un acte imparfait chez un autre notaire pour le convertir en acte authentique. — Cass., 12 janvier 1903 [S. et P. 1903, 1, 125].

128. — FORMULE *de la requête pour obtenir copie d'un acte imparfait.*

A Monsieur le président du tribunal de première instance de.....

Le sieur (*nom, prénoms, profession et domicile du demandeur*), ayant pour avoué Me....., a l'honneur de vous exposer que, suivant acte public (*par exemple un acte d'obligation*) retenu le... par Me....., notaire à....., le sieur (*nom, prénoms, profession et domicile du débiteur*) s'est reconnu débiteur à son profit d'une somme capitale de.....; que cet acte est demeuré incomplet parce que ce dernier a refusé de le signer; qu'il importe à l'exposant de soumettre cet acte à la justice, dans l'instance en paiement qu'il a l'intention d'introduire, comme constituant une présomption grave admissible à raison du commencement de preuve par écrit qu'il se propose d'établir contre son débiteur. En conséquence, l'exposant conclut à ce qu'il vous plaise, Monsieur le président, conformément aux dispositions de l'article 841 du Code de procédure civile, l'autoriser à se faire délivrer par le notaire sus-désigné copie de l'acte dont s'agit demeuré imparfait.

Présenté au palais de justice à....., le.....

Signature de l'avoué.

ORDONNANCE.

Nous, président du tribunal de première instance de....., assisté de M....., greffier.

Vu la requête qui précède et les faits y énoncés, ensemble l'article 841 du Code de procédure civile, autorisons l'exposant à se faire délivrer par M^e..... notaire à...... copie dudit acte passé en son étude le..... resté imparfait. Disons qu'il nous en sera référé en cas de refus dudit notaire de faire cette délivrance.

Donné au palais de justice à....., le.....

Signatures du président et du greffier.

§ 3. — **Mode d'exécution des deux ordonnances qui précèdent et recours spécial accordé au cas de refus d'exécution de la part du notaire.**

129. — Les ordonnances qui précèdent autorisant la délivrance d'un acte non enregistré ou resté imparfait, offrent cette particularité qu'elles doivent être exécu-

I.   6

tées par un tiers, que leur mode d'exécution est indiqué par l'article 842 et qu'elles sont soumises à un recours tout spécial organisé par l'article 843.

Le plus souvent, le notaire obéira à la décision, en délivrant la copie demandée; il n'a aucune raison de la refuser, si, d'ailleurs, ses frais et honoraires ont été payés.

Si, au contraire, le notaire refuse la délivrance, l'article 843 indique comment il faudra procéder. « *En cas de refus de la part du notaire ou dépositaire, il en sera référé au président du tribunal de première instance.* » Il s'agit ici, du président qui a accordé les ordonnances et qui, cette fois, va être saisi comme juge des référés à la requête de la partie qui a subi le refus. — Garsonnet, *loc. cit.*, t. VII, § 2578; — Pigeau, *loc. cit.*, t. II, p. 335; — Chauveau sur Carré, *loc. cit.*, quest. 2823 *bis*.

Ainsi, le président, comme juge des référés, est appelé à se prononcer sur une décision émanant du président rendant des ordonnances; le même magistrat, exerçant cette fois une juridiction différente, va revenir sur ce qu'il a décidé en vertu d'une autre juridiction ; et pourtant ces deux juridictions sont absolument indépendantes et l'une n'est pas supérieure à l'autre. Cette manière de procéder est un peu anormale, mais rapide et économique ; elle nous offre le germe de cette réserve dont nous avons parlé, due à M. Debelleyme, et qui, introduite dans les ordonnances, permet au magistrat qui les a rendues de revenir sur sa décision.

Quoi qu'il en soit, la partie à qui le notaire a refusé de délivrer la copie demandée, notifiera à celui-ci l'expédition de l'ordonnance et de la requête qui lui a servi de base, avec assignation en référé.

Sur cette assignation, le président statuera en confirmant ou en rétractant sa première décision.

Si sa nouvelle ordonnance est confirmative, elle est expédiée en forme exécutoire et notifiée au notaire, avec sommation de l'exécuter.

Dans tous les cas, elle sera susceptible d'appel s'il y a lieu (art. 809, C. proc. civ.).

En nous plaçant dans le cas ordinaire, c'est-à-dire celui où la délivrance de la copie est autorisée, voici comment devra procéder le notaire. Il dressera, dans la forme des actes notariés, un procès-verbal dans lequel il fera comparaître le demandeur qui exposera les faits, la procédure, et demandera la délivrance de la copie. A la suite, le notaire déclarera déférer à la réquisition faite par la partie et délivrera la copie demandée, après avoir annexé l'expédition de l'ordonnance ou des ordonnances, s'il y a eu référé.

Et au bas de la copie qu'il délivrera, il écrira la mention prescrite par l'article 842. Cette mention a été sagement ordonnée par le législateur. Le notaire, en effet, va délivrer une copie contrairement aux règles des lois fiscales et notariales ; il ne faut pas qu'on puisse l'accuser d'avoir voulu violer ces règles, et la mention écrite au bas de la copie délivrée le protègera contre une accusation de cette nature.

Voici la formule de la mention lorsque le notaire n'a opposé aucun refus :

La présente copie dûment collationnée sur la minute non enregistrée, ou bien demeurée imparfaite par suite du défaut de signature du sieur..... a été délivrée aujourd'hui (*mettre la date*), au sieur (*nom du demandeur*), en vertu d'une ordonnance de M. le président du tribunal civil de..... rendue le..... sur la requête dudit sieur..... et dont l'expédition a été annexée au procès-verbal constatant la délivrance de ladite copie dressé le.....

Si, à suite du refus du notaire, une ordonnance de référé est intervenue, la mention sera la même ; seulement, après l'ordonnance qui avait autorisé la délivrance, l'ordonnance de référé sera relatée.

§ 4. — Ordonnance autorisant la délivrance d'une seconde grosse.

130. — On sait que, dans le langage du droit, on appelle grosse l'expédition des décisions judiciaires ou des actes notariés revêtue de la formule exécutoire. La grosse est nécessaire pour l'exécution de ces décisions et de ces actes ; mais elle suffit seule pour la réaliser. Ainsi, par elle, un créancier peut, sans l'intervention de la justice, poursuivre son débiteur par tous les moyens que la loi autorise ; et si, dans sa poursuite, l'huissier est troublé ou arrêté, il a le droit de requérir l'intervention de la force publique, car, à la fin de la grosse dont il est porteur, il est dit que tous commandants et officiers de cette force devront prêter main-forte lorsqu'ils en seront légalement requis. Mais, à raison même des pouvoirs que confère la grosse, une seule peut être délivrée à l'intéressé après chaque décision ou chaque acte ; la délivrance possible de plusieurs eût pu donner lieu à des inconvénients, à des abus ou à des fraudes ; d'ailleurs, une suffisait pour réaliser le but auquel elle devait servir. S'il avait plusieurs grosses, le créancier pourrait poursuivre son débiteur partout à la fois et consommer sa ruine. D'autre part, aux termes de l'article 1283 du Code civil « *la remise volontaire de la grosse du titre fait présumer la remise de la dette ou le paiement* » ; or l'application de cette présomption légale serait impossible, ou bien difficile à l'égard d'un créancier de mauvaise foi, si plusieurs grosses existaient, dont le débiteur ignorerait le nombre, surtout si la grosse remise ne pouvait être représentée par celui-ci.

Cependant la grosse peut être perdue ou volée, détruite ou brûlée à suite d'accident ou d'incendie, et puisqu'il ne peut en être délivré qu'une, le créancier va se trouver alors désarmé et dans l'impossibilité de faire valoir son droit. Cette situation a été prévue par la loi et elle y a porté remède par l'article 844 du Code de procédure civile ainsi conçu : « *La partie qui voudra se faire délivrer une seconde grosse, soit d'une minute d'acte, soit par forme d'ampliation sur une grosse déposée, présentera, à cet effet, requête au président du tribunal de première instance : en vertu de l'ordonnance qui interviendra, elle fera sommation au notaire pour faire la délivrance à jour et heure indiqués et aux parties intéressées pour y être présentes ; mention sera faite de cette ordonnance au bas de la seconde grosse, ainsi que de la somme pour laquelle on pourra exécuter, si la créance est acquittée ou cédée en partie.* »

Comme nous venons de le préciser, une seconde grosse peut être délivrée lorsque la première a disparu par suite de force-majeure. On reconnaît aussi que cette délivrance peut avoir lieu si une partie dépose la première en l'étude d'un notairé, pour en faire tirer une ampliation au profit d'un tiers cessionnaire ; cette hypothèse est, du reste, prévue par l'article 844. — Voir en ce sens : Garsonnet, *loc. cit.* ; — Rolland de Villargues, *Répertoire*, V° Grosse, n°s 81 et 82.

Il est admis que le créancier, pour obtenir la seconde grosse qu'il réclame, n'est pas dans l'obligation de prouver le fait de force majeure à la suite duquel il a été privé de la première ; et la Cour de Bordeaux a décidé qu'il incombait au débiteur de démontrer l'inutilité d'une seconde grosse à raison du paiement obtenu en vertu de la première. — Arrêt du 31 août 1864 [D. 65, 2, 187 ; P. 65, 350 ; S. 55, 2, 70]. — Voir, en ce sens, Boitard, Colmet-Daage et Glasson, *loc. cit.*, t. 2, n° 1102.

131. — A cause de l'importance déjà signalée de la grosse, le législateur a exigé, pour la délivrance d'une seconde, des formalités plus rigoureuses que celles qu'il a édictées pour obtenir copie d'un acte non enregistré ou demeuré imparfait. Ces formalités cependant débutent de la même manière : le créancier, aux termes de l'article 844 précité, doit adresser, comme dans les deux cas précédents, une requête au président du tribunal de première instance. Quel est le président compétent pour recevoir la requête et y répondre? Evidemment, c'est celui du tribunal dans le ressort duquel le notaire dépositaire de la minute de l'acte a sa résidence ; ce point ne saurait faire difficulté et tout le monde à peu près est d'accord en ce qui le concerne. — Voir Douai, 1er décembre 1893 [D. 94, 2,

321]. — *Sic* : Rolland de Villargues, *loc. cit.*, n° 94 ; — Bastiné, *Cours de notariat*, n° 282 ; — Demiau-Crouzilhac, *Explication sommaire du code de procédure*, sur l'article 844 ; — Rutgeers et Amiaud, *Comment. sur la loi du 25 ventôse an XI*, t. II, n° 823 ; *Dictionn. du notar.*, V° Grosse, n° 72 ; — Garsonnet, *loc. cit.*, § 2967-6 ; — Génébrier, *Nouv. cours de notar.*, p. 517 et 518.

La requête est présentée au palais par l'avoué de la partie qui veut obtenir la seconde grosse et elle doit être signée par lui. Elle contient l'exposé des faits qui motivent la demande et les conclusions tendant à ce que cette demande soit accordée.

Le président doit répondre au palais, avec l'assistance du greffier qui signe l'ordonnance, la dépose au greffe et en délivre expédition. Il ne saurait, en principe, refuser son ordonnance, puisqu'il empêcherait ainsi l'exercice d'un droit reconnu par la loi. Il pourrait cependant ne pas l'accorder, s'il lui était démontré que l'obligation pour laquelle on veut l'obtenir est éteinte. Aussi, la Cour de cassation a-t-elle décidé, en ce sens, qu'il ne peut être refusé expédition d'une seconde grosse d'un acte authentique, qu'autant que l'extinction de l'obligation est légalement établie. — Arrêt du 20 mars 1826 [D. 26, 1, 215 et Rép. V° Oblig., n° 4419 ; S. et P. chr.].

En accordant son ordonnance, le président remplit un acte de pure forme imposé par la loi et, par suite, un acte de sa juridiction gracieuse. Si des difficultés s'élèvent ensuite, il sera alors saisi comme juge contentieux en référé, ainsi que le prescrit l'article 845 C. pr. civ.; et, en cette qualité, il aura le droit, s'il y a lieu, de revenir sur sa première décision.

En vertu de l'expédition de la requête et de l'ordonnance, il est fait sommation, savoir : au notaire de
faire la délivrance au jour et à l'heure indiqués, et aux
parties intéressées d'y être présentes. Ces formalités se
comprennent facilement : il faut que le notaire soit
prévenu à l'avance, afin qu'il puisse se trouver présent
et ne pas être surpris par une demande imprévue ; il
faut, d'autre part, que les parties intéressées soient
appelées pour défendre leurs droits et repousser la
demande, s'il y a lieu.

132. — Au jour fixé, si aucune opposition n'est for-
mulée, le notaire dresse, en la forme des actes de son
ministère, un procès-verbal constatant la remise de la
seconde grosse, procès-verbal auquel demeure annexée
l'expédition de la requête et de l'ordonnance.

Si une contestation s'élève, le demandeur, en conformité de l'article 845, C. proc. civ., assigne en référé
les parties qui la soulèvent, y compris le notaire lui-
même au cas où il s'y associerait ; et, en vertu de l'ordonnance qui intervient sur ce référé, si elle maintient
la première, le demandeur se présente de nouveau
devant le notaire à qui il remet l'ordonnance de référé
dûment expédiée et préalablement signifiée ; celui-ci
dresse alors un nouveau procès-verbal pour constater,
cette fois, la délivrance de la seconde grosse.

L'article 844 prescrit de faire sommation aux parties
intéressées d'assister à la délivrance ; dès lors, si cette
délivrance était opérée sans cette sommation préalable,
la seconde grosse ne saurait servir de base pour exercer des poursuites valables ; et si des poursuites avaient
lieu, elles seraient nulles. C'est en ce sens que se sont
prononcées la Cour de Riom, la Cour de Metz et la

Cour de Rennes; la première, par arrêt du 25 février 1817 [D. Rép. V° Oblig., n° 4424 ; S. et P. chr.] ;
la seconde, par arrêt du 6 février 1819 [D. A. 10, 582
et Rép. *loc. cit.*, n° 4420 ; S. et P. chr.] ; la troisième,
par arrêt du 8 déc. 1824, qui a annulé une saisie-exé·
cution [D. A. 11, 647 et Rép. V° Saisie-exécut., n° 10 ;
S. et P. chr.]. — Comp. Cass., 23 août 1826 [D. 27, 1,
10 et Rép. V° Oblig., n° 4420 ; S. et P. chr.].

133. — Lorsque c'est un héritier qui veut obtenir
une seconde grosse d'un acte dans lequel son auteur a
été partie, il n'est pas nécessaire que cet héritier, sur
le refus du notaire, assigne ce dernier à bref délai,
comme le prescrit l'article 839 du Code de procédure
civile vis-à-vis du notaire qui refuse de délivrer une
expédition d'un acte ; il devra procéder ainsi que nous
venons de l'indiquer pour la partie elle-même, c'est-à-
dire conformément aux articles 844 et 845, précités. —
Voir, en ce sens, Toulouse, 20 mars 1839 [D. 39, 2, 73 ;
P. 39, 11, 160 ; S. 39, 2, 91].

134. — Il peut arriver que la première grosse délivrée se soit trouvée nulle et ait été annulée pour une
raison quelconque. Dans ce cas, la seconde qui sera
demandée sera en réalité la première, et sa délivrance
sera affranchie des formalités qu'exige la délivrance de
la seconde. — Cass., 24 mars 1835 [D. 35, 1, 254
et Rép. V° Oblig., n° 4346 ; P. chr., S. 35, 1, 357].

135. — Il est évident que les frais de la seconde
grosse demeurent à la charge du demandeur (voir
ordonn. du 30 août 1815, art. 4). Du reste, il est
admis en jurisprudence et en doctrine que le notaire
peut refuser de la délivrer tant qu'il n'est pas payé
des frais auxquels a donné lieu la minute. — Paris,

28 novembre 1834 [D. Rép. V° Oblig., n° 4428].

136. — Quand il y a opposition et que le président est saisi comme juge des référés, conformément aux prescriptions de l'article 845, ce magistrat est tenu de juger sans pouvoir renvoyer les parties à se pourvoir au principal; il est seul compétent. — Voir, en ce sens : Paris, 8 mai 1857 [D. 59, 5, 322; P. 57, 788; S. 57, 2, 557]. Du reste, quelle que soit la difficulté soulevée, même si on prétend que la créance a été payée, le président est toujours compétent sur la question de la délivrance; l'exception de paiement soulevée ne l'oblige pas à renvoyer les parties devant le tribunal. C'est ce qu'a décidé la Cour de Pau dans un arrêt du 31 août 1837 [D. 38, 2, 93; P. 38, 1, 518; S. 39, 2, 468].

Néanmoins, la doctrine apporte un tempérament à cette opinion trop absolue et elle décide que le président est libre d'ordonner le renvoi. — Bilhard, *Traité des Référés*, p. 140, 141; — Carré, *loc. cit.*, quest. 2874; — Demiau-Crouzilhac, *loc. cit.*, p. 583; — Garsonnet, t. VII, § 2582. — Comp. Bordeaux, 20 janvier 1831 [D. 31, 2, 91 et Rép. V° Degrés de juridic., n° 406; S. et P. chr.]; — Toulouse, 20 mars 1838 [D. 39, 2, 73 et Rép. V° Oblig., n° 4423; P. 39, 1, 160; S. 39, 2, 91].

137. — FORMULE *de la requête tendant à obtenir la délivrance d'une seconde grosse.*

A Monsieur le président du tribunal de première instance de.....

Le sieur (*nom, prénoms, profession, domicile du demandeur*), ayant pour avoué Me....... a l'honneur de vous exposer que, suivant acte retenu le...... par Me..... notaire à. ... il est devenu créancier du sieur (*nom, prénoms, profession et domicile du débiteur*), pour une somme capitale de..... qu'il a égaré la grosse dudit acte à lui délivrée (ou que la grosse à lui délivrée a été détruite ou volée) et qu'il a besoin d'une seconde pour pouvoir poursuivre le paiement de sa créance. En conséquence, il conclut à ce qu'il vous plaise, Monsieur le président, conformément aux dispositions de l'article 844 du Code de procédure civile, l'autoriser à se faire délivrer par le susdit notaire, détenteur de la minute, une seconde grosse dudit acte, en appelant le débiteur.

Présenté au palais de justice à....., le.....

Signature de l'avoué.

ORDONNANCE.

Nous..... président du tribunal de première instance de..... assisté de M..... greffier,

Vu la requête qui précède, ensemble les articles 844 et 845 du Code de procédure civile, autorisons l'exposant à se faire délivrer par M^e..... notaire à..... une seconde grosse de l'acte d'obligation dont s'agit, à la charge par lui de sommer préalablement le débiteur d'assister à cette délivrance ; disons qu'il sera fait mention de la présente ordonnance au bas de la seconde grosse et qu'il nous en sera référé en cas de difficulté.

Donné au palais de justice à....., le.....

Signatures du président et du greffier.

Au bas de la seconde grosse qu'il délivre, le notaire inscrit, conformément à l'article 844, la mention suivante : *La présente seconde grosse a été délivrée au sieur..... en vertu de l'ordonnance de M. le président du tribunal de première instance de..... en date du.....* S'il y a eu référé, il mentionne également l'ordonnance de référé.

Enfin, si la créance a été payée en partie, il ajoute conformément à la volonté du même texte : *La pré-*

sente grosse n'est exécutoire que jusqu'à concurrence de la somme de..... en capital et intérêts, le surplus de la créance primitive ayant été payé au créancier suivant quittance retenue par M....., notaire à..... le..... (ou bien cédé au sieur..... suivant acte de cession passé le..... devant M....., notaire à.....).

138. — Dans tout ce qui précède, nous ne nous sommes occupés que de la délivrance de la seconde grosse des actes notariés. Mais on peut également obtenir une seconde grosse d'une décision judiciaire ; dans ce cas, c'est le greffier qui sera appelé à la délivrer et les règles qui précèdent s'appliqueront à cette dernière hypothèse. — Bonjean, *loc. cit.*, I, n° 1029. — Il n'y a pas à distinguer, lorsqu'il s'agit d'un arrêt, au point de vue de la compétence du président, si l'arrêt était confirmatif ou infirmatif. — *Contra* Debelleyme, *loc. cit.*, I, p. 103. — Dans tous les cas, c'est le président du tribunal civil qui est compétent, même si la décision émane d'un tribunal de commerce ou d'un juge de paix. — Cass., 11 août 1847 [S. 47, 1, 665]. — Bonjean, *loc. cit.*, n° 1029,

SECTION III

Cautionnement des fonctionnaires et officiers ministériels.

139. — Lorsque les fonctionnaires ou les officiers ministériels cessent leurs fonctions, ils doivent, pour retirer leur cautionnement, produire un certificat du greffier du tribunal de première instance dans le ressort duquel ils exerçaient, constatant qu'ils ont déclaré au greffe la cessation de leurs fonctions, que cette cessation remonte à plus de trois mois, qu'aucune opposition ne s'est produite contre la délivrance de ce certificat, et que pendant ce délai aucune condamnation n'a été prononcée contre eux pour faits de charge [Loi du 25 niv., 6 vent. an XIII, art. 8 ; Déc. 18 sept. 1806, art. 1er]. — Ce certificat est visé ou légalisé, au besoin sur requête, par le président du tribunal. — En ce sens : Debelleyme, *loc. cit.*, t. I, p. 136 ; — Garsonnet, *loc. cit.*, § 2977-9.

SECTION IV

Mont-de-Piété.

140. — Le président du tribunal de première instance, par son ordonnance, rend exécutoire le rôle des nantissements à vendre, sur la requête émanant du directeur.

On sait que le Mont-de-piété est un établissement d'utilité publique qui effectue des prêts sur nantissement d'objets mobiliers ou valeurs mobilières. Les objets qui ne sont pas dégagés avant l'expiration du délai accordé ou qui n'ont pas été l'objet d'un renouvellement dans ce délai, sont vendus pour le compte de l'administration jusqu'à due concurrence de la somme prêtée ; et c'est pour opérer cette vente, qui a lieu aux enchères publiques, qu'intervient l'ordonnance du président.

D'autre part, l'emprunteur qui vient de perdre la reconnaissance à lui délivrée, peut arrêter les objets donnés en nantissement et portés en ladite reconnaissance ; mais l'opposition signifiée par ministère d'huissier ne peut se produire, à défaut du titre, qu'en vertu d'une ordonnance du juge.

SECTION V

Titres au porteur perdus ou volés.

141. — La loi du 8 février 1902, qui a modifié celle du 15 juin 1872, relative aux titres au porteur, indique à quelles conditions et dans quelle mesure le propriétaire de titres de cette nature qui s'en trouve dépossédé par quelque événement que ce soit, pourra se faire restituer contre cette perte. D'après l'article 2, il devra, par huissier, notifier : 1° au syndicat des agents de change de Paris, avec réquisition de publier les numéros des titres dont il a été dépossédé; 2° à l'établissement débiteur un acte portant le nombre, la nature, la valeur nominale, le numéro et, s'il y a lieu, la série des titres et autres mentions indiquées par cet article. Cette notification, ajoute le texte, emportera opposition au paiement tant du capital que des intérêts ou dividendes échus ou à échoir, jusqu'à mainlevée ou radiation de l'opposition.

L'article 3 déclare ensuite que « *Lorsqu'il se sera écoulé une année depuis l'opposition sans qu'elle ait été formellement contredite par un tiers se prétendant*

*propriétaire du titre frappé d'opposition, et que, dans
cet intervalle, deux termes au moins d'intérêts ou de
dividendes auront été mis en distribution, l'opposant
pourra se pourvoir auprès du président du tribunal
civil du lieu de son domicile, ou, s'il habite hors de
France, auprès du président du tribunal civil du siège
de l'établissement débiteur, afin d'obtenir l'autorisation de toucher les intérêts ou dividendes échus, ou
même le capital des titres frappés d'opposition, dans
le cas où ledit capital serait ou deviendrait exigible. »*

Nous devons faire remarquer que l'article 3 de la loi
de 1902 concède seulement l'autorisation de toucher
les intérêts ou dividendes échus, alors que le même
article de la loi de 1872 accordait le droit de demander
aussi les intérêts ou dividendes à échoir au fur et à
mesure de leur exigibilité.

Il est admis que la loi s'applique aux titres étrangers
et que pour eux aussi, le président pourra répondre à
la requête. — Cass., 13 février 1884 [*Pand. franc.* 6,
261]; — Paris, 21 août 1882 [S. 83, 2, 117]; — *Sic.*
Bonjean, *loc. cit.*, n° 1756.

Le président est libre d'accorder ou de refuser l'autorisation, comme le laisse supposer l'article 4. S'il
l'accorde, l'opposant devra, pour toucher les intérêts
ou dividendes, fournir une caution solvable. Il devra
aussi fournir caution pour toucher le capital, déclare
l'article 5, au cas où le président aura accordé l'autorisation sollicitée.

142. — D'après l'article 7 « *En cas de refus de
l'autorisation dont il est parlé en l'article 3, l'opposant pourra saisir, par voie de requête, le tribunal
civil de son domicile, ou. s'il habite hors de France,*

*le tribunal civil du siège de l'établissement débiteur,
lequel statuera après avoir entendu le ministère public.
Le jugement obtenu dudit tribunal produira les effets
attachés à l'ordonnance d'autorisation.* »

L'article 3 donne les mêmes droits au porteur dépossédé de titres ne donnant pas droit à des intérêts ou
dividendes, ou pour lesquels il y a eu cassation des
distributions périodiques ; mais en ce cas, ce droit ne
pourra être exercé que lorsqu'il se sera écoulé trois ans
depuis l'opposition non contredite.

143. — La loi précitée n'ayant pas dérogé au droit
commun en ce qui touche la manière d'obtenir l'autorisation du président et la forme de cette autorisation,
l'opposant, propriétaire des titres perdus ou volés,
devra présenter requête au magistrat désigné par l'article 3. Il lui exposera, dans cette requête, les faits
dont s'agit ; il rappellera l'opposition par lui signifiée
en conformité de l'article 2 et il conclura à ce qu'il lui
plaise l'autoriser à toucher les intérêts ou dividendes
échus ou même le capital dans le cas où il serait ou
deviendrait exigible. La requête devra être présentée
et signée par un avoué ; elle est accompagnée de l'original de l'opposition et du certificat délivré par l'établissement débiteur constatant, comme le dit l'article 3,
que l'opposition n'a pas été contredite. — Voir en ce
sens : Buchère, *Traité théorique et pratique des valeurs
mobilières et effets publics*, n° 968 ; — Wahl, *Traité
théorique et pratique des titres au porteur français et
étrangers*, t. II, n° 1276 ; — Garsonnet, *loc. cit.*, § 2977-7.

Nous venons de dire que le président peut accorder
ou refuser l'autorisation. Pour se décider dans un sens
ou dans l'autre, il doit d'abord examiner si l'opposi-

tion est régulière et puis si les prétentions du requérant sont ou non vraisemblables ; à cet effet, il
recherchera l'honorabilité et la situation sociale de ce
dernier.

S'il a des doutes sur les droits du requérant, il peut
ne l'autoriser qu'à toucher les dividendes, car la loi le
laisse libre, puisqu'elle dit que le requérant peut obtenir l'autorisation de toucher les dividendes et même le
capital. — Voir Wahl, *loc. cit.*, t. II, p. 197, note 2.

L'ordonnance est rendue dans la forme ordinaire.

144. — L'article prévoyant le refus du président
permet à l'opposant de se pourvoir par voie de requête
devant le tribunal civil de son domicile. S'il habite
hors de France, il devra s'adresser au tribunal civil
du siège de l'établissement débiteur. Le jugement à
intervenir, s'il est favorable, remplacera l'ordonnance
refusée.

L'action formée après le refus est intentée et suivie
comme le sont les instances sur requête. Ainsi l'opposant présentera requête au tribunal, dans laquelle il
exposera les faits, le refus par lui éprouvé, et il demandera au président de désigner un juge pour faire le
rapport et d'ordonner la communication des pièces au
ministère public. Le président rend une ordonnance
conforme qui est de pure forme ici.

La loi de 1902 a ajouté à la loi de 1872 les articles 17
et 18 donnant compétence au juge des référés pour connaître de la mainlevée de l'opposition pratiquée en
vertu de l'article 2; nous verrons ce point en traitant
des référés dans la deuxième partie de cet ouvrage.

145. — FORMULE *de la requête présentée au président pour*

I.   7

avoir l'autorisation de toucher les coupons ou dividendes et, s'il y a lieu, le capital des titres au porteur perdus.

A Monsieur le président du tribunal de première instance de.....

Le sieur (*nom, prénoms, profession et domicile du demandeur*), ayant pour avoué M⁣ᵉ....., a l'honneur de vous exposer qu'il a été dépossédé de (*indiquer soigneusement le nombre, la nature, la valeur nominale, le numéro de chaque titre, la série des titres, le nom de l'établissement débiteur*); qu'après cette perte il s'est empressé de faire notifier au syndicat des agents de change de Paris, avec réquisition de publier les numéros des titres dont il a été dépossédé, et audit établissement, par exploit de....., huissier à..... en date du..... un acte contenant les indications qui précèdent et emportant opposition au paiement tant du capital que des intérêts ou dividendes des titres dont s'agit, conformément à l'article 2 de la loi du 8 février 1902 modifiant celle du 15 juin 1872; qu'il s'est écoulé une année sans que cette opposition ait été contredite par un tiers se prétendant propriétaire des titres ainsi frappés d'opposition; et que dans cet intervalle deux termes d'intérêts (ou dividendes) ont été mis en distribution.

En conséquence, l'exposant demande qu'il vous plaise, Monsieur le président, conformément à l'article 3 de la loi précitée de 1902 ayant modifié le même article de la loi de 1872 aussi précitée, l'autoriser à toucher les intérêts (ou bien les coupons ou dividendes) échus (Si une partie du capital était devenue exigible, on ajouterait : et même le capital de..... représentant la valeur de..... devenu exigible par suite de.....), le tout sous l'offre de fournir la caution prescrite par les articles 4 et 5 de la dite loi.

Présenté au palais de justice à....., le.......

Signature de l'avoué.

ORDONNANCE.

Nous, président du tribunal de première instance de.....,

assisté de M..... greffier, vu la requête qui précède et les fais
y énoncés, ensemble l'opposition signifiée par exploit de.....
huissier à..... en date du....., vu les articles 2 et 3 de la
loi du 8 février 1902, modifiant les mêmes articles de la loi du
15 juin 1872, attendu qu'une année s'est écoulée depuis cette
date sans que cette opposition ait été contredite, ainsi que
le constate le certificat de non-contradiction délivré le.....
par.....; attendu que, dans cet intervalle, deux termes d'intérêts
(ou coupons) ont été payés, autorisons l'exposant à toucher les
intérêts (ou coupons ou dividendes) échus et, en outre, le capital
de..... représentant la valeur des titres devenus exigibles
(*indiquer les titres*); à la charge par l'exposant de fournir la caution prescrite par les articles 4 et 5 de ladite loi de 1902.

Donné au palais de justice à....., le.....

Signatures du président et du greffier.

Conformément au droit commun, l'ordonnance est
déposée au greffe et expédition en est délivrée, ainsi
que de la requête. Cette expédition est notifiée à l'établissement débiteur et au syndicat des agents de change
de Paris.

146. — D'après l'article 15 de la loi du 8 février 1902
précitée, modifiant celle de 1872 précitée, lorsqu'il se
sera écoulé dix ans depuis l'autorisation obtenue par
l'opposant, conformément à l'article 3, et que pendant
ce laps de temps l'opposition aura été publiée sans être
contredite dans les termes dudit article, l'opposant
pourra exiger de l'établissement débiteur qu'il lui soit
remis un titre semblable et subrogé au premier.

SECTION VI

Lettre de change perdue ou volée.

147. — Le tribunal civil remplaçant le tribunal de commerce dans les arrondissements où celui-ci n'existe pas, son président sera parfois appelé à rendre des ordonnances en matière commerciale. Nous trouvons d'abord son intervention en matière de lettre de change perdue ou volée. Une lettre de change peut être perdue ou volée; dans ce cas, d'après l'article 151 du Code de commerce, « *si la lettre de change perdue est revêtue de l'acceptation, le paiement ne peut en être exigé sur une seconde, troisième, quatrième, etc., que sur une ordonnance du juge et en donnant caution.* »

148. — Si la lettre de change n'est pas acceptée, celui qui l'a perdue peut en poursuivre le paiement sur la présentation d'un autre exemplaire, comme le déclare l'article 150 du même Code. Mais il n'en est plus de même quand il s'agit d'une lettre de change acceptée; le tiré, en effet, ne serait pas, dans ce cas, libéré par le paiement de l'exemplaire non accepté; il ne peut donc être contraint de payer que dans les conditions dont parle l'article 151.

149. — Comme première condition, le texte exige une ordonnance du juge. Suivant certains auteurs, l'ordonnance devrait être rendue par le tribunal de commerce du lieu où la lettre de change est payable. Cette opinion se base sur l'article 19 du titre V de l'ordonnance de 1673, sous laquelle il n'y avait pas de

tribunal de commerce, mais seulement des juges con-
sulaires remplaçant ce tribunal. — Voir en ce sens :
Alauzet, *Comment. du Code de commerce et de la
législat. commerciale*, t. IV, n° 1425 ; — Ruben de
Couder, *Dictionnaire du droit commercial*, v° Lettre de
change, n° 627 ; — Pardessus, *Droit commercial*, t. I,
n° 408.

Mais d'autres auteurs estiment, avec raison, que le
président du tribunal de commerce est seul compétent
pour rendre l'ordonnance exigée par l'article 151 précité. Il s'agit, en effet, d'une formalité qui demande une
grande célérité et partant une grande simplicité, ce
qui exclut l'intervention du tribunal. — Voir dans ce
sens : Lyon-Caen et Renault, *Traité de droit commercial*, t. IV, n° 373 ; — Bravard-Veyrières et Demangeat,
Traité de droit commercial, t. III, p. 373, note 1 ; —
Boistel, *Manuel de droit commercial*, n° 808 ; —
Garsonnet, *loc. cit.*, § 2977-7.

A Paris, cependant, l'usage est d'assigner devant le
tribunal de commerce et d'obtenir un jugement.

150. — Mais qu'elle soit donnée par le président où
le tribunal, l'autorisation demandée ne doit être accordée qu'en prenant en considération l'honorabilité du
demandeur ; il y aura lieu, en outre, d'examiner les
circonstances dans lesquelles la perte a eu lieu, l'époque
où est formée la demande. Ainsi, le tribunal de commerce de la Seine a considéré comme suspecte une
demande faite longtemps après l'échéance. — Voir
jugement du 2 août 1891 (*Droit* du 16 octobre 1891).

151. — Lorsque la lettre de change perdue ou
volée n'existait qu'en un seul exemplaire, l'article 152
règle la situation de la manière suivante : « *Si celui*

qui a perdu la lettre de change, qu'elle soit acceptée ou non, ne peut représenter la seconde, troisième, quatrième, etc., il peut demander le paiement de la lettre de change perdue et l'obtenir par l'ordonnance du juge, en justifiant de sa propriété par ses livres et en donnant caution. » Ainsi, dans cette hypothèse, il faut justifier qu'on est propriétaire de la lettre de change perdue ou volée et fournir caution, pour pouvoir obtenir l'ordonnance du juge.

152. — Devant le tribunal de commerce, les avoués sont sans qualité, puisque leur ministère n'existe point près de cette juridiction. En conséquence, la requête adressée au président du tribunal civil, pris comme président du tribunal de commerce, pourra bien être présentée par un avoué; mais elle devra être signée par le demandeur.

Vu l'urgence, la requête sera valablement présentée en dehors du palais, et l'ordonnance pourra être rendue par le président à son domicile, sans avoir besoin de l'assistance et de la signature du greffier; elle sera rendue exécutoire sur minute.

Si le président refusait son ordonnance, un recours serait ouvert contre ce refus, puisqu'il empêcherait l'exercice d'un droit reconnu par la loi.

153. — FORMULE *de la requête prévue par l'article 151 C. com.*

A Monsieur le président du tribunal civil de....., en sa qualité de président du tribunal de commerce.

Le sieur (*nom, prénoms, profession et domicile du demandeur*), a l'honneur de vous exposer qu'il a perdu une lettre de

change de la somme de....., souscrite en sa faveur par..... et
tirée sur le sieur..... qui l'a acceptée ; que dans cette situation
et ne pouvant représenter l'exemplaire revêtu de l'acceptation,
il est obligé, conformément à l'article 151 C. de comm., pour
obtenir le paiement sur une seconde, d'obtenir votre autorisation. En conséquence, l'exposant demande qu'il vous plaise,
Monsieur le président, lui accorder cette autorisation, sous
l'offre qu'il fait de fournir caution. Et, vu l'urgence, vous voudrez bien permettre l'exécution de votre ordonnance sur minute.

Présenté à....., le.....

Signature de la partie.

ORDONNANCE.

Nous, président du tribunal civil de....., statuant commercialement, vu la requête qui précède, ensemble les faits y
énoncés, autorisons l'exposant à exiger le paiement de la lettre
de change dont s'agit, à la charge par lui de donner caution, le
tout conformément à l'article 151 précité et, vu l'urgence,
disons que la présente sera exécutoire sur minute.

Donné au palais de justice (ou en notre hôtel) à....., le.....

Signature du président.

154. — FORMULE *de la requête présentée dans le cas
prévu par l'article 152 C. comm.*

*A Monsieur le président du tribunal civil de....., en sa qualité de
président du tribunal de commerce.*

Le sieur (*nom, prénoms, profession et domicile du demandeur*) a
l'honneur de vous exposer qu'il a perdu une lettre de change de
la somme de..... souscrite en sa faveur par le sieur (*nom,
prénoms, profession et domicile du souscripteur*) et dont il n'existe
qu'un seul exemplaire ; que, conformément aux prescriptions
de l'article 152 C. comm., il établit par ses livres de commerce

qu'il est propriétaire de cette lettre de change et qu'il offre de fournir caution. En conséquence, il demande qu'il vous plaise l'autoriser à demander le paiement de ladite lettre de change et, vu l'urgence, permettre l'exécution de votre ordonnance sur minute.

Présenté à......, le......

Signature de la partie.

ORDONNANCE.

Nous, président du tribunal de première instance de..... statuant commercialement,

Vu la requête qui précède et les faits y énoncés ; attendu que l'exposant justifie par ses livres de commerce de la propriété de la lettre de change dont s'agit et qu'il offre de donner caution, le tout conformément aux prescriptions de l'article 152 C. comm., l'autorisons, en fournissant la dite caution, à demander le paiement de la dite lettre de change et disons que, vu l'urgence, notre ordonnance sera exécutoire sur minute.

Donné au palais de justice (ou en notre hôtel) à....., le.....

Signature du président.

SECTION VII

Transport de marchandises.

155. — Aux termes de l'article 106 du Code de commerce, « *En cas de refus ou contestation pour la réception des objets transportés, leur état est vérifié et constaté par des experts nommés par le président du tribunal de commerce, ou, à son défaut, par le juge de paix, et par ordonnance au pied d'une requête.* »

Dans les ressorts où il n'existe pas de tribunal de commerce, c'est encore le président du tribunal civil qui sera appelé à rendre l'ordonnance prévue par l'article qui précède. Le texte déclare qu'à défaut du président, l'ordonnance pourra être rendue par le juge de paix ; mais, en l'absence du président, elle doit émaner du juge plus ancien du tribunal plutôt que du juge de paix. — Voir : Colmar, 24 décembre 1833 [D. 35, 2, 22 ; S. 34, 2, 649 ; P. chr.]. — Garsonnet, t. VIII, § 2977-8.

156. — L'ordonnance est rendue par le président à suite de la requête qui lui est présentée, ainsi que l'indique, d'ailleurs, l'article 106 ; elle est déclarée exécutoire sur minute et intervient par conséquent sans l'assistance et la signature du greffier. Comme nous l'avons dit à la section qui précède, c'est la partie qui doit signer la requête, puisque le ministère des avoués n'existe pas devant le tribunal de commerce.

157. — FORMULE *de la requête présentée en exécution de l'article 106 C. comm.*

A Monsieur le président du tribunal civil de......, en sa qualité de président du tribunal de commerce.

Le sieur (*nom, prénoms, profession et domicile du demandeur*) a l'honneur de vous exposer que des marchandises (*désigner les marchandises*) lui ont été expédiées au nom de (*indiquer l'expéditeur*) par la voie du chemin de fer de (*indiquer la Compagnie*) ; qu'il a été avisé qu'elles étaient en gare de......, mais qu'il a dû les refuser parce qu'il s'est aperçu qu'elles étaient arrivées avariées (*indiquer les avaries*) ; que dans cette situation il a intérêt, conformément à l'article 106 C. comm., à faire nommer des experts ayant mandat de constater l'état des dites marchandises. En conséquence, il demande qu'il vous plaise nommer les dits experts chargés de faire cette constatation et, vu l'urgence, autoriser l'exécution de votre ordonnance sur minute.

Présenté à....., le.....

Signature de la partie.

ORDONNANCE.

Nous, président du tribunal de première instance de......, agissant en matière commerciale,

Vu la requête qui précède et les faits y énoncés, ensemble l'article 106 du Code de commerce, désignons, pour procéder à la constatation de l'état des marchandises dont s'agit, les sieurs (*trois experts*); disons que les dits experts prêteront serment devant nous, conformément à la loi, autorisons, vu l'urgence, l'exécution de notre ordonnance sur minute.

Donné au palais de justice (ou en notre hôtel) à....., le....:.

Signature du président.

158. — Le président peut, si on le demande, ordonner le dépôt ou séquestre des marchandises et ensuite leur transport dans un dépôt public (art. 106, n° 2)

SECTION VIII

Puissance paternelle. — **Exercice du droit de détention.**

159. — Les père et mère sont tenus d'entretenir, surveiller, garder et élever leurs enfants issus de leur mariage. Cette obligation est écrite dans les articles 203, 372, 374 du Code civil; mais durant le mariage, elle incombe au père qui, seul, exerce l'autorité nécessaire, ainsi que le déclare l'article 373 du même Code. Comme sanction de leur obligation, les père et mère doivent avoir un droit de correction vis-à-vis de l'enfant. Ce droit n'est, en principe, ni défini, ni réglementé par le législateur ; mais, pour qu'il ne soit pas exercé d'une manière excessive, la loi apporte certaines limitations : telles, celle de l'article 341 du Code pénal relative à la séquestration de l'enfant ; celles des articles 309 et 311 du même Code et de la loi du 21 avril 1898 concernant les blessures ou attentats dont il pourrait être l'objet ; enfin, celle de la loi du 24 juillet 1889, d'après laquelle le père qui maltraîte l'enfant au point de compromettre sa santé, pourra être déchu de la puissance paternelle.

Par voie de correction, l'enfant peut, grâce à la privation de la quotité disponible, être dépouillé d'une partie de ses droits héréditaires ; de 10 à 15 ans, il peut être engagé comme mousse sur un navire marchand (Décret du 3 brumaire an IV); enfin, il peut être incarcéré et détenu pendant un temps déterminé.

C'est seulement de cette dernière sanction que nous allons nous occuper, puisque c'est par l'ordonnance ou l'ordre du président qu'elle doit se réaliser. Elle est écrite dans les articles 375, 376, 377, 378, 379, 380, 381, 382 et 383 du Code civil.

160. — Pour l'exercice du droit de détention qu'il accorde, le législateur a établi diverses distinctions ; quatre cas sont prévus par lui.

1er cas : la détention est demandée par le père contre un enfant âgé de moins de 16 ans commencés (art. 376).

2e cas : la détention est demandée par le père contre un enfant âgé de 16 ans commencés (art. 377).

3e cas : la détention est demandée par la mère survivante et non remariée (art. 381).

4e cas : la détention est demandée par la mère remariée, mais maintenue dans la tutelle (art. 395 et 396).

Pour exercer le droit de détention, les parents doivent s'adresser au président du tribunal de première
instance du ressort dans lequel ils sont domiciliés;
seul, ce magistrat est compétent pour ordonner que
l'enfant sera interné (art. 376 précité).

161. — Quand c'est le père qui demande la détention, il peut agir tantôt par voie d'autorité, tantôt seulement par voie de réquisition. Dans le premier cas, le
président est tenu de déférer à la demande qui lui est
faite, car, alors « il ne fait que légaliser pour ainsi
dire, qu'ordonner l'exécution pure et simple de la
volonté du père » ; dans ce cas, son autorisation est de
pure forme; il n'a le droit ni d'apprécier, ni de juger
les raisons pour lesquelles elle est demandée. Cette
solution est imposée par l'article 376 précité. — Voir
en ce sens : Toullier, *Droit civil français*, t. II, 2,
n° 1051 ; — Aubry et Rau, *Cours de droit civil français*, t. VI, § 550, p. 79 ; — Laurent, *Principes de droit
civil*, t. IV, n° 276 ; — Huc, *Commentaire théorique et
pratique du Code civil*, t. III, n° 176 ; — Planiol, *Traité
élémentaire de Code civil*, t. I, n° 2420. — Voir cependant en sens contraire : Demolombe, *Cours de Code
Napoléon*, t. VI, n° 314 ; — Demante, *Cours analytique
de Code civil*, t. II, n° 121 *bis*.

Dans le second cas, c'est-à-dire quand le père agit
par voie de réquisition, le président peut accueillir ou
rejeter la demande ; il pèse les motifs invoqués à l'appui ;
il confère avec le procureur de la République, et se

décide ensuite; il peut, s'il l'autorise, réduire la durée
de la détention (art. 377 précité). En un mot, il prend,
dans cette hypothèse, une véritable décision personnelle. — Bertin, *loc. cit.*, t. I, n° 552 ; Garsonnet, *loc.
cit.*, t. VIII, § 2977, 2°.

Dans tous les cas, le président ne statuera pas, ici,
à suite de requête ; la demande ou réquisition lui sera
adressée par lettre fermée contenant les motifs invoqués. Si le magistrat n'a pas une connaissance personnelle et suffisante des faits, il communiquera la
plainte au juge de paix ou au commissaire de police,
avec prière de lui donner son avis. Après cet avis, il
adressera le dossier, s'il y a lieu, au procureur de la
République ; puis, il délivrera l'ordre de détention. —
Voir Debelleyme, *loc. cit.*, t. I, p. 106 ; — Bertin,
loc. cit.

Ce mode de procéder est conforme au vœu de la loi,
qui déclare, dans l'article 378, qu'il n'y aura aucune
écriture ni formalité judiciaire autre que l'ordre d'arrestation. Cependant, le père qui ne sait pas écrire et
qui ne peut se rendre devant le président, ne devrait
pas être repoussé dans sa demande, s'il la formait par
requête d'avoué. — Voir les détails que donne M. Bonjean sur le fonctionnement de la correction paternelle
au tribunal de la Seine. — *Loc. cit.*, pp. 287 et s.

Examinons maintenant les divers cas ci-dessus indiqués dans lesquels la détention peut être demandée.

§ 1er — Détention demandée par le père contre un enfant âgé de moins de seize ans commencés, n'ayant aucun bien personnel ou n'exerçant aucun état.

162. — Ce premier cas est prévu et régi par l'article 376 ainsi conçu : « *Si l'enfant est âgé de moins de 16 ans commencés, le père pourra le faire détenir pendant un temps qui ne pourra excéder un mois; et, à cet effet, le président du tribunal d'arrondissement devra, sur sa demande, délivrer l'ordre d'arrestation.* » On le voit, le texte est formel : le président est tenu de délivrer l'ordre d'arrestation, car, ici, le père agit par voie d'autorité. Mais encore faut-il, pour agir ainsi, que, comme l'exige l'article 382, l'enfant n'ait ni biens personnels, ni un état. Toutefois, on admet que le magistrat a le droit de faire au père, même agissant par voie d'autorité, les représentations qu'il juge nécessaires; qu'il pourrait même refuser de dire droit à sa demande, si la détention lui paraissait inhumaine, à raison de l'âge ou de l'état de santé de l'enfant.

163. — FORMULE *de la lettre que le père doit adresser, dans cette hypothèse, au président du tribunal de première instance.*

(Cette lettre doit être remise au magistrat, sous pli cacheté.)

A Monsieur le président du tribunal de première instance de......

Le soussigné (*nom, prénoms, profession et domicile du père*) a l'honneur de vous exposer que son fils (*indiquer les nom et prénoms*) né le......, âgé, par conséquent, de moins de seize ans commencés, ne possédant aucun bien personnel et n'exerçant aucun état, demeurant avec lui (ou bien, s'il a quitté la maison paternelle, demeurant à....., hors du domicile paternel qu'il a quitté), méconnaît complètement l'autorité paternelle ; que, n'écoutant ni les conseils et les ordres de son père, ni les prières de sa mère, il mène une conduite des plus répréhensibles qui le conduira à sa perte ; qu'en effet (*indiquer les faits les plus graves reprochés à l'enfant*) ; que tous les moyens tentés pour le ramener sont demeurés impuissants et que maintenant le père n'a plus qu'à recourir au dernier que lui fournit la loi. En conséquence, l'exposant vous demande, Monsieur le président, en vertu de l'article 376 du Code civil, de vouloir bien ordonner que son dit fils, dont il vous produit l'extrait de naissance, sera arrêté et détenu pendant un mois, par mesure de correction.

Présenté au palais de justice, à....., le.....

Signature du père.

ORDONNANCE.

Nous, président du tribunal de première instance de.....,

Vu la demande à nous adressée par le sieur (*nom, prénoms, profession et domicile du père*), tendant à faire détenir pendant un mois, par mesure de correction, le sieur (*nom et prénoms de l'enfant*), son fils, âgé de moins de seize ans commencés, n'ayant aucun bien personnel et n'exerçant aucun état ; vu l'article 376 du Code civil, ensemble l'extrait de l'acte de naissance à nous communiqué,

Ordonnons que le dit sieur (*nom et prénoms de l'enfant*) sera arrêté et conduit, au besoin par la force publique, à la maison de..... pour y être détenu pendant un mois, à la charge par le père de souscrire une soumission de payer tous les frais et de fournir les aliments convenables.

Donné au palais de justice à....., le.....

Signature du président.

§ 2. — **Détention demandée par le père contre un enfant âgé de seize ans commencés ou contre un enfant âgé de moins de seize ans, mais ayant des biens personnels ou exerçant un état.**

164. — Dans ce cas, le père n'agit plus par voie d'autorité, mais par voie de réquisition, et l'ordre demandé pourra être refusé. Voici, en effet, comment s'exprime l'article 377 qui prévoit·et régit cette hypothèse : « *Depuis l'âge de seize ans commencés jusqu'à la majorité ou l'émancipation, le père pourra seulement requérir la détention de son enfant pendant six mois au plus ; il s'adressera au président dudit tribunal qui, après en avoir conféré avec le procureur de la République, délivrera l'ordre d'arrestation ou le refusera, et pourra, dans le premier cas, abréger le temps de la détention requis par le père.* »

Les dispositions de ce texte sont étendues au cas où l'enfant de moins de seize ans a un état ou des biens personnels, par l'article 382. Dans les deux cas, la loi donne au président un pouvoir facultatif : le magistrat a le droit d'apprécier la demande qui lui est adressée, de l'accorder ou de la refuser, et de la réduire dans le premier cas, ainsi que l'y autorise l'article 377. Cela se se comprend, car il ne s'agit plus dans un cas d'un enfant, mais presque d'un homme, puisque celui contre qui la mesure est requise peut avoir plus de vingt ans ; et, dans l'autre cas, d'un enfant auquel soit un patrimoine personnel, soit un état doivent ménager un respect plus considérable de la personnalité.

165. — La lettre adressée au président sera, ici,

conçue dans les mêmes termes; mais elle devra indiquer l'âge de l'enfant ou le fait qu'il a des biens ou un état.

L'ordonnance sera conçue dans les termes suivants :

ORDONNANCE.

Nous, président du tribunal de première instance de.....

Vu la réquisition à nous adressée par le sieur (*nom, prénoms, profession et domicile du demandeur*), tendant à faire détenir pendant (*indiquer le délai demandé qui ne peut dépasser six mois ou un mois suivant le cas*), par mesure de correction, le sieur (*nom et prénoms de l'enfant*), son fils, âgé de plus de seize ans (*indiquer l'âge*) ou de moins de seize ans et (en ce cas) possédant des biens ou exerçant un état; vu l'article 377 du Code civil, ensemble l'extrait de l'acte de naissance à nous communiqué; après en avoir conféré avec M. le Procureur de la République, ordonnons que le dit sieur (*nom et prénoms de l'enfant*) sera arrêté et conduit, au besoin par la force publique, à la maison de......
pour y être détenu pendant (*indiquer le délai ne pouvant dépasser six mois lorsque l'enfant a plus de seize ans et un mois lorsqu'il a moins de seize ans*), à la charge par le père de souscrire une soumission de payer tous les frais et de fournir les aliments convenables.

Donné au palais de justice à....... le.....

Signature du président.

§3. — Détention demandée contre l'enfant par la mère survivante et non remariée.

166. — Il s'agit encore, ici, et *a fortiori*, d'un cas de réquisition. Il est prévu et réglé par l'article 381 qui dispose de la manière suivante : « *La mère survivante et non remariée ne pourra faire détenir un enfant qu'avec le concours des deux plus proches*

parents paternels et par voie de réquisition, confor-
mément à l'article 377. » Que l'enfant ait moins de
seize ans commencés ou qu'il soit plus âgé, il importe
peu ; la mère ne pourra toujours agir que par voie de
réquisition, car la loi ne distingue pas, et l'ordre ne
sera délivré qu'en connaissance de cause. En outre, le
concours des deux plus proches parents paternels sera
nécessaire. A défaut de parents dans la ligne paternelle, la mère pourra s'adresser à deux amis du père.
— Voir en ce sens : Toullier, *loc. cit.*, t. II, n° 1057,
note 3 ; — Demolombe, *loc. cit.*, t. VII, p. 353 ; —
Aubry et Rau, *loc. cit.*, t. VI, § 550, p. 79, note 17 ; —
Marcadé, *Explication du Code civil*, t. II, n° 139. —
Voir, cependant, en sens contraire : Laurent, *loc. cit.*,
t. IV, n° 282 ; — Huc, *loc. cit.*, t. III, n° 181. La
demande qui serait formée par la mère sans le concours des personnes dont l'assistance est exigée, devrait
être rejetée par le président ; et le conseil de famille
ne saurait alors être saisi, car le défaut de concours
des parents paternels enlève sur ce point tout droit à
la femme.

167. — FORMULE *de la lettre adressée par la mère survi-*
vante et non remariée.

La dame (*nom, prénoms, profession et domicile de la mère*),
veuve du sieur (*nom, prénoms et profession du père décédé*) et les
sieurs (*nom, prénoms, profession et domicile des deux parents qui
prêtent leur concours*), plus proches parents paternels, ont
l'honneur de vous exposer que le fils de la requérante (*nom et
prénoms de l'enfant*), domicilié avec elle (ou bien si l'enfant a
quitté sa mère, demeurant à....., hors du domicile maternel),
né le (*indiquer la date de la naissance*), a, depuis la mort de son
père, complètement méconnu l'autorité maternelle et mène une

conduite des plus répréhensibles ; qu'ainsi (*indiquer les faits les plus graves*) ; que l'exposante a tout fait pour le ramener, mais que tous ses efforts sont demeurés impuissants et qu'il ne lui reste aujourd'hui qu'à recourir à la détention autorisée par la loi.

En conséquence, les exposants vous demandent, Monsieur le président, en vertu de l'article 381 du Code civil, de vouloir bien ordonner que ledit sieur (*nom et prénoms du fils*), âgé de moins de seize ans, ainsi que le prouve l'extrait de l'acte de naissance produit, sera arrêté et détenu pendant un mois, par mesure de correction.

Présenté au palais de justice à......, le.....

Signatures de la mère et des deux parents.

ORDONNANCE.

Nous, président du tribunal de première instance de.....

Vu la réquisition à nous adressée par la dame (*nom, prénoms, profession et domicile de la mère*), veuve non remariée du sieur (*nom, prénoms et profession du père décédé*) et par les sieurs (*nom, prénoms, profession et domicile des deux parents*), les deux plus proches parents du côté paternel, tendant à faire détenir pendant le délai d'un mois, par mesure de correction, le sieur (*nom et prénoms de l'enfant*), fils de ladite dame ; vu l'article 381 de Code civil, ordonnons, après en avoir conféré avec M. le Procureur de la République, que le sieur (*nom et prénoms de l'enfant*), âgé de moins de seize ans commencés, sera arrêté et, au besoin par la force publique, conduit à la maison de......, pour y être détenu pendant un mois, à la charge par la mère de souscrire une soumission de payer tous les frais et de fournir les aliments convenables.

Donné au palais de justice à....., le.....

Signature du président.

Si l'enfant a plus de seize ans, la détention pourra être demandée et ordonnée pour six mois.

§ 4. — **Détention demandée contre l'enfant par la mère survivante remariée, mais maintenue dans la tutelle.**

168. — Nous arrivons au cas où la réquisition émane de la mère remariée ; il s'agit toujours d'un cas de réquisition.

La mère qui se remarie, conserve ses droits d'éducation et de garde vis-à-vis de ses enfants du premier lit ; mais elle ne peut plus exercer contre eux le droit de détention que comme tutrice si elle a été maintenue dans la tutelle, et elle doit demander l'autorisation du conseil de famille. — Voir articles 395, 396 et 468 du Code civil. — Conf. en ce sens : Duranton, *Code civil*, t. III, n° 359 ; — Demolombe, *loc. cit.*, t. VI, n°ˢ 345, 346 ; — Aubry et Rau, *loc. cit.*, t. VI, § 550, p. 80, note 18 ; — Huc, *loc. cit.*, t. III, n° 181. — Toutefois, après le décès de son second mari, elle reprend l'exercice du droit de détention dans les termes de l'article 381. — Voir : Toullier, *loc. cit.*, t. II, n° 1058 ; — Aubry et Rau, *loc. cit.*, t. VI, § 550, p. 80, note 19. — Voir pourtant en sens contraire : Demolombe, *loc. cit.*, t. VI, n°ˢ 322 et 334 ; — Huc, *loc. cit.*

Donc, la mère remariée qui voudra faire détenir son fils du premier lit, devra obtenir l'autorisation du conseil de famille ; et, munie de cette autorisation, elle présentera sa demande avec le concours de son second mari, cotuteur.

Cette demande sera formée de la manière suivante :

A Monsieur le président du tribunal de première instance de.......

La dame (*nom, prénoms, profession et domicile de la mère*), veuve en premières noces du sieur (*nom, prénoms et profession du premier mari*), épouse en secondes noces du sieur (*nom, prénoms et profession du second mari*), et ce dernier agissant comme cotuteur, demeurant ensemble à (*indiquer le domicile des époux*), ont l'honneur de vous exposer que du premier mariage de l'exposante avec ledit sieur....., est né un fils (*indiquer les nom et prénoms de l'enfant*), âgé de....., domicilié avec eux (*si l'enfant a quitté le domicile de la mère indiquer où il demeure*); que cet enfant ayant méconnu toute autorité mène une conduite des plus répréhensibles (*indiquer, comme dans les cas précédents, les faits reprochés à l'enfant*); que, dans cette situation, les exposants, dûment autorisés par délibération du conseil de famille en date du....., se voient dans la nécessité de demander sa détention permise par la loi. En conséquence, ils vous prient, Monsieur le président, de vouloir bien ordonner que ledit sieur (*nom de l'enfant*) sera détenu pendant un mois par mesure de correction. Ils remettent, à l'appui, l'extrait de l'acte de naissance de l'enfant et la délibération du conseil de famille.

Présenté au palais de justice à...... le.....

Signatures de la mère et du second mari cotuteur.

ORDONNANCE.

Nous, président du tribunal de première instance de.....

Vu la réquisition à nous adressée par la dame (*nom, prénoms et profession de la mère*), veuve du sieur (*nom et prénoms du premier mari*), épouse en secondes noces du sieur (*nom, prénoms et profession du second mari*), et par ce dernier, comme cotuteur, demeurant ensemble à....., dûment autorisés par délibération du conseil de famille en date du....., ladite réquisition tendant à faire détenir pendant un mois, par mesure de correction, le sieur (*nom et prénoms de l'enfant*), fils du premier lit de ladite dame, âgé de moins de seize ans; vu les articles 381, 396 et 468

du Code civil, ordonnons, après en avoir conféré avec M. le
Procureur de la République, que ledit sieur (*nom et prénoms de
l'enfant*) sera arrêté et conduit, avec l'aide de la force publique
au besoin, à la maison de. ..., pour y être détenu pendant un
mois, à la charge par ladite dame de souscrire une soumission
de payer tous les frais et de fournir les aliments convenables.
Donné au palais de justice à....., le.....

Signature du président.

Si l'enfant a plus de seize ans, la détention pourra
être requise et obtenue pour six mois.

On voit que, dans ce dernier cas, la loi exige une
condition nouvelle : l'autorisation du conseil de famille;
cette autorisation était nécessaire pour prévenir l'influence fâcheuse du second mari sur la mère.

169. — De l'examen qui précède, il résulte que le
père ne peut agir par voie d'autorité que dans le premier cas, c'est-à-dire lorsque l'enfant a moins de seize
ans commencés (art. 376).

La voie d'autorité ne pourra même pas être employée dans ce cas, lorsque, déclare l'article 382, l'enfant aura des biens personnels ou exercera un état ;
alors la détention de l'enfant, même au-dessous de
seize ans, n'aura lieu que par voie de réquisition. La
situation de l'enfant ayant une fortune personnelle ou
exerçant une profession, exige, en effet, des ménage-
ments. Enfin, le père remarié devra, d'après l'article 380, agir toujours par voie de réquisition, même
si l'enfant n'a pas seize ans. On a craint l'influence de
la seconde femme.

170. — Dans cette dernière hypothèse, les auteurs
estiment qu'après le décès de la seconde femme, le
père doit reprendre la plénitude de son droit, puisque

le motif qui avait fait restreindre ce droit n'existe plus.
— Voir en ce sens : Toullier, *loc. cit.*, t. II, n° 1058 ;
—Vazeille, *Mariage*, t. II, p. 425 ; —Taulier, *Code civil*,
t. I, p. 484 ; — Marcadé, *loc. cit.*, sur l'article 375,
n° 2 ; — Aubry et Rau, *loc. cit.*, t. VI, § 550, texte et
note 19, p. 80. — Voir cependant en sens contraire :
Demolombe, *loc. cit.*, t. VI, n°s 322, 324.

171. — Les ordonnances rendues dans les divers
cas ci-dessus examinés, sont, une fois rendues, adressées aux ayants droit qui en font tel usage qu'ils jugent
convenable et, s'il y a lieu, les font exécuter par la
force publique. L'incarcération de l'enfant par mesure
de correction paternelle ou maternelle n'a aucun caractère pénal et n'entraîne aucune conséquence juridique.
La loi n'a pas indiqué le lieu de la détention ; mais
l'enfant ne doit pas nécessairement la subir dans
une maison de correction ; il peut être envoyé dans
l'une des maisons qui se sont établies à cet usage,
notamment dans les colonies pénitentiaires fondées par
application de la loi du 5 août 1850. Le décret du
11 novembre 1885 veut, dans son article 30, que les
enfants soient séparés des détenus ordinaires.

172. — Le père qui requiert la détention doit, aux
termes de l'article 379, « souscrire une soumission de
payer tous les frais et de fournir les aliments convenables. » En cas d'indigence constatée, le ministre de
l'intérieur peut dispenser de ces frais, sur la proposition du préfet. (Voir une lettre ministérielle du
20 février 1822 et une déclaration ministérielle du
3 avril 1876 indiquant les pièces à fournir au président
du tribunal pour réclamer cette dispense.)

173. — Conformément à l'article 379, le père a tou-

jours la faculté d'abréger la détention. D'après l'opinion générale, la mère jouit de la même faculté pour
la détention qui a été ordonnée à sa demande, même
sans avoir besoin de prendre l'avis des deux plus proches parents, quoique l'article précité ne lui confie pas
ce droit. — Voir en ce sens : Demolombe, *loc. cit.*,
t. VI, n° 354 ; — Aubry et Rau, *loc. cit.*, t. VI, § 550,
texte et note 23, p. 82 ; — Huc, *loc. cit.*, t. III, n° 179.
— Voir cependant en sens contraire : Laurent, *loc. cit.*,
t. IV, n° 283 ; — Marcadé, *loc. cit.*, t. II, n° 140.

174. — Aucun recours judiciaire n'est ouvert soit
au père, soit à la mère, lorsque le président refuse
d'ordonner la détention demandée. Mais l'article 382
autorise l'enfant incarcéré, qui a des biens personnels
ou qui exerce un état et qui même a moins de seize
ans, à adresser un mémoire au procureur général près
la Cour d'appel. Ce magistrat, après s'être fait rendre
compte par le procureur de la République, adresse un
rapport au premier président qui, après avis donné
au père, peut révoquer ou modifier l'ordre qu'avait
donné le président du tribunal. — Voir en ce sens :
Demolombe, *loc. cit.*, t. VI, n. 331 ; — Toullier, *loc. cit.*,
t. II. n° 1056 ; — Taulier, *loc. cit.*, t. I, p. 432 ; —
Aubry et Rau, *loc. cit.*, t. VI, § 550, texte et note 22,
p. 81.

Le droit d'invoquer le deuxième § de l'article 382,
c'est-à-dire d'en appeler au premier président, doit être
généralisé, suivant l'opinion dominante, à tous les cas de
détention de l'enfant. — Conf. Aix. 21 juillet 1905 (Ordonnance du premier président, *Droit* du 10 août 1905). —
Voir sur la question Dalloz, *Nouveau Code civil annoté*
sous l'article 382, § 4, et *Jurisprudence générale*,

V° Puissance paternelle, n° 3626. — *Pandectes françaises*, *Répert.*, V° Puis., patern., n° 220.

Bien entendu, le recours dont nous parlons n'est pas
un appel dans le vrai sens du mot et ne suspend pas
l'exécution de la peine, car l'article 382 suppose que
l'enfant est déjà détenu.

175. — Nous avons dit que, d'après l'article 378, la
détention ne donne lieu à aucune écriture ni formalité
judiciaire. De là, on est allé jusqu'à prétendre que l'ordre du président doit être délivré sur simple demande
verbale. Nous ne saurions être de cet avis : la lettre
dont nous avons donné la formule nous semble nécessaire pour fournir au magistrat les renseignements
indispensables ; elle couvrira au besoin sa responsabilité au sujet de la mesure si grave qu'il va ordonner.
Mais, par exemple, aucune mention de l'entrée de l'enfant ne sera faite sur le registre d'écrou (art. 31 du
décret du 11 novembre 1885) ; et l'ordonnance du président n'est pas motivée d'après l'article 378. — Conf.
Bonjean, *loc. cit.*, n° 536.

176. — Dans les explications qui précèdent, nous
n'avons eu en vue que la détention des enfants légitimes.
La détention des enfants naturels légalement reconnus
est également autorisée, car l'article 383 déclare que
les articles 376, 377, 378 et 379 seront communs aux
pères et mères des enfants naturels légalement reconnus.

Lorsque le père et la mère ont reconnu leur enfant
naturel, le père seul a le droit de demander la détention ; il en est, bien entendu, de même lorsque le père
seul a fait la reconnaissance. Si l'enfant n'a été reconnu que par la mère, celle-ci a le droit de recourir
à la mesure dont nous parlons. Du reste, comme pour

l'enfant légitime, il faut observer la distinction entre la demande par voie d'autorité et la demande par voie de réquisition. Si c'est le tuteur qui provoque la mesure, on devra mentionner la délibération du conseil de famille qui l'autorise. Enfin, au cas où la détention d'un orphelin est demandée par l'administration des hospices, il faut indiquer la délibération de la commission administrative de l'hospice, en vertu de laquelle la détention est requise.

Dans les formules données on indiquera que l'enfant est fils naturel légalement reconnu.

SECTION IX

Ordonnances intervenant en matière de succession.

§ 1er. — Ordonnance autorisant un créancier à faire apposer les scellés.

177. — A l'ouverture d'une succession, les intéressés, afin d'empêcher que l'actif mobilier ne soit en tout ou en partie détourné, peuvent faire opposer les scellés dont les formes sont tracées par les articles 909 et s. du Code de procédure civile. A cet égard, l'article 909 s'exprime ainsi : « *L'apposition des scellés pourra être requise : 1° par tous ceux qui prétendront droit dans la succession ou dans la communauté ; 2° par tous créanciers fondés en titre exécutoire, ou autorisés par une permission soit du président du tribunal de première instance, soit du juge de paix du canton où le scellé doit être apposé.* »

On voit que cet article comprend les créanciers
parmi les personnes ayant le droit de requérir l'apposition des scellés. Sa disposition sur ce point était indispensable, car les créanciers ont autant d'intérêt que les
héritiers, sinon plus, à la conservation de l'actif de la
succession qui constitue leur gage. D'autre part, les
créanciers du défunt peuvent demander la séparation
des patrimoines, lorsque cette mesure leur paraît utile ;
mais cette séparation ne peut plus se produire dès que
le patrimoine du défunt vient à se confondre avec
celui de l'héritier ou des héritiers ; or, l'apposition des
scellés suivie de l'inventaire est le meilleur moyen
d'empêcher cette confusion.

178. — Donc, les créanciers ont le droit de faire
apposer les scellés ; mais de quels créanciers veut parler l'article 909 précité ? Evidemment, il fait allusion,
tout d'abord, aux créanciers de la succession ; ils constituent, en effet, les créanciers directs. Ces créanciers
sont-ils les seuls compris dans le texte, et la faveur
qu'il accorde ne doit-elle pas s'étendre aussi aux
créanciers personnels d'un héritier du *de cujus ?* Les
auteurs, aussi bien que la jurisprudence sont divisés
sur cette question.

179. — D'après une opinion, les créanciers personnels d'un héritier du *de cujus* ont qualité pour requérir
l'apposition des scellés sur les biens de la succession. —
Voir en ce sens : Bourges, 16 mai 1842 [D. 43, 2, 37 ;
P. 43, 1, 240 ; — S. 43, 2, 136] ; — Agen, 23 octobre 1893 [S. et P., 94, 2, 293 ; D. 94, 2, 341] ; —
Voir dans le même sens : Jay, *Tr. des scellés*, n° 64 ;
— A. Michel, *Vade mecum des juges de paix*, p. 56
et s. ; — Dutruc, *Supplém. aux lois de la procé-*

dure de Carré et Chauveau, t. IV, V° Scellés, n° 13.

180. — D'après une autre opinion, au contraire, les créanciers personnels des héritiers n'ont pas le droit de faire apposer les scellés sur les objets de la succession. — Voir : Caen, 12 mai 1844 [S. 45, 2, 567]; — Paris, 4 avril 1892 [S. et P. 92, 2, 173]; — 30 novembre 1892 [S. et P., 93, 2, 46; D. 93, 2, 41]. — Dans le même sens : Bost, *Encyclopédie du juge de paix,* t. II, V° Scellés, n° 11. — Voir encore Rousseau et Laisney, *Dict. de proc.,* V° Scellés, n° 5.

Dans cette seconde opinion, on n'accorde aux créanciers dont nous parlons que le droit de former opposition à la levée des scellés. — Paris, 30 novembre 1892, précité. — Voir dans ce sens : Thomine-Desmazures, *Comment. sur le C. de proc.* , t. II, n° 1074, p. 535 ; — Chauveau sur Carré, *loc. cit.,* t. VI, quest. 3102 ; — Bost, *loc. cit.,* n° 29).

181. — Dans tous les cas, l'article 909 exige que le créancier qui veut faire apposer les scellés, soit fondé « en titre exécutoire. » L'apposition des scellés constitue, en effet, une mesure grave ; elle nécessite des frais ; elle ne pouvait donc être requise par tout individu se prétendant créancier ; de là, l'exigence de l'article 909. Cependant, un créancier légitime, sérieux, peut ne pas avoir le titre qu'exige le texte ; il se trouvera alors dans l'impossibilité de requérir la mesure dont s'agit et ne pourra empêcher le détournement de son gage. La loi a prévu ce cas et y a porté remède, car, l'article 909, après avoir dit que l'apposition des scellés pourra être requise par tous créanciers fondés en titre exécutoire, ajoute : « *ou autorisés par une permission soit du président du tribunal de première instance,* *soit du juge de paix du canton où le scellé doit être apposé.* »

Ainsi, les créanciers qui n'ont pas le titre voulu, auront recours à l'autorisation du président du tribunal ou du juge de paix. Du reste, la disposition de l'article 909 est applicable au créancier qui ne peut encore réclamer son paiement, comme à celui dont la créance est venue à échéance. — Voir : Besançon, 9 février 1827 [D. 27, 2, 132. S. et P. chr.]; — *sic*, Rolland de Villargues, *Répert. du not.* V° Scellés, n° 26; — Bioche, *loc. cit.*, V° Scellés, n° 18; V° Inventaire, n° 65; — Rousseau et Laisney, *loc. cit.*, V^{is} Scellés et Invent., n° 4; Garsonnet, *loc. cit.*, t. VIII, § 2977, p. 239.

182. — On a même décidé qu'il suffit qu'un créancier de la succession ait une apparence de droit pour être autorisé à faire apposer les scellés. — Voir : Rouen, 31 août 1839 [P. 41, 1, 299].

183. — Le président peut donc accorder l'autorisation de faire apposer les scellés, conformément à l'article 909, à celui qui, se fondant sur un contrat, un délit ou un quasi-délit, invoque des documents ou des circonstances de nature à faire présumer en sa faveur l'existence d'une créance. Le juge, à cet égard, jouit d'une appréciation souveraine; c'est ce qu'a décidé la Cour de cassation dans un arrêt du 23 juillet 1872 [D. 73, 1, 355; P. 72, 851; S. 72, 1, 324]. — Voir en ce sens : Jay, *loc. cit.*, n°s 61 et 62; — Rousseau et Laisney, *loc. cit.*, n° 4.

184. — En résumé, le président est libre d'accorder ou de refuser au créancier l'autorisation qu'il demande, soit parce que sa créance n'est ni certaine ni liquide, soit parce qu'il a toute sécurité, en dehors de la mesure qu'il sollicite, pour le paiement de sa créance. — Voir : Paris, 28 avril 1825 [S. et P. chr.]. Mais, affirmative ou négative, la décision du président n'est soumise à aucun recours. La demande est faite par requête présentée et signée par un avoué.

185. — FORMULE *de la requête à fin d'apposition des scellés.*

A Monsieur le président du tribunal de première instance de.....

Le sieur (*nom, prénoms, profession et domicile du créancier*) ayant pour avoué Me....., a l'honneur de vous exposer :

Qu'en sa qualité de créancier de la succession du sieur (*nom, prénoms et profession du débiteur*), décédé en son domicile à (*indiquer le lieu du décès*), pour une somme de (*indiquer la somme due et la cause de la créance si celle-ci est verbale, ou le titre sous seing privé qui peut exister et qui doit être enregistré*); il a intérêt à faire apposer les scellés sur les meubles et effets laissés par son débiteur ; mais que n'ayant pas le titre exécutoire exigé par l'article 909 du Code de procédure civile, il doit, d'après cet article, obtenir de vous l'autorisation, dans ce cas nécessaire. En conséquence, l'exposant conclut à ce qu'il vous plaise, Monsieur le président, l'autoriser à faire apposer par M. le juge de paix de (*indiquer le juge paix*) les scellés sur les meubles et effets dépendant de la succession dudit sieur....., au domicile où il est décédé ; et, vu l'urgence, autoriser l'exécution de votre ordonnance sur minute.

Présenté à....., le.....

Signature de l'avoué.

ORDONNANCE.

Nous, président du tribunal de première instance de.....

Vu la requête qui précède, ensemble les pièces à l'appui et l'article 909 du Code procédure civile, autorisons l'exposant à faire apposer par M. le juge de paix de..... les scellés sur

les meubles et effets de la succession dudit sieur....., au lieu
indiqué et, vu l'urgence, disons que la présente sera exécutoire
sur minute.

Donné au palais de justice (ou en notre hôtel), à....., le.....

Signature du président.

Cette ordonnance est rendue en dehors du greffier et
n'est ni signée par lui, ni déposée au greffe.

§ 2. — Ordonnance désignant un autre juge de paix pour apposer les scellés, au cas d'empêchement du juge compétent et de ses suppléants.

186. — L'apposition des scellés est faite, aux termes de l'article 907 du Code de procédure civile, par
les juges de paix et, à leur défaut, par leurs suppléants. Voir aussi article 912. En cas d'absence ou
d'empêchement du juge de paix compétent et de ses
suppléants, il y aura lieu de désigner le juge de paix
du canton le plus voisin. Mais qui fera cette désignation? Malgré les articles 1 et 2 de la loi du 16 ventôse
an XII, dans la pratique il est admis qu'il faut s'adresser au président du tribunal et non au tribunal lui-
même; et il n'est pas nécessaire, pour cette désignation, d'appeler les parties intéressées. C'est ce qu'a
décidé la Cour de Bourges dans un arrêt du 16 mai 1842
[P. 43, 1, 240 ; S. 43, 2, 36]. — Et, d'après le même
arrêt, la décision du président ne peut être considérée
comme une ordonnance de référé susceptible d'appel.

Ainsi, le juge de paix sera remplacé par une ordonnance du président du tribunal civil rendue à suite de
la requête présentée et signée par l'avoué, ordonnance

qui, intervenant ici en dehors d'un texte, pourra être refusée par le magistrat. — Voir : Bioche, *loc. cit.*, n° 42 ; — Chauveau sur Carré, *loc. cit.*, quest. 3075.

Cette opinion qui donne ici compétence au président, en dehors d'un texte, se base sur cette idée que la loi précitée du 16 ventôse an XII, en ne donnant qu'au tribunal lui-même le droit de remplacer le juge de paix ou ses suppléants empêchés, a surtout en vue l'hypothèse où ces magistrats remplissent leur mission de juges ou de conciliateurs. Mais, lorsqu'ils ne doivent intervenir qu'à raison d'une simple formalité, l'ordonnance du président suffit pour les remplacer, car un jugement nécessiterait des lenteurs incompatibles avec une mesure urgente comme l'apposition des scellés. — Garsonnet, *loc. cit.*, t. VII, § 2596, p. 64.

187. — FORMULE *de la requête pour obtenir l'ordonnance remplaçant le juge de paix et ses suppléants empêchés.*

A Monsieur le président du tribunal de première instance de.....

Le sieur (*nom, prénoms, profession et domicile du demandeur*), ayant pour avoué M^e.....,

A l'honneur de vous exposer qu'à la suite du décès du sieur (*nom, prénoms, profession et demeure du* de cujus) l'exposant, en sa qualité de créancier, a intérêt à faire apposer les scellés sur les effets composant sa succession ; mais que le juge de paix compétent pour remplir cette formalité et ses suppléants se trouvent légitimement empêchés. En conséquence l'exposant conclut à ce qu'il vous plaise, Monsieur le président, désigner un autre juge de paix pour apposer les dits scellés et, vu l'urgence, permettre l'exécution de votre ordonnance sur minute.

Présenté à....., le.....

Signature de l'avoué.

Ordonnance.

Nous, président du tribunal de première instance de.....

Vu la requête qui précède et les faits y énoncés, désignons le juge de paix du canton de..... pour apposer les scellés dont s'agit et, vu l'urgence, autorisons l'exécution de notre ordonnance sur minute.

Donné au palais de justice (ou en notre hôtel) à....., le.....

Signature du président.

Cette ordonnance exécutoire sur minute est rendue sans l'assistance du greffier et n'est, dès lors, comme la précédente, ni signée par lui, ni déposée au greffe.

188. — Nous devons faire remarquer que le décès d'une personne n'est pas le seul cas donnant lieu à l'apposition des scellés ; cette mesure doit encore être prise toutes les fois qu'en l'absence des parties intéressées un détournement de valeurs, effets mobiliers ou papiers pourrait se produire. Ainsi, il peut y avoir lieu à l'apposition des scellés : 1° au cas de présomption d'absence (art. 113, C. civ.) ; 2° au cas de demande en séparation de biens, de corps ou de divorce (art. 242, 307, C. civ.) ; 3° en cas d'interdiction ; 4° après la dissolution d'une société (art. 1872, C. civ. et 18, C. comm.) ; 5° au moment d'une saisie exécution, si le saisi est absent et s'il se trouve des papiers à son domicile ; l'huissier dans ce cas est tenu de requérir lui-même, l'apposition des scellés conformément aux prescriptions de l'article 591, C. proc. civ. ; 6° quand un débiteur est en faillite ; 7° lorsque le défunt était dépositaire public (art. 911, C. proc. civ.) ; 8° les scellés doivent être apposés sur les minutes et répertoires d'un notaire

décédé (art. 61, Loi du 25 ventôse an XI) ; 9° il y a lieu
à apposition des scellés après la mort d'un officier général ou officier supérieur de toute arme, d'un inten-
dant militaire, sur les papiers, cartes, plans et mémoi-
res militaires, autres que ceux dont le décédé est
l'auteur (Arrêté, 13 nivôse an X). — Enfin les scellés
peuvent être apposés dans d'autres cas prévus par d'autres lois spéciales.

§ 3. — Ordonnance désignant un notaire pour représenter les absents dans un inventaire.

189. — Lorsque les scellés sont levés, il est procédé,
en général, à l'inventaire ; l'inventaire n'est pas toujours nécessaire, mais il est des cas où il constitue une
formalité indispensable. Les articles 931, 941, 942 et s.
du Code de procédure indiquent les conditions requises
pour sa confection. En principe, l'inventaire ne peut
être qu'un acte authentique dressé par un notaire. Les
articles 931 et 942 désignent les personnes qui doivent
y assister ou y être appelées. Mais tous les ayants
droit ne sont pas toujours présents ; certains peuvent
avoir des domiciles très éloignés ; et l'inventaire est
une formalité qui ne saurait subir un long retard. La
loi a prévu le cas et, dans les articles 931 et 942 précités, elle dit comment on procédera à l'égard des parties éloignées.

L'article 931, relatif à la levée des scellés, déclare
d'abord qu'il ne sera pas besoin d'appeler les intéressés
demeurant hors de la distance de cinq myriamètres ;
mais qu'on appellera pour eux, à la levée des scellés

et à l'inventaire « *un notaire nommé d'office par le président du tribunal de première instance.* » Et l'article 942, après avoir indiqué en présence de quelles parties l'inventaire doit être fait lorsqu'elles demeurent dans la distance de cinq myriamètres, ajoute : si elles demeurent au delà « *il sera appelé, pour tous les absents, un seul notaire nommé par le président du tribunal de première instance, pour représenter les parties appelées et défaillantes.* »

Donc le président est chargé de désigner le notaire qui représentera les absents à l'inventaire ; il fait cette désignation au bas de la requête qui lui est présentée par un avoué, et il est tenu de la faire, car s'il s'y refusait, il empêcherait une formalité prescrite par la loi. Du reste, il nomme le notaire de son choix parmi ceux qui sont compétents ; et son ordonnance, vu l'urgence, peut être déclarée exécutoire sur minute et, par suite, rendue sans l'assistance et la signature du greffier.

190. — FORMULE *de la requête présentée pour la désignation d'un notaire chargé de représenter les absents à l'inventaire.*

A Monsieur le président du tribunal de première instance de.....

Le sieur (*nom, prénoms, profession, domicile du demandeur et sa qualité d'héritier*), ayant pour avoué M°......

A l'honneur de vous exposer que les scellés ayant été apposés par M. le juge de paix de..... au domicile du sieur (*nom, prénoms et profession*), décédé à..:..., le....., il s'agit aujourd'hui de procéder à leur levée et à la confection de l'inventaire ; mais que les sieurs (*nom, prénoms, profession et domicile des parties absentes*), habiles à se porter héritiers dudit sieur....., demeurent au delà de plus de cinq myriamètres ; que, par suite, il y a lieu de les faire représenter en conformité des articles 931 et

942 du Code de procédure civile. En conséquence, l'exposant conclut à ce qu'il vous plaise, Monsieur le président, désigner un notaire chargé de les représenter aux opérations de levée des scellés et d'inventaire dont s'agit et, vu l'urgence, autoriser l'exécution de votre ordonnance sur minute.

Présenté à....., le.....

Signature de l'avoué.

ORDONNANCE.

Nous, président du tribunal de première instance de.....

Vu la requête qui précde et les faits y énoncés, ensemble les dispositions des articles 931 et 942 du Code de procédure civile, désignons Me....., notaire à ....., pour représenter les dits sieurs..... à la levée des scellés et à l'inventaire dont s'agit et disons que notre ordonnance sera exécutoire sur minute, à raison de l'urgence.

Donné au palais de justice (ou en notre hôtel), à....., le.....

Signature du président.

191. — Lorsque les parties ne sont pas d'accord sur le choix du notaire devant procéder à l'inventaire, l'article 935, C. proc. civ., dit que ce choix sera fait d'office par le président du tribunal. Dans ce cas, le juge de paix se présente porteur du procès-verbal qu'il a dressé constatant la contestation et le renvoi en référé, et c'est à la suite de ce procès-verbal que le président met son ordonnance désignant le notaire. Cette ordonnance rendue sur les difficultés que peut présenter le choix des notaires, est susceptible d'appel. — Voir Orléans, 27 novembre 1857 [D. 61, 5, 479]. — *Sic* : Garsonnet, *loc. cit.*, t. VII, § 2619, p. 111. — Voir au surplus, Chauveau sur Carré, *loc. cit.*, quest. 3132 ; Thomine-Desmazures, *loc. cit.*, t. II, p. 559. — Bonjean, *loc. cit.*, nos 467 et s. — s'il y avait difficulté sur le choix du commissaire-priseur, le président en ferait aussi le choix dans les mêmes conditions.

La Cour de Dijon a décidé qu'en cas de dissentiment sur le choix du notaire pour la confection de l'inventaire, le président peut commettre les deux notaires proposés. — Arrêt du 2 décembre 1874 [P. 76, 681; S. 76, 2, 151].

192. — L'article 36 de la loi du 30 juin 1838 prescrit qu'à défaut d'administrateur provisoire, le président, à la requête de la partie la plus diligente, commettra un notaire pour représenter les individus non interdits placés dans un établissement d'aliénés dans les inventaires, partages, comptes et liquidation intéressant ces individus.

193. — Aux termes de l'article 916 du Code de procédure civile, « *Si, lors de l'apposition des scellés il est trouvé un testament ou autres papiers cachetés, le juge de paix en constatera la forme extérieure, le sceau et la suscription, s'il y en a, paraphera l'enveloppe avec les parties présentes, si elles le savent ou le peuvent, et indiquera les jour et heure où le paquet sera par lui présenté au président du tribunal de première instance; il fera mention du tout sur son procès-verbal lequel sera signé des parties, sinon mention sera faite de leur refus.* »

Et l'article 918 ajoute : « *Aux jour et heure indiqués, sans qu'il soit besoin d'aucune assignation, les paquets trouvés cachetés seront présentés par le juge de paix au président du tribunal de première instance, lequel en fera l'ouverture, en constatera l'état et en ordonnera le dépôt si le contenu concerne la succession.* »

Nous aurons à nous occuper de ce droit du président quand nous parlerons du dépôt du testament olographe ou mystique qu'il ordonne entre les mains du notaire qu'il désigne.

§. 4. — Ordonnance autorisant un héritier à vendre le mobilier de la succession avant de prendre qualité.

194. — Un héritier peut accepter une succession purement et simplement ou sous bénéfice d'inventaire ou bien la répudier; ces principes sont écrits dans les articles 774 et 775 du Code civil. Or, pour prendre parti, l'héritier jouit des délais que lui accorde l'article 795 du même Code : il a, d'après ce dernier texte, trois mois pour faire inventaire et quarante jours pour délibérer. Mais la succession peut comprendre des meubles et objets susceptibles de dépérir ou dont la conservation exige des frais et des dépenses. L'article 796 a prévu ce cas et y remédie de la manière suivante :

« *Si cependant il existe dans la succession des objets susceptibles de dépérir ou dispendieux à conserver, l'héritier peut, en sa qualité d'habile à succéder, et sans qu'on puisse en induire de sa part une acceptation, se faire autoriser par justice à procéder à la vente de ces objets. Cette vente doit être faite par officier public après les affiches et publications réglées par les lois sur la procédure.* »

Et l'article 986 du Code de procédure civile indique dans les termes suivants comment la vente sera faite et par qui l'autorisation d'y procéder sera accordée :

« *Si l'héritier veut, avant de prendre qualité et conformément au Code civil, se faire autoriser à procéder à la vente d'effets mobiliers dépendants de la succession, il présentera, à cet effet, requête au président du tribunal de première instance dans le ressort duquel la succession s'est ouverte. La vente en sera faite par un officier public, après les affiches et publications ci-dessus prescrites pour la vente du mobilier.* »

C'est donc encore le président qui doit ici intervenir et son ordonnance rendue à suite de la requête présentée et signée par l'avoué, autorisera l'héritier à vendre le mobilier de la succession, sans prendre qualité. Le président ne peut pas refuser son ordonnance, car il empêcherait l'héritier d'user d'un droit que lui confère la loi. Cette ordonnance, vu l'urgence, pourra être rendue exécutoire sur minute et, par suite, sans l'assistance et la signature du greffier ; elle ne sera donc point déposée au greffe.

195. — FORMULE *de la requête pour la vente du mobilier.*

A Monsieur le président du tribunal de première instance de.....

Le sieur (*nom, prénoms, profession et domicile du demandeur*). agissant comme habile à se porter héritier du sieur (*nom et prénoms du défunt*), ayant pour avoué M....., a l'honneur de vous exposer que de la succession du dit sieur....., il dépend des objets sujets à se détériorer et dispendieux à conserver, notamment (*énoncer les objets dont s'agit*), les dits objets désignés dans l'inventaire qui a été dressé aux formes de droit ; qu'il est donc urgent d'en opérer la vente ; mais que l'exposant se trouvant dans les délais accordés par la loi pour prendre qualité et ne pouvant pas se prononcer encore, ne peut faire procéder à la vente dont s'agit que dans les formes voulues par la loi et en vertu de votre autorisation. En conséquence, il conclut à ce qu'il vous plaise, Monsieur le président, conformément à l'article 796 du Code civil, et à l'article 986 du Code de procédure civile, l'autoriser, sans prendre qualité, à faire procéder, dans les formes voulues par la loi, à la dite vente au lieu où les dits objets se trouvent actuellement et, vu l'urgence, ordonner l'exécution de votre ordonnance sur minute.

Présenté à....., le.....

Signature de l'avoué.

ORDONNANCE.

Nous, président du tribunal de première instance de.....

Vu la requête qui précède et les faits y énoncés, ensemble les articles 786 du Code civil et 986 du Code de procédure civile, autorisons l'exposant à faire, sans prendre qualité, procéder, aux formes de droit, à la vente des objets dont s'agit et, vu l'urgence, autorisons l'exécution de notre ordonnance sur minute,

Donné au palais de justice (ou en notre hôtel) à....., le.....

Signature du président.

S'il y a lieu de vendre les objets dans un lieu autre que celui où ils se trouvent, l'autorisation doit en être demandée dans la requête, et le président autorise la vente dans le lieu désigné.

§ 5. — **Ordonnance autorisant la femme à faire vendre le mobilier de la communauté après sa dissolution et avant de prendre qualité.**

196. — Aux termes de l'article 1453, C. civ. « *Après la dissolution de la communauté, la femme ou ses héritiers et ayant cause ont la faculté de l'accepter ou d'y renoncer : toute convention contraire est*

nulle. » Mais, avant de prendre qualité, la femme, comme l'héritier, a, d'après l'article 1457, trois mois pour faire inventaire et quarante pour délibérer; or, la communauté peut comprendre des objets dispendieux à conserver ou sujets à dépérir; et la question se pose de savoir si, comme l'héritier, la femme peut se faire autoriser par le président à faire vendre ces objets avant de prendre qualité. Il faut répondre affirmativement, car les raisons qui ont milité en faveur de l'héritier, militent aussi en faveur de la femme commune. On admet donc que le président, à condition qu'il y ait urgence, peut intervenir et autoriser la femme commune qui n'a pas encore pris parti, à vendre les meubles de la communauté sujets à dépérir ou dispendieux à conserver. — *Sic* : Bertin, *loc. cit.*, n°s 1032 et 1043; — Garsonnet, *loc. cit.*, t. VIII, § 2977 3°.

La requête et l'ordonnance seront les mêmes que pour l'héritier; la qualité de la demanderesse seule changera. Nous estimons cependant que le magistrat à qui la femme s'adresse, pourrait refuser de répondre à la requête présentée par elle, car, ici, il n'est pas tenu par un texte formel. La requête sera encore présentée et signée par un avoué.

§ 6. — **Ordonnance autorisant la vente du mobilier d'une succession, lorsqu'il y a des créanciers opposants, ou que la majorité des cohéritiers juge cette vente nécessaire pour l'acquit des dettes et charges.**

197. — En principe, aux termes de l'article 826 du Code civil « *chacun des cohéritiers peut demander sa*

*part en nature des meubles et immeubles de la succes-
sion ; néanmoins, s'il y a des créanciers saisissants
ou opposants, ou si la majorité des cohéritiers juge la
vente nécessaire pour l'acquit des dettes et charges de
succession, les meubles sont vendus publiquement en la
forme ordinaire. »*

Dans les cas prévus par le texte et contrairement au
principe qui y est posé, le mobilier de la succession
pourra être vendu aux formes de droit en vertu d'une
ordonnance du président du tribunal. Cette ordonnance, comme celle qui précède, sera rendue à suite
de la requête présentée par l'avoué ; s'il y a urgence,
elle sera déclarée exécutoire sur minute et interviendra
dès lors, sans l'assistance et la signature du greffier et
sans dépôt au greffe ; elle ne pourra pas être refusée
par le magistrat.

198 — FORMULE *de la requête tendant à obtenir la permission de faire vendre les meubles de la succession, conformément
à l'article 826 C. civ.*

A Monsieur le président du tribunal de première instance de.....

Le sieur (*nom, prénoms, profession et domicile du demandeur*),
agissant en qualité de cohéritier du sieur (*nom, prénoms et profession du défunt*), ayant pour avoué Me.....

A l'honneur de vous exposer qu'à la suite du décès du dit
sieur....., les scellés ayant été apposés et l'inventaire du mobilier dressé, plusieurs créanciers ont formé opposition, qu'il y
a donc lieu, conformément à l'article 826 du Code civil, de faire
procéder à la vente de ce mobilier. En conséquence, l'exposant
conclut à ce qu'il vous plaise, Monsieur le président, l'autoriser, en sa dite qualité, à faire procéder, aux formes tracées
par les articles 945, 946 et suiv. du Code de procédure civile, à

la vente du dit mobilier, parties intéressées présentes ou dûment appelées et, vu l'urgence, permettre l'exécution de votre
ordonnance sur minute.

Présenté à....., le.....

Signature de l'avoué.

ORDONNANCE.

Nous, président du tribunal de première instance de.....

Vu la requête qui précède et les faits y énoncés, ensemble les
articles 826 du Code civil et 945 et 946 et suiv. du Code de procédure civile, autorisons l'exposant à faire procéder, aux formes
de droit et par un officier public, à la vente du mobilier dont
s'agit, au lieu où il se trouve, parties présentes ou dûment
appelées et, vu l'urgence, disons que la présente sera exécutoire sur minute.

Donné au palais de justice (ou en notre hôtel) à....., le.....

Signature du président.

Si on voulait faire vendre dans un endroit autre que
celui où se trouve le mobilier, la requête devrait le
demander et l'ordonnance le permettre ; ce lieu devrait
être désigné (art. 949 C. proc. civ.).

199. — S'il y a lieu de vendre le mobilier, non
parce qu'il existe des créanciers opposants, mais parce
que la majorité des cohéritiers juge la vente nécessaire
pour l'acquit des charges et dettes de la succession, la
requête, en conformité de l'article 826, C. civ., doit
être présentée par la majorité des cohéritiers et énoncer la cause qui motive la vente. L'ordonnance intervient en visant la cause indiquée.

200. — L'article 946 dit qu'il sera procédé à la
vente par un officier public. Les officiers publics ayant
le droit de procéder à la vente du mobilier sont les

commissaires-priseurs, les notaires, les greffiers, les huissiers, les courtiers conducteurs de navires et les courtiers de marchandises, inscrits sur une liste dressée par le tribunal de commerce de leur résidence, ou désignés par le président de ce tribunal, si cette liste n'existe pas.

Nous précisons que les meubles corporels, en général, sont vendus par les commissaires-priseurs, les notaires, greffiers et huissiers; mais que les commissaires-priseurs ont un privilège exclusif dans le lieu où ils sont établis. Toutefois, les ventes publiques volontaires de fruits et de récoltes pendants par racine, et aussi de coupes de bois taillis peuvent, d'après la loi du 5 juin 1851, article 1er, être faites *en concurrence et au choix des parties* par les commissaires-priseurs, notaires, huissiers et greffiers de justice de paix, même aux lieux où les commissaires-priseurs ont leur résidence. — Voir : Garsonnet et César-Bru, *loc. cit.*, t. VII, § 2729.

SECTION X

Ordonnances en matière testamentaire.

§ 1er. — Ordonnance prescrivant le dépôt d'un testament olographe ou mystique, entre les mains d'un notaire commis.

201. — L'article 1007 du Code civil dispose de la manière suivante : « *Tout testament olographe sera, avant d'être mis à exécution, présenté au président du tribunal de première instance de l'arrondissement* *dans lequel la succession est ouverte. Ce testament sera ouvert, s'il est cacheté. Le président dressera procès-verbal de la présentation, de l'ouverture et de l'état du testament dont il ordonnera le dépôt entre les mains du notaire par lui commis.*

Si le testament est dans la forme mystique, sa présentation, son ouverture, sa description et son dépôt seront faits de la même manière ; mais l'ouverture ne pourra se faire qu'en présence de deux des notaires et des témoins signataires de l'acte de suscription, qui se trouveront sur les lieux, ou eux appelés. »

A la suite du premier paragraphe de cet article, la loi du 25 mars 1899 a ajouté les deux paragraphes suivants :

« Dans les colonies françaises et les pays de protectorat, le testament olographe des personnes ayant conservé leur domicile en France ou dans une autre colonie sera présenté au président du tribunal de première instance du lieu du décès ou au président du tribunal le plus voisin. Ce magistrat procèdera à l'ouverture du testament et en constatera l'état dans un procès-verbal.

« Le greffier dressera une copie figurée du testament et la déposera dans les minutes du greffe. Le testament et une expédition du procès-verbal d'ouverture seront ensuite transmis, sous pli scellé, au président du tribunal du domicile du défunt, qui se conformera, pour l'ouverture et le dépôt, aux prescriptions contenues dans le § 1er. Les mêmes règles s'appliqueront au décès, en France, des personnes ayant leur domicile dans les colonies. »

202. — Ainsi, il résulte de l'article 1007 que tout

testament olographe ou mystique doit être présenté au président du tribunal de première instance qui en ordonne, après son ouverture, s'il est cacheté, et sa description, le dépôt aux mains d'un notaire par lui commis à cet effet.

Comme le déclare le texte, c'est au président du tribunal de première instance de l'arrondissement dans lequel la succession est ouverte que le testament doit être présenté. Il a été décidé que le président de tout autre tribunal est, en principe, incompétent, notamment le président du tribunal du lieu où le testament a été découvert. — Voir, en ce sens : arrêt de Montpellier du 3 décembre 1870 [D. 75, 2, 73 ; P. 70, 1171 ; S. 70, 2, 316]. — Dans le même sens : Chauveau sur Carré, *loc. cit.*, quest. 3082 ; — Berriat Saint-Prix, *Procéd. civ.*, t. II, p. 167 ; — Rolland de Villargues, *Rép.* V° Dépôt de testam., n° 30. — Voir en sens contraire : Thomine-Desmazures, *loc. cit.*, t. II, n° 1083 ; — Demolombe, *loc. cit.*, t. XXI, n° 501 ; — Laurent, *loc. cit.*, t. XIV, n° 16.

203. — Dans tous les cas, les arrêts les plus récents admettent que la disposition de l'article 1007, d'après laquelle le testament doit être présenté au président du tribunal de l'arrondissement dans lequel la succession est ouverte, n'est pas édictée à peine de nullité. — Voir : Orléans, 11 février 1892 [P. et S. 92, 2, 169]; — Amiens, 6 août 1396 [S. et P. 98, 2, 101]. — Conf. dans ce sens : Baudry-Lacantinerie et Colin, *Tr. des Donat. entre vifs et des testam.*, t. II, n° 2311. — Le testament peut, d'après ces arrêts, être présenté au président du tribunal dans l'arrondissement duquel il a été découvert après le décès du testateur ; et ce magistrat est compétent pour l'ouvrir et en ordonner le dépôt.

204. — D'autre part, il est également admis qu'il n'y a pas nullité du testament olographe, lorsque les formalités prescrites par l'article 1007 pour sa présentation et son ouverture n'ont pas été observées. — En ce sens : Rouen, 25 janvier 1808 [D. Rép., V° Dispos. entre vifs, n° 2777 ; S. et P. chr.] ; — Metz, 10 juillet 1816 [D. Rép., *loc. cit.* ; S. et P. chr.] ; — Bruxelles, 16 février 1848 [*Pasicrisie*, 48, 2, 40]. — Dans le même sens : Massé et Vergé, sur Zachariæ, t. III, § 489, note 3, p. 253 ; — Troplong, t. III, n° 1819 ; — Aubry et Rau, *loc. cit.*, t. VII, § 710, p. 444 ; — Laurent, *loc. cit.*, t. XIV, n° 20 ; Demolombe, *loc. cit.*, t. XXI, n° 563.

Ainsi, on ne saurait annuler un testament olographe par cela seul qu'étant cacheté et sous enveloppe, il aurait été décacheté et ouvert avant d'être présenté au président du tribunal. — Voir, en ce sens : Riom, 17 mars 1807 [D. Rép., *loc. cit.* ; S. et P. chr.].

205. — Nous comprenons fort bien que le vice relatif à l'ouverture et à la description du testament olographe, n'exerce aucune influence sur le testament lui-même. Sans doute, il est des cas où la nullité d'une formalité peut entraîner celle de l'acte ; il en est ainsi notamment pour le jugement qui demeure nul si son expédition est déclarée nulle pour avoir été faite sur qualités frappées de nullité ; mais les qualités font partie intégrante du jugement, tandis que le testament olographe a une existence propre indépendante des conditions de l'article 1007. Mais nous ne saurions admettre que le testament olographe soit valablement

présenté au président du tribunal de l'arrondissement
dans lequel il a été découvert ou du domicile du dépo-
sant, bien que ce tribunal ne soit pas celui du lieu
où la succession est ouverte. Cette pratique va contre
les termes formels de l'article 1007 ; elle peut, d'ailleurs,
donner lieu à des inconvénients et à des abus. C'est au
tribunal du lieu de l'ouverture que les affaires concernant la succession sont portées (art. 59, C. proc. civ.);
c'est au greffe de ce tribunal que doivent se faire et la
renonciation (art. 784, C. civ.) et la déclaration d'acceptation sous bénéfice d'inventaire (art. 793, C. civ.).
C'est à ce même greffe que l'on s'adressera pour savoir
si un procès-verbal d'ouverture et de description établissant l'existence d'un testament olographe a été
dressé. Les intéressés ignorant où le testament a été
ouvert ne pourront le connaître et le bénéficiaire pourra
ne le montrer qu'au moment où les craintes qu'il avait
peut-être de le voir attaquer auraient disparu. — Conf.
en ce sens : Montpellier, 3 décembre 1870 [D. 75, 2, 73;
P. 70, 1171 ; S. 70, 2, 316]. — Voir toutefois en sens
opposé : Douai, 12 novembre 1852 [S. 53, 2, 161]. —
Nancy, 19 mai 1883 [P. 84, 1, 132; S. 84, 2, 125].
— Bonjean, *loc. cit.*, n° 1717 ; — Demolombe, *loc. cit.*,
t. XXI, n° 501 ; — Laurent, *loc. cit.*, n° 16 ; — Massé
et Vergé sur Zachariæ, t. III, p. 253 ; — Coin-Delisle,
loc. cit., sur l'article 1007, n° 5 ; — Thomine-Desmazures, *loc. cit.*, II, n° 1038.

206. — Quoi qu'il en soit, le testament olographe
doit être déposé ; il ne pouvait, en effet, rester aux
mains du légataire, car plusieurs peuvent avoir intérêt
à le consulter. La loi aurait pu ordonner que le dépôt
serait effectué au greffe du tribunal et annexé au pro-

cès-verbal d'ouverture et de description, ce qui eût été bien naturel. Mais le législateur a reconnu aux notaires une compétence spéciale en matière testamentaire; ils sont, d'ailleurs, chargés de retenir les testaments publics.

207. — Le testament olographe est donc présenté au président du tribunal qui l'ouvre, s'il est cacheté, et dresse en même temps le procès-verbal de sa présentation, de son ouverture et de son état, comme le prescrit l'article 1007. Le magistrat doit borner là son intervention ; il ne doit pas notamment dans son procès-verbal insérer le testament, soit en totalité, soit par extrait, à moins que cette insertion ne soit indispensable pour assurer la conservation même de la disposition testamentaire. C'est en ce sens que s'est prononcée la Cour d'Aix dans son arrêt du 29 août 1883 [D. 84, 2, 68 ; P. 84, 1, 92 ; S. 84, 2, 9].

208. — En même temps, le président ordonne le dépôt du testament aux mains du notaire qu'il désigne; sur le choix de ce notaire, l'article 1007 lui laisse une liberté absolue ; cependant il est des usages établis qu'il respecte en principe. Ainsi, en général, le testament est présenté par le notaire chez qui le testateur l'avait déposé ou à qui le légataire l'a remis pour remplir les formalités de l'article 1007. Evidemment, le président, en l'absence de raisons fort graves, confiera le dépôt du testament à ce notaire ; s'il agissait autrement, il irait contre la volonté présumée du testateur ou du légataire et priverait le notaire dont s'agit d'un bénéfice auquel la remise du testament lui donne presque droit. Ou bien encore les intéressés eux-mêmes indiquent au président le notaire chez lequels ils désirent que le testament soit déposé ; dans ce cas aussi, cette indication sera acceptée par le magistrat.

209. — La jurisprudence partage, d'ailleurs, cette manière de voir, et la Cour d'Orléans, dans un arrêt récent du 11 février 1892, a décidé que si, en principe, le président a le droit de désigner le notaire chez lequel le testament sera déposé, il ne saurait exercer ce droit d'une manière arbitraire et qu'il doit tenir compte, soit des instructions du testateur, soit des convenances et des intérêts des héritiers [S. et P. 92, 2, 169 ; *Gaz. des Trib.* du 17 février 1892].

La Cour de Bordeaux a jugé que le président doit respecter la désignation faite par le légataire universel, alors surtout qu'elle n'est contredite par aucun héritier et qu'il n'existe aucune raison grave pour écarter le notaire désigné. — Arrêt du 23 juin 1885 [D. 86, 2, 197 ; P. 85, 2, 1001 ; S. 85, 2, 135].

210. — On doit se demander, au cas où le président confie le testament à un notaire contrairement aux intérêts où à la désignation des parties, si son ordonnance est de ce chef susceptible de recours. Une opinion se prononce pour la négative et refuse par conséquent tout recours contre la décision. — Voir en ce sens : Paris, 27 août 1872 [D. 75, 2, 73 ; P. 85. 1, 1001 à la note ; S. 85, 2, 185 à la note] ; — Chauveau sur Carré, Suppl. quest. 3087, *quater* ; — *Dict. du notariat*, Vᵒ Dépôt du testam. nᵒ 12 ; Rutgeerts et Amiaud, *Commentaire de la loi du 25 ventôse an XI*, t. II, nᵒ 717.

211. — Mais l'opinion contraire est plus généralement admise et on décide que, dans ce cas, l'ordonnance du président est susceptible d'appel. — Voir en ce sens : Montpellier, 8 avril 1839 [D. 39, 2, 256 et

Rép., V° Disposit. entre vifs, n° 2777 ; P. 39, 2, 118].
— Sic : Rolland de Villargues, loc. cit., n° 60.

Ainsi la jurisprudence établit comme règle que le légataire universel peut entreprendre par la voie de l'appel l'ordonnance du président prescrivant le dépôt du testament chez un notaire autre que celui par lui désigné. — Bordeaux, 23 juin 1885, précité. — Et les arrêts autorisent le notaire que le légataire universel avait désigné et qui n'a pas été choisi par le président, à intervenir sur l'appel relevé contre l'ordonnance qui a commis un autre notaire. — Montpellier, 8 avril 1839, précité.

212. — Conformément à ce principe, la Cour d'Orléans, dans son arrêt précité du 11 février 1892, a décidé que le président, interprétant la volonté du testateur, avait, à bon droit, ordonné le dépôt de son testament mystique aux minutes du notaire chez lequel il l'avait laissé jusqu'à son décès, et cela malgré les protestations des héritiers demandant le dépôt aux mains du notaire de la famille.

213. — Toutefois, la Cour de Paris a déclaré non recevable l'appel formé contre une ordonnance du président qui, sur la demande de plusieurs héritiers, avait, pour le dépôt du testament, désigné une étude de notaire autre que celle choisie par le testateur ; cette décision est basée sur ce motif que le choix avait été fait à raison du titulaire qui n'était plus en fonction. — Arrêt du 10 juillet 1886 [P. 86, 1, 1118 ; S. 86, 2, 213].

Cet arrêt pose en principe que l'appel n'est admissible que lorsque la décision du président porte grief aux droits des parties. — Voir dans ce sens Bertin, t. I, n° 758.

214. — A propos d'un testament d'un anglais fait sous seing privé, en la forme anglaise, la Cour de cassation a décidé que l'ordonnance du président qui en prescrivait le dépôt, avait le caractère d'un acte de juridiction contentieuse. — Arrêt du 13 avril 1897 [D. 97, 1, 357 ; S. et P. 97, 1, 401]. — Voir aussi : Aix, 15 mars 1894 [P. et S. 96, 2, 169]; — 17 juillet 1894 [S. et P. *ibid.*]. Par suite, cette ordonnance était susceptible de recours, a déclaré, dans cet arrêt, la Cour suprême. Dans l'espèce, elle pouvait compromettre les droits et les intérêts des héritiers et légataires, parce que ceux-ci étaient mis dans l'impossibilité de poursuivre en Angleterre l'exécution du testament. Enfin, l'arrêt précise que le recours peut être formé par voie d'opposition devant le magistrat qui a rendu l'ordonnance. quand elle est intervenue par défaut, ou par la voie de l'appel devant la Cour, si elle est contradictoire

215. — Dans son arrêt précité du 17 juillet 1894, la Cour d'Aix a consacré le droit qu'a le notaire de former tierce opposition à l'arrêt lui enlevant le dépôt du testament à lui confié par l'ordonnance du président, lorsqu'il n'a pas figuré dans l'instance.

Il n'est pas nécessaire, à peine de nullité, que l'ordonnance ordonnant le dépôt du testament soit motivée, car on ne saurait l'assimiler à un jugement. — Voir en ce sens : Montpellier, 8 avril 1839 précité.

216. — Faut-il que le notaire dresse un acte de dépôt du testament que lui confie l'ordonnance du président ? Les tribunaux sont divisés sur la question. — Voir pour l'affirmative : Trib. Le Blanc, 8 mars 1853 [D. 55, 3, 95]; — Trib. de la Seine, 26 mai 1853

[D, 54, 3, 21 ; S. 53, 2, 587] ; — Trib. de Lyon, 6 juin 1855 [D. 55, 3, 95]. — Voir pour la négative : Trib. de Compiègne, 8 mars 1855 [D. 55, 3, 51]. — Déc. min. fin., 20 janvier 1852 [D. 52, 3, 24].

Dans tous les cas, un acte de dépôt n'est pas imposé, lorsque le procès-verbal d'ouverture et de description constate que le testament a été remis au notaire par le président. C'est en ce sens que s'est prononcée la Cour de cassation dans son arrêt du 5 décembre 1860 [D. 61, 1, 34 ; P. 61, 359 ; S. 61, 1, 133]. — Voir dans le même sens : Chauveau sur Carré, *Suppl.* quest. 3087 *ter* ; — Debelleyme, *loc. cit.*, t. I, p. 354 ; — Déc. min. de la justice du 9 septembre 1812. — Voir pourtant en sens contraire : Déc. min. fin., 20 janvier 1852 précitée.

217. — Nous avons ci-dessus transcrit les deux paragraphes que la loi du 25 mars 1899 a ajoutés au § 1er de l'article 1007 pour régler l'ouverture des testaments olographes ou mystiques des personnes qui meurent aux colonies, tout en ayant conservé leur domicile en France, ou qui meurent en France en ayant leur domicile aux colonies. La loi nouvelle prévoit trois cas : Le testateur domicilié en France décède dans une colonie française ; — Le testateur domicilié dans une colonie française décède en France ; — Le testateur décède dans une colonie française autre que celle où il avait son domicile. Dans les trois cas, le testament doit être présenté au président du tribunal du lieu du décès ou du tribunal le plus voisin. Le président à qui le testament est présenté, en constate dans un procès-verbal l'ouverture et l'état, et le greffier en dresse une copie figurée qu'il dépose aux minutes du greffe ; ensuite l'original du testament et l'expédition du procès-verbal d'ouverture sont, sous pli scellé, adressés au président du tribunal du domicile du testateur ; et ce magistrat, pour l'ouverture et le dépôt du testament, agit conformément au premier paragraphe de l'article 1007.

218. — Si nous résumons les principes dirigeants de la matière que nous venons d'analyser, nous aboutissons aux conclusions suivantes. Lorsque le testament olographe a été confié à un notaire, le président, sauf cas exceptionnel, devra en ordonner le dépôt entre les mains de ce notaire, car il doit respecter la volonté du testateur, volonté certaine, qui a persisté jusqu'à la fin et maintenant immuable. Si ce notaire vient à décéder avant le testateur et si celui-ci ne retire pas le testament, le dépôt, pour le même motif, devra se faire chez le successeur, attendu qu'en laissant le testament dans l'étude malgré le décès du titulaire, le testateur est présumé avoir eu en vue, non pas ce dernier personnellement, mais l'étude elle-même. Enfin, si le testateur a ignoré la mort du notaire, ou s'il meurt avant lui, la décision du président devra être la même, au cas où aucune protestation ne sera élevée par les parties intéressées. Si celles-ci protestent et choisissent un autre notaire, leur choix ne devra être ratifié par le président qu'autant qu'il lui sera démontré que leur auteur, en remettant son testament au notaire décédé, avait entendu le confier personnellement et uniquement à ce dernier et non à son étude. Alors, en effet, on ne saurait invoquer la volonté du testateur, puisqu'elle n'a plus sa raison d'être.

219. — Si le testateur n'a pas confié son testament

olographe à un notaire, le président, en principe, doit ordonner le dépôt entre les mains du notaire que lui désignent les parties. Si les parties ne sont pas d'accord, le dépôt sera confié au notaire de la partie à laquelle le testament confère les droits les plus importants, à moins que les autres parties n'aient des raisons graves pour s'y opposer, raisons que le magistrat appréciera. Si le testament confère des droits égaux, le président choisira parmi les notaires proposés celui qui lui paraîtra devoir être préféré.

220. — Nous avons eu surtout en vue, dans les développements qui précèdent, le testament olographe; mais, d'après l'article 1007 les règles que nous avons indiquées, s'appliquent à la présentation, à l'ouverture, à la description et au dépôt du testament mystique. Seulement, précise le texte, « *l'ouverture ne pourra se faire qu'en présence de ceux des notaires et des témoins signataires de l'acte de suscription, qui se trouveront sur les lieux, ou eux appelés.* »

L'arrêt d'Orléans du 11 février 1892 précité, déclarant que le président a le droit de désigner le notaire chez lequel le testament sera déposé, en tenant compte des instructions du testateur et des convenances et intérêts des héritiers, s'est placé tant au point de vue d'un testament olographe qu'au point de vue d'un testament mystique.

221. — FORMULE *du procès-verbal de présentation d'ouverture et de description du testament olographe sous enveloppe cachetée, présenté par le notaire dépositaire au président du tribunal de première instance du lieu de l'ouverture de la succession et ordonnance de dépôt dudit testament aux minutes de ce notaire.*

L'an....., le....., devant nous, président du tribunal de

première instance de....., au palais de justice, assisté de M. (*nom et prénoms*), greffier dudit tribunal, a comparu Me (*nom et prénoms*), notaire à....., lequel nous a présenté une enveloppe cachetée par (*indiquer le nombre et la nature des cachets*) et portant la suscription suivante (*copier cette suscription*), qu'il nous a dit avoir reçue en dépôt, comme contenant son testament olographe, du sieur (*nom, prénoms et profession du défunt*), domicilié à....., où il est décédé le.....; et il nous a demandé, après avoir vérifié les cachets de ladite enveloppe, de vouloir bien procéder à son ouverture et à la constatation de l'état du dit testament et d'ordonner ensuite son dépôt aux mains d'un notaire par nous à cet effet commis, le tout conformément aux dispositions de l'article 1007 du Code civil.

Déférant à la demande du comparant, nous avons aussitôt, en sa présence, vérifié les cachets de ladite enveloppe qu'il nous a remise; ces cachets nous ayant paru intacts, nous les avons rompus et nous avons trouvé dans l'enveloppe un testament olographe fait par ledit sieur.. .., dont nous avons constaté l'état et fait la description comme suit (*le président doit constater l'état soit du testament, soit de l'enveloppe, soit de la suscription, les ratures, renvois, interlignes s'il en existe; il inscrit dans son procès-verbal les mots par où commence et finit le testament, dont il cote et signe chaque page et où il écrit à la fin* : « Signé et paraphé par nous, président du tribunal, conformément à notre procès-verbal dressé le....., à..... » ; *il fait égale mention sur la suscription de l'enveloppe*).

Nous avons ensuite coté et paraphé ledit testament à chaque page, avec mention du présent procès-verbal ; semblable mention a eu lieu sur l'enveloppe ; et nous avons remis et confié ledit testament et l'enveloppe au dit Me....., notaire à....., qui le reconnaît, pour être par lui mis au rang de ses minutes et en délivrer expédition à qui il appartiendra.

Et de tout ce qui précède nous avons, conformément à l'article 1007 du Code civil, dressé le présent procès-verbal qui a été signé par le dit Me....., par nous et le greffier, après lecture.

Signatures du président, du greffier et du notaire.

§ 2. — Ordonnance d'envoi en possession d'un legs universel.

222. — L'héritier est saisi de plein droit de la succession ; il a la saisine. Le légataire particulier doit,
aux termes de l'article 1014, C. civ., demander la délivrance de son legs en justice, s'il ne l'obtient volontairement ; il en est de même pour le légataire à titre
universel, d'après l'article 1011 du même Code. Mais,
en l'absence d'un héritier réservataire, le légataire
universel a une situation meilleure ; la loi l'assimile
à l'héritier ; l'article 1006 déclare, en effet, que
« *lorsqu'au décès du testateur il n'y aura pas d'héritiers auxquels une quotité de ses biens sera réservée
par la loi, le légataire universel sera saisi de plein
droit par la mort du testateur, sans être tenu de
demander la délivrance.* »
Toutefois, le légataire universel institué par testament olographe ou mystique doit se conformer aux
prescriptions de l'article 1008 ainsi conçu : « *Dans le
cas de l'article 1006, si le testament est olographe ou
mystique, le légataire universel sera tenu de se faire
envoyer en possession, par une ordonnance du président, mise au bas d'une requête à laquelle sera joint
l'acte de dépôt.* » Mais l'envoi en possession ordonné par
cet article n'est exigé que pour donner au testament olographe ou mystique la force exécutoire qu'il n'a pas, car,
dans tous les cas, le légataire universel est, à défaut d'héritier réservataire, saisi de plein droit de l'hérédité du
testateur ; il a la saisine légale dès le jour de l'ouverture de la succession. C'est un point généralement

admis par la jurisprudence et la doctrine. — Voir :
Cass., 28 mai 1894 [D. 95, 1, 80 ; P. et S. 98, 1, 445];
9 janvier 1899 [D. 1900, 1, 605 ; P. et S. 99, 1, 289]. —
Baudry-Lacantinerie et Colin, *loc. cit.*, t. II, n° 2344 et s.

223. — Cette ordonnance d'envoi en possession a
une grande importance et donne au légataire universel
qui l'obtient, des avantages considérables. Ainsi, elle a
pour premier résultat de le décharger de la preuve que
le testament émane du testateur, lorsqu'on en dénie
l'écriture ou la signature. On sait, en effet, que lorsqu'un testament olographe est opposé à l'héritier,
celui-ci peut prétendre qu'il n'a été ni écrit ni signé
par le prétendu testateur. Sur cette exception, s'ouvrira une procédure pour vérifier l'écriture et la signature du testament ; des experts seront nommés qui pro-
cèderont à cette vérification et une enquête sera aussi
admise. Mais très délicate est la mission des experts et
bien difficile la preuve ordonnée. Or, le légataire universel, s'il a été envoyé en possession, n'a qu'à attendre cette preuve que doit fournir celui qui repousse le
testament et qui vient ainsi troubler l'envoi en possession ordonné. Le principe que l'héritier doit alors
fournir la preuve dont nous parlons, est aujourd'hui
admis par la majorité de la jurisprudence. — Cass.,
25 juillet 1867 [D. 67, 1, 217 ; P. 67, 1059 ; S. 67, 2,
389]; — 5 août 1872 [D. 72, 1, 276 ; P. 72, 843 ; S. 72,
1, 319]; — 10 janvier 1877 [D. 77, 1, 159 ; P. 79, 777];
— 1er mars 1897 [D. 97, 1, 199 ; P. et S. 98, 1, 221]; —
Besançon, 5 mai 1869 [D. 69, 2, 163 ; P. 70, 231 ; S. 70,
2, 50]; — Angers, 12 novembre 1868 [D. 68, 2, 14 ;
P. 69, 564 ; S. 69, 2, 108]; — Lyon, 19 juin 1886 [P. 86,
1, 1256 ; S. 86, 2, 247]; — Amiens, 23 juin 1886 [S. et

P., *ibid.*] ; — Chambéry, 20 novembre 1888 [P. 89, 1, 1242 ; S. 89, 2, 237] ; — Angers, 26 juin 1889 [P. et S., *ibid.*] ; — Bordeaux, 5 avril 1897 [P. et S., 97, 2, 267].

Ainsi, dans les nombreux arrêts précités, la Cour de cassation a constamment déclaré que le légataire universel, envoyé en possession des objets à lui légués, s'il n'est pas d'ailleurs en présence d'héritiers réservataires, n'est pas tenu de faire la vérification du testament olographe qui l'a institué, et que c'est à l'héritier qui vient le troubler dans sa possession, à faire lui-même cette vérification.

224. — Mais la doctrine admet, au contraire, que la vérification de l'écriture d'un testament olographe doit être à la charge du légataire universel. même après qu'il a été envoyé en possession, et non de l'héritier, bien qu'il ne soit pas un héritier à réserve. — Conf. Grenier, *Traité des Hypothèques*, t. I, n° 292 ; — Duranton, *Cours de Droit civil français*, t. IX, n° 46 ; — Chauveau sur Carré, *loc. cit.*, quest. 799 ; — Berriat, Saint-Prix, *loc. cit.*, p. 305, note 34 2° ; Marcadé, *Explications du Code civil*, sur l'article 970, n° 6 et sur l'article 1008, n° 2 ; — Aubry et Rau, *loc. cit.*, t. VII, § 669, p. 109 ; — Demolombe, *loc. cit.*, t. XXI, n° 146 ; — Laurent, *loc. cit.*, t. XIII, n° 233 et s. ; — Baudry-Lacantinerie et Colin, *loc. cit.*, t. II. n° 1990 *ter*.

225. — Et plusieurs arrêts de cours d'appel se sont prononcés en ce sens. — Voir : Besançon, 23 mars 1842 [D. 42, 2, 205 et Rép., *loc. cit.*; P. 42, 2, 362; S. 42, 2, 205]; — Caen, 17 janvier 1853 [D. 53, 2, 109; P. 53, 1, 14; S. 53, 2, 411]; — Douai, 10 mai 1854 [P.

54, 1, 577 ; S. 54, 2, 435] ; — Caen, 2 janv. 1893 [D. 93, 2. 380] ; — Agen, 12 mai 1897 [D. 97, 2, 256 ; S. et P. 97, 2, 267].

226. — Le légataire universel, en vertu de son envoi en possession, a le droit d'appréhender les biens de la succession. — Voir : Cass., 28 mai 1894 [D. 95, 1, 86 ; — S. et P. 98, 1, 445].

227. — D'autre part, l'envoi en possession lui donne qualité pour exercer les actions appartenant à la succession ou pour défendre à celles qui sont intentées contre elle. — Aubry et Rau, *loc. cit.*, t. VII, § 710, p. 445 ; — Baudry-Lacantinerie et Colin, *loc. cit.*, t. II, n° 2344 *bis*.

228. — L'envoi en possession peut être ordonné par le président du tribunal, non seulement au profit du légataire universel, mais encore au profit des héritiers de ce légataire. — Voir : Limoges, 3 janvier 1881 [P. 81, 1, 573 ; S. 81, 2, 104]. — Voir dans ce sens : Bertin, *loc. cit.*, t. I, n° 825.

229. — Comme pour l'ouverture et le dépôt du testament prescrits par l'article 1007, c'est le président du tribunal du lieu où la succession s'est ouverte, qui est compétent pour rendre l'ordonnance d'envoi en possession ; cette ordonnance est donc nulle pour incompétence si elle émane du président d'un autre tribunal. C'est ce qu'a décidé la Cour de Dijon par arrêt du 25 mars 1870 [D. 74, 5, 305 ; P. 70, 710 ; S. 70, 2, 175]. — Voir en ce sens : Aubry et Rau, *loc. cit.*, t. VII, § 710, p. 445.

230. — Et l'ordonnance d'envoi en possession rendue par le président du tribunal du lieu de l'ouverture de la succession est valable, bien que, malgré l'article 1007, le testament ait été présenté au président d'un autre tribunal, notamment au président du tribunal du lieu où il a été découvert. — Voir : Cass. 22 février 1847 [D. 47, 1, 141 ; P. 47, 1, 663 ; S. 53, 2, 162 à la note]. — Conf. Rennes, 19 sept. 1870 [D. 71, 1, 301].

En ce cas, le président du tribunal du lieu de l'ouverture à qui le légataire universel demande l'envoi en possession, ne saurait exiger qu'il lui représente préalablement le testament ; il suffit que ce légataire soit porteur d'une expédition authentique du testament et du procès-verbal d'ouverture. — Voir : Nancy, 18 juin 1869 [D. 70, 2, 114 ; P. 70, 1171 ; S. 70, 2, 316]; — 19 mai 1883 [D. 84, 2, 67 ; P. 84, 1, 632 ; S. 84, 2, 124] ; — Amiens, 6 août 1896 [S. et P. 98, 2, 101]. —En ce sens : Baudry-Lacantinerie et Colin, *loc. cit.*, t. II, n° 2345.

231. — La Cour de Poitiers a même décidé que l'ordonnance d'envoi en possession ne serait pas nulle pour avoir été rendue avant le dépôt du testament chez le notaire commis pour ce dépôt. — Arrêt du 11 août 1846 [P. 46, 2, 619 ; S. 46, 1, 628].

232. — Que doit faire le président à qui l'envoi en possession est demandé par le légataire universel ? Il doit, d'abord, avant d'accorder son ordonnance, examiner si le testament dont l'expédition lui est représentée, contient en réalité un legs universel. La jurisprudence et la doctrine sont d'accord sur ce point. — Cass. 26 novembre 1856 [D. 56, 1, 429 ; P. 57, 648 ; S. 57, 1, 113]; — Orléans, 31 août 1831 [D. 32, 2, 114, et Rép., *loc. cit.*, n° 3591 ; P. chr. ; S. 32, 2, 145]; — Nancy, 3 février 1870 [D. 70, 2, 113 ; P. 70, 1171 ; S. 70,

2, 316]. — *Sic* : Troplong, *loc. cit.*, t. III, n° 1827 et
1828 ; — Marcadé, *loc. cit.* sur l'art. 1008, n° 1 ;
Aubry et Rau, *loc. cit.*, t. VII, § 710, p. 445 ; Demolombe, *loc. cit.*, t. XXI, n° 505 et s. ; Debelleyme,
loc. cit., t. V, p. 65 ; Laurent, *loc. cit.*, t. XIV, n° 24
et s. ; Baudry-Lacantinerie, *loc. cit.*, t. II, n° 592.

Mais, à cet égard, il ne fait que donner son appréciation, sans pouvoir rendre une décision. — Voir :
Nancy, 3 février 1870, précité.

Si donc il estime qu'il est en présence d'un legs
universel, il accorde son ordonnance ; il la refuse, au
contraire, si le legs ne lui présente pas ce caractère.

233. — D'autre part, le président peut refuser
l'envoi en possession, s'il a des doutes sérieux sur la
pièce qu'on lui présente comme constituant un testament, ainsi que l'a décidé la Cour de Caen dans un
arrêt du 14 mai 1856 [P. 57, 650 ; S. 57, 2, 119].

Toutefois, pour agir ainsi, il faut que les héritiers
invoquent devant lui des irrégularités ou des fraudes
graves et précises; de simples allégations vagues ne
sauraient motiver son refus. — Voir en ce sens :
Nancy, 4 août et 19 décembre 1893 [D. 94, 2, 117]. —
Baudry-Lacantinerie et Colin, *loc. cit.*, t. II, n° 2363.

234. — Il peut arriver que les héritiers dénient
devant le président l'écriture ou la signature du testament; cela ne suffit pas pour empêcher le magistrat
d'accorder l'envoi en possession. — Voir en ce sens :
Agen, 26 août 1856 [D. 56, 2, 296 ; P. 57, 647 ; S. 56,
2, 515]. Alors surtout, comme l'a décidé la Cour de
Nancy, que l'aspect général du testament confirme son
caractère de sincérité. — Arrêt du 19 décembre 1893,
précité.

235. — Un recours est-il ouvert contre l'ordonnance d'envoi en possession? La Cour de cassation n'a pas hésité à se prononcer pour l'affirmative, car l'envoi en possession, nous l'avons dit, produit des effets importants et peut compromettre les intérêts et les droits des héritiers légitimes. — Arrêt du 3 avril 1895 [P. et S. 95, 1, 221].

236. — Quel sera ce recours? A cet égard, on est loin d'être d'accord. Nous retrouvons, ici, la controverse que nous avons rencontrée en traitant au L. I du ch. I, du caractère des ordonnances sur requête et où l'on se demande si elles ont un caractère gracieux ou contentieux. Nous avons constaté alors qu'une opinion admet que ces ordonnances peuvent être entreprises par voie d'opposition portée devant le magistrat même qui les a rendues. A propos de l'ordonnance d'envoi en possession, cette opinion se reproduit et elle décide que cette ordonnance, si elle n'est pas contradictoire, c'est-à-dire si elle n'a pas été rendue en présence des héritiers légitimes qui n'ont pas été appelés, peut, conformément à la règle de l'article 474 du Code de procédure civile, être attaquée par voie d'opposition devant le président de qui elle émane. — Voir en ce sens : Cass. 3 avril 1895, précité; — Dijon, 24 janvier 1896 et Bourges, 4 janvier 1897 [D. 97, 2, 307]. — Voir encore Nîmes, 3 juillet 1844, sous Cass. 24 avril 1844 [D. 44, 1, 265; P. 44, 2, 407; S. 45, 1, 66]; — Bastia, 22 mars 1854 [D. 55, 2, 13; P. 54, 2, 161; S. 54, 2, 173]; — Besançon, 5 mai 1869 [P. 70, 231; S. 70, 2, 50]; — Agen, 7 juillet 1869 [D. 75, 2, 105; P. 69, 1287; S. 69, 2, 331]; — Bourges, 13 mars 1872 [D. 77, 2, 208].

Et l'opposition doit être portée devant le président statuant comme juge des ordonnances et non devant le président pris comme juge des référés; celui-ci, fût-il le même que celui qui a rendu l'ordonnance, serait incompétent *ratione materiæ* pour statuer sur cette opposition. — Voir Nancy, 20 décembre 1892 [P. et S. 1894, 2, 133]; — Besançon, 15 novembre 1905 [*Droit* du 17 décembre 1905].

Mais la Cour de cassation, dans son arrêt précité du 3 avril 1895, a décidé que l'opposition doit être soumise au juge des référés. En ce sens : Bonjean, *loc. cit.*, n° 943 et, quant à la théorie générale, n°s 263 et s. Nous avons combattu cette décision aux n°s 24 et s. et nous renvoyons aux explications qui y sont données. Les arrêts de Nancy et de Besançon précités dénient en l'espèce toute compétence au juge des référés.

237. — Quelques arrêts ont décidé que l'ordonnance d'envoi en possession n'est pas susceptible d'opposition devant le président. — Voir en ce sens : Toulouse, 1er août 1842 [D. 43, 2, 77 et Rép. *loc. cit.*, n° 3666; P. 44, 1, 10; S. 43, 2, 71]; — Agen, 31 août 1849 [D. 51, 2, 51]; — Bordeaux, 4 avril 1855 [D. 57, 5, 275; P. 56, 2, 389; S. 56, 2, 117].

Un arrêt a déclaré que, dans tous les cas, le président ne devait pas renvoyer l'opposition devant le tribunal par voie de référé. — Rennes, 20 janvier 1849 [D. 49, 2, 234; P. 49, 2, 46; S. 49, 2, 576].

238. — D'après une autre opinion, c'est devant le tribunal directement qu'il faut porter l'opposition à l'ordonnance d'envoi en possession. — Voir Bordeaux,

29 novemdre 1834 [D. 35, 2, 68 et Rép. *loc. cit.*,
n° 3669 ; P. chr. ; S. 35, 2, 138].

239. — Mais une doctrine contraire déclare que
l'opposition ne saurait être, tout d'abord, portée
devant le tribunal. — Voir Bourges, 13 mars 1872
précité ; — En ce sens : Troplong, *loc. cit.*, t. III,
n° 1825 ; — Laurent, *loc. cit.*, t. XIV, n° 21 et 30 ; —
Demolombe, *loc. cit.*, t. XXI, n° 504 et 510.

240. — On le voit, en ce qui concerne le recours
par voie d'opposition, on se trouve en présence
d'opinions absolument divisées et contradictoires.

241. — Quant à l'appel, la jurisprudence est plus
établie, et décide assez généralement qu'il est recevable
contre l'ordonnance d'envoi en possession, qu'elle
regarde comme émanant de la juridiction contentieuse
du président. — Voir Cass. 3 avril 1895 précité ;
— Bourges, 10 juin 1854 [D. 55, 1, 21 ; P. 54, 2, 161 ;
S. 55, 2, 16] ; — Caen, 14 mai 1856 [P. 57, 650 ; S. 57,
2, 119] ; — Paris, 10 janvier 1857 [P. 57, 650 ; S. 57, 2,
119] ; — Besançon, 5 mai 1869 [P. 70, 251 ; S. 70, 2,
50] ; — Limoges, 3 janvier 1881 [P. 81, 1, 573 ; S. 81,
2, 104] ; — Dijon, 11 janvier 1883 [P. 83, 1, 443 ;
S. 83, 2, 70] ; — Amiens, 9 juillet 1889 [P. 90, 1, 868 ;
S. 90, 2, 141]. — En ce sens : Talandier, *De l'appel*,
n° 42 ; — Debelleyme, *loc. cit.*, t. I, n° 61 ; — Bioche,
loc. cit., V° Envoi en possession, n° 35 ; — Naquet,
note sous Aix, 27 janvier 1871 [P. 72, 1178 ; S. 72, 2,
289]. — Bonjean, *loc. cit.*, n°s 945 et s.

242. — Nous pouvons à ces décisions en ajouter
d'autres encore, toutes rendues à suite du refus du
président d'accorder l'envoi en possession qui lui était
demandé, et décidant que l'ordonnance est, en ce cas,

susceptible d'appel. — Nancy, 18 janvier 1869 [D. 70, 2, 114 ; P. 70, 1171 ; S. 70, 2, 316] ; — 3 février 1870 [*ibid.*] ; — 17 mai 1883 [P. 84, 1, 632 ; S. 84, 2, 124]; — Montpellier, 3 décembre 1870 [D. 70, 2, 73 ; P. 70, 1171 ; S. 70, 2, 316] ; — Amiens, 9 juillet 1889 [P. 90, 1, 868 ; S. 90, 2, 141]. Conf. dans le même sens de recevabilité de l'appel, Dijon, 24 janvier 1896 [*Gaz. Palais*, 26 février 1896] ; — Bourges, 4 janvier 1897 [*Gaz. des Trib.* du 10 mars 1897].

A côté de ces doctrines si diverses, vient se placer une dernière opinion, celle-ci absolue et qui coupe court à toute difficulté. Elle soutient, en effet, que l'ordonnance du président accordant ou refusant l'envoi en possession demandé par le légataire universel, est un acte de juridiction gracieuse qui n'est pas susceptible de recours et notamment d'appel. — Voir en ce sens : Paris, 27 juin 1878 [P. 78, 966 ; S. 78, 2, 215] ; — Douai, 21 juillet 1854 [P. 56, 1, 409 ; S. 54, 2, 116] ; — Angers, 23 août 1867 [D. 69, 2, 14 ; P. 69, 564 ; S. 69, 2, 108] ; — Poitiers, 12 août 1874 [D. 76, 2, 28 ; P. 74, 1047 ; S. 74, 2, 254] ; — Paris, 25 mars 1892 [D. 92, 2, 245 ; P. et S. 92, 2, 188] ; — Nancy, 20 décembre 1892 [D. 94, 2, 9 ; P. et S. 94, 2, 133] ; — Dijon, 1er juin 1894 [D. 94, 2, 360 ; P. et S. 94, 2, 280]. — *Sic* : Baudry-Lacantinerie et Colin, *loc. cit.*, t. II, n° 2353 ; — Garsonnet, *loc. cit.*, t. VIII, n° 2982, et les auteurs cités par M. Crépon, *Appel civil*, I, p. 297.

243. — Il résulte de l'exposé qui précède que la plus grande divergence existe, soit dans la jurisprudence, soit dans la doctrine, au sujet des voies de recours pouvant être exercées contre l'ordonnance qui accorde

ou refuse l'envoi en possession du légataire universel.
Dans un système, il faut agir par voie d'opposition
devant le magistrat qui a rendu la décision ; dans
un autre, ce magistrat doit être saisi comme juge
des référés ; dans un troisième, on doit bien recourir à
l'opposition, mais cette opposition doit être portée
devant le tribunal ; dans un quatrième, on n'accorde
que l'appel devant les juges supérieurs ; enfin, dans un
cinquième, on refuse tout recours, en affirmant que la
décision dont s'agit est un acte de juridiction purement
gracieuse.

244. — Pour nous, rappelant l'opinion que nous
avons émise en traitant des caractères généraux qu'il
faut attribuer aux ordonnances du président (Voir
supra, n° 4 et s.), nous persistons à soutenir que la
décision qui accorde ou refuse l'envoi en possession,
est un acte de juridiction éminemment contentieuse ;
que, par suite, elle est susceptible de recours ; que ce
recours peut être exercé par voie d'opposition devant
le magistrat de qui elle émane, s'il y a introduit la
réserve qu'il lui en sera référé en cas de difficulté ; qu'en
l'absence de cette réserve, ce magistrat se trouve dessaisi et ne peut plus, dès lors, retirer son ordonnance
par une nouvelle ; que le tribunal ne saurait connaître
de l'opposition, car il ne constitue pas une juridiction
instituée contre celle du président ; et que l'appel est la
voie normale qui se présente (Conf. les développements
donnés aux n°s 17 et s.).

245. — Lorsque le fond est en état, la Cour peut-
elle, aux termes de l'article 473 du C. de pr. civ., évo-
quer ce fond et accorder directement l'envoi en possession refusé par l'ordonnance qui lui est déférée ?

Quelques arrêts avaient décidé qu'elle ne le peut pas et doit renvoyer les parties devant un autre président de tribunal de son ressort. — Conf. Rouen, 27 mai 1807 — Consulter Dalloz, *Jurisprud. gén.* V° Donat. entre vifs et testamentaires, n° 3671. — Voir également Orléans, 4 juillet 1902 *(Gaz. des Trib.* du 12 août 1902).

Mais cette dernière Cour revenant sur sa première jurisprudence, vient de décider par un récent arrêt du 23 mars 1905 *(Gaz. des Trib.* du 5 mai 1905), qui semble plus conforme à l'exacte interprétation de l'article 473 précité, que la Cour peut, après avoir annulé l'ordonnance, dont est appel, statuer elle-même sur l'envoi en possession, ainsi que le lui demandent les légataires. — Voir dans le même sens : Grenoble, 26 septembre 1857 [D., 58, 2, 160] ; — Nancy. 18 juin 1869 [D. 70, 2. 113].

246. — Résumant les observations qui précèdent, nous dirons que le président est libre d'accorder ou de refuser l'envoi en possession qui lui est demandé ; qu'avant de se prononcer, il doit d'abord examiner s'il se trouve bien en présence d'un legs universel ; voir ensuite si le testament qu'on lui présente lui paraît absolument régulier en la forme; qu'il ne doit pas s'arrêter devant de pures allégations de nullité de forme ou de fraude, toujours faciles à invoquer par des héritiers dépouillés, mais peser, au contraire, des articulations de ce genre. graves et précisés; qu'en tout cas, une instance intentée en nullité du testament, doit faire suspendre sa décision.

247. — Quelles pièces devra fournir le légataire universel à l'appui de sa demande? En premier lieu, l'expédition du testament délivrée par le notaire chez qui le dépôt a été ordonné, et de l'acte de dépôt y annexé, s'il a été fait ; en second lieu, l'expédition de l'acte notarié qui a dû être dressé, établissant que le testateur n'a laissé aucun héritier à réserve.

La Cour d'Orléans, dans l'arrêt précité du 23 mars 1905, a eu à juger, à propos de l'absence des héritiers réservataires dont nous venons de parler, une hypothèse fort intéressante. Il s'agissait d'une mère qui avait fait des legs universels, à l'envoi en possession desquels on opposa l'existence d'un fils de la testatrice ayant disparu sans que les formalités concernant l'absence eussent été remplies. Par ordonnance du 23 février 1905, le président du tribunal civil d'Orléans déclara surseoir à statuer pendant un mois, temps durant lequel les intéressés devaient faire décider par la juridiction compétente si l'existence de l'héritier devait ou non être considérée comme reconnue.

Cette sentence a été infirmée par l'arrêt précité dans lequel on relève la distinction suivante qui paraît pleinement acceptable : « Attendu, y est-il dit, que les règles qui se réfèrent aux biens que l'absent possédait déjà au moment de sa disparition ou de ses dernières nouvelles, sont très différentes de celles qui s'appliquent aux biens ou aux droits éventuels qui peuvent lui advenir ultérieurement, ainsi que cela résulte des articles 135 et 136 du C. civ. ; que les premiers biens acquis antérieurement par lui formaient déjà un patrimoine lors de sa disparition ou de ses dernières nouvelles ; qu'on comprend très bien dès lors qu'avant de l'en dépouiller, la loi exige que les formalités de la déclaration d'absence aient été accomplies, tandis que les seconds, il ne les a pas encore en sa possession et il

ne peut être appelé à les recueillir qu'à la condition
d'être encore vivant et de justifier de son existence au
moment où, comme dans l'espèce (c'est-à-dire en matière successorale), s'ouvre pour lui la succession du
parent qui vient de décéder. Attendu que les articles
135 et 136 du C. civ., précités, qui visent cette dernière situation ne s'appliquent pas seulement à ceux
dont l'absence a été judiciairement déclarée, mais
encore à ceux qui sont présumés absents... que le président du tribunal civil d'Orléans eût dû, dès lors, prononcer sans sursis l'envoi en possession des légataires... »

248. — La demande d'envoi en possession est faite
par requête présentée et signée par un avoué, et l'ordonnance est rendue avec l'assistance du greffier qui la
signe avec le président et la dépose aux minutes du
greffe, car elle a trop d'importance pour qu'elle soit
déclarée exécutoire sur minute. Elle est expédiée en
due forme, et l'expédition délivrée au légataire universel servira à celui-ci soit pour faire tous actes,
soit pour introduire toutes actions ou y défendre, relativement à la succession.

249. — FORMULE *de la requête aux fins d'envoi en possession.*

A Monsieur le président du tribunal de première instance de.....

Le sieur (*nom, prénoms, profession et domicile du demandeur*),
ayant pour avoué Mᵉ....., a l'honneur de vous exposer que,
par son testament olographe en date du....., le sieur (*nom,
prénoms et profession du testateur*), décédé le....., en son domicile à....., sans laisser aucun ascendant ni descendant, ainsi
qu'il est établi par un acte de notoriété dressé le..... par

M^e....., notaire à....., a institué l'exposant son légataire
général et universel; que ce testament a été déposé aux minutes
de M^e....., notaire à....., en vertu de votre ordonnance en
date du....., et que l'exposant doit, conformément aux dispositions de l'article 1008 du Code civil, se faire envoyer en possession de son legs universel. En conséquence, il conclut à ce
qu'il vous plaise, Monsieur le président, l'envoyer en possession
dudit legs universel pour qu'il puisse disposer des biens qu'il
comprend. A l'appui de sa demande, l'exposant produit l'expédition dudit testament et de l'acte de dépôt auquel il est annexé,
ensemble l'expédition de l'acte de notoriété sus-énoncé.

Présenté au palais de justice à....., le.....

Signature de l'avoué.

ORDONNANCE.

Nous, président du tribunal de première instance de.....,
assisté de M....., greffier dudit tribunal,

Vu la requête qui précède et les faits y énoncés, ensemble
l'expédition du testament, de l'acte de dépôt et de l'acte de notoriété, vu l'article 1008 du Code civil, avons envoyé et envoyons
le sieur....., en possession de la succession dudit sieur.....,
pour disposer des biens qui la composent à titre de légataire
universel, conformément à la loi; disons qu'il nous en sera
référé au cas de difficulté.

Donné au palais de justice à....., le.....

Signatures du président et du greffier.

SECTION XI

Ordonnance confiant la garde provisoire des minutes d'un notaire à un autre notaire.

250. — Aux termes de l'article 61 de la loi du 25 ventôse an XI « *immédiatement après le décès du notaire ou autre possesseur de minutes, les minutes et répertoires seront mis sous les scellés par le juge de paix de la résidence, jusqu'à ce qu'un autre notaire en ait été provisoirement chargé par ordonnance du président du tribunal de la résidence.* »

Cette mesure est nécessaire pour la conservation des minutes, et le ministère public doit veiller à son accomplissement ; elle doit être exécutée même si les héritiers la considéraient comme inutile. — Voir Le Poitevin, *Dict. des parquets*, V° Scellés, n° 6 ; — Rutgeers et Amiaud, *loc. cit.*, t. III, n° 1301. — Voir cependant, en sens contraire, une ordonnance du président du tribunal de Perpignan du 12 mars 1845, pour le cas où le jour même du décès du notaire un autre est commis pour la garde provisoire des minutes, dans Rutgeers et Amiaud, *loc. cit.*).

251. — Les scellés seront donc apposés en règle générale ; mais ils doivent être promptement levés, sous peine d'entraîner des inconvénients et même un préjudice pour les parties intéressées. Aussi l'ordonnance du président confiant la garde provisoire des minutes à un autre notaire intervient-elle immédiatement conformément à l'article précité. Cette ordonnance est rendue ordinairement sur la demande des héritiers ; mais, s'ils négligeaient de la provoquer, elle pourrait être requise d'office par le ministère public. — Le Poitevin, *loc. cit.*, V° Notaire, n° 38 ; Massabiau, *Mon. du min. public*, t. III, n° 4033 ; — Clerc, *Tr. gén. du not.*, t. I, n° 734. — Voir aussi : Bourges, 8 mars 1871 [D. 72, 2, 63 ; P. 71, 276 ; S. 71, 2, 61]. — Cet arrêt reconnaît formellement au ministère public le droit de requérir la désignation du notaire pour la garde provisoire des minutes.

252. — Un arrêt a décidé, avec raison, qu'au cas de destitution d'un notaire, la garde des minutes peut être confiée à un autre notaire par le président, comme au cas de décès. — Rouen, 18 août 1874 [D. 75, 2, 167 ; P. 76, 219 ; S. 76, 2, 45].

253. — Mais on se demande si la mesure peut aussi intervenir au cas de simple suspension d'un notaire. Enlever, dans cette hypothèse, les minutes au notaire, c'est lui porter un grave préjudice ; c'est user vis-à-vis de lui d'une mesure grave que semble ne pas justifier la situation ; c'est, dans tous les cas, appliquer la disposition de la loi du 11 ventôse an XI pour une simple mesure disciplinaire, et cela en dehors des prévisions du législateur. La question, on le voit, est délicate, aussi est-elle vivement controversée. Une opinion se basant sur les considérations qui précèdent, se prononce pour la négative. — Voir Grenoble, 6 juin 1853 [D. 53, 2, 230 ; P. 53, 2, 331 ; S. 54, 2, 45] ; — Metz, 19 octobre 1853 [D. 54, 2, 56 ; P. 53, 2, 505 ; S. 54, 2, 45]. — Voir, dans le même sens : Clerc, Dalloz et Vergé, *loc. cit.*, t. II, n° 1388 ; *Encycl. du not.*, V° Scellés apposés sur les minutes d'un notaire, nᵒˢ 18 et 19.

254. — Mais l'affirmative est plus généralement admise par la jurisprudence, pour ce motif que le notaire suspendu perd, pendant toute la durée de sa suspension, la fonction de sa charge en ce qui concerne la garde de ses minutes et répertoires. — Cass. 22 mai 1854 [D. 54, 1, 217 ; P. 54, 2, 450 ; S. 54, 1, 704] ; — Orléans, 21 janvier 1854 [D. 54, 2, 50 ; P. 54, 1, 19 ; S. 54, 2, 171] ; — Lyon, 8 mars 1855 [P. 56, 2, 73 ; S. 55, 2, 660] ; — Aix, 23 janvier 1890 [*Journ. du not.*, 1890, p. 248] ; — Dijon, 29 janvier 1890 [*Journ. des not.*, art. 24471].

255. — Quel notaire devra choisir le président pour lui confier la garde provisoire des minutes et répertoires ? L'article 54 de la loi de ventôse répond à la question : le choix devra porter sur un notaire résidant dans la même commune ou dans le même canton. Cela se comprend ; il ne faut pas que les minutes soient portées trop loin des clients habituels de l'étude. Plusieurs auteurs se prononcent en ce sens. — Voir Amiaud sur Rutgeers, *loc. cit.*, t. III, nᵒ 1305, p. 1691, note 1 ; — Gagneraux, sur l'article 61 ; *Dict. du not.*, Vᵒ Minutes, nᵒ 407 ; — Bastiné, *Cours de notariat*, nᵒ 353.

256. — Pourtant la jurisprudence décide que le président a le droit de choisir un notaire d'une autre commune ou d'un autre canton ; et une grande partie de la doctrine partage cet avis. — Orléans, 21 janvier 1854 et Rouen, 18 août 1874 précités. — Rolland de Villargues, *loc. cit.*, Vᵒ Minute, nᵒ 160 ; — Clerc, Dalloz et Vergé, *loc, cit.*, t. II, nᵒ 1349 ; — Clerc, *Traité gen. du not.*, t. I, nᵒ 739 ; — Le Poitevin, *loc. cit.*, Vᵒ Notaire, nᵒ 39.

257. — On reconnaît néanmoins que le président doit désigner un notaire ayant le droit d'instrumenter dans la commune où se trouvent les minutes qu'on lui confie.

258. — D'un autre côté, aux termes d'une lettre du ministre de la justice du 11 février 1878, il ne peut pas ordonner le dépôt des minutes dans plusieurs études et les diviser ainsi. — Voir *Rev. not.*, n° 5597 ; *J. des not.*, art. 21873.

259. — En principe, les héritiers ont le droit de choisir le notaire qui devra garder provisoirement les minutes ; leur intérêt demande qu'il en soit ainsi, et le président doit ratifier leur choix, si d'ailleurs il n'a aucun motif grave pour commettre un notaire autre que celui qu'ils lui ont désigné. Cette règle est consacrée par la jurisprudence et la doctrine. — Grenoble, 26 août 1867 [D. 68, 2, 193 ; P. 69, 84 ; S. 69, 2, 54] ; — Bourges, 8 mars 1871 [D. 72, 2, 63 ; P. 71, 276 ; S. 71, 2, 61] ; — Bordeaux, 23 juin 1885 [D. 86, 2, 197 ; P. 85, 1, 1001 ; S. 85, 2, 185]. — Massabiau, *loc. cit.*, t. III, n° 4033 ; — Clerc, Dalloz et Vergé, *loc. cit.*, n° 1383 ; — Le Poitevin, *loc. cit.*, V° Notaire, n° 39.

260. — Si donc, sans motif grave, le président désigne un notaire de son choix, à l'encontre de la désignation des héritiers, son ordonnance portant grief à ces derniers pourra être l'objet d'un recours. Cette ordonnance a, en effet, un caractère contentieux ; elle décide contrairement à la demande faite et elle soulève ainsi un litige qui doit recevoir une solution. Le recours, en ce cas, consiste dans l'appel, disent les arrêts précités de Bourges et Bordeaux des 8 mars 1871 et 23 juin 1885.

261. — Mais la Cour de Caen, dans un arrêt du 2 avril 1869 (*Rev. not.*, n° 2387), a décidé que la décision du président désignant le notaire est souveraine et n'est pas dès lors susceptible d'appel.

Et la Cour de Bordeaux, dans son arrêt précité du 23 juin 1885, précise que l'appel n'est pas autorisé lorsque les héritiers n'ont pas été parties dans l'ordonnance. Semblable solution a été admise par la Cour de Limoges dans deux arrêts du 15 juin 1886 [P. 86, 1, 1092, et 89, 1, 89; S. 86, 2, 192, et 89, 2, 7].

262. — Le notaire dépositaire ne saurait être obligé de se rendre, chaque fois que le besoin l'exige, dans l'étude du notaire décédé ; il peut donc transporter les minutes de cette étude dans la sienne, surtout s'il y a danger à les laisser au lieu où elles se trouvent. — Rouen, 18 août 1874 [D. 75, 2, 167; P. 76, 219; S. 76, 2, 45].

263. — En ordonnant le dépôt provisoire des minutes, le président indique dans son ordonnance les pouvoirs du notaire dépositaire. Ainsi, il peut l'autoriser à délivrer des expéditions et des grosses. Du reste, une décision du ministre de la justice. du 22 juin 1813, considère cette délivrance comme une conséquence du dépôt ordonné. D'autre part, le président a même le droit de permettre au notaire dépositaire de passer les actes actuellement requis par les clients de l'étude du notaire décédé, actes dont les minutes doivent toutefois rester en l'étude de ce dernier et figurer au répertoire de cette même étude. — Voir : Rouen, 18 août 1874, précité. — Voir en ce sens : Rolland de Villargues, *loc. cit.*, Rép., v° Minute, n° 164 ; — Clerc, *loc. cit.*, t. I, p. 235 ; — Clerc, Dalloz et Verge, *loc. cit.*, t. II,

n° 1382 ; — Debelleyme, *loc. cit.*, t. I, p. 23 et t. II,
p. 333 ; — Le Poitevin. *loc. cit.*, v° Notaire, n° 39.

264. — L'ordonnance du président intervient à suite
de la requête à lui présentée au nom des héritiers par
un avoué ; elle n'est pas exécutoire sur minute et doit,
par suite, être rendue au palais avec l'assistance du
greffier qui la signe, la dépose au greffe et en délivre
expédition aux intéressés.

265.   FORMULE *de la requête aux fins de dépôt, dans
l'étude d'un notaire, des minutes d'un autre notaire décédé.*

A Monsieur le président du tribunal de première instance de.....

Les sieurs (*nom, prénoms, profession et domicile des héritiers*),
agissant comme héritiers légitimes du sieur (*nom, prénoms et
profession du notaire décédé*), de son vivant notaire à.. .., où il
est décédé le....., ont l'honneur de vous exposer qu'à la suite
du décès dudit sieur....., les scellés ont été apposés, conformément à l'article 61 de la loi du 25 ventôse an XI, sur les
minutes de son étude ; qu'il y a lieu aujourd'hui de procéder à
la levée des scellés et à l'inventaire ; en conséquence, les exposants vous demandent, Monsieur le président, de vouloir bien,
en exécution de l'article de loi précité, désigner un notaire qui
sera chargé provisoirement du dépôt et de la garde desdites
minutes et ils vous prient de vouloir bien choisir, pour ce dépôt
et cette garde, Me....., notaire à.....

Présenté au palais de justice à....., le.....

Signature de l'avoué.

ORDONNANCE.

Nous, président du tribunal de première instance de.....,
assisté de M....., greffier,

Vu la requête qui précède et les faits y énoncés, ensemble les
dispositions de l'article 61 de la loi du 25 ventôse an XI, char-

geons du dépôt et de la garde provisoires des minutes dont s'agit
Mᵉ....., notaire à..... Disons que le notaire dépositaire aura
le droit de délivrer toutes expéditions et grosses desdites minutes
à toutes parties ayant droit et intéressées qui les demanderont,
comme aussi de passer tous actes nécessaires sur la réquisition
des clients de l'étude du notaire décédé.

Donné au palais de justice à....., le.....

Signatures du président et du greffier.

SECTION XII

Ordonnances en matière de taxe.

§ 1ᵉʳ. — Ordonnance de taxe des frais des actes des notaires.

266. — Dans les tribunaux civils, les frais des instances et des diverses procédures sont taxés par un
juge à ce commis et qui, pour ce motif, est désigné sous
le nom de juge-taxateur ; mais ce juge n'a pas qualité
pour taxer les frais des actes des notaires et cette mission est dévolue au président du tribunal. Pourquoi en
est-il ainsi ? On peut dire que le juge ne taxe que
comme le délégué du tribunal et que la délégation ne
peut avoir lieu que pour les frais judiciaires exposés
par les officiers ministériels auxiliaires de la justice,
comme les avoués et les huissiers. Or, les frais des actes
des notaires ne sont pas des frais judiciaires; par suite,
pour eux, la délégation d'un juge ne pouvait se produire, et, dès lors, c'était le président du tribunal qui
devait les taxer comme placé à la tête de l'administration de la justice de l'arrondissement. Le président a

donc seul qualité pour taxer les frais des actes notariés,
à ce point que la Cour de cassation décide que lorsqu'un
juge le remplace dans cette fonction, en cas d'empêchement, il y a toujours lieu de présumer que ce juge
a agi en remplacement du président légitimement
empêché. — Voir Cass. 2 janvier 1872 [D. 72, 1, 252;
P. 72, 126; S. 72, 1, 57].

267. — C'est le président du tribunal du lieu de la
résidence du notaire qui est compétent pour faire la
taxe; et il en est ainsi même lorsque le notaire a cessé
ses fonctions ou changé de résidence, ou encore au
cas où il aurait cédé le recouvrement de sa créance à
un tiers. — Voir Amiaud et Legrand, *Comment. de
la loi du 24 décembre 1897 sur le recouvrement des
frais dus aux notaires, avoués et huissiers*, n° 58.

268. — D'après l'article 9 du décret du 25 août 1898,
« avant tout règlement, les parties peuvent réclamer
le compte détaillé des sommes dont elles sont redeva-
bles.—Ce compte est établi sur deux colonnes : l'une destinée aux déboursés et l'autre aux honoraires. Il n'est délivré qu'une fois. » Ensuite, le client, ses représentants
ou ayants cause ont le droit, malgré toute stipulation
contraire et tout règlement amiable, de requérir la taxe
des frais qui sont réclamés. A cet égard, la jurisprudence et la doctrine sont unanimes. — Voir Cass.,
4 avril 1859 [D. 59, 1, 161; P. 59, 606; S. 59, 1, 197];
— 2 janvier 1872, précité; — Paris, 30 janvier 1860
[D. 60, 2, 49; P. 60, 646; S. 60, 2, 97]; — Nimes,
4 juin 1879 [P. 79, 1023; S. 79, 2, 258]; — Paris,
5 décembre 1891 [*Rev. du not.*, n° 8655]; — Nancy,
18 juillet 1896 [*Rev. du not.*, n° 9913]; — Fons, *Tarifs
en mat. civ.*, n° 9, p. 297; — Bonnesœur, *Taxe des*

frais en mat. civ., n° 255 ; — Chauveau et Godoffre, *Comment. du tarif en mat. civ.*, t. I, n° 324 ; — Clerc, *Tr. du not.*, n° 682 ; — *Dict. du not.*, V° Honoraire, n° 294 et s.

269. — Naturellement, le droit de requérir taxe appartient, d'autre part, au notaire, même lorsqu'il n'est plus en exercice ; et le même droit passe à ses héritiers ou ayants cause. — Voir un arrêt d'Angers du 28 octobre 1889 cité par Amiaud et Legrand, *loc. cit.*, n° 57. — Voir encore un jugement du tribunal de Saint-Marcellin du 29 juin 1870, cité par les mêmes auteurs [*ibid.*]. — Voir, au surplus, ces mêmes auteurs [*ibid.*].

270. — L'ordonnance de taxe constitue aujourd'hui le moyen accordé aux notaires pour obtenir le paiement de leurs frais. Sous la loi du 5 août 1881, et d'après l'article 3 de cette loi, le notaire, après avoir fait taxer ses frais par le président du tribunal, avait le droit de demander un exécutoire au greffier, en vertu duquel il pouvait faire saisir et vendre les biens de son débiteur, comme en vertu d'une décision judiciaire. Mais, d'après la jurisprudence, l'exécutoire n'avait pas pour effet d'interrompre la prescription, de faire courir les intérêts et d'emporter hypothèque judiciaire ; et le notaire, pour obtenir ces résultats, se trouvait obligé d'intenter une action en justice. Depuis la loi du 24 décembre 1897, l'exécutoire se trouve remplacé par l'ordonnance de taxe du président, laquelle, d'après l'article 4 de cette loi, doit être revêtue de la formule exécutoire sur la minute même. La voie organisée par la loi de 1897 est la seule ouverte désormais aux notaires pour obtenir le paiement des frais qui leur sont dus pour les actes par eux retenus. L'action directe ne leur est permise que pour les sommes ne pouvant pas rentrer dans les frais d'acte proprement dits (art. 3 de la loi).

271. — Nous avons dit que le président a seul qualité pour taxer les frais des actes des notaires. A cette règle, l'article 3 de la loi précitée de 1897 apporte une exception pour les frais de comptes, partages et liquidations judiciaires; tous ces frais, d'après cet article, sont taxés par le juge-commissaire. Il en est de même pour les frais de tirage au sort des lots; les frais nécessités par le procès-verbal qui constate ce tirage sont aussi taxés par le juge-commissaire, même lorsque le notaire qui l'a dressé a été commis par un arrêt de Cour d'appel : le président n'a pas compétence pour les taxer. — Voir Limoges, 29 mai 1899 [Rev. du Not. n° 10367]. Mais, si la Cour retenait l'affaire et nommait elle-même un notaire pour procéder à la liquidation, en désignant un conseiller comme commissaire, celui-ci devrait taxer les frais qui seraient dus au notaire liquidateur nommé dans ces conditions. — Voir, en ce sens, arrêts d'Alger des 18 juillet 1889 et 29 juin 1891, rapportés par Amiaud et Legrand, *loc. cit.*, n° 58.

272. — Le président taxe sur l'état de frais qui lui est remis par le notaire ou que celui-ci a déposé au greffe avec les pièces justificatives. L'état est dressé sur timbre et signé par le notaire. L'article 21 de la loi de finances du 26 janvier 1892 exige que cet état indique, dans une colonne spéciale et pour chaque débours « le montant des droits de toute nature payés au Trésor. — Toute contravention à cette disposition sera punie d'une amende de 10 francs. » — Voir aussi sur ce point décret du 25 août 1898, article 9 précité.

273. — Pour procéder à la taxe, le président n'est pas tenu d'appeler préalablement le notaire et les parties ; s'il les appelle et les entend, il use d'une mesure absolument facultative. — Voir Cass. 19 juin 1865 [D. 65, 1, 336; P. 65, 747 ; S. 65, 1, 303]; — 2 janvier 1872 précité. — Voir aussi *Dict. du Not.*, V° Honoraires, n° 321. — D'après un usage assez généralement suivi, le président convoque cependant par lettre les parties intéressées ; et son ordonnance de taxe ne saurait être attaquée par le notaire qui ne s'est pas présenté, sous prétexte qu'une convocation par huissier aurait dû lui être adressée. — Voir en ce sens : Rennes, 4 juillet 1865 [D. 65, 2, 186 ; P. 66, 462 ; S. 66, 2, 109].

274. — Le président a le droit d'exiger que la minute de l'acte pour lequel la taxe est demandée, lui soit présentée. Le notaire ne saurait, pour s'y refuser, invoquer l'article 22 de la loi du 25 ventôse an XI lui défendant de se dessaisir de ses minutes, puisqu'il est obligé de fournir les renseignements nécessaires ; d'ailleurs, il ne peut pas dire qu'il se dessaisit de la minute, car il la reprend après l'avoir montrée au magistrat. C'est en ce sens que s'est prononcé un arrêt de la Cour de Bourges du 30 décembre 1829 [P. et S. chr.]. — Voir dans le même sens : Legrand, *Fr. de la discipline*, n° 263; — Delacourtie et Robert, *Discipl. not.*, n° 304 ; — Amiaud et Legrand, *loc. cit.*, n° 62 ; Rutgeerts et Amiaud, *Comment. sur la loi du 25 ventôse an XI*, n° 739, note 1.

275. — Suivant l'article 4 du décret du 16 février 1807, que mentionne la circulaire du Garde des Sceaux du

6 janvier 1898, le président doit viser les pièces justificatives qui lui sont présentées par le notaire à l'appui de la demande de taxe ; pour cela, il inscrit sur chacune le mot « taxé », en y apposant son paraphe. Cette formalité exigée constate que les pièces ont déjà servi pour établir une première taxe.

276. — Pour les actes tarifés, le président, en ce qui concerne les honoraires, applique le tarif. Quant aux honoraires des actes non tarifés, il les taxe suivant la nature et l'importance de l'acte ; il a égard aussi aux difficultés auxquelles a pu donner lieu la rédaction de l'acte, à la responsabilité que peut encourir le notaire (art. 3 de la loi de 1897).

277. — Primitivement, les honoraires des notaires étaient réglés suivant le mode indiqué par la loi du 25 ventôse an XI dans son article 51 ; ensuite, le décret du 16 février 1807 vint établir un tarif particulier ; enfin, la loi du 20 juin 1896 a permis de fixer, par des règlements d'administration publique, les honoraires, vacations, frais de rôle, frais de voyage et autres droits pouvant être dus aux notaires, à raison des actes qu'ils retiennent. En exécution de cette loi, des décrets du 25 août 1898 sont venus établir, pour le ressort de chaque Cour d'appel et pour le département de la Seine, le tarif des honoraires et de tous autres droits que les notaires peuvent réclamer à l'occasion des différents actes de leur ministère.

En ce qui concerne les honoraires réclamés soit pour un inventaire, soit pour le règlement d'une succession, le président, en appliquant d'ailleurs le tarif, les déterminera à raison des vacations à fixer d'après le temps employé. — Voir Lyon, 19 janvier 1865

[D. 65, 2, 107 ; P. 65, 363 ; S. 65, 2, 79] ; — Paris, 20 novembre, 1866 [D. 67, 2, 12 ; P. 67, 78 ; S. 67, 2, 3]. — *Sic* : Chauveau et Godoffre, *Comment. du tarif*, t. I, n° 300 ; — Bonnesœur, *Nouveau manuel théorique et pratique de la taxe des frais en matière civile*, pp. 257 et 258.

278. — Le président taxe chaque article de l'état de frais qui lui est soumis, et le total qu'il établit au bas, est alloué dans son ordonnance. D'ailleurs, cette ordonnance doit être acceptée telle qu'elle est rendue ; et il a été jugé que le notaire n'a pas le droit de la faire retirer comme blessante, lorsque, apposée sur la grosse de l'acte, elle a réduit les honoraires par lui réclamés. — Voir Rennes, 4 juillet 1865 [D. 65, 2, 186 ; P. 66, 462 ; S. 66, 2, 109].

279. — Mais la Cour de cassation a décidé que le président doit se borner à taxer les frais compris dans l'état qui lui est soumis, et qu'il excéderait ses pouvoirs s'il introduisait dans son ordonnance une décision quelconque, notamment s'il déclarait, comme dans l'espèce qui donnait lieu au pourvoi, que la partie ne devra supporter que la moitié des frais réclamés par le notaire, et s'il fixait aussi le point de départ des intérêts de la somme allouée. — Arrêt du 31 juillet 1878 [D. 79, 1, 63 ; P. 79, 407 ; S. 79, 1, 168].

280. — Une fois rendue, l'ordonnance de taxe doit être, comme nous l'avons dit, revêtue de la formule exécutoire apposée sur la minute même ; elle sera ensuite notifiée à la partie débitrice, par acte d'avoué à avoué lorsqu'il y aura constitution d'avoué par celle-ci, ou, à défaut, par exploit à personne ou domicile. Dans tous les cas, la notification devra donner copie

de l'état de frais taxé avec l'ordonnance de taxe et la
formule exécutoire dont celle-ci est revêtue ; elle contiendra, en outre, constitution d'avoué pour le notaire
au nom de qui elle a lieu et enfin avertissement que,
faute d'opposition dans la quinzaine, sauf l'application
des art. 73, 74 et 1033, C. proc. civ., l'ordonnance
demeurera définitive ; le tout à peine de nullité (art. 4
de la loi du 24 décembre 1897).

281. — L'ordonnance de taxe est donc susceptible
d'opposition, soit de la part de la partie, soit de la
part du notaire lui-même, opposition qui doit être
portée devant le tribunal de la résidence du notaire,
c'est-à-dire celui à la tête duquel se trouve le magistrat qui a rendu l'ordonnance. Cette opposition doit
être formée dans un délai de quinzaine à dater de la
signification, délai augmenté, suivant les cas de celui
des distances ; et, après ce délai expiré sans opposition, l'ordonnance demeure définitive, le tout conformément aux articles 3 et 4 de la loi du 24 décembre 1897. L'opposition motivée, sous peine d'être non
recevable, est notifiée par acte d'avoué à avoué à
l'avoué constitué dans la signification de l'ordonnance et vidée en chambre du conseil, le ministère
public entendu, et ce d'après l'innovation introduite par
la dite loi ; mais le jugement est prononcé en audience
publique. — Voir, sur ces points, Angers, 5 juillet 1898
(*Rec.* arrêts, Angers, 1898, p. 202) ; — Trib. Seine,
20 mai et 2 décembre 1898 [*Rev. du not.*, n° 10242].
— Voir aussi Amiens, 10 août 1882 [*Rev. not.*,
n° 6608] ; — Amiaud et Legrand, *loc. cit.*, n° 77.

282. — Du reste, la chambre des notaires n'est pas
admise à intervenir dans l'instance. — Voir Paris,

9 décembre 1859 [P. 60, 546; S. 60, 2, 97]; — Rennes, 4 juillet 1865 [D. 65, 2, 186; P. 66, 462; S. 66, 2, 109].

283. — Depuis la loi du 24 décembre 1897, le seul recours permis contre l'ordonnance de taxe, consiste dans l'opposition dont nous venons de parler ; dès lors, l'appel n'est point recevable.

284. — L'ordonnance de taxe non frappée d'opposition dans le délai imparti, demeure, nous l'avons dit, définitive. En vertu de la formule exécutoire dont elle se trouve revêtue, elle peut être exécutée, comme tout titre exécutoire, par voie de saisie ; et elle emporte hypothèque judiciaire ; cette hypothèque ne peut cependant être valablement inscrite et l'exécution ne peut avoir lieu qu'après les délais de l'opposition.

285. — Dans les explications qui précèdent, nous n'avons eu en vue que la taxe requise par le notaire ; mais nous avons vu qu'elle peut également être demandée par les parties ; dans ce dernier cas, les règles posées seront aussi applicables. Il suffit que la partie qui requiert la taxe, adresse, à cet effet, une lettre au président du tribunal ; et qu'elle invite le notaire à se présenter devant ce magistrat aux jour et heure indiqués par celui-ci ; faute de comparaître, le notaire sera sommé de produire son compte avec pièces à l'appui — Amiaud et Legrand, *loc. cit.*, n° 59.

286. — FORMULE *de l'ordonnance de taxe.*

Nous, président du tribunal de première instance de....., Vu l'état de frais qui précède, dressé en forme et à nous présenté par Me....., notaire à....., pour être soumis à notre taxe, ensemble les pièces justificatives produites à l'appui,

vu la loi du 24 décembre 1897, taxons à la somme totale de.....
ledit état de frais après avoir visé chaque pièce justificative.

Fait au palais de justice à....., le......

Signature du président.

Suit la formule exécutoire ordinaire.

§ 2 — Ordonnance de taxe des vacations des experts.

287. — Il est des instances dans lesquelles une expertise se trouve nécessaire. A cet égard, l'article 302 du Code de procédure civile s'exprime de la manière suivante : « *Lorsqu'il y aura lieu à un rapport d'experts, il sera ordonné par un jugement, lequel énoncera clairement les objets de l'expertise.* » Si lors du jugement, ajoute l'article 304, les parties se sont accordées pour nommer les experts, le même jugement leur donne acte de leur nomination. Si, déclare ensuite l'article 305, les parties ne s'entendent pas, soit alors, soit dans les trois jours de la signification du jugement, l'expertise se fait par les experts qui ont été nommés par ledit jugement, lequel désigne le juge-commissaire qui recevra leur serment. Les experts dressent un rapport qui, aux termes de l'article 319 du même Code, doit être par eux déposé au greffe du tribunal ayant ordonné l'expertise. D'après ce même article, « *leurs vacations seront taxées par le président au bas de la minute ; et il en sera délivré exécutoire contre la partie qui aura requis l'expertise, ou qui l'aura poursuivie si elle a été ordonnée d'office.* »

Ainsi c'est le président qui est chargé de taxer les vacations des experts et son ordonnance de taxe est par lui apposée au bas de la minute du rapport déposé au greffe.

288. — Une première question que doit se poser le président pour taxer les honoraires des experts, est celle de savoir s'il faut, pour les déterminer, appliquer le premier ou le troisième des décrets du 16 février 1807. S'il pense qu'il ne faut point appliquer ce troisième décret, il se conformera aux articles 159 à 167 du premier de ces décrets et calculera les honoraires suivant que les experts auront opéré dans le département de la Seine ou dans tout autre. S'il pense, au contraire, qu'il faut appliquer le troisième décret, il se conformera au dernier paragraphe de l'article premier de ce décret, portant que le tarif des frais et dépens en la Cour d'appel de Paris est rendu commun aux autres cours d'appel, sous la réduction d'un dixième.

Nous estimons que le troisième décret ne doit point être appliqué aux experts; et cette opinion a pour elle la jurisprudence et la majorité de la doctrine. — Voir : Nancy, 21 août 1878 [D. 79, 2, 90 ; P. 78, 1252 ; S. 78, 2, 302] ; — 4 décembre 1879 [P. 81, 1, 98 ; S. 81, 2, 13] ; — Chambéry, 24 novembre 1883 [D. 84, 2, 121 ; P. 84, 1, 414 ; S. 84, 2, 76] ; — Cassation belge, 15 mai 1884 [D. 85, 2, 151 ; P. 84, 1, 414 ; S. 84, 2, 76]. — En ce sens : Chauveau et Godoffre, *loc. cit.*, t. I, n° 1718 ; — Dutruc, *Suppl. aux lois de la proc.* de Carré et Chauveau, V° Expertise, n° 147.

Une seconde opinion se prononce, au contraire, pour l'application du troisième décret, alors qu'il n'est

guère vraisemblable que le législateur ait édicté un
tarif spécial dans un premier décret pour le modifier
ensuite immédiatement dans un troisième. — Voir,
dans le sens de l'application du troisième décret, Boucher
d'Argis et Sorel, *Nouveau dictionnaire raisonné de
la taxe en matière civile*, p. 262.

289. — Suivant l'article 319 précité, les experts,
après avoir fait taxer leurs honoraires par le président
ont le droit de se faire délivrer exécutoire contre la
partie qui a requis l'expertise ou qui l'a poursuivie si
elle a été ordonnée d'office. C'est le président du tribunal ayant commis les experts qui est compétent soit
pour taxer, soit pour délivrer exécutoire.

290. — D'après ce principe, c'est le juge de paix
qui doit taxer les experts qu'il a commis et délivrer
l'exécutoire. — Voir en ce sens : Paris, 27 décembre 1894 [P. et S. 95, 2, 48].

291. — Il est généralement admis que les experts,
une fois l'instance terminée, peuvent poursuivre la
partie condamnée aux dépens, alors même qu'elle n'a
ni demandé ni poursuivi l'expertise. — Cass. 3 novembre 1886 [D. 87, 1, 151 ; P. 87, 1, 147 ; S. 87, 1, 69] ;
— Montpellier, 30 janvier 1840 [P. 40, 1, 573 ; S. 40,
2, 218] ; — Trib. Grenoble, 25 janvier 1872 [*J. des av.*,
97, 88]. — Comp. Cass., 11 août 1856 [D. 56, 1, 336 ;
P. 57, 1246 ; S. 57, 1, 107]. — Voir en ce sens : Dutruc,
loc. cit., n° 4 ; Boitard, Colmet-Daage et Glasson, *loc.
cit.*, t. I, n° 520 ; — Garsonnet, *loc. cit.*, t. II, § 352.

292. — L'ordonnance de taxe et l'exécutoire délivré
à suite sont susceptibles d'opposition.

L'opposition à la taxe peut être faite indistinctement
par les parties et par les experts ; la jurisprudence et

la doctrine sont d'accord sur ce point. — Voir : Orléans, 19 juin 1855 [D. 56, 2, 120 ; P. 55, 2, 252 ; S. 55, 2, 775] ; — Nîmes, 16 juillet 1861 [P. 62, 1179 ; S. 62, 2, 11] ; — Trib. Saint-Omer, 23 mars 1867 sous Douai, 29 avril 1868 [D. 69, 2, 88 ; P. 69, 849 ; S. 69, 2, 201]. — Dans le même sens : Chauveau et Godoffre, *loc. cit.*, t. II, n° 2676 ; — Rousseau et Laisney, *Dict. de proc.*, V° Taxe, n° 42 ; — Garsonnet, *loc. cit.*, t. III, § 500, p. 375 ; — Rodière, *loc. cit.*, p. 183.

L'opposition est portée devant la chambre du conseil suivant la procédure organisée par le deuxième décret du 16 février 1807 pour les oppositions aux exécutoires de taxe. Toutefois il n'y aurait pas nullité si l'instruction et le jugement avaient lieu en audience publique. — Lyon, 20 mars 1884 [D. 85, 2, 237 ; P. 95, 1, 707 ; S. 85, 2, 131] ; — 18 décembre 1885 [D. 87, 1, 76 ; P. 86, 1, 825 ; S. 86, 2, 153] ; — Cass. 19 janv. 1886 [P. 86, 1, 126 ; S. 86, 1, 56 ; D. 87, 1, 76].

L'ordonnance de taxe obtenue par un expert, suivie d'un exécutoire auquel il n'a pas été fait opposition dans les trois jours de la signification, selon les prescriptions de l'article 6 du deuxième décret du 16 février 1807, a l'autorité de la chose jugée. Elle taxe définitivement le chiffre de la créance et le débiteur ne peut opposer à la demande de paiement une demande en dommages-intérêts dont la cause et la quotité sont contestées. — Arrêt de Besançon du 12 avril 1905 [*Droit* du 8 octobre 1905]. — Conf. *Pandectes françaises*, V° Taxe, n°s 419 et 427. — Bouissou, *Recouvrement des frais*, n°s 149 et 427. — Il a toutefois été jugé que l'ordonnance de taxe n'a force de chose jugée que relativement au chiffre auquel les frais ont été

taxés. — Cass., 15 janvier 1901 [D. 1902, 1, 217 ;
P. et S. 1904, 1, 281].

L'article 4 de la loi du 24 décembre 1897 dont il a été
question ci-dessus à propos de la taxe des notaires, qui
impose à ceux-ci l'obligation de signifier à la partie
adverse l'état détaillé des frais taxés et l'ordonnance,
ne s'applique pas aux experts. — Besançon [arrêt précité du 12 avril 1905].

293. — En ce qui concerne la taxe, il a été jugé
par la Cour de Douai que l'article 159 du tarif n'est
applicable aux artistes que lorsqu'ils sont appelés
comme experts devant les tribunaux ; que, par suite,
cet article ne saurait être appliqué pour fixer les honoraires d'un architecte à raison de l'étude des lieux et
de la composition de plans artistiques et devis estima-
tifs. — Arrêt du 18 mars 1841 [P. 41, 2, 347].

294. — Et, pour le calcul des frais de voyage,
notamment pour le calcul de la distance après laquelle
ces frais sont alloués, la Cour de Nancy a décidé qu'il
fallait ajouter à la distance de l'aller celle du retour.
— Arrêt du 4 décembre 1879 [P. 81, 1, 98 ; S. 81, 2,
13]. — *Sic :* Chauveau et Godoffre, *loc. cit.*, n° 1716 ;
— Boucher d'Argis et Sorel, *loc. cit.*, p. 264 et 265.
La Cour de Riom a décidé que l'opposition à la taxe
des vacations des experts en matière commerciale,
basée sur ce que cette taxe a été faite par le président
du tribunal de commerce, est irrecevable devant le
tribunal de commerce. — Arrêt du 14 avril 1897 [P.
et S. 99, 2, 65 ; D. 98, 2, 214]. Et la Cour de Bordeaux
a déclaré que le président du tribunal de commerce est
incompétent pour rendre exécutoire la taxe de ces
vacations. — Arrêt du 3 juin 1867 [P. 68, 215 ; S. 68,

2, 40]. L'exécutoire délivré par ce magistrat ne peut être attaqué que par la voie de l'appel — même arrêt.

295. — FORMULE *de l'ordonnance de taxe.*

L'ordonnance de taxe couchée au bas de la minute du rapport déposé au greffe peut être rédigée comme suit :

Nous, président du tribunal de première instance de....,
Vu le rapport qui précède, dressé par les sieurs (*noms des experts*), commis pour procéder à l'expertise ordonnée par jugement dudit tribunal en date du....., dans l'affaire pendante entre les sieurs (*noms des parties*), vu l'article 319 du Code de procédure civile, avons taxé ledit rapport à la somme totale de....., à raison de (*indiquer le nombre*) vacations par nous allouées.

Fait au palais de justice à....., le.....

Signature du président.

SECTION XIII

Ordonnances rendant exécutoires les contraintes décernées par la Direction des Domaines.

296. — Le Directeur des Domaines décerne des contraintes pour le paiement de certaines créances de l'Etat, notamment pour le prix de vente d'effets mobiliers, comme meubles, effets militaires, chevaux réformés, coupes de bois ; pour créances domaniales, rentes appartenant au Domaine, créances de successions en déshérence pour lesquelles l'Etat a été envoyé en possession. Ces contraintes décernées en vertu de la loi des

19 août-12 septembre 1791 sont rendues exécutoires par ordonnance du président du tribunal civil transcrite au bas. La contrainte rendue ainsi exécutoire doit être signifiée avec commandement ving-quatre heures avant son exécution ; mais par la même ordonnance, le président peut permettre la saisie avant ce délai, s'il y a crainte d'enlèvement des objets. — Debelleyme, *loc. cit.*, t. I, p. 84 ; — Bonjean, *loc. cit.*, n° 968.

Naturellement, le président n'a pas à s'immiscer dans l'appréciation de la contrainte ; et il doit se borner à la rendre exécutoire, sans pouvoir refuser son ordonnance. Il pourra toutefois ne pas accorder l'exécution avant l'expiration des vingt-quatre heures de la signification.

SECTION XIV

Ordonnance autorisant le Crédit Foncier à se mettre en possession des immeubles qui lui sont hypothéqués.

297. — Aux termes de l'article 29 du décret organique du 28 février 1852, quand le débiteur est en retard pour le paiement des annuités de son obligation, le président peut, en vertu d'une ordonnance rendue sur requête, autoriser le Crédit Foncier à se mettre en possession des immeubles hypothéqués à son profit, avec pouvoir d'en toucher les loyers et revenus, quinze jours après une mise en demeure, et ce, aux frais et risques de son débiteur qui se trouve en retard.

298. — On n'est pas d'accord sur le point de savoir quel est le président compétent pour ordonner cette mise en possession. D'après une première opinion, c'est le président du tribunal du domicile du débiteur, suivant le principe qui attribue compétence au juge du domicile du défendeur ; or, le débiteur est défendeur sur la demande introduite par la Société du Crédit Foncier. — Voir en ce sens : Josseau, *Traité du Crédit Foncier*, t. I, n. 419.

299. — D'après une seconde opinion, le président compétent est celui du tribunal du lieu de la situation de l'immeuble. Le droit de séquestre dont s'agit découle, en effet, du droit réel conféré par l'hypothèque au Crédit Foncier sur l'immeuble qui constitue son gage ; et l'exercice de ce droit réel donne ouverture à une action réelle dont connaît le tribunal de la situation de l'immeuble. D'ailleurs, l'article 534 C. proc. civ. attribue compétence à ce tribunal pour statuer provisoirement relativement aux difficultés élevées sur l'exécution des jugements ou actes qui requièrent célérité. — En ce sens : Montagnon, *Traité sur les Sociétés de Crédit Foncier*, n° 167.

300. — Pendant que dure le séquestre résultant de l'ordonnance du président, la Société perçoit le montant des revenus ou récoltes de l'immeuble et l'applique par privilège au paiement des termes échus d'annuités et des frais, et ce, nonobstant toute opposition ou saisie. — Article 30 du décret organique précité.

301. — La jurisprudence et la doctrine décident même que le privilège de la Société s'étend aux revenus et fruits courus ou produits avant l'établissement du séquestre. — Voir en ce sens : Aix, 2 mars 1891 [D. 92, 2, 147 ; — P. et S. 94, 2, 172]. — Josseau, *loc. cit.*, t. I, n° 425.

302. — Nous venons de dire que la Société perçoit le montant des revenus ou récoltes par privilège, nonobstant toute opposition ou saisie. Ces expressions doivent s'entendre en ce sens que les saisies ou oppositions pratiquées par les autres créanciers demeurent seulement paralysées momentanément, c'est-à-dire pendant la durée du séquestre, en ce qui concerne leurs effets pouvant être contraires aux droits de la Société. — Voir Cass. 23 février 1892 [D. 93, 1, 425 ; — S. et P. 92, 1, 237].

303. — Le séquestre prend fin dès que la Société est payée du montant de ses annuités, ainsi que des intérêts en retard et des frais. La Société doit ensuite rendre compte de sa gestion ; en cas de contestation, l'article 31 du décret déclare qu'il sera statué par le tribunal comme en matière sommaire.

304. — Formule *de la requête aux fins de mise en possession.*

A Monsieur le président du tribunal de première instance de.....

La Société de....., poursuites et diligences de....., ayant pour avoué M[e]....., a l'honneur de vous exposer qu'en vertu d'un acte public retenu le..... par M[e]....., notaire à....., ladite Société se trouve créancière du sieur (*nom, prénoms, profession et domicile du débiteur*) pour une somme capitale de..... ; que pour garantie de cet emprunt ledit sieur a hypothéqué au profit de la Société une maison d'habitation sise à (*indiquer et désigner l'immeuble*) ; qu'il se trouve en retard pour le paiement de (*indiquer le nombre des annuités*) annuités se portant à la somme totale de..... ; et que plus de quinze jours se sont écoulés depuis la mise en demeure à lui signifiée par exploit de....., huissier à...... en date du.....

En conséquence, la Société demande qu'il vous plaise, Monsieur le président, conformément à l'article 29 du décret organique du 28 février 1852, l'autoriser à se mettre en possession du susdit immeuble hypothéqué, pour en affecter les revenus au paiement desdites annuités, des intérêts et des frais.

Présenté au palais de justice à....., le.....

Signature de l'avoué.

ORDONNANCE.

Nous, président du tribunal de première instance de....., assisté de M..... greffier,

Vu la requête qui précède et les faits y énoncés, ensemble la mise en demeure notifiée et visée en ladite requête, vu l'article 29 du décret organique du 28 février 1852, envoyons la Société de crédit foncier exposante en possession de l'immeuble désigné dans la requête et à elle hypothéqué, pour en percevoir les revenus jusqu'au parfait paiement des annuités à elle dues, ensemble des intérêts et frais; disons que le séquestre prendra fin après ce paiement.

Fait au palais de justice à....., le.....

Signatures du président et du greffier.

SECTION XV

Caractère spécial des ordonnances extrajudiciaires. — Leur vie propre et indépendante. — Nature gracieuse des unes et contentieuse des autres. — Détermination des pouvoirs du président qui les rend. — Voies de recours.

305. — Les ordonnances rendues en matière extrajudiciaire, sauf celle de taxe des vacations des experts, interviennent en dehors de toute instance ou de toute procédure; voilà pourquoi nous les avons qualifiées d'ordonnances extrajudiciaires. Nous avons toutefois joint aux ordonnances de taxe des frais des notaires

celles concernant la taxe des vacations des experts,
afin de ne point rompre l'unité du sujet et de donner
un tableau d'ensemble complet de la matière. Relativement aux ordonnances extrajudiciaires, le président agit moins comme juge que comme préposé
par la loi à l'administration générale de la justice
dans le ressort du tribunal qu'il préside ; par elles,
en effet, il sanctionne ou protège, il accorde des
autorisations, prescrit ou remplit lui-même certaines
formalités. C'est ainsi, nous l'avons vu, qu'il rend
exécutoires les sentences arbitrales ; qu'il vient en aide
à la puissance paternelle méconnue ; qu'il ordonne la
délivrance d'une seconde grosse au profit de celui qui
a perdu la première ; qu'il permet à un créancier de
faire apposer des scellés ; qu'il autorise la vente des
objets déposés au Mont-de-Piété ou celle des meubles
d'une succession par l'héritier qui n'a pas encore pris
qualité ; qu'il confie à un notaire les minutes d'un autre
notaire décédé ; qu'il ouvre les testaments olographes
et en ordonne le dépôt aux minutes d'un notaire ; qu'il
envoie un légataire universel en possessions de son
legs ; qu'il taxe les frais des notaires et les vacations
des experts ; qu'il rend exécutoires les contraintes de
la Direction des Domaines ; qu'il accorde enfin au
Crédit foncier la possession des immeubles qui lui sont
hypothéqués. Dans tous ces actes, le président ne
tranche aucun litige, ne se prononce, sauf le cas de
taxe des experts, dans aucune procédure ; il exerce,
comme nous l'avons dit, l'administration générale de
la justice dans tous les cas où cette administration lui
est confiée par la loi.

Dans toutes ces hypothèses, ses ordonnances inter-

venant en dehors de toute instance et de toute procédure, ont une vie propre, indépendante et ne sauraient
suivre le sort d'un litige auquel elles ne sont point
mêlées, ou d'une procédure à laquelle elles n'ont pris
aucune part; elles ne peuvent donc pas disparaître
comme disparaît l'ordonnance qui a permis une saisie-
arrêt, lorsque cette mesure n'est point ensuite validée
par le tribunal, ou comme s'évanouit l'ordonnance
qui a commis un huissier pour une procédure, si
cette procédure vient à être annulée. Par suite, elles
ne pourront être entreprises que par les voies de
recours autorisées contre elles ; à défaut, elles reste-
ront, à moins que la cause qui les a produites ne
cesse d'exister : ainsi, l'ordonnance d'envoi en possession cesserait de produire ses effets, si le testament
qui lui a servi de base venait à être déclaré nul par
la justice.

306. — D'aucuns cependant prétendent et quelques
arrêts décident que les ordonnances qui précèdent, ont
un caractère purement gracieux et comme telles ne
sont susceptibles d'aucun recours. Cette doctrine n'a
été émise que parce que l'on a conclu du particulier au
général ; que parce que l'on a attribué à toutes le caractère qui n'appartient qu'à quelques-unes. Sans
doute, parmi les ordonnances que nous venons d'étudier, il en est, on ne peut le contester, qui ont un caractère purement gracieux ; ce caractère, par exemple,
ne saurait être dénié à l'ordonnance qui commet un
notaire pour représenter les absents à un inventaire,
ou à celle qui autorise un héritier à vendre les meubles
de la succession avant de prendre qualité. Ces dernières ordonnances émanent évidemment du pouvoir

gracieux, discrétionnaire du magistrat, non qu'il puisse les refuser, car il entraverait l'administration de la justice qui, à cet égard, lui est confiée ; mais en ce sens que personne n'a le droit d'en contester la légitimité, puisqu'elles ne lèsent personne et interviennent, au contraire, dans l'intérêt de toutes parties. Certaines même ont un caractère purement gracieux par un côté et contentieux par un autre. Ainsi, l'ordonnance qui prescrit le dépôt provisoire des minutes d'un notaire décédé entre les mains d'un notaire en exercice, celle par laquelle un testament olographe est ouvert et déposé, sont à ce point de vue, purement gracieuses et ne peuvent être entreprises, attendu que jusque-là elles sont nécessaires dans l'intérêt de tous, dans le premier cas pour la conservation des minutes, dans le second pour que chaque intéressé puisse avoir connaissance du testament et l'examiner. Mais, lorsque dans ces mêmes ordonnances le magistrat arrive à la désignation du notaire qui doit garder provisoirement les minutes ou recevoir le dépôt du testament, alors se présente leur caractère contentieux. Que le président statue ou non en présence des parties intéressées, que, par suite, un débat se produise ou non devant lui entre elles, la nomination d'un notaire autre que celui qu'elles désignent et qu'aucune raison grave ne fait écarter, donne à l'ordonnance qui intervient un caractère contentieux et la rend susceptible de recours, car elle leur porte évidemment grief : elles ont intérêt à voir les minutes et le testament aux mains d'un notaire ayant leur confiance ; et, notamment, le notaire par elles choisi pour le dépôt du testament et non désigné a, lui aussi, le droit d'attaquer une décision qui peut

nuire à sa considération et le prive dans tous les cas
d'un bénéfice dont un autre profite. Nous n'insisterons
pas sur le caractère contentieux de l'ordonnance qui
accorde ou refuse à un légataire universel l'envoi en
possession de son legs. Cette ordonnance met en jeu
des intérêts si considérables ; il importe tant au légataire de l'obtenir et à l'héritier légitime de la voir
refuser, qu'il est impossible de ne pas donner un recours
contre la décision qui l'accorde ou le refuse. Les principes généraux de notre droit veulent qu'une partie
lésée puisse toujours poursuivre la réparation du préjudice qu'elle subit ; on ne saurait faire exception à
cette règle pour les ordonnances sur requête. En ce
qui concerne les ordonnances de taxe, la loi elle-même
a prévu le recours et la manière de l'exercer ; or, le
motif qui a décidé le législateur à agir ainsi pour ces
dernières, existe aussi à l'égard des autres, et, par
conséquent, une solution égale doit être acceptée pour
toutes celles qui portent grief.

307. — Pour pouvoir être saisi par voie d'opposition, le président aura le droit d'introduire dans les
ordonnances qu'il rendra en dehors de la partie adverse, la réserve qu'il lui en sera référé en cas de difficulté. En effet, comme nous l'avons soutenu aux
n°s 20 et s., le magistrat, en l'absence de cette réserve, ne
saurait revenir sur une décision définitive en ce qui le
concerne : après son ordonnance rendue sans réserve,
il se trouve définitivement dessaisi. Dans les formules
ci-dessus données nous n'avons pas inscrit, sauf pour
l'envoi en possession, la réserve dont nous parlons, car
souvent les ordonnances seront contradictoires; ce
sera au magistrat à l'insérer lorsqu'il y aura lieu.

CHAPITRE II

Ordonnances judiciaires ou préliminaires à une instance.

SECTION PREMIÈRE

Ordonnances autorisant une saisie, une revendication ou une perquisition.

308. — Les ordonnances que nous allons étudier dans cette section, ont un caractère de gravité considérable à raison de la nature de la mesure qu'elles autorisent. Ici, le président met en mouvement la force publique au profit d'un créancier dépourvu d'un titre exécutoire; il confère même à ce créancier un droit plus considérable que celui qu'il aurait puisé dans ce titre, s'il en eût été porteur. En effet, le créancier ayant en mains la grosse d'un acte public ou d'une décision de justice, a le droit de saisir les biens de son débiteur; mais, il ne peut, par exemple, procéder à une saisie-exécution, qu'après lui avoir fait notifier un

commandement de payer et avoir attendu au moins
vingt-quatre heures; c'est ce que déclare l'article 583
du Code de procédure civile; aux termes duquel « *toute
saisie-exécution sera précédée d'un commandement à
la personne ou au domicile du débiteur, fait au moins
un jour avant la saisie et contenant notification du
titre, s'il n'a déjà été notifié* ». Ainsi, le débiteur est
prévenu de l'exécution qui le menace, et il a, en même
temps, un délai pour se procurer la somme nécessaire
au paiement. Au contraire, le créancier qui pratique
une saisie en vertu d'une ordonnance du président, n'a
ni à prévenir le débiteur, ni à lui accorder un délai
quelconque; et celui-ci est surpris par une exécution
à laquelle il ne pouvait s'attendre et qu'il ne peut empêcher, parce qu'il ne l'a point prévue.

309. — Une saisie est toujours un acte grave pouvant troubler celui qui en est l'objet, porter atteinte à
sa considération, dans tous les cas amoindrir ou ruiner
même son crédit. Le président réfléchira donc avant
de l'autoriser, sans pourtant trop attendre, car il pourrait compromettre les intérêts du créancier en voulant
trop protéger ceux du débiteur. Il pèsera les faits et
les circonstances : il pourra hésiter, si le débiteur est
simplement malheureux et surtout incapable de dé-
tourner son mobilier, si ce mobilier est d'ailleurs très
difficile à enlever; il devra refuser son ordonnance,
s'il croit qu'elle est destinée à une mesure vexatoire.
Mais il l'accordera toujours s'il se trouve en présence
d'un débiteur de mauvaise foi, soupçonné ou seulement
capable de faire disparaître le gage de ses créanciers,
car alors, selon l'expression consacrée, *il y aura péril
en la demeure*. Le président ne peut point, par lui-

même, contrôler l'exactitude des faits invoqués à l'appui
de la demande ; mais l'avoué qui présente et signe la
requête, en garantit la parfaite vérité.

310. — C'est ici qu'apparaît l'utilité pour le magistrat d'introduire dans son ordonnance la réserve
qu'il lui en sera référé en cas de difficulté, réserve sage
et utile dont nous avons parlé plusieurs fois ci-dessus.
Une erreur est toujours possible ; alors, une seconde
ordonnance viendra retirer la première, s'il y a lieu,
sans qu'aucun préjudice ait été occasionné, puisque
l'huissier chargé d'exécuter devra s'arrêter sur la
sommation que lui fera le débiteur d'aller devant le
président en vertu de la réserve que porte l'ordonnance. A notre avis, la réserve dont nous parlons
devrait devenir de style dans les ordonnances autorisant une saisie, tant elle nous paraît utile.

311. — Sans doute, les ordonnances dont nous parlons autorisent une mesure qui n'est que provisoire,
puisque le créancier, après avoir pratiqué la saisie,
devra ensuite en poursuivre la validité devant le
tribunal compétent, qui pourra, suivant les cas, la
maintenir ou l'annuler. Mais, même annulée, la
saisie aura toujours porté un préjudice au débiteur, et
la réparation de ce préjudice lui sera accordée par le
jugement même qui aura prononcé l'annulation.

Après ces considérations générales qui étaient nécessaires pour bien préciser le caractère des ordonnances
autorisant une saisie, nous allons successivement étudier chacune de ces ordonnances.

§ 1er. — Ordonnance autorisant une saisie-gagerie à l'instant et sans commandement préalable

312. — L'article 2102 du Code civil accorde pour « les loyers et fermages des immeubles », un privilège sur les fruits et sur tout ce qui garnit la maison louée ou la ferme, ainsi que sur tout ce qui sert à l'exploitation de celle-ci. Et l'article 819 du Code de procédure civile donne le moyen de saisir les objets soumis à ce privilège, pour ensuite l'exercer sur le prix provenant de la vente de ces objets. Cet article 819 est ainsi conçu : « *Les propriétaires et principaux locataires de maisons ou biens ruraux, soit qu'il y ait bail, soit qu'il n'y en ait pas, peuvent un jour après le commandement, et sans permission du juge, faire saisir-gager, pour loyers et fermages échus, les effets et fruits étant dans lesdites maisons ou bâtiments ruraux et sur les terres.*

« *Ils peuvent même faire saisir-gager à l'instant, en vertu de la permission qu'ils en auront obtenue, sur requête du président du tribunal de première instance.* »

Voilà le droit du propriétaire pour obtenir paiement des loyers et fermages échus et non payés, droit également accordé aux principaux locataires : ils pratiquent une saisie-gagerie sur les meubles qui garnissent les locaux et sur les fruits et objets d'exploitation de la ferme. Maintenant quelles sont les conditions d'exercice du droit accordé ?

313. — Tout d'abord, l'existence d'un bail est néces-

saire; cela est évident; mais nous précisons immédiatement que ce bail peut être verbal ou écrit et n'exister
même que par suite d'une tacite reconduction; tout le
monde est d'accord sur ce point. — Voir : Bioche,
loc. cit., V° saisie-gagerie, n° 2 et s. ; — Boitard, Colmet-Daage et Glasson, *loc. cit.*, t. II, n° 1081 ; — Garsonnet et César-Bru, *loc. cit.*, t. VII, § 2626, texte et
notes 6 et 7, p. 133.

D'autre part, tout bail autorise la saisie-gagerie : le
bail à loyer et le bail à ferme, le bail consenti à un
colon partiaire, le bail à cheptel. — Voir à cet égard
Aix, 6 février 1822 [D. Rép. V° saisie-gagerie, n° 8;
[S. et P. chr.]; — Limoges, 15 juin 1822 [D. Rép.,
V° Louage à cheptel, n° 80]; — Alger, 25 juin 1878
[D. 79, 2, 209; P. 78, 1282; S. 77, 2, 327]; — Glasson,
loc. cit., t. II, p. 432 ; — Garsonnet, *loc. cit.*

314. — Mais il faut un bail qui existe actuellement,
qui se trouve en cours d'exécution; aussi refuse-t-on
le droit de pratiquer une saisie-gagerie soit à celui qui
a cessé d'être propriétaire, soit à celui qui n'est plus
locataire principal. — Voir en ce sens : Orléans,
23 novembre 1838 [D. 39, 2, 63, et Rép. V° Saisie-gagerie, n° 4; P. 39, 1, 127; S. 39, 7, 437]; — Trib.
Montdidier, 26 février 1903 [*Monit. judic.* Lyon,
12 janvier 1904]; — Bioche, *loc. cit.*, n° 4 ; — Chauveau sur Carré, *loc. cit.*, Quest. n° 2553 *bis* et 2793 *bis*;
— Rousseau et Laisney, *loc. cit.*, V° Saisie-gagerie,
n°s 2 et 11 ; — Agnel et Pabon, *Code des propriét. et
des locat.*, n° 625 ; — Garsonnet, *loc. cit.*

315. — En second lieu, la saisie-gagerie n'est permise qu'au propriétaire ou au principal locataire ayant
une créance échue, certaine et liquide ou pouvant être

facilement et rapidement liquidée ; elle ne saurait donc être autorisée pour une créance qui devrait résulter d'un compte à faire entre parties. Voir Toulouse, 31 décembre 1894 [D. 96, 2, 6]. — Comp. Orléans, 10 décembre 1812 [P. et S. chr.]. A cet égard, la jurisprudence et la doctrine sont unanimes pour décider que la saisie-gagerie ne peut avoir lieu que pour loyers échus. — Bourges, 16 décembre 1837 [D. 38, 2, 88, et Rép., V° Saisie-gagerie, n° 12 ; P. 38, 2, 36 ; S. 38, 2, 170] ; — Douai, 26 avril 1884 [P. 84, 1, 903 ; S. 84, 2, 176]. — Bioche, *loc. cit.*, V° Saisie-gagerie, n° 5 ; — Rousseau et Laisney, *loc. cit.*, V° Saisie-gagerie, n° 7 ; — Dutruc. *Supplément, loc. cit.*, n°s 30 et 31 ; — Coulon, *Quest. de droit*. t. III, p. 518, dial. 134 ; — Glasson, *loc. cit.*, t. II, p. 429 ; — Garsonnet et César-Bru, *loc. cit.*, t. VII, § 2627, p. 137. — Nous verrons, en traitant de la saisie-revendication, que le propriétaire et le locataire principal peuvent y recourir pour loyers même non échus, lorsque le gage a été déplacé par le locataire ou le fermier.

316. — Il faut donc une créance échue ; mais toute créance échue au profit du propriétaire ou du locataire principal et garantie par le privilège permet-elle la saisie-gagerie? La question est vivement controversée. Une première opinion estime qu'elle ne peut être pratiquée que pour avoir paiement des loyers ou fermages échus. — Voir en ce sens : Caen, 4 février 1839 [D. 39, 2, 195 ; S. 39, 2, 427]. — Voir aussi Orléans, 10 décembre 1812 [D. A. 11, 664, et Rép., *loc. cit.*, n° 26 ; P. et S. chr.]; — Bourges, 25 mars 1825 [D. 25, 2, 245 et Rép., *loc. cit.*, n° 11 ; P. chr.]; — Bioche, *loc. cit.*, n° 4.

317. — Une autre opinion admet qu'elle est permise, en outre, pour toute créance garantie par le privilège accordé au bailleur ou au locataire principal.
— Voir, en faveur de cette dernière opinion, Besançon, 3 juin 1824 [D. A. 11, 949, et Rép., *loc. cit.*,
n° 9; P. chr.], — Alger, 25 juin 1878 [D. 79, 2, 909;
P. 78, 1282; S. 78, 2, 327]; — Glasson, *loc. cit.*, t. II,
p. 429; Garsonnet, *loc. cit.*, t. VII, § 2627, p. 138.

318. — En troisième lieu, la saisie-gagerie doit
être précédée d'un commandement adressé au locataire
ou au fermier. Bien entendu, ce commandement peut
être signifié en vertu d'un bail sous seing privé et
même d'un bail verbal, car un titre exécutoire n'est
pas nécessaire ici comme pour la saisie-exécution,
attendu que la saisie-gagerie ne peut aboutir à la vente
qu'après le jugement qui la déclarera bonne et valable;
ce jugement constituera le titre authentique (art. 824
C. proc. civ.).

319. — Mais un commandement donnera l'éveil au
locataire ou au fermier; il sera prévenu qu'à défaut
de paiement, une saisie-gagerie sera pratiquée un jour
après; et, s'il est de mauvaise foi, il aura le temps de
faire disparaître le gage. Aussi la loi vient-elle en aide
au bailleur qui redoute cette éventualité et lui permet-
elle de pratiquer la saisie-gagerie même sans commandement et *à l'instant*, en vertu de la permission du
juge, comme le déclare l'article 819 du Code de proc.
civ. précité. Le commandement ne sera donc nécessaire
que si cette permission n'est pas accordée. — Tel est
l'avis de la majorité des auteurs et de la jurisprudence.
— Voir : Bordeaux, 2 décembre 1831 [D. 32, 2, 58, et
Rép., *loc. cit.*, n° 32]. — Bioche, *loc. cit.*, n° 21; —

Rousseau et Laisney, *loc. cit.*, n⁰ˢ 6 et 15 ; — Garsonnet, *loc. cit.*, § 2629, p. 143. — Cependant une opinion estime que si le commandement n'est pas nécessaire lorsqu'on a obtenu la permission du juge, il faut du moins, avant de procéder à la saisie, notifier une sommation de payer. Voir en ce sens : Thomine-Desmazures, *loc. cit.*, t. II, n⁰ 960 ; — Chauveau sur Carré, *loc. cit.*, Quest. 2795. — On ne saurait admettre cette dernière opinion, car, si on exige une signification préalable quelconque, qu'importe qu'elle ait lieu par voie de commandement ou de sommation ; l'éveil sera toujours donné.

320. — D'après ces données, le président jugera s'il doit ou non accorder la permission de saisir sans commandement préalable. Au surplus, il ne doit la donner que s'il y a extrême urgence, *péril en la demeure*, notamment s'il y a lieu de craindre que le gage ne soit détourné. Il suit de là qu'il est libre de refuser son ordonnance en dehors de toute urgence et de tout péril. — Boitard, Colmet-Daage et Glasson, *loc. cit.*, t. II, n⁰ 1082 ; — Garsonnet et César-Bru, *loc. cit.*, § 2629, p. 143. — Son refus ne saurait donner lieu à un recours ; il a ici un droit d'appréciation absolu, un pouvoir complètement discrétionnaire, car, en refusant, il ne prive pas le demandeur de l'exercice d'un droit, puisque celui-ci pourra pratiquer la saisie en vertu d'un commandement. Si, en effet, aucun détournement du gage n'est à redouter, le créancier ne peut pas se placer dans l'exception prévue par l'article 819, et il doit suivre la règle établie par cet article, c'est-à-dire faire précéder sa saisie-gagerie d'un commandement. Peut-être, le preneur n'a-t-il point payé son loyer ou son fermage, parce qu'il a des raisons légitimes à opposer au preneur, des comptes à régler avec lui ou des compensations à invoquer ; au commandement qui lui sera notifié il formera opposition et sur l'instance qui naîtra de cette opposition il formulera ses exceptions.

321. — La saisie-gagerie qui serait pratiquée sans commandement et sans permission du juge serait évidemment nulle. — Voir : Bourges, 26 mars 1825 [S. chr.].

322. — Il est, d'ailleurs, à peine besoin d'indiquer que le bailleur ne peut mettre la main sur les objets qui forment son gage qu'au moyen de la saisie-gagerie faite dans les formes prescrites par l'article 819 ; s'il appréhendait ces objets sans recourir à cette saisie, il n'aurait pas le droit de les retenir jusqu'au jour où il serait payé. — Voir : Cass., 14 mars 1883 [D. 83, 1, 338 ; P. 83, 1, 500 ; S. 83, 1, 204]. — *Sic :* Rousseau et Laisney, *loc. cit.*, *Supplém.*, n° 3 *bis* ; — Glasson, *loc. cit.*, t. II, p. 422. — Quand nous disons que le bailleur doit procéder par la voie de la saisie-gagerie, nous ne prétendons pas qu'il n'a pas d'autre moyen d'action, car, s'il est porteur d'un titre exécutoire, la saisie-exécution lui est ouverte ; il faut seulement conclure de l'arrêt précité que le bailleur n'a pas le droit de mettre la main sur son gage sans l'intervention des formalités légales.

323. — Le président du tribunal de première instance accorde, dit l'article 819, la permission de saisir à l'instant ; mais il ne doit la donner que dans les limites de sa compétence. Ainsi, lorsqu'il s'agira d'une location dont le prix annuel n'excède pas 600 francs, suivant l'article 3 de la loi nouvelle du 12 juillet 1905, le bailleur devra s'adresser au juge de paix. — Voir :

Rodière, *loc. cit.*, t. II, p. 399 ; — Glasson, *loc. cit.*, t. II, p. 422 ; — Garsonnet, *loc. cit.*, § 2629, p. 143 et 144.

324. — La demande sera adressée au président dans une requête présentée et signée par un avoué, à moins qu'il ne s'agisse d'une autorisation rentrant dans la compétence du juge de paix suivant ce que nous venons de dire, auquel cas la partie elle-même présenterait sa demande à ce magistrat. Dans la requête, le bailleur exposera les faits et indiquera surtout l'extrême urgence, le péril en la demande qui doivent décider le président à accorder la permission sollicitée ; il faut que les faits exposés soient exacts. La Cour de Dijon a annulé une saisie-gagerie pratiquée en vertu d'une autorisation qui, par un exposé de faits mensongers ou inexacts, avait été surprise au président et qu'il n'aurait pas accordée s'il n'avait pas été induit en erreur. La Cour a déclaré que, dans ce cas, les tribunaux sont autorisés à accorder des dommages-intérêts contre le saisissant. — Arrêt du 18 mars 1879 [P. 79, 731 ; S. 79, 2, 179]. — Comp. Cass., 6 juin 1857 [D. 57, 1, 148 ; P. 59, 219].

325. — L'ordonnance qui accorde la permission est, vu l'urgence, déclarée exécutoire sur minute et, par suite, intervient sans l'assistance ni la signature du greffier, et peut être rendue en dehors du tribunal. Le président, comme nous l'avons dit, est autorisé, s'il le juge convenable, a y introduire la réserve qu'il lui en sera référé en cas de difficulté. Cette faculté a été proclamée par un arrêt de la Cour de Toulouse du 31 décembre 1894 [D. 96, 2, 6]. — Après que le magistrat aura revêtu l'ordonnance de sa signature, l'avoué

la fera enregistrer et la remettra à l'huissier qui ins-
trumentera sans aucun délai.

326. — Si, en vertu de la réserve qu'il en sera
référé, le locataire s'oppose à la saisie et demande à
aller devant le président, l'huissier doit surseoir et
déférer aussitôt à cette demande. Il dresse procès-verbal et peut mettre gardien aux portes. Ou le président
maintiendra son ordonnance ou il la retractera : dans
le premier cas, l'huissier ira opérer la saisie ; dans le
second, il ne pourra pas y procéder, puisqu'aucun
commandement n'a été notifié, et que la permission de
saisir sans commandement a été retirée. Est-ce à dire
que le bailleur se trouvera désarmé ? Tel n'est pas
notre avis : le président l'avait autorisé, non pas à
pratiquer la saisie-gagerie, puisque l'article 819 lui
accorde ce droit, mais à la pratiquer sans commandement préalable ; n'ayant plus cette autorisation, il
fera notifier un commandement et saisir un jour après
ce commandement, conformément au même article.

327. — Formule *de la requête présentée pour obtenir l'autorisation de pratiquer la saisie-gagerie à l'instant et sans commandement.*

A Monsieur le président du tribunal de première instance de.....

Le sieur (*nom, prénoms, profession et domicile du demandeur*),
ayant pour avoué Mᵉ....., a l'honneur de vous exposer que, suivant bail sous seing privé en date du....., enregistré (*copier la
mention de l'enregistrement*), ou bien suivant bail verbal en date
du (*si le bail n'est pas écrit*), il a loué au sieur (*nom, prénoms,
profession et domicile du locataire*), une maison qu'il possède
à....., rue....., et ce, moyennant une somme annuelle de.....,
payable par (*indiquer si c'est par année, semestre ou trimestre*) et

d'avance (*ou terme échu*) et pour une période de (*indiquer la durée*; *cette mention est inutile si le bail est verbal*), ayant commencé à partir du.....; que le dit sieur..... se trouve en retard pour (*indiquer termes échus*) et qu'il doit ainsi une somme de.....; que, malgré ses réclamations réitérées, l'exposant n'a pu obtenir paiement de cette somme et qu'il est dans l'obligation de recourir à une saisie-gagerie; qu'il doit user de cette mesure sans aucun retard, car son débiteur se dispose à enlever les objets constituant son gage; qu'en effet (*indiquer les faits*); qu'il y a donc urgence et péril en la demeure. En conséquence, l'exposant demande qu'il vous plaise, Monsieur le président, l'autoriser, conformément à l'art. 819 C. proc. civ., à saisir gager à l'instant et sans commandement préalable les objets mobiliers appartenant audit sieur..... et garnissant les locaux à lui loués et permettre l'exécution de votre ordonnance sur minute.

Présenté à....., le.....

Signature de l'avoué.

ORDONNANCE.

Nous, président du tribunal de première instance de.....,

Vu la requête qui précède et les faits y énoncés, ensemble l'article 819 du Code de procédure civile, autorisons l'exposant à pratiquer à l'instant et sans commandement préalable, une saisie-gagerie sur les objets mobiliers du dit sieur....., garnissant la maison à lui louée par l'exposant; disons que la présente ordonnance sera exécutoire sur minute, vu l'urgence, et qu'il nous en sera référé en cas de difficulté.

Donné au palais de justice (ou en notre hôtel), à....., le.....

Signature du président.

328. — Si, sur le référé, l'ordonnance est retirée, le président rend une seconde ordonnance que l'huissier inscrit à la suite de son procès-verbal, sous la dictée du président.

Nous, président du tribunal de première instance de.....

Ouïs Mᵉ....., avoué du sieur..... demandeur, et Mᵉ....., avoué du sieur...... défendeur, en leurs explications et conclusions respectives (*si les parties n'ont pas d'avoué, elles sont entendues elles-mêmes*).

Attendu que les faits qui avaient motivé notre ordonnance de ce jour portant permission de pratiquer contre ledit sieur..... une saisie-gagerie à l'instant et sans commandement préalable, n'ont pas le caractère de gravité et d'urgence qui leur avait été attribué, déclarons ladite ordonnance non avenue et sans effet.

Donné à....., le.....

Signature du président.

329. — Si l'ordonnance est maintenue, le président dicte aussi à l'huissier, qui l'inscrit à la suite de son procès-verbal, l'ordonnance suivante :

Nous......;

Ouïs Mᵉ....., avoué du sieur..... demandeur, et Mᵉ....., avoué du sieur...... défendeur, dans leurs explications et conclusions respectives.

Attendu que les faits ayant motivé notre ordonnance de ce jour autorisant ledit sieur..... à pratiquer contre ledit sieur..... une saisie-gagerie à l'instant et sans commandement préalable, ont le caractère de gravité et d'urgence qui leur avait été attribué, disons que ladite ordonnance sera exécutée selon sa forme et teneur et déclarons la présente exécutoire sur minute.

Signature du président.

Porteur de cette seconde ordonnance, l'huissier ira pratiquer la saisie-gagerie à laquelle il avait dû surseoir.

§ 2. — **Saisie-gagerie pratiquée lorsque les meubles ont été déplacés.**

330. — Les propriétaires et principaux locataires, porte l'article 819, C. proc. civ., « *peuvent aussi saisir les meubles qui garnissaient la maison ou la ferme, lorsqu'ils ont été déplacés sans leur consentement, et ils conservent sur eux leur privilège, pourvu qu'ils en aient fait la revendication conformément à l'article 2102 du Code civil.* »

Et l'article 2102 du Code civil, consacrant à son tour le droit que confère l'article 819 du Code de proc. civ., ajoute qu'il faut que la revendification permise soit faite dans le délai de quarante jours, lorsqu'il s'agit du mobilier qui garnissait une ferme, et dans celui de quinzaine s'il s'agit des meubles garnissant une maison.

331. — S'agit-il ici de la saisie-revendication prévue et réglée par les articles 826 et s., C. proc. civ. auxquels nous allons arriver, ou bien n'est-ce pas toujours la saisie-gagerie dont parle l'article 819 au début? Si nous sommes en présence d'une saisie-revendication, elle exigera, dans tous les cas, une permission du président comme le veut l'article 826 précité; et si le saisi refuse l'entrée des locaux, il faudra encore une permission du même magistrat pour faire ouvrir les portes, conformément à l'article 829. A cet égard, on doit faire une distinction : Si les meubles déplacés se trouvent toujours aux mains du locataire ou du fermier, on les fera rentrer dans les locaux loués par la voie de la saisie-

gagerie ; l'article 819 régit évidemment ce cas puisqu'il
le prévoit ; mais, si les meubles sont passés à un tiers,
il faudra aller les chercher aux mains de celui qui les
détient et, par suite, les revendiquer contre ce tiers ;
alors on devra nécessairement recourir à la saisie-
revendication établie par l'article 826. Cette distinction
logique est consacrée par la jurisprudence. — Rennes,
25 février 1886 [P. 87, 1, 715 ; S. 87, 2, 136] ; — Riom,
7 août 1890 [D. 91, 2, 470 ; P. 91, 1, 227 ; S. 91, 2, 40] ;
— Besançon, 1er mai 1891 [D. 91, 5, 470 ; P. 91, 1, 716 ;
S. 91, 2, 140]. — Voir en ce sens : Rousseau et Laisney, *loc. cit.*, Suppl. nos 1, 2 et 3. — *Contra* Glasson,
loc. cit.

332. — Au cas de déplacement du mobilier, il est
bien évident que la saisie-gagerie pourra avoir lieu,
bien qu'aucun terme du bail ne soit dû ; il s'agit, en
effet, non d'arriver au paiement, mais au rétablisse-
ment du gage. — Voir : Bioche, *loc. cit.*, n° 14 ; —
Rousseau et Laisney, *loc. cit.*, nos 5 et 7 ; — Garsonnet,
loc. cit., § 2636, p. 96. — La jurisprudence admet la
même solution : Douai, 8 février 1854 [P. 56, 1, 70 ;
S. 56, 2, 481] ; — 26 avril 1884 [P. 84, 1, 903 ; S. 84,
2, 176].

333. — Donc, s'il s'agit du déplacement prévu par
l'article 817, C. proc. civ., si les meubles déplacés sont
restés en la possession du locataire, il faudra suivre
les règles établies ci-dessus ; au cas contraire, on devra recourir à la saisie-revendication que nous allons
étudier.

334. — On décide, dans une opinion, que les fruits
déplacés pourront être, comme les meubles, l'objet
d'une saisie-gagerie ou d'une saisie-revendication, sui-

vant la destination qui précède. — Voir : Nancy,
5 décembre 1837 [P. 40, 2, 720; S. 39, 2, 164].

335. — La requête et l'ordonnance sont conçues
comme dans le cas qui précède; seulement, dans la
requête, on demande l'autorisation de saisir, non plus
pour avoir paiement des termes échus, mais à raison
du déplacement opéré; on la demanderait pour les
deux motifs, si des termes étaient dus.

§ 3. — Ordonnance autorisant une saisie-revendication.

336. — La saisie-revendication est destinée à faire
restituer, rétablir une chose qui est indûment détenue
par un tiers. Cette saisie est autorisée par l'article 2102
du C. civ. dans ses §§ 1 et 4 : par le premier, elle est
permise au bailleur contre le locataire ou le fermier qui
a déplacé le gage, lorsque ce gage se trouve aux mains
d'un tiers; par le quatrième, elle est accordée au vendeur d'effets mobiliers, si la vente a été faite sans terme
et si les effets sont encore en la possession de l'acheteur.
Dans le premier cas, la saisie-revendication a pour but
de conserver un privilège sur le gage enlevé; et elle
doit être faite dans les quinze jours, si ce gage garnissait une maison, ou dans les quarante s'il garnissait
une ferme. Dans le second cas, elle tend à exercer un
droit de propriété et elle doit intervenir dans la
huitaine de la livraison des objets par le vendeur à
l'acheteur, objets qui doivent être encore en la possession de ce dernier et se trouver dans l'état où ils
étaient lors de cette livraison (art. 2102, al. 4).

337. — Voilà pour quels droits la saisie-revendication est permise; voyons maintenant dans quelle
forme elle doit intervenir. A cet égard, l'article 826,
Code proc. civ., s'exprime ainsi : « *Il ne pourra être
procédé à aucune saisie-revendication qu'en vertu
d'ordonnance du président du tribunal de première
instance rendue sur requête, et ce, à peine de dommages-intérêts tant contre la partie que contre l'huissier qui aura procédé à la saisie.* » L'article 827
ajoute : « *Toute requête à fin de saisie-revendication
désignera sommairement les effets.* »

Enfin l'article 828 déclare que « *le juge pourra permettre la saisie-revendication, même les jours de fête
légale.* »

338. — Ainsi, la saisie-revendication est pratiquée sans qu'il soit nécessaire de la faire précéder
d'un commandement. Mais on ne peut y procéder
qu'en vertu de l'ordonnance du président du tribunal de première instance rendue sur la requête
qui lui est présentée à cet effet ; et il en est ainsi alors
même que le saisissant serait porteur d'un titre exécutoire ; cela se comprend parfaitement, car il s'agit
d'aller saisir chez un tiers demeuré étranger à ce
titre. L'ordonnance du président est donc indispensable ;
sans elle, la saisie-revendication pratiquée serait absolument nulle et donnerait lieu à des dommages-
intérêts contre le saisissant et l'huissier, aux termes
de l'article 826 formel à cet égard. Les auteurs sont
d'accord sur ces points divers. — Voir : Boitard,
Colmet-Daage et Glasson, *loc. cit.*, t. II, n° 1089 ; —
Glasson, *loc. cit.*, II, n° 1373 ; — Chauveau sur Carré,
loc. cit., quest. 2816 *ter* ; — Pigeau, *loc. cit.*, t. II,

p. 515 ; — Bioche, *loc. cit.*, n° 17 ; — Garsonnet, *loc. cit.*, § 2635, p. 157.

339. — Le président du tribunal de première instance peut seul autoriser la saisie-revendication ; et pour elle le juge de paix est absolument sans compétence ; il n'en est point ainsi, nous l'avons vu, en matière de saisie-gagerie. C'est que la saisie-revendication est une mesure plus grave ; et, d'ailleurs, l'article 826 est formel : il ne donne pouvoir qu'au président. — Voir : Nîmes, 8 janvier 1870 [*Journ. des Huiss.*, t. LII, p. 71] ; — Trib. civ. Bordeaux, 20 mars 1851 [*ibid*, t. XXXIII, p. 90] ; — Trib civ. Le Havre, 4 février 1869 [*ibid.*, t. LI, p. 137]. — Rousseau et Laisney, *loc. cit.*, n° 7. — Glasson, *loc. cit.*, t. II, n° 1089.

340. — La doctrine décide, à bon droit, que c'est le président du tribunal dans le ressort duquel demeure le détenteur des objets à saisir-revendiquer, qui a qualité pour rendre l'ordonnance autorisant la saisie-revendication. — Voir en ce sens : Bioche, *loc. cit.*, n° 7 ; — Chauveau sur Carré, *loc. cit.*, quest. 2816 ; Berriat-Saint-Prix, *Cours de proc. civ.*, t. II, p. 722, note 2 ; — Dutruc, *Suppl.* V° Saisie-revendication, n° 10 ; — Rousseau et Laisney, *loc. cit.*, n° 7 ; — Glasson, *loc. itc.*

341. — Toutefois, il a été jugé, contrairement à cette doctrine, que l'ordonnance doit émaner du président du domicile du saisi, dans l'espèce du domicile du locataire. — Cass. Belgique, 14 février 1886 [P. 90, 2, 17 ; S. 90, 4, 9].

342. — Une troisième opinion accorde compétence, à la fois, au président du tribunal du domicile du saisi et à celui du tiers détenteur des objets, au choix du saisissant. — Thomine-Desmazure, *loc. cit.*, t. II, p. 422 ; — Bouchon, *Théor. et prat. des saisies conservat.*, p. 244. — Voir également en faveur de cette opinion Chavegrin, *note* sous l'arrêt de Cass. Belgique précité et Trib. Melun, 9 décembre 1853 [*Journ. des avoués*, t. LXXXIII, p. 395].

343. — La saisie-revendication présente un caractère exceptionnel d'urgence, soit parce que les meubles ont été déplacés, soit parce que le délai accordé pour la pratiquer est relativement très court. Voilà pourquoi le président peut permettre d'y procéder même les jours de fête légale, comme le déclare l'article 828 C. pr. civ.

344. — S'agissant d'aller exécuter chez un tiers, la loi exige, d'une manière très sage, que la requête désigne les objets qu'on veut saisir-revendiquer. S'il n'en était pas ainsi, le tiers détenteur serait exposé à voir saisir ses propres objets mêlés à ceux qui doivent être saisis. Voilà pourquoi l'article 827 déclare que « toute requête à fin de saisie-revendication désignera sommairement les effets. » D'ailleurs, la requête doit indiquer aussi les causes de la saisie. — Boitard, Colmet-Daage et Glasson, *loc. cit.*, t. II, n° 1090 ; — Bioche, *loc. cit.*, n° 13.

345. — A notre avis, le président ne peut pas refuser l'ordonnance aux fins de saisie-revendication, lorsque la demande qui lui en est faite, réunit toutes les conditions exigées par l'article 2102, alinéas 1 et 4. Nous avons, en effet, plusieurs fois posé ce principe qu'il ne saurait, sans excéder ses pouvoirs, empêcher une partie d'exercer un droit que lui confère la loi.

Or, l'article 826 C. proc. civ. autorise la saisie-revendication; mais il exige pour son exercice l'autorisation du président ; celui-ci donc, s'il refuse, sans motifs légitimes d'ailleurs, cette autorisation, empêche d'exercer le droit que confère ce texte, et sa décision est susceptible de recours.

346. — L'ordonnance qui autorise la saisie-revendication n'est pas la seule que le président soit appelé à rendre en cette matière. Il peut, en effet, arriver que celui chez qui se trouvent les objets, s'oppose à la saisie ou refuse de laisser entrer l'huissier; le cas est prévu et réglé par l'article 829, C. proc. civ., de la manière suivante : « *Si celui chez lequel sont les effets qu'on veut revendiquer refuse les portes ou s'oppose à la saisie, il en sera référé au juge ; et cependant il sera sursis à la saisie, sauf au requérant à établir garnison aux portes.* » L'huissier, dans cette hypothèse, doit donc surseoir à la saisie, sous peine d'amende, de dommages-intérêts et même de poursuite disciplinaire. — En ce sens : Caen, 18 novembre 1852 (*Recueil des arrêts de Caen*, 1852, p. 78). — Dutruc, *Journ. des huiss.*, t. LVI, p. 14 ; — Glasson, *loc. cit.* — Il dresse procès-verbal du refus ou de l'opposition, en établissant gardien aux portes, et il donne assignation au tiers opposant de comparaître immédiatement devant le président comme juge des référés. L'ordonnance qui intervient alors est écrite à la suite du procès-verbal. — Pigeau, *loc. cit.*, t. II, p. 515; — Chauveau sur Carré, *loc. cit.*, Quest. 2820 ; — Rousseau et Laisney, *loc. cit.*, n° 12 ; — Garsonnet, *loc. cit.*

347. — Au cas où le président autorise, dans l'hypothèse, une perquisition domiciliaire, son ordonnânce sur ce point, doit être exécutée en présence du juge de paix ou, à son défaut, devant le commissaire de police, ou bien le maire ou l'adjoint. — Bioche, n° 18.

348. — Comme la saisie-gagerie, la saisie-revendication doit être validée par le tribunal.

349. — FORMULE *de la requête présentée par le bailleur aux fins de saisie-revendication.*

A Monsieur le président du tribunal de première instance de......

Le sieur (*nom, prénoms, profession et domicile du demandeur*), ayant pour avoué Mᵉ....., a l'honneur de vous exposer que le sieur (*nom, prénoms, profession et domicile du locataire*), locataire verbal de la maison appartenant à l'exposant, sise à....., rue..... (*ou bien s'il y a bail écrit, l'indiquer ainsi que son enregistrement*), et débiteur de la somme de....., montant d'un semestre (ou trimestre) de loyer échu le....., vient de déménager furtivement et a transporté son mobilier dans une maison sise à....., rue....., appartenant au sieur (*nom, prénoms, profession et domicile du tiers*) ; que le détournement dudit mobilier a eu lieu le..... et que, par suite, le délai de quinzaine accordé par l'article 2102 du Code civil pour le revendiquer n'est pas encore expiré. En conséquence, l'exposant conclut à ce qu'il vous plaise, Monsieur le président, conformément à l'article 2102 précité et à l'article 826 du Code de procédure civile, l'autoriser à procéder, dans la maison dudit sieur..... où il a été transporté, à la saisie-revendication dudit mobilier détourné constituant son gage et consistant en (*décrire exactement le mobilier que l'on veut saisir-revendiquer*) et, vu l'urgence, autoriser l'exécution de votre ordonnance sur minute.

Présenté à....., le.....

Signature de l'avoué.

ORDONNANCE.

Nous, président du tribunal de première instance de.....
Vu la requête qui précède et les faits y énoncés, ensemble

les articles 2102 du Code civil et 826 du Code de procédure civile, permettons à l'exposant de faire saisir-revendiquer dans la maison dudit sieur....., sise à....., rue....., numéro....., les meubles et effets appartenant audit sieur..... son locataire, et que l'exposant prétend avoir été détournés au mépris de ses droits, lesdits meubles et objets indiqués et désignés dans sa requête; disons que, vu l'urgence, la présente ordonnance sera exécutoire sur minute et qu'il nous en sera référé en cas de difficulté.

Donné au palais de justice (ou bien en notre hôtel) à....., le.....

Signature du président.

350. — Si le président autorisait la saisie-revendication un jour de fête légale, comme le permet l'article 828, C. proc. civ., il motiverait sa disposition sur ce point *par le péril en la demeure.*

351. — FORMULE *de la requête présentée par le vendeur d'effets mobiliers non payé.*

A Monsieur le président du tribunal de première instance de......

Le sieur (*nom, prénoms, profession et domicile du demandeur*), ayant pour avoué Me....., a l'honneur de vous exposer que le..... il a vendu et livré au sieur (*nom, prénoms, profession et domicile de l'acheteur*) les objets mobiliers ci-après détaillés, moyennant le prix de....., payable comptant; que, cependant, son acheteur n'a pas payé ledit prix malgré son engagement; que ce dernier est encore en possession desdits objets vendus; qu'ils sont dans l'état où ils étaient lors de leur livraison, et que l'exposant se trouve encore dans la huitaine de cette livraison; que toutes les conditions exigées par l'article 2102 du Code civil se trouvent donc réunies pour la revendication des objets vendus, revendication que l'exposant a intérêt à exercer pour en empêcher la revente. En conséquence, l'exposant demande qu'il vous plaise, Monsieur le président, en vertu des articles 2102 du Code civil et 826 du Code de procédure civile, l'autoriser à saisir-revendiquer lesdits objets, consistant en (*indiquer exactement les objets dont la revendication est demandée*), objets se trouvant dans (*indiquer l'endroit où sont les objets*), en la possession de son acheteur et, vu l'urgence, permettre l'exécution de votre ordonnance sur minute.

Présenté à....., le.....

Signature de l'avoué.

ORDONNANCE.

Nous, président du tribunal de première instance de.....

Vu la requête qui précède et les faits y énoncés, ensemble les articles 2102 du Code civil et 826 du Code de procédure civile, autorisons l'exposant à saisir-revendiquer les objets détaillés dans ladite requête se trouvant encore en la possession dudit sieur....., dans l'état de leur livraison et situés dans..... et, vu l'urgence, disons que la présente ordonnance sera exécutoire sur minute et qu'il nous en sera référé en cas de difficulté.

Donné au palais de justice (ou en notre hôtel) à....., le.....

Signature du président.

§ 4. — Ordonnance autorisant une saisie foraine.

352. — Nous arrivons à une ordonnance accordée pour permettre une saisie peu usitée en pratique, mais qui, cependant, présente une incontestable utilité. Par saisie foraine il faut entendre celle qui s'exerce contre un débiteur qui, n'ayant ni domicile ni résidence dans la commune qu'habite son créancier, se trouve accidentellement dans cette commune, quelle que soit d'ailleurs la profession de ce débiteur. Ainsi, un créancier qui habite loin de son débiteur, n'a pu obtenir paiement de sa créance, soit parce qu'il ne connaît pas l'actif de ce débiteur éloigné, soit parce que celui-ci n'a qu'un actif qu'il déplace facilement : il s'agit, par exemple, d'un marchand forain, d'un colporteur. Or, ce créancier apprend que, dans sa commune, ce débiteur est de passage avec des marchandises ou effets mobiliers ; il a donc tout intérêt à profiter de cette occasion et à saisir ces marchandises ou effets qui vont disparaître dans quelques heures ; alors il a recours à la saisie foraine. — Voir, sur cette saisie et les personnes qui peuvent en être l'objet : Bioche, *loc. cit.*, V° Saisie foraine, n° 1 ; — Pigeau, *loc. cit.*, t. II, p. 512 ; — Carré et Chauveau, *loc. cit.*, Quest. 2807 *ter*; — Boitard, Colmet-Daage et Glasson, *loc. cit.*, t. II, n° 1086 ; — Rousseau et Laisney, *loc. cit.*, V° Saisie foraine, n° 2 ; — Glasson, *Précis théorique et pratique de procédure civile*, t. II, § 166, p. 433 ; — Bonnier, *loc. cit.*, n° 1368 ; — Garsonnet, *loc. cit.*, § 2630, p. 148.

353. — Avec les auteurs précités, la jurisprudence reconnaît, à bon droit, que la saisie foraine peut être exercée contre tout débiteur forain, quelle que soit sa profession, et même contre un étranger non domicilié en France qui n'y possède ni immeubles ni établissement ou qui l'a quittée pour se soustraire à ses obligations. — Cass., 7 août 1877 [D. 78, 1, 150 ; P. 78, 783 ; S. 78, 1, 317] ; — Paris, 25 août 1842 [P. 43, 1, 67 ; S. 42, 2, 372].

354. — La saisie foraine est prévue et réglée par les articles 822 et 823, C. proc. civ. A cet égard, l'article 822 dispose que : « *Tout créancier, même sans titre, peut, sans commandement préalable, mais avec permission du président du tribunal de première ins-*

tance et même du juge de paix, faire saisir les effets trouvés en la commune qu'il habite appartenant à son débiteur forain. »

355. — A raison de son caractère exceptionnel, la saisie foraine ne peut être pratiquée que contre un débiteur véritablement forain. Ainsi elle ne serait pas permise contre celui qui a simplement quitté son domicile d'origine sans faire sa déclaration ni à la municipalité du lieu qu'il quitte, ni à celle du lieu qu'il va habiter. — Pau, 3 juillet 1807 [S. et P. chr.]. — Bioche, *loc. cit.*, n° 1 ; — Garsonnet, *loc. cit.*, § 2631, n° 149.

356. — D'ailleurs, la saisie foraine peut être accordée pour toute créance, soit civile, soit commerciale, qu'elle soit ou non constatée par écrit, alors même qu'elle n'est pas liquide, surtout si un départ précipité du débiteur est à craindre. — Glasson, *loc. cit.*, t. II, p. 433. — Garsonnet, *loc. cit.*, § 2630, p. 148 et § 2631, note 6, p. 450.

357. — Et elle peut porter sur tous les effets du débiteur forain : bagages, marchandises, objets de transport. — Garsonnet, *loc. cit.*, § 2633, p. 152.

358. — Aux termes de l'article 822 précité, la saisie foraine ne peut avoir lieu qu'avec la permission du juge, alors même que le créancier serait porteur d'un titre exécutoire. Sans doute, en vertu de ce titre, il pourrait pratiquer une saisie-exécution, mais cette saisie exige un commandement préalable ; et, avant que le délai de ce commandement ne soit expiré, le débiteur ayant l'éveil aura disparu avec ses effets ; il est donc préférable d'agir par la voie de la saisie foraine pour laquelle un commandement n'est pas nécessaire.

359. — Pour être autorisé à pratiquer la saisie foraine, l'article 822 permet au créancier de s'adresser, à son choix, soit au président du tribunal de première instance, soit au juge de paix, et ce dernier est compétent quel que soit le montant de la créance. Cette faculté accordée par la loi est très sage, car il peut se faire que le créancier soit fort loin du président et fort près du juge de paix, et la saisie doit être pratiquée sans retard. — Voir Bioche, *loc. cit.*, n° 6 ; — Chauveau sur Carré, *loc. cit.*, Quest. 2808 ; — Boitard, Colmet-Daage et Glasson, *loc. cit.*, t. II, n° 1086 ; — Bonnier, *loc. cit.*, n° 1369 ; — Carou, *Compét. des juges de paix*, n° 223 ; — Garsonnet, *loc. cit.*, § 2633, n° 152,

360. — Le président compétent pour autoriser la saisie foraine est évidemment celui du tribunal du lieu où réside le créancier, car le domicile du débiteur est fort souvent ignoré du saisissant. Les auteurs admettent tous cette solution. — Bioche, *loc. cit.*, n° 6 ; — Chauveau sur Carré, *loc. cit.*, Quest. n° 2808 ; — Boitard, Colmet-Daage et Glasson, *loc. cit.*; — Garsonnet, *loc. cit.*

361. — Le créancier autorisé à pratiquer une saisie foraine chez son débiteur, au domicile qu'il indique, a le droit, en vertu de l'autorisation qu'il a obtenue, de saisir les effets de ce débiteur qu'il trouve dans un un autre lieu, mais dans la même commune ; c'est ce qu'a décidé la Cour de cassation dans son arrêt du 7 août 1877 [D. 78, 1, 150 ; P. 78, 783 ; S. 78, 1, 317]; — *sic* : Rousseau et Laisney, *Suppl.*, V° Saisie foraine, n° 4.

362. — Le président rend son ordonnance, d'après

la règle générale, à suite de la requête qui lui est
adressée par le créancier, requête qui, suivant la même
règle, est présentée et signée par un avoué. Conformément à ce que nous avons déjà dit pour celle autorisant la saisie-gagerie, il a le droit d'y introduire la
réserve qu'il lui en sera référé en cas de difficulté. Il
la rend aussi, vu l'urgence, exécutoire sur minute et,
par suite, sans l'assistance et la signature du greffier. —
Chauveau sur Carré, *loc. cit.*, *Supplément*, quest.
n° 2808 ter.; — Garsonnet et César-Bru, *loc. cit.*

363. — Le président peut-il refuser son ordonnance
lorsque le créancier se trouve dans les conditons voulues par l'article 822, C. proc. civ.? Nous répondons
négativement, comme nous l'avons fait pour la saisie-
revendication et pour les mêmes raisons : l'article
précité donne au créancier le droit de pratiquer la
saisie foraine; mais il ne peut y recourir qu'avec
l'autorisation du juge; si le juge refuse cette autorisation, il met le créancier dans l'impossibilité d'exercer
un droit que lui confère la loi et sa décision est susceptible de recours. Bien entendu, comme nous
l'avons dit, le président devra agir avec prudence;
voir surtout si celui qui lui adresse la requête se
trouve bien dans le cas prévu par l'article 822. Du
reste, la réserve qu'il introduira lui donnera la faculté
de revenir, s'il y a lieu, sur l'autorisation accordée.

364. — FORMULE *de la requête aux fins de saisie foraine.*

A Monsieur le président du tribunal de première instance de.....

Le sieur (*nom, prénoms, profession et domicile du demandeur*),
ayant pour avoué M⁰.. .., a l'honneur de vous exposer qu'il

est créancier du sieur (*nom, prénoms, profession du débiteur*), d'une somme de ...., en vertu (*indiquer la cause de la créance et le titre qui l'établit*) ; qu'il vient d'apprendre que son débiteur se trouve actuellement à (*commune du demandeur*), dans l'hôtel de (*indiquer l'hôtel ou tout autre lieu*) avec ses bagages et marchandises, et qu'il se dispose à s'éloigner ; que l'exposant a donc le plus grand intérêt à pratiquer, sans commandement préalable, une saisie foraine sur lesdits bagages et marchandises, comme le lui permet l'article 822 du Code de procédure civile. En conséquence, l'exposant conclut à ce qu'il vous plaise, Monsieur le président, l'autoriser à faire saisir à l'instant, sans commandement préalable, lesdits bagages et marchandises appartenant audit sieur....., son débiteur forain, se trouvant à....., commune de l'exposant ; et, vu l'urgence, ordonner l'exécution de votre ordonnance sur minute.

Présenté à....., le.....

Signature de l'avoué.

ORDONNANCE.

Nous, président du tribunal de première instance de.....

Vu la requête qui précède, ensemble les faits et (*indiquer le titre s'il en existe*) y mentionnés, vu l'article 822 du Code de procédure civile, autorisons l'exposant à faire saisir à l'instant, sans commandement préalable, pour avoir paiement de sadite créance, les bagages et marchandises appartenant audit sieur....., son débiteur forain et qui se trouvent dans la commune de....., qu'il habite lui-même ; disons que, vu l'urgence, la présente ordonnance sera exécutoire sur minute et qu'il nous en sera référé en cas de difficulté.

Donné au palais de justice (ou en notre hôtel) à....., le.....

Signature du président.

§ 5. — Ordonnance autorisant une saisie conservatoire.

365. — Les saisies qui précèdent sont toutes des saisies conservatoires, puisqu'elles peuvent se faire sans titre et qu'elles doivent être validées par la justice. Mais on donne spécialement le nom de saisie conservatoire à celle prévue et autorisée soit par l'article 417 du Code de procédure civile, soit par l'article 172 du Code de commerce.

Le premier de ces textes s'exprime ainsi : « *Dans les cas qui requerront célérité, le président du tribunal pourra permettre d'assigner, même de jour à jour et d'heure à heure, et de saisir les effets mobiliers...* » Le second est conçu de la manière suivante : « ..... *Le porteur d'une lettre de change protestée faute de paiement peut, en obtenant la permission du juge. saisir conservatoirement les effets mobiliers des tireurs, accepteurs et endosseurs.* »

366. — On le voit, la saisie-conservatoire, autorisée par les deux textes que nous venons de transcrire, ne se pratique qu'en matière commerciale et nous ajoutons qu'elle n'est permise qu'en cette matière. Du reste, la jurisprudence est d'accord sur ce point avec la doctrine. — Voir Toulouse, 26 avril 1861 [D. 61, 2, 175 ; P. 62, 393 ; S. 62, 2, 332] ; — Lyon, 18 mars 1864 [P. 64, 1265 ; S. 64, 2, 306] ; — en ce sens, Debelleyme, *loc. cit.*, t. I, p. 246 ; — Bioche, *loc. cit.*, V° Saisie conservatoire, n° 4 ; — Chauveau, *loc. cit.*, *Suppl.*, quest. 1492 4° ; — Glasson, *loc. cit.*, t. II, n° 168, p. 442 ; Garsonnet, *loc. cit.*, t. 3, § 1019, p. 353.

Nous pourrions ne pas nous occuper de cette saisie, puisqu'elle doit être autorisée, non par le président du tribunal civil, mais par le président du tribunal de commerce, solution qui est aujourd'hui certaine. — Voir Cass. 15 nov. 1885 [D. 86, 1, 68 ; P. 86, 1, 490 ; S. 86, 1, 198] ; — Paris, 9 janvier 1866 [D. 66, 5, 419 ; P. 66, 223 ; S. 66, 2, 51] ; — 30 juin, 17 août et 27 déc. 1875 [D. 76, 2, 40] ; — Chauveau sur Carré, *loc. cit.*, quest. 1492, 4 ; — Boitard, Colmet-Daage et Glasson, *loc. cit.*, t. I, p. 644 ; — Bertin, *loc. cit.*, nᵒˢ 421 et 422 ; — Garsonnet et César-Bru, *loc. cit.*, t. III, § 1020, p. 356. — Toutefois nous devons en parler, attendu que c'est le président du tribunal civil qui remplace le président du tribunal de commerce dans les endroits où ce dernier tribunal n'existe pas.

367. — Comme toutes les saisies qui précèdent, la saisie conservatoire pouvant porter une atteinte grave au crédit du débiteur, ne doit être autorisée qu'avec la plus grande réserve ; et il faut interpréter restrictivement les textes précités qui la concèdent. Du reste, comme les autres, elle doit être validée ou convertie en saisie-exécution en vertu du jugement de condamnation que le créancier obtient ensuite. — Voir Bioche, *loc. cit.*, nᵒ 4 ; — Glasson, *loc. cit.*, t. II, nᵒ 645 ; — Garsonnet et César-Bru, *loc. cit.* ; — Chaveau sur Carré, *loc. cit.*, *Suppl.*, quest. 1496.

D'autre part, elle ne saurait être autorisée en dehors des cas spécialement prévus par ces textes. — Paris, 29 janv. 1855 [D. 55, 2, 187 ; P. 55, 1, 370 ; S. 55, 2, 60].

368. — La Cour de Toulouse a jugé qu'elle ne pouvait être permise pour une dette civile et sur des objets immobiliers, notamment sur des immeubles par destination. — Arrêt du 26 avril 1861 [D. 61, 2, 175 ; P. 62, 993 ; S. 62, 2, 332].

369. — Et la Cour de Bordeaux a déclaré que le porteur d'une lettre de change protestée faute de paiement ne peut pratiquer la saisie conservatoire que sur les personnes indiquées par l'article 172 C. com., c'est-à-dire sur les tireurs, endosseurs et accepteurs. — Arrêt du 27 juillet 1857 [D. 58, 2, 81 ; P. 58, 662 ; S. 58, 2, 56].

370. — C'est donc le président du tribunal de première instance qui autorise la saisie conservatoire dans les ressorts qui n'ont pas de tribunal de commerce. Quel sera le président compétent dans les cas de l'article 417 C. proc. civ. ? C'est le président du tribunal du lieu où se trouvent les objets mobiliers à saisir, bien que le débiteur ait son domicile dans un autre ressort. C'est du moins la solution qu'adopte une première opinion. — Voir, en ce sens, Bordeaux, 5 mai 1845 [D. 47, 2, 41 ; P, 46, 1, 556 ; S. 46, 2, 83]. Mais une autre opinion enseigne que cet article accorde compétence au président qui, aux termes dudit article, peut permettre d'assigner de jour à jour et d'heure à heure, c'est-à-dire au président de l'un des trois tribunaux désignés par l'article 420 C. proc. civ., savoir : le tribunal du domicile du défendeur ; le tribunal dans l'arrondissement duquel la promesse a été faite et la marchandise livrée ; le tribunal dans l'arrondissement duquel le paiement devait être effectué. — Voir en ce sens Glasson, *loc. cit.*, t. II, n° 168, p. 442.

371. — Quel est le droit du président ? peut-il accorder ou refuser l'autorisation qui lui est demandée ? Nous croyons qu'en cette matière que ne régis-

sent point les règles strictes du droit civil, le président
jouit d'un pouvoir absolu. Il en est ainsi surtout lorsque la saisie conservatoire est demandée en vertu de
l'article 417 C. proc. civ., qui déclare qu'elle sera possible dans les cas qui requerront célérité, car la question de savoir s'il y a urgence ou non ne peut être
résolue que par une libre appréciation. D'ailleurs, il
appartient au président, conformément au même article,
d'ordonner que le saisissant devra donner caution ou
justifier de solvabilité suffisante. — Voir : Boitard,
Colmet-Daage et Glasson, *loc. cit.*, I, n° 645 ; — Rodière, t. II, p. 3 ; — Garsonnet et César-Bru, *loc. cit.*
t. III, § 1019, p. 355.

372. — Mais on décide que, lorsque la permission
de pratiquer la saisie conservatoire est demandée en
vertu de l'article 172, C. comm., le président ne peut
que l'accorder sans condition ou la refuser. — Lyon-
Caen et Renault, *Tr. de dr. comm.*, t. IV, n° 380 ; —
Garsonnet et César-Bru, *loc. cit.*

373. — L'ordonnance pour pratiquer la saisie conservatoire est, suivant la règle générale, demandée par
requête adressée au président ; seulement cette requête
ne sera, ici, ni présentée ni signée par un avoué, car
le magistrat agit comme président du tribunal de commerce, et devant ce tribunal le ministère des avoués
n'existe pas. La requête devra donc être signée par la
partie demanderesse.

374. — FORMULE *de la requête aux fins de saisie conservatoire.*

A Monsieur le président du tribunal civil de......, en sa qualité de
président du tribunal de commerce.

Le sieur (*nom, prénoms, profession et domicile du demandeur*) a l'honneur de vous exposer qu'il est créancier du sieur (*nom, prénoms, profession et domicile du saisi*) pour la somme de....., montant des fournitures de (*indiquer la nature des fournitures*) qu'il lui a faites pour les besoins de son commerce ; que son débiteur est sur le point de partir en emportant tout son actif ; qu'il s'agit donc d'un cas qui requiert célérité ; en conséquence, l'exposant conclut à ce qu'il vous plaise, Monsieur le président, conformément à l'article 417 du Code de procédure civile, l'autoriser à faire saisir conservatoirement les meubles et effets mobiliers appartenant audit sieur..... son débiteur et, vu l'urgence, permettre l'exécution de votre ordonnance sur minute.

Présenté à....., le.....

Signature de la partie.

ORDONNANCE.

Nous, président du tribunal de première instance de..... agissant en notre qualité de président du tribunal de commerce,

Vu l'article 417 du Code de procédure civile et la requête qui précède ainsi que les faits y exposés, permettons à l'exposant de faire saisir conservatoirement les effets mobiliers du sieur..... et, vu l'urgence, déclarons notre ordonnance exécutoire sur minute ; disons qu'il nous en sera référé en cas de difficulté.

Donné au palais de justice (ou en notre hôtel) à....., le.....

Signature du président.

375. — Si la saisie conservatoire est demandée en vertu de l'article 172, C. comm., à raison d'une lettre de change protestée et non payée, la requête et l'ordonnance sont conçues dans les mêmes termes ; seulement, dans la requête, le demandeur expose qu'il est créancier en vertu de ladite lettre de change protestée, et il vise l'article 172 précité, et dans l'ordonnance, ce même texte est visé.

§ 6. — Ordonnance autorisant une saisie-arrêt.

376. — Les saisies conservatoires qui précèdent
exigent, dans leur exécution, une publicité fâcheuse
pour le débiteur ; au contraire, la saisie-arrêt est plus
discrète ; elle s'exerce sans appareil judiciaire et est
seulement connue du débiteur et de la personne entre
les mains de qui elle est pratiquée. Disons, en quelques
mots, en quoi elle consiste et quels actes la constituent.
Un créancier non payé apprend que son débiteur est,
à son tour, créancier d'une tierce personne ou a déposé
chez celle-ci des meubles et effets mobiliers ; alors il
fait notifier à cette tierce personne un acte par lequel
il lui fait défense de se libérer ou de se dessaisir en
dehors de lui ou sans son autorisation ; il fait ensuite
notifier un autre acte à son débiteur, dans lequel il lui
donne copie de la saisie-arrêt pratiquée à son préjudice et l'assigne en même temps en validité ; enfin, par
un troisième acte, il notifie cette assignation en validité à la tierce personne. La saisie-arrêt se compose
donc de trois actes : le premier constitue la saisie-arrêt
elle-même ; le second doit être notifié dans la huitaine
qui suit, outre le délai légal des distances, et, à défaut,
la saisie-arrêt demeure nulle (art. 563, 565, C. proc.
civ.) ; le troisième doit intervenir dans un autre délai
de huitaine, outre aussi le délai légal des distances, et,
à défaut encore, la tierce personne peut valablement
se libérer ou se dessaisir nonobstant la saisie-arrêt
(art. 564 et 565). Le créancier reçoit le nom de *sai-*

sissant, le débiteur celui de *débiteur saisi,* et la tierce personne celui de *tiers saisi.*

377. — La saisie-arrêt, avons-nous dit, a une allure plus discrète que les autres saisies conservatoires, mais ses conséquences sont aussi graves. Si elle est pratiquée au préjudice d'un commerçant, elle est de nature à porter une atteinte considérable à son crédit, à ruiner même ce crédit ; et, si elle intervient contre un non commerçant, elle peut lui causer des embarras pécuniaires, une gêne pénible. C'est que la saisie-arrêt agit d'une manière générale, c'est-à-dire porte sur tout ce que doit le tiers saisi, et peut rendre dès lors indisponibles des sommes très élevées pour assurer le paiement d'une créance parfois peu importante; et il faut qu'il en soit ainsi, sous peine de rendre la mesure souvent inefficace. En effet, si elle frappait seulement sur une somme égale au montant de la créance du saisissant, et si d'autres saisies se produisaient ensuite, le premier saisissant serait obligé, sur la somme saisie-arrêtée, de venir au marc le franc avec les saisissants postérieurs, car il ne devient cessionnaire judiciaire de ladite somme qu'en vertu du jugement de validité devenu définitif. Les conséquences de la saisie-arrêt sont non moins graves lorsqu'elle intervient au préjudice d'un fonctionnaire public ; sans doute, une loi récente dont nous parlerons, ne permet, pour certains, de saisir qu'une partie très minime du traitement ; mais ce qu'elle n'a pu empêcher, ce que personne ne peut empêcher, c'est la défaveur que subit un fonctionnaire contre lequel une saisie-arrêt est faite, car elle vient révéler une gêne pécuniaire toujours fâcheuse pour celui qui exerce des fonctions publiques.

378. — Quoi qu'il en soit, grâce à cette allure paci-
fique qui la caractérise, à la facilité avec laquelle elle
peut intervenir, la saisie-arrêt est très usitée, et la loi
a voulu elle-même la favoriser, puisque le créancier qui
n'a pas de titre peut s'adresser à deux présidents de
tribunaux différents pour obtenir la permission d'y
recourir. Voilà pourquoi, parmi les saisies conservatoires, c'est elle qui a soulevé surtout des questions très
nombreuses et donné lieu à des controverses très vives.
De ces questions et controverses, nous ne parlerons
qu'autant qu'elles intéresseront l'ordonnance du président autorisant la saisie-arrêt.

379. — Nous avons qualifié la saisie-arrêt de saisie
conservatoire ; mais nous devons préciser qu'elle n'a ce
caractère qu'au début et qu'elle le perd par la demande
en validité et surtout par le jugement qui la valide et
qui a acquis l'autorité de la chose jugée ; c'est là l'opinion généralement admise. — Voir en ce sens : Cass.,
28 décembre 1881 [D. 82, 1, 377 ; P. 83, 1, 1161 ; S. 83,
1, 465] ; — 1er mai 1889 [D. 90, 1, 264 ; P. 89, 1, 1157 ;
S. 89, 1, 460] ; — Paris, 28 novembre 1879 [P. 80,
823 ; S. 80, 2, 213] ; — Bordeaux, 12 juillet 1880
[D. 80, 2, 232 ; P. 81, 1, 577 ; S. 81, 2, 106] ; — Besançon, 15 février 1888 [D. 88, 2, 285 ; P. 89, 1, 330 ;
S. 89, 2, 52]. — Voir dans le même sens : Bioche, *loc.
cit.*, n° 3 ; — Roger, *Traité de la saisie-arrêt*, n° 28
et 379 ; — Boitard, Colmet-Daage et Glasson, *loc. cit.*,
t. II, n° 815 et 824 ; — Garsonnet et César-Bru, *loc.
cit.*, t. IV, § 1463, p. 474.

380. — Aux termes de l'article 557, C. proc. civ.,
« *tout créancier peut en vertu de titres authentiques
ou privés, saisir-arrêter entre les mains d'un tiers les*

sommes et effets appartenant à son débiteur ou s'op-
poser à leur remise. »

Tel est le principe ; mais un créancier peut n'avoir
aucun titre et dans ce cas la loi vient à son secours.
Le président aura alors, comme il l'a pour les autres
saisies conservatoires, le pouvoir d'autoriser la saisie-
arrêt. Ce pouvoir est consacré par l'article 558 C. proc.
ainsi conçu : « *S'il n'y a pas de titre, le juge du domi-*
cile du débiteur, et même celui du domicile du tiers
saisi, pourront, sur requête, permettre la saisie-arrêt
ou opposition. » Ici, la loi prend le soin de désigner le
président compétent pour accorder la permission de
pratiquer la saisie-arrêt, en l'absence d'un titre ; nous
disons : *le président*, car c'est lui qui est visé par l'expression de *juge* dont se sert le texte. Et le législateur
veut si bien rendre facile la saisie-arrêt, qu'il accorde
compétence à deux présidents : celui du domicile du
débiteur et celui du domicile du tiers saisi.

381. — Quelle est la nature du pouvoir accordé au
président ? A raison de la gravité de la mesure, on
décide généralement que le magistrat jouit, ici, d'un
pouvoir d'appréciation absolu. Il est donc libre d'accorder ou de refuser son ordonnance, suivant qu'il
estime que le créancier se trouve ou non dans les conditions voulues ; mais, s'il la refuse, il doit indiquer les
motifs de son refus, afin que le créancier puisse lui
soumettre, le cas échéant, des documents plus décisifs.
C'est en ce sens que se prononce la doctrine. — Voir :
Debelleyme, *loc. cit.*, t. I, p. 140 ; — Bioche, *loc. cit.*,
nº 40 ; — Roger, *loc. cit.*, nº 146 ; — Garsonnet et
César-Bru, *loc. cit.*, t. IV, § 1394, p. 345 ; — Rousseau et Laisney, *loc. cit.*, nº 148.

382. — Pour se prononcer, le président examinera tout d'abord si le demandeur se trouve dans les conditions voulues. Il devra voir, en premier lieu, si sa créance est certaine, liquide et exigible, caractères qu'elle doit, d'après les articles 551 et 557, C. proc. civ., réunir pour pouvoir servir de base à une saisie-arrêt ; la certitude et l'exigibilité sont nécessaires à peine de nullité de la saisie-arrêt ; quant à la liquidité, le juge peut y suppléer, par une évaluation provisoire, comme l'y autorise l'article 559 2°. — Bioche, *loc. cit.*, n° 34 ; — Roger, *loc. cit.*; — Glasson, *loc. cit.*, t. II, p. 200 ; — Bonjean, *loc. cit.*, n° 1387 ; — Rousseau et Laisney, *loc. cit.*, n° 148 ; — Garsonnet et César-Bru, *loc. cit.*, t. IV, § 1383, p. 327. — Voir : Orléans, 22 décembre 1820 [P. chr.], qui a décidé que le créancier porteur de deux créances dont une seule est certaine et exigible, ne peut pratiquer une saisie-arrêt que pour cette créance. — Voir également : Liège, 15 juin 1882 [D. 83, 2, 138], qui a déclaré qu'une saisie-arrêt pratiquée en vertu d'une créance ne réunissant pas les qualités précitées, est nulle et expose le saisissant à des dommages-intérêts.

En ce qui concerne l'évaluation provisoire que doit faire le juge lorsque la créance n'est pas liquide, il a été décidé qu'elle doit avoir lieu à peine de nullité, à moins qu'il ne résulte de l'ordonnance que le magistrat s'est approprié celle faite dans la requête. — Voir Cass., 16 mai 1882 [S. 84, 1, 154] ; — Trib. civ. Seine, 2 août 1904 [*Gaz. des Trib.* du 6 janvier 1905].

383. — La Cour de cassation semble incliner vers une doctrine qui serait de nature à permettre au président d'autoriser, par son ordonnance, la saisie-arrêt

pour une créance éventuelle, en la liquidant provisoirement. En effet, elle a admis, par un arrêt du
5 juin 1896 (*Gaz. Palais*, 27 octobre 1896), la saisie-
arrêt basée sur un simple recours éventuel. Il s'agissait, dans l'espèce, d'un créancier qui ayant fait, de ses
deniers personnels, des avances à une Compagnie,
exerçait, en vertu de l'article 1166, les droits de cette
dernière sur des subventions revenant à celle-ci. Dès
lors, si, au point de vue du fond, la jurisprudence se
montre aussi facile pour l'admission de la créance
indéterminée et éventuelle, ce qui est peut-être en
opposition avec les principes organiques de la matière,
à plus forte raison devra-t-on accepter la même facilité, et cette fois sans inconvénient réel, au point de
vue de l'ordonnance du président, laquelle n'a qu'une
portée provisoire.

384. — La question qui se pose relativement au
capital de la créance, doit-elle recevoir la même solution en ce qui concerne ses accessoires? Faut-il que le
caractère de dette certaine, liquide et exigible requis
quant au principal soit vérifié aussi relativement aux
accessoires?

Sur ce point est intervenu un arrêt de la Cour de cassation du 1er juin 1896 (*Gaz. Palais*, 10 juin 1896) où il
est exposé que la nécessité du caractère liquide, certain
et exigible s'applique au capital et non aux accessoires:
intérêts et frais déjà exposés ou à exposer jusqu'à parfait paiement. La Cour de cassation a précisé, d'autre
part, dans un autre arrêt du 19 novembre 1884 (S. 86,
1, 365), qu'il faut qu'il s'agisse bien réellement d'accessoires de la créance et qu'on ne saurait qualifier juri-
diquement ainsi que ce qui est le produit d'une créance

et ce qui s'y rattache comme une conséquence insépa-
rable de l'obligation principale ou de son exécution;
ajoutant « qu'il n'est pas possible d'attribuer cette
qualification d'accessoire à une créance distincte de la
première, créée plus tard par une convention nouvelle
des parties, lors même que les conventions qui ont fait
naître ces deux créances auraient été motivées l'une
par l'autre et contractées dans une même prévision ».
L'arrêt en question s'applique à une créance frappée
de saisie-arrêt ; mais ce qui est vrai de cette dernière
l'est aussi, par la force des choses, de la créance du
saisissant, de laquelle seule nous avons à nous occuper
ici.

385. — Relativement à l'exigibilité de la créance,
la jurisprudence a constamment décidé que la saisie-
arrêt ne peut pas avoir lieu pour une créance qui ne
serait pas entièrement exigible. — Conf. : Limoges,
27 novembre 1868 [D. 69, 2, 48 ; P. 69, 568 ; S. 69, 2,
111] ; — Lyon, 5 février 1869 [D. 70, 2, 131 ; P. 69,
1003 ; S. 69, 2, 250]; — Grenoble, 26 mai 1882 [D. 83,
2, 126 ; P. 83, 1, 463 ; S. 83, 2, 84]. — Et la doctrine
est conforme. — Chauveau sur Carré, *loc. cit.*, quest.
1926 ; — Bioche, *loc. cit.*, n° 16 ; — Rodière, *loc. cit.*,
t. II, p. 197 ; — Rousseau et Laisney, *loc. cit.*, n°s 92
et 93 ; — Roger, *loc. cit.*, n° 117 ; — Glasson, *loc. cit.*,
t. II, p. 194 ; — Boitard, Colmet-Daage et Glasson, *loc.
cit.*, t. II, n°s 806 et 816 ; — Garsonnet, *loc. cit.*, t. IV,
§ 1389, p. 336.

386. — Le président devra, en second lieu, vérifier
si les objets qu'on demande à saisir-arrêter peuvent
faire l'objet d'une saisie-arrêt, laquelle, aux termes de
l'article 557 C. proc. civ., ne peut porter que sur les

sommes et effets appartenant au débiteur et se trouvant
aux mains d'un tiers. Dès lors, il ne devrait point
autoriser une saisie-arrêt qu'on voudrait pratiquer sur
des immeubles par destination ou sur des immeubles.
Mais tous meubles corporels ou incorporels sur lesquels
le débiteur a un droit de propriété ou de créance,
peuvent faire l'objet d'une saisie-arrêt, à la condition,
bien entendu, qu'ils soient saisissables, étant donné
qu'il est des objets corporels et incorporels qui ne sauraient faire l'objet d'une saisie. Nous allons indiquer
dans leurs grandes lignes les limites tracées par la loi
à cet égard, car un exposé détaillé de ce point excè-
derait naturellement les bornes de ce travail.

L'article 581 du C. de proc. civ. déclare insaisissables : 1° les choses déclarées insaisissables par la loi ;
2° les provisions alimentaires adjugées par justice ;
3° les sommes et objets disponibles déclarés insaisissables par le testateur ou le donateur ; 4° les sommes
et pensions pour aliments, encore que le testament ou
l'acte de donation ne les déclare pas insaisissables. Il
faut joindre à ce texte fondamental une série de dispositions législatives qui sont venues restreindre encore
la liste des objets saisissables. Signalons principale-
ment l'insaisissabilité des traitements, pensions, indemnités et secours dus par l'Etat, dans la mesure fixée par
les lois et règlements ; des rentes sur l'Etat, des choses
appartenant à l'Etat, aux départements et aux communes ; des salaires des ouvriers et gens de service et
des appointements et traitements des employés, commis et fonctionnaires ne dépassant pas 2.000 francs
par an, lesquels ne sont saisissables que jusqu'à concurrence du dixième, suivant la loi du 21 janvier 1895

ci-après citée à propos de la compétence spéciale attribuée à leur égard au juge de paix.

387. — Le président devra enfin se demander si le
créancier qui sollicite son autorisation, est démuni de
tout titre, comme le veut l'article 558 C. proc. civ. Il
arrive parfois que le créancier a un titre en règle ;
mais il veut éviter les droits d'enregistrement et, dans
ce but, il demande une ordonnance ; le président ne
devra pas l'accorder dans cette hypothèse, puisque le
créancier ne se trouve pas dans la situation prévue
par l'article précité. — Voir en ce sens : Roger, *loc. cit.*,
n° 144.

Cependant une opinion autorisée décide que le président pourra accorder la permission demandée, au cas
où les droits d'enregistrement devraient être plus
considérables que la créance qui doit faire l'objet de la
saisie-arrêt. — Debelleyme, *loc. cit.*, I, p. 144.

388. — Il est des cas où les auteurs décident que le
président ne doit pas accorder son ordonnance, bien
que le créancier se trouve dans les conditions voulues,
notamment lorsque la créance à saisir est si minime
qu'elle serait absorbée ou plus qu'absorbée par les
frais ; ou bien lorsque le débiteur est si notoirement
solvable que la saisie-arrêt à son égard ne peut constituer qu'un acte vexatoire. — Voir Roger, *loc. cit.*,
n° 51 ; — Debelleyme, *loc. cit.*, t. I, p. 156 ; — Glasson,
loc. cit., t. II, p. 200 ; — Garsonnet et César-Bru,
loc. cit.

389. — Mais, en principe, le président a-t-il le droit
de refuser son ordonnance au créancier qui se trouve
dans les conditions voulues pour l'obtenir, ou, d'une
manière plus générale, jouit-il d'un pouvoir absolu-

ment discrétionnaire au point d'être libre d'accorder ou de refuser son autorisation, sans que sa décision puisse être l'objet d'un recours? De même que pour certaines des saisies qui précèdent, nous n'hésitons pas à répondre négativement. Sans doute, le magistrat a le droit et le devoir de tout examiner, de tout peser, et ensuite d'accorder ou de refuser ; mais, s'il refuse, il prive le créancier de l'exercice d'un droit que lui accorde l'article 858, C. proc. civ.; s'il accorde, il porte grief au débiteur; par suite, il est juste et logique que sa décision puisse être entreprise, comme toute décision judiciaire, par la partie qui se croit lésée.

390. — Mais, comme nous l'avons constaté lorsque nous avons étudié les voies de recours contre les ordonnances du président, la question est vivement discutée, soit en ce qui concerne le droit au recours lui-même, soit en ce qui a trait à la nature de ce recours; et, ici, la controverse est plus vive et les décisions dans tous les sens plus nombreuses, parce que la saisie-arrêt est plus usitée.

Une première opinion refuse tout recours contre l'ordonnance qui autorise une saisie-arrêt; elle ne voit là qu'un acte d'administration judiciaire ou de pouvoir discrétionnaire. — *Sic* : Montpellier, 7 avril 1854 [D. 55, 2, 293]; — Paris, 3 oct. 1891 [D. 92, 2, 167; P. et S. 92, 2, 209]; — Alger, 7 nov. 1892 [D. 93, 2, 529; P. et S. 94, 2, 31]. — Quelques auteurs refusent ce recours. — Voir : Bertin, *loc. cit.*, n° 16 et s.; — Bazot, *loc. cit.*, p. 11.

391. — Une autre opinion accorde un recours, et, d'après elle, ce recours consiste dans l'opposition à l'ordonnance portée devant le tribunal. — *Sic :* Bordeaux, 16 avril 1817 [P. et S. chr.]; — Metz, 24 novembre 1819 [P. et S. chr.].

392. — Plusieurs arrêts autorisent l'appel lorsque l'ordonnance est entachée d'excès de pouvoir : — Dijon, 28 déc. 1859 [P. 61, 598; S. 60, 2, 270] : — Toulouse, 15 mars 1881 [D. 82, 2 141; P. 83, 1, 1099; S. 83, 2, 213]; — Aix, 29 avril 1883 [D. 84, 2, 68; P. 84, 1, 92; S. 84, 2, 9].

393. — Pour nous, le recours le plus pratique consiste dans l'opposition portée devant le président, en vertu de la réserve faite par le magistrat qu'il lui en sera référé en cas de difficulté, car la saisie-arrêt pourra ainsi être évitée ou tout au moins levée dans un bref délai. Nous ne reviendrons pas sur l'utilité de cette réserve, dont nous avons plusieurs fois parlé déjà; nous rappellerons seulement qu'à notre avis l'opposition devant le président n'est pas possible, si la réserve n'a pas été introduite dans l'ordonnance. (Voir *supra*, nos 20 et s.)

394. — Le droit du président d'introduire cette réserve est incontestable, et spécialement il a été consacré en la matière par de nombreux arrêtés dont nous ne citons que les plus récents. — Alger, 19 novembre 1870 [D. 75, 2, 105; P. 72, 814; S. 72, 2, 195]; — Paris, 14 déc. 1882 [P. 83, 1, 822; S. 83, 2, 151]; — 24 déc. 1885 [P. 86, 1, 216; S. 86, 2, 36]; — 19 févr. 1886 [P. 88, 1, 867; S. 88, 2, 163]; — Aix, 29 nov. 1886 [D. 87, 2, 193; P. et S. *ibid*.]. — En ce sens : Debelleyme, *loc. cit.*, t. I, p. 142; — Bertin. *Droit*, 30 nov., 19 déc. 1872, 6 et 7 janv. 1873; — Rousseau et Laisney, *loc. cit.*, no 153; — Garsonnet, *loc. cit.*, t. IV, § 1394, p. 347.

395. — Cependant nous devons indiquer, en sens contraire, quelques rares arrêts et quelques auteurs qui ont dénié au président le droit d'insérer dans son ordonnance la réserve dont s'agit et qui, dans tous les cas, lui contestent le pouvoir de donner, au moyen de cette réserve, mainlevée de la saisie-arrêt pratiquée en vertu de son ordonnance : Montpellier, 7 avril 1854 [D. 55, 2, 293 ; P. 55, 2, 250; S. 55, 2, 294]; — Lyon, 25 avril 1856, arrêt qui dénie d'une manière formelle ce droit [D. 57, 2, 5 ; P. 57, 1, 75; S. 56, 2, 465]. — Voir en ce sens : Chauveau sur Carré, *loc. cit.*, Quest. 2757 *bis* et remarque de la formule 527 de la saisie-gagerie. *Formulaire*, t. I, p. 539; — Bouchon, *Théor. et prat. de la saisie-arrêt*, n° 55. — M. Bonjean estime la réserve inutile, le référé ordinaire étant, suivant lui, de droit, *loc. cit.*, n° 1176.

396. — Le droit du président d'insérer la réserve est donc à peu près généralement reconnu. Mais deux difficultés surgissent alors : l'une relativement au pouvoir que confère la réserve insérée et l'autre en ce qui concerne la détermination du moment où elle ne peut plus être utilisée.

La première est, nous semble-t-il, bien facile à résoudre. D'abord, puisque le président a le droit de statuer à nouveau, il peut absolument revenir sur sa décision et retirer l'ordonnance qu'il a concédée, s'il lui est démontré, dans le débat qui se produit cette fois devant lui, que cette ordonnance n'aurait pas dû être accordée. La conséquence, s'il retire son ordonnance, sera qu'il pourra et devra donner mainlevée de la saisie-arrêt pratiquée, laquelle n'aura plus de base. — C'est en ce sens que se prononcent, avec raison, les

arrêts qui suivent : Paris, 16 août 1866, précité ;
23 mars 1867 [D. 67, 2, 66 ; P. 67, 788 ; S. 67, 2, 189] ;
— 11 février 1868 [D. 71, 2, 85 ; P. 69, 569 ; S. 69, 2,
1] ; — 3 octobre 1891 [D. 92, 2, 167 ; P. et S. 92, 2,
209]. — *Sic :* Garsonnet et César-Bru, *loc. cit.*

Puisqu'il peut retirer absolument son ordonnance, à
plus forte raison a-t-il le droit de ne la rapporter qu'en
partie, par exemple de réduire la somme pour laquelle
il avait autorisé la saisie-arrêt. Ainsi l'a décidé un
arrêt de Bordeaux du 19 mars 1855. — Voir aussi
jugement du trib. Seine du 31 mai 1905 (*Droit* du
11 juin 1905).

397. — La seconde difficulté est plus délicate, et,
ici, la controverse est assez vive. On a cependant une
base certaine pour la trancher. Nous savons que la
saisie-arrêt doit, à peine de nullité, être suivie, dans
la huitaine, d'une assignation en validité. Or, quel est
le résultat produit par cette assignation ? c'est évidemment de saisir le tribunal, puisqu'elle lui défère la
saisie-arrêt pratiquée ; mais si le tribunal est saisi, le
président se trouve, par là même, dessaisi ; et il faut
bien qu'il en soit ainsi. Si, en effet, le président pouvait revenir sur son ordonnance après la demande en
validité, à quel moment son pouvoir prendrait-il fin ?
Evidemment il durerait jusqu'au jugement de validité
et même, à la rigueur, jusqu'après ce jugement, tant
qu'il ne serait pas devenu définitif. Il en résulterait
que le président aurait le droit de dessaisir le tribunal
saisi, de faire tomber une procédure entière et même
un jugement ; c'est absolument inadmissible. Aussi la
Cour de cassation et les Cours d'appel consacrent-elles
absolument le principe que la demande en validité de

la saisie-arrêt a pour effet de rendre inutile la réserve d'en référer : à partir de cette demande, le pouvoir du président de revenir sur son ordonnance a cessé ; s'il l'exerçait encore, il commettrait un excès de pouvoir. — Cass., 10 novembre 1885 [D. 86, 1, 209 ; P. 86, 1, 12 ; S. 86, 1, 9] ; — 16 décembre 1889 [D. 90, 1 ; 263 ; P. 90, 1, 1138 ; S. 90, 1, 481] ; — Rouen, 17 juillet 1879 [D. 80, 2, 32] ; — Paris, 17 avril 1886 [D. 90, 1, 477, en note] ; — Aix, 29 novembre 1886 [D. 87, 2, 193 ; P. 88, 1, 867 ; S. 88, 2, 163] ; — Paris, 19 janvier 1887 [P. 88, 1, 867 ; S. 88, 2, 163] ; — 3 oct. 1891, précité ; — 14 décembre 1892 [D. 93, 2, 529 ; P. et S. 94, 2, 31].

398. — Et la Cour suprême décide que la Cour d'appel n'a pas plus de droits que le président ; que, par suite, elle commet un excès de pouvoir en confirmant une ordonnance rendue après l'assignation en validité. — Cass., 16 décembre 1889, précité ; — 24 février 1892 [D. 93, 1, 12 ; P. et S. 92, 1, 144. — Voir en ce sens : Glasson, *Précis*, t. II, p. 198, et note sous Bordeaux, 22 juillet 1886 [D. 87, 2, 193] ; — Bouchon, *loc. cit.*, n° 58.

399. — Nous reconnaissons que la doctrine qui précède, peut avoir l'inconvénient grave d'empêcher le débiteur saisi d'utiliser la réserve introduite en sa faveur, car souvent il ne connaîtra la saisie-arrêt pratiquée à son préjudice que par l'assignation en validité même. Mais, en l'absence de tout texte législatif, il nous semble qu'on ne saurait autoriser l'usage de la réserve au delà de la limite que nous venons de préciser ; en dehors de cette limite, on tombe dans l'arbitraire, ainsi que nous allons le voir par l'examen des opinions qui ont été émises en sens contraire.

400. — Une première opinion, sans préciser davantage, décide que le président peut utiliser la réserve après l'assignation en validité. — Conf. Lyon, 6 mai 1861, précité ; — Paris, 23 mars 1867 [D: 67, 2, 66 ; P. 67, 788 ; S. 67; 2, 189] ; — 15 décembre 1882 [D. 83, 2, 97 ; P. 83, 1, 822 ; S. 83, 2, 151].

401. — Une seconde opinion précisant un peu plus, déclare que le président ne peut revenir sur son ordonnance en vertu de la réserve, soit lorsque le débiteur saisi a constitué avoué sur l'assignation en validité, soit lorsqu'il a gardé un long silence après cette assignation, soit enfin lorsqu'il a conclu à la mainlevée de la saisie-arrêt. — Paris, 23 mars 1867 [D. 67, 2, 66 ; P. 67, 788 ; S. 67, 2, 189].

402. — Enfin une troisième opinion permet d'utiliser la réserve, non seulement après que le tribunal est saisi de la demande en validité, mais, d'une manière générale, tant que le tribunal n'a pas statué. — Alger, 7 novembre 1892 [D. 93, 2, 529 ; P. et S. 94, 2, 31].

403. — Quelques auteurs, à raison de l'utilité de la réserve, sont d'avis que le président peut revenir sur la permission qu'il a accordée, même après l'assignation en validité et en tout état de cause ; s'il retire cette permission, la saisie-arrêt tombe et avec elle la demande en validité. — Tissier, Darras et Louiche-Desfontaines, *Code de procédure civile annoté*, sur l'article 558, n° 53 ; — Garsonnet et César-Bru, *loc. cit.*, t. IV, § 1394, p. 349.

404. — A cause de l'inconvénient que nous avons signalé, au tribunal de la Seine, d'après une pratique constante, les magistrats, tout en introduisant la réserve, imposent l'obligation de notifier, d'abord, par acte séparé, l'ordonnance portant la permission de pratiquer la saisie-arrêt, et ensuite de ne signifier l'assignation en validité contenant dénonciation de la saisie-arrêt qu'après un certain délai. Cette pratique a été critiquée comme imposant un acte non prévu par la loi. — Voir Garsonnet et César-Bru, *loc. cit.*, t. IV, § 1394, p. 348, et note sous Paris, 3 octobre 1891 [P. et S. 92, 2, 209]. — Ce motif ne nous paraît pas suffisant pour faire repousser cet usage, à notre avis, fort utile dans l'intérêt du débiteur saisi, qui a ainsi le temps de se défendre. — Voir en ce sens : Paris, 3 octobre 1891, précité ; — Glasson, *loc. cit.*, t. II, p. 198 ; — Tissier, Darras et Louiche-Desfontaines, *loc. cit.*, n°s 15 et 53.

405. — Lorsque le président, en vertu de la réserve, est appelé à statuer à nouveau, sa nouvelle ordonnance est-elle, comme la première, susceptible de recours ? L'affirmative nous semble devoir être admise, car les raisons qui font admettre le recours pour la première ordonnance, doivent le faire admettre également pour la seconde. Aussi de nombreux arrêts ont-ils décidé que l'ordonnance par laquelle le président maintient ou rétracte son autorisation est susceptible d'appel. — Paris, 28 janvier 1870 [D. 71, 2, 164] ; — 14 déc. 1882 [P. 83, 1, 822] ; — 19 février 1886 [P. 88, 1, 867 ; S. 88, 2, 163]. — Voir encore : Paris, 10 mai 1848 [D. 49, 2, 252 ; P. 48, 1, 575 ; S. 48, 2, 659] ; — 16 juin 1866 [P. 67, 788 ; S. 67, 2, 189].

406. — On trouve cependant des arrêts assez nombreux qui déclarent que l'appel n'est pas autorisé contre la seconde ordonnance ; mais nous indiquons que ces décisions refusent aussi l'appel contre la première

ordonnance qu'elles considèrent comme un acte purement gracieux et discrétionnaire. — Voir en ce sens :
Paris, 4 mai 1867 [D. 67, 2, 159 ; P. 67, 788 ; S. 67,
2, 189] ; — 31 juillet 1871 [D. 71, 2, 244 ; P. 72, 106 ;
S. 72, 2, 24] ; — Bordeaux, 16 juillet 1872 [P. 72,
1182 ; S. 72, 2, 291]. — *Sic* : Bertin, *Droit* des
30 novembre, 19 décembre 1872 et 6 et 7 janvier 1873.

407. — Nous avons déjà dit que l'article 558 permet à deux présidents d'accorder l'autorisation de pratiquer la saisie-arrêt à défaut de titre : le président du
domicile du débiteur et celui du domicile du tiers saisi.
Il est bien entendu que ce pouvoir n'appartient qu'aux
magistrats français, à l'exclusion des juges étrangers.
— Debelleyme, *loc. cit.*, t. I, p. 140 ; — Roger, *loc.
cit.*, n° 157 ; — Bioche, *loc. cit.*, n° 32 ; — Garsonnet,
loc. cit., t. IV, § 1392, p. 342. — Voir aussi : Poitiers,
20 avril 1880 [D. 80, 2, 229].

408. — D'ailleurs, les deux présidents indiqués par
l'article 558 précité sont seuls compétents ; par suite,
le président du domicile du saisissant ne saurait accorder une autorisation valable. — *Sic* : Riom, 13 janvier 1880 [D. 80, 2, 238]. — Boitard, Colmet-Daage et
Glasson, *loc. cit.*, II, n° 815 ; — Roger, *loc. cit.*, n° 140 ;
— Bioche, *loc. cit.*, n° 31 ; — Garsonnet, *loc. cit.*,
t. IV, § 1392, p. 342.

409. — La loi du 1er janvier 1895, relative à la
saisie-arrêt sur les salaires et petits traitements des
ouvriers et employés, est venue restreindre la compétence accordée au président du tribunal par l'article 558
C. proc. civ L'article 6 de cette loi dispose, en effet,
de la manière suivante : « *La saisie-arrêt sur les salaires et les appointements ou traitements ne dépassant*

pas annuellement 2.000 francs, dont il s'agit à l'ar-
ticle 1er de la présente loi, ne pourra être pratiquée,
s'il y a titre, que sur le visa du greffier de la justice
de paix du domicile du débiteur saisi. »

« *S'il n'y a point de titre, la saisie-arrêt ne pourra*
être pratiquée qu'en vertu de l'autorisation du juge de
paix... »

Ainsi, en la matière et dans l'hypothèse dont s'occupe la loi précitée, le juge de paix est devenu compétent pour autoriser la saisie-arrêt, à l'exclusion du
président du tribunal. Mais le juge de paix n'a pas le
droit, comme l'a le président, d'insérer, dans l'autorisation qu'il donne, la réserve qu'il lui en sera référé en
cas de difficulté, attendu que le juge de paix est juge
du fond (art. 9 de la loi).

410. — On s'est demandé si, en dehors du cas
prévu par la loi de 1895, le juge de paix a le droit
d'accorder la permission de pratiquer la saisie-arrêt ;
la question est controversée. Plusieurs auteurs lui accordent ce droit lorsque la créance ne dépasse pas le
taux de sa compétence. — Voir : Chauveau sur Carré,
loc. cit., quest 1933 ; — Roger, *loc. cit.*, n° 142 ; —
Victor Augier, *Journ. des juges de paix*, t. I, p. 283
et t. II, p. 85 ; — Thomine-Desmazures, *loc. cit.*, t. II,
p. 65 ; — Bioche, *loc. cit.*, V° saisie arrêt n° 3 ; —
Garsonnet et César-Bru, *loc. cit.*, t. IV, § 1392, p. 343,
344.

411. — Mais plusieurs autres le lui dénient, et nous
partageons leur avis, car la loi, dans l'article 558, a
visé le président du tribunal et nullement le juge de
paix. — Voir : Carou, *Jurid. des juges de paix*, t. II,
n° 982 ; — Pigeau, *loc. cit.*, t. II, p. 155 ; — Rodière,

loc. cit., t. II, p. 196.; — Glasson, *loc. cit.*, t. II, p, 199.

412. — Disons qu'en Algérie les juges de paix à compétence étendue ont le droit d'autoriser la saisie-arrêt, et ce, non seulement en matière de référé, mais dans tous les cas. — Alger, 6 janv. 1872 [D. 73, 2, 80 ; P. 73, 566 ; S. 73, 2, 116]. Le même droit appartient aux juges de paix à compétence étendue des colonies et protectorats, lorsqu'ils leur sont assimilés. Conf. ce qui sera dit à cet égard dans la deuxième partie de cet ouvrage concernant les *Référés* — au Livre Premier — Principes généraux — relativement à la compétence du juge des référés (ch. III).

413. — Quant au président du tribunal de commerce, la jurisprudence et la doctrine décident qu'il a la faculté de donner la permission nécessaire, mais seulement pour une créance commerciale. — Paris, 16 janv. 1861 [D. 61, 2, 158 ; P. 61, 122 ; S. 61, 2, 273]. — Voir aussi : Colmar, 29 mai 1848 [S, 49, 2, 60] ; — Trib. civil Seine, 27 déc. 1850 [*Journ. proc.*, t. XVII, art. 4786] ; *Sic :* Pigeau, *loc. cit.*, t. II, p. 155 ; — Thomine-Desmazures, *loc. cit.*, t. I, n° 465 et t. II, p. 617 ; — Boitard, Colmet-Daage et Glasson, *loc. cit.*, t. II, n° 815 ; — Chauveau sur Carré, *loc. cit.*, quest. 1495 et 1930 *bis* ; — Roger, *loc. cit.*, n° 141 ; — Bioche, *loc. cit.*, n° 30 ; — Vincens, *Législ. Commer.*, t. I, p. 177 ; — Garsonnet, *loc. cit.*, t. IV, § 1392, n° 343 ; — Molinier, *Droit commerc.*, t. I, n° 549 ; *Journ. des avoués*, t. LXXII, p. 513. — Voir cependant en sens apposé : Favard de Langlade, *Rép.*, V° Saisie-arrêt, § 1er, n° 1 ; — Rodière, *loc. cit.*, t. II, p. 196 ; — Boncenne et Bourbeau, *Procédure...*, t. II, p. 140 ; — Glasson, *loc. cit.*

414. — Lorsque le débiteur saisi ou le tiers saisi demeurent à l'étranger, le juge de leur domicile n'a pas qualité pour autoriser la saisie-arrêt, car le juge étranger n'est pas autorisé à rendre une créance exécutoire en France. Son droit consiste, en ce cas, à adresser une commission rogatoire au magistrat français. — Chauveau sur Carré, *loc. cit.*, quest. 1933 *bis*; — Roger, *loc. cit.*; — Debelleyme, *loc. cit.*; — Rousseau et Laisney, *loc. cit.*

415. — A la différence du juge de paix et du président du tribunal de commerce, le président du tribunal de première instance ayant plénitude de juridiction, peut autoriser la saisie-arrêt en matière commerciale comme en matière civile et quel que soit le chiffre de la créance du saisissant et du saisi. — Chaveau sur Carré, *loc. cit.*, quest. 1930; — Bioche, *loc. cit.*, n° 30; — Boitard, Colmet-Daage et Glasson, *loc. cit.*; — Roger, *loc. cit.*, n° 141; — Garsonnet et César-Bru, *loc. cit.*, t, IV, § 1392, p. 342.

416. — Suivant la règle générale, la permission de pratiquer une saisie-arrêt est demandée par requête présentée et signée par un avoué, si elle est adressée au président du tribunal de première instance. Lorsqu'elle est soumise au président du tribunal de commerce ou au juge de paix, elle est signée et présentée par la partie, car devant eux le ministère des avoués n'existe pas. Dans sa requête, le demandeur expose, dans tous les cas, qu'il est créancier de son débiteur pour une somme dont il indique le chiffre et les causes; que sa créance est certaine, liquide et exigible; et il demande, pour en obtenir le paiement, a être autorisé, vu qu'il n'a pas de titre, à pratiquer une saisie-arrêt

entre les mains du tiers saisi qu'il désigne. L'ordonnance qui intervient, est déclarée exécutoire sur minute,
à raison de l'urgence, et rendue au palais ou hors du
palais, sans l'assistance et la signature du greffier.
Conformément à l'art. 559, C. pr. civ., elle énoncera
la somme pour laquelle la saisie-arrêt est faite.

417. — FORMULE *de la requête aux fins de saisie-arrêt.*

A Monsieur le président du tribunal de première instance de.....

Le sieur *(nom, prénoms, profession et domicile du demandeur),*
ayant pour avoué M°....., a l'honneur de vous exposer qu'il
est créancier du sieur *(nom, prénoms, profession et domicile du
débiteur)* pour une somme de *(indiquer le montant de la créance et
ses causes)*; que cette somme est liquide, certaine et exigible et
que, malgré ses demandes réitérées, l'exposant n'a pu en
obtenir le paiement; qu'il vient d'apprendre que son débiteur
est à son tour créancier, pour diverses sommes, du sieur *(nom,
prénoms, profession et domicile du tiers saisi)* et que, par suite, il
a intérêt à frapper ces sommes de saisie-arrêt; mais que
n'ayant pas de titre il doit obtenir, à cet effet, votre autorisation, conformément à l'article 558 du Code de procédure civile.
En conséquence, l'exposant demande qu'il vous plaise, Monsieur
le président, l'autoriser à pratiquer ladite saisie-arrêt entre les
mains dudit sieur....., sur toutes les sommes que ce dernier
peut devoir audit sieur....., et ce, pour le montant de sa dite
créance en capital, ensemble pour les intérêts et frais par lui
évalués provisoirement à..... et, vu l'urgence, permettre
l'exécution de votre ordonnance sur minute.

Présenté à....., le.....

Signature de l'avoué.

ORDONNANCE.

Nous, président du tribunal de première instance de.....
Vu la requête qui précède et les faits y énoncés, ensemble

l'article 558 du Code de procédure civile, autorisons l'exposant à pratiquer une saisie-arrêt sur toutes les sommes que ledit sieur..... peut devoir audit sieur..... et ce, pour ladite somme de (*énoncer la somme pour laquelle la saisie-arrêt est faite*), montant de sa créance certaine, liquide et exigible, ensemble les intérêts et frais par nous provisoirement liquidés à.... et, vu l'urgence, permettons l'exécution de la présente sur minute; disons qu'il nous en sera référé en cas de difficulté.

Donné au palais de justice (ou en notre hôtel) à....., le.....

Signature du président.

418. — Si la créance n'était pas liquide, la requête devrait en contenir la liquidation provisoire et sa conclusion serait la suivante : En conséquence, l'exposant conclut à ce qu'il vous plaise, Monsieur le président, l'autoriser à pratiquer ladite saisie-arrêt entre les mains dudit sieur..... sur toutes les sommes que ce dernier peut devoir audit sieur..... et ce pour avoir paiement de la somme de..... à laquelle vous voudrez bien, conformément à l'article 559, C. proc. civ., évaluer provisoirement la créance de l'exposant en capital, intérêts et frais.

Et le président déclare dans son ordonnance : autorisons l'exposant à pratiquer une saisie-arrêt sur toutes les sommes que ledit sieur..... peut devoir audit sieur..... et ce pour avoir paiement de sa créance que nous liquidons provisoirement en capital, intérêts et frais à la somme de.....

Bien que la créance soit liquide, les intérêts et frais doivent faire toujours l'objet d'une liquidation spéciale.

419 — S'il s'agissait de pratiquer une saisie-arrêt sur des effets mobiliers, la requête et l'ordonnance seraient les mêmes; seulement, dans l'une on précise-

rait qu'il s'agit d'effets et on demanderait à les saisir-
arrêter et, dans l'autre, on autoriserait la saisie-arrêt
sur lesdits effets.

§ 7. — Ordonnance autorisant la désignation et description
détaillée, avec ou sans saisie, des objets prétendus contrefaits.

420. — Quand un breveté est victime d'une contrefaçon, il doit immédiatement la faire constater par la
description, avec ou sans saisie, des objets prétendus
contrefaits, conformément à l'article 47 de la loi du
5 juillet 1844 sur les brevets d'invention. Cet article
est ainsi conçu : « *Les propriétaires de brevets pourront, en vertu d'une ordonnance du président du tribunal de première instance, faire procéder par tous
huissiers, à la désignation et description détaillées,
avec ou sans saisie, des objets prétendus contrefaits.
L'ordonnance sera rendue sur simple requête et sur la
représentation du brevet; elle contiendra, s'il y a lieu,
la nomination d'un expert pour aider l'huissier dans
sa description. — Lorsqu'il y aura lieu à la saisie,
ladite ordonnance pourra imposer au requérant un
cautionnement qu'il sera tenu de consigner avant d'y
procéder. — Le cautionnement sera toujours imposé à
l'étranger breveté qui requerra la saisie. — Il sera
laissé copie au détenteur des objets décrits ou saisis,
tant de l'ordonnance que de l'acte constatant le dépôt
du cautionnement, le cas échéant; le tout à peine de
nullité et de dommages-intérêts contre l'huissier.* »

421. — Ainsi, le breveté qui s'aperçoit qu'une con-

trefaçon est commise à son préjudice, la fait constater
par une description des objets avec ou sans saisie ;
mais, qu'il s'agisse de procéder à une saisie ou à une
simple description, l'ordonnance du président est dans
tous les cas nécessaire : l'article 47 précité est formel.
— Voir : Allart, *De la contrefaçon*, n° 506 ; — Blanc,
L'inventeur breveté, p. 645 ; — Darras, *Nouveau traité
sur les marques de fabrique et de commerce*, n° 223 ;
— Dufourmantelle, *Des brevets d'invention et de la
contrefaçon*, p. 153.

422. — L'ordonnance du président a, ici, une importance et un caractère de gravité considérables :
elle est importante pour le breveté qui, par elle, est
autorisé à faire constater la contrefaçon ; elle est grave
pour le prétendu contrefacteur, à qui la mesure permise peut causer un préjudice irréparable. Aussi, pour
elle, comme pour toutes les autres, s'est-on demandé
si le président a ou non un pouvoir discrétionnaire et
par suite, s'il peut, à son gré, l'accorder ou la refuser.
Et nous retrouvons, ici, la même divergence, les mêmes
controverses.

423. — Un premier système, qui compte pour lui
de nombreux auteurs et plusieurs arrêts, décide que
le président a un pouvoir absolument discrétionnaire :
il est libre d'autoriser ou de refuser la saisie. — Voir :
Nouguier, *Des brevets d'invention et de la contrefaçon*,
n° 844 ; — Picard et Olin, *Traité des brevets d'invention et de la contrefaçon industrielle*, n° 647 ; — Pouillet, *Traité des marques de fabrique et de la concurrence déloyale en tous genres*, n° 228 ; — Renouard,
*Traité des brevets d'invention, de perfectionnement et
d'importation*, n° 236 ; — Pelletier et Defert, *Procé-*

dure en matière de contrefaçon industrielle, littéraire et artistique, n° 53 ; — Allart, *loc. cit.*, n° 508 et 514 ; Lyon-Caen, *Revue crit.* 1886, p. 354 et s. ; — Ruben de Couder, *loc. cit.* V° Brevet d'invention, n° 199 ; — Malapert et Forni, *Nouveau commentaire des lois sur les brevets d'invention*, n° 1065 ; — Dufourmantelle, *loc. cit.*, n° 154 ; — Rendu, *Contrefaçon des inventions brevetées*, n° 104.

Ce système invoque les arrêts de la Cour de cassation où le pouvoir du président en cette matière est qualifié de discrétionnaire. — Cass. 13 août 1862 [D. 62, 1, 347 ; P. 63, 58 ; S. 62, 1, 929] ; 15 juin 1866 [P. 67, 422 ; S, 67, 1, 186].

424. — Un second système soutient, au contraire, que le président n'a pas le droit de refuser d'autoriser la saisie ; il faut que le breveté puisse placer sous la main de la justice les objets contrefaits, pour prouver la légitimité de sa réclamation. — Voir en faveur de ce système : Blanc, *Traité de la contrefaçon*, p. 648 ; — Bédarride, *Commentaire des lois sur les brevets d'invention, sur les noms des fabricants et sur les marques de fabrique,*, t. II, n° 624 et s. ; — Prache, *Ann. propr. ind,*, 1885, p. 357 ; — Darras, *loc. cit.*; n° 224. — Conformément à ce second système, la Cour de Paris a formellement décidé que le président n'a pas le pouvoir discrétionnaire de refuser soit la saisie avec description, soit la simple description des objets réputés contrefaits, lorsque celui qui lui demande l'une ou l'autre de ces mesures, agit dans les termes de l'article 47 de la loi du 5 juillet 1844. — Arrêt du 22 juin 1885, sous Cass., 31 mai 1886 [D. 87, 1, 597 ; P. 89, 1, 913 ; S. 89, 1, 372].

425. — Néanmoins, dans le système qui accorde au président un pouvoir absolument discrétionnaire, on admet que la simple description des objets ne saurait être refusée par le magistrat. Cette conclusion est, d'ailleurs, imposée par l'article 47, car le défaut de description serait de nature à compromettre le succès de la poursuite en contrefaçon et le refus du président, à cet égard, irait contre les termes mêmes de l'article précité. — Picard et Olier, *loc. cit.*; — Pouillet, *loc. cit.*, p. 725, note 2; — Rendu, *loc. cit.*; — Pelletier et Defert, *loc. cit.*; — Allart, *loc. cit.*, n° 508 et 514; — Dufourmantelle, *loc. cit.*

426. — Ces deux systèmes devaient naturellement aboutir à des solutions différentes, sur le point de savoir si l'ordonnance du président est ou non ici susceptible de recours.

Tout naturellement, les auteurs qui ne voient dans l'ordonnance du président qu'un acte purement gracieux, ont été amenés à conclure qu'elle n'est pas susceptible d'appel de la part de celui contre lequel le magistrat a permis la description ou la saisie. — Pouillet, *loc. cit.*, n° 800; — Renouard, *loc. cit.*, n° 236; — Nouguier, *loc. cit.*, n° 845; — Allart, *loc. cit.*, n° 532; — Malapert et Forni, *loc. cit.*, n° 1062. — Voir aussi Bioche, *loc. cit.*, V° Brevet d'invent., n° 20.

Et, en ce sens, des arrêts ont décidé que les pouvoirs conférés au président par la loi du 5 juillet 1844, dans son article 47, font partie de sa juridiction purement gracieuse et que, par suite, son ordonnance n'est susceptible d'aucun recours. — Paris, 11 fév. 1846 [D. 46, 4, 45; P. 46, 1, 675]; — Lyon, 13 juin 1866 [*Annales propr. ind.* 1872, p. 184]; — Rouen, 7 mai 1885 [*Ann.*

propr. ind., 1885, p. 363; *Gaz. Pal.* 85, 2, 334].

427. — Cependant, en ce qui concerne la voie de l'opposition portée devant le président lui-même, en vertu de la réserve qu'il lui en sera référé en cas de difficulté, on reconnaît d'une manière unanime qu'elle est ouverte et que le magistrat a le droit d'insérer dans son ordonnance la réserve autorisant cette opposition. — Pouillet, *loc. cit.*, n° 779 et s., n° 802; — Allart, *loc. cit.*, n° 523; — Rendu, *loc. cit.*, t. II, n° 115; — Pelletier et Defert, *loc. cit.*, n° 58; — Malapert et Forni, *loc. cit.*, n° 1062; Dufourmantelle, *loc. cit.*, n° 155; — Voir aussi Paris, 10 août 1889 [D. 91, 2, 23; P. 90, 1, 213; S. 90, 2, 31].

428. — D'après les uns, la nouvelle ordonnance qui intervient sur le référé a, cette fois, un caractère contentieux qui la rend susceptible d'appel. — Cass., 16 mai 1860 [D. 60, 1, 432; P. 60, n° 48; S. 61, 1, 181]; Paris, 22 juin 1885, sous Cass., 31 mai 1886 précité. — Conf. Pouillet, *loc. cit.*, n° 803; — Picard et Olier, *loc. cit.*, n° 656; — Bertier, *loc. cit.*, n° 124; — Allard, *loc. cit.*, nᵒˢ 246 et 523; — Rendu, *loc. cit.*, n° 130; — Pelletier et Defert, *loc. cit.*, n° 62. — Conf. également Douai, 9 avril 1836 [Jurispr. Douai, 56, 256]; — Paris, 22 juillet 1885 [*Ann. propr. ind.* 1885, p. 361]; Aix, 22 nov. 1894 [P. et S., 95, 2, 81].

429. — Mais, d'après les autres, la nouvelle ordonnance n'est pas non plus susceptible d'appel, car elle n'est que le complément de la première. — Cass., 31 mars 1862 [P. 63, 58; S. 62, 1, 929]; — Rouen, 7 mai 1885 [*Ann. propr. ind.* 1885, p. 363; *Gaz. Pal.*, 1885, 2, 334]. — En ce sens : Malapert et Forni, *loc. cit.*, n° 1662; — Nouguier, *loc. cit.*, n° 859.

430. — En vertu de la réserve, le président peut revenir sur son ordonnance, tant que l'assignation en contrefaçon n'a pas été notifiée ; mais il n'a plus ce droit dès qu'elle l'a été, car, par elle, il se trouve dessaisi au profit du tribunal. C'est la solution que nous avons adoptée ci-dessus à propos de la saisie-arrêt et des autres saisies conservatoires. — Cass., 31 mai 1886 [D. 87, 1, 59 ; P. 89, 1, 913 ; S. 89, 1, 322] ; — Rouen, 7 mai 1885 [*Ann. propr. ind.*, 1885, p. 363 ; *Gaz. Pal.*, 1885, 2. 334] ; — Paris, 10 août 1889 [D. 91, 2, 23 ; P. 90, 1, 213 ; S. 90, 2, 31].

La Cour de Paris vient de décider, à cet égard, que, lorsque le tribunal a été saisi par une assignation régulière, le président ne peut plus, sans excéder ses pouvoirs, rétracter l'ordonnance par laquelle il a permis de saisir les objets argués de contrefaçon et annuler ainsi, par voie de conséquence, le procès-verbal de saisie. — Arrêt du 1er décembre 1904 [*Gaz. des Trib.* des 20 et 21 février 1905]. Disons ici, qu'aux termes de l'article 48 de la loi précitée du 5 juillet 1844, à défaut par le requérant de s'être pourvu, soit par la voie civile, soit par la voie correctionnelle, dans le délai de huitaine, outre le délai des distances, la saisie ou description opérée est nulle de plein droit.

431. — Le président, statuant à nouveau, à suite de l'opposition portée devant lui en vertu de la réserve, n'a pas le droit de rétracter absolument son ordonnance ; il ne peut que la restreindre. Ainsi il ne saurait, sans excès de pouvoir, retirer complètement l'ordonnance par laquelle il a autorisé la description et la saisie des objets prétendus contrefaits, et faire tomber, par voie de conséquence, le procès-verbal constatant ces opérations, privant aussi le breveté de l'un des éléments de sa poursuite en contrefaçon. — Cass., 31 mai, 1886 précité; Paris, 10 août 1889 précité. En ce sens : Nouguier, *loc. cit.*, n° 855 ; — Rendu, *loc. cit.*, t. II, n° 115 ; — Allart, *loc. cit.*, n° 524: — Voir également Paris, 1ᵉʳ déc. 1904, précité

432. — L'ordonnance autorisant la description et la saisie peut être générale ; et elle est valable, bien qu'elle n'indique ni le lieu ni l'époque où elle doit être exécutée, ni les personnes contre qui la mesure est autorisée. Cette solution est consacrée par la jurisprudence de la Cour de cassation et la majorité des auteurs. — Cass., 15 juin 1866, précité ; — Allart, *loc. cit.*, n° 510 ; — Nouguier, *loc. cit.*, n° 851 ; — Rendu, *loc. cit.*, t. II, n° 106 ; — Ruben de Couder, *loc. cit.*, n° 215 ; — Malapert et Forni, *loc. cit.*, n° 1078.

433. — Cependant, une opinion contraire soutient que l'ordonnance du président doit s'appliquer d'une manière spéciale au cas de contrefaçon énoncé dans la requête, sous peine de faire de la mesure autorisée un moyen de persécution contre tous concurrents. — En ce sens : Paris, 13 août 1853 [D. Rép. suppl. V° Brev. d'inv., n° 330]. — *Sic* : Pouillet, *loc. cit.*, n° 790 ; — Darras, *loc. cit.*, n° 233.

434. — D'ailleurs, bien que l'article 47 de la loi du 5 juillet 1844 ne parle que de la saisie des objets réputés contrefaits, le président peut ordonner celle des pièces à convictions et de la correspondance. — Cass., 15 juin 1866 [P. 67, 422 ; — S. 67, 1, 186]. — *Sic :* Bertin, *loc. cit.*, p. 545 ; — Nouguier, *loc. cit.*, n° 852 ; — Voir cependant en sens contraire : Pouillet, *loc. cit.*, n° 770 ; — Allart, *loc.*, *cit.*, n° 513 ; — Malapert et

Forni, *loc. cit.*, n°1084 ; — Darras, *loc. cit.*, n° 234 *bis*.

435. — L'article 47 autorise le président à nommer un expert pour aider l'huissier ; mais cet expert ne prête pas serment comme dans les expertises ordinaires ; et il ne peut point recevoir du président un mandat de nature à préjudicier au principal, notamment la mission de déclarer que l'objet saisi offre assez d'analogie avec l'objet breveté pour pouvoir être saisi. — Paris, 22 juillet 1885 [*Ann. prop. ind.*, 1885, p. 361]. — En ce sens : Pouillet, *loc. cit.*, n° 788 ; — Allart, *loc. cit.*, n° 519 ; — Blanc, *loc. cit.*, p. 650 ; — Malapert et Forni, *loc. cit.*, n° 1076 ; — Darras, *loc. cit.*, n° 231.

436. — L'article 47 n'autorise pas le président à désigner l'huissier qui doit procéder à la description et à la saisie qu'il autorise ; il dépasse donc ses pouvoirs s'il fait cette désignation, qui ne devient légitime que si le breveté la sollicite dans la crainte de pas trouver un huissier disposé à opérer à raison de la notoriété de son adversaire. — Pouillet, *loc. cit.*, n° 789 ; — Blanc, *loc. cit.*, n° 650 ; — Allart, *loc. cit.*, n° 520 ; — Darras, *loc. cit.*, n° 230.

437. — D'après l'article 47, le président peut imposer au requérant un cautionnement lorsqu'il autorise la saisie, cautionnement toujours nécessaire d'ailleurs pour l'étranger. Le magistrat fixe lui-même le chiffre de ce cautionnement dans son ordonnance. Quelle sera l'importance de ce chiffre ? D'après une opinion, le cautionnement doit représenter l'entier préjudice que doit occasionner la saisie. — Trib. Seine, 7 août 1889 [*Ann. prop. ind.*, 1893, p. 104]. — D'après une autre opinion, il est destiné à garantir le saisi uniquement contré le dommage résultant du fait de la saisie, et doit, par suite, égaler la valeur de l'objet saisi. — Trib. Seine, 18 janvier 1890 [P. 90, 1, 1354 ; S. 90, 2, 248].

438. — La requête, suivant la règle générale, est présentée et signée par un avoué. Elle expose les faits et demande l'autorisation de procéder à la description avec ou sans saisie des objets réputés contrefaits, mais avec exécution sur minute vu l'urgence. L'ordonnance exécutoire sur minute intervient sans l'assistance et la signature du greffier, sur la présentation du brevet.

439. — FORMULE *de la requête aux fins d'autorisation de procéder à la description avec saisie d'objets réputés contrefaits.*

A Monsieur le président du tribunal de première instance de.....

Le sieur (*nom, prénoms, profession et domicile du requérant*), ayant pour avoué Mᵉ....., a l'honneur de vous exposer qu'à la date du..... il a obtenu un brevet d'invention pour (*indiquer l'objet du brevet*) ; qu'il a appris qu'au mépris des droits que lui confère ce brevet, le sieur (*nom, prénoms, profession et domicile du contrefacteur*) se permet de fabriquer, reproduire et vendre des objets (ou marchandises) copiés sur ceux que l'exposant est seul autorisé à faire et fabriquer d'après son dit brevet ; que, dès lors, ledit exposant a le droit, en vertu de l'article 47 de la loi du 5 juillet 1844, de faire procéder à la description et saisie des objets contrefaits par ledit sieur..... En conséquence, l'exposant vous demande, Monsieur le président, de vouloir bien autoriser lesdites description et saisie, dans les magasins et au domicile de ce dernier et autres endroits où lesdits objets se trouvent déposés et mis en vente, avec exécution de votre ordonnance sur minute, vu l'urgence. Il vous représente, à l'appui de sa demande, le brevet d'invention par lui obtenu.

Présenté à....., le.....;

Signature de l'avoué.

ORDONNANCE.

Nous, président du tribunal de première instance de.....
Vu la requête qui précède et les faits y énoncés, vu l'article 47
de la loi du 5 juillet 1844 et le brevet d'invention à nous repré-
senté, autorisons l'exposant à faire procéder contre ledit
sieur..... à la description et saisie des objets prétendus contrefaits et ce, dans les magasins et au domicile de ce dernier et
aux autres lieux où lesdits objets se trouvent déposés et mis en
vente; désignons le sieur..... comme expert pour aider
l'huissier dans sa description ; disons que l'exposant, avant de
procéder à la saisie, devra consigner à la Caisse des dépôts et
consignations une somme de..... à titre de cautionnement;
autorisons, vu l'urgence, l'exécution de notre ordonnance sur
minute et ordonnons qu'il nous en sera référé en cas de difficulté.
Donné au palais de justice (ou en notre hôtel) à....., le.....

Signature du président.

**§ 8. — Ordonnance autorisant une perquisition avec saisie des
papiers pour faire constater le délit de postulation illicite.**

440. — Le décret du 19 juillet 1810 investit les
avoués du droit de poursuivre et de faire punir les personnes qui postulent à leur préjudice ou qui usurpent
leurs fonctions. La contravention est poursuivie soit
d'office par le ministère public, soit sur la plainte de
la chambre des avoués (art. 4 et 5). Elle est constatée
par voie de perquisitions faites en présence d'un juge
de paix ou d'un commissaire de police et par la saisie
des papiers (art. 4 et 6).

441. — Qui doit autoriser cette perquisition ? On

n'est pas d'accord à cet égard : d'après une opinion,
c'est le tribunal qui doit fournir cette autorisation;
d'après une autre, c'est le président. Mais l'opinion
qui décide que c'est le président qui doit autoriser, est
admise par la majorité des auteurs, et elle est basée
sur l'article 4 du décret précité, aux termes duquel la
requête, sans distinction, doit être présentée au président. — Voir en ce sens : Debelleyme, *loc. cit.*, t. I,
p. 133; — Chauveau, *Journ. des Avoués*, t. XLIV,
p. 344 ; — Souquet, *Dict. des temps légaux*, V° Postulation. — La chambre des avoués devra donc s'adresser au président du tribunal ou au premier président
de la Cour d'appel, suivant qu'il s'agira d'une postulation devant le tribunal ou devant la Cour.

442. — On s'est demandé si c'est le tribunal civil
ou le tribunal correctionnel qui doit connaître du délit
de postulation. Un arrêt de Limoges du 23 août 1824,
que citent Rousseau et Laisney, *loc. cit.*, n° 140, décide
que c'est le tribunal correctionnel qui est compétent,
car le délit de postulation n'est pas simplement un délit civil, mais un délit correctionnel, puisqu'il est puni
par des peines correctionnelles. Mais cette raison n'est
pas concluante, car, dans plusieurs cas, les tribunaux
civils sont appelés à prononcer des amendes, notamment en matière d'actes de l'état civil. Aussi la Cour
de cassation s'est-elle prononcée pour la compétence
du tribunal civil, que consacre l'ensemble du décret de
1810 précité. — Voir arrêts du 20 juillet 1821 [S. et P.
chr.] et du 26 décembre 1825 [S. et P. chr.]. — En ce
sens : Souquet, *loc. cit.*, V° Postulation ; — Rousseau
et Laisney, n° 140.

C'est donc devant le tribunal civil qu'il faut assigner

celui qui se rend coupable de postulation illicite ou devant la Cour si la postulation a eu lieu devant une Cour.

443. — En résumé, il faut d'abord constater la postulation illicite; à cet effet, la Compagnie des avoués au préjudice de laquelle elle a eu lieu, présente requête au président du tribunal ou au premier président de la Cour d'appel suivant les cas; le magistrat, sur les conclusions du ministère public et suivant la gravité des cas (art. 4 du décret), répond par une ordonnance autorisant les perquisitions nécessaires et la saisie des papiers, perquisitions et saisie qui doivent se faire en présence d'un juge de paix ou d'un commissaire de police (art. 4 et 6 du décret); à la suite du procès-verbal dressé, assignation est donnée devant le tribunal ou devant la Cour (art. 4 et 7).

444. — L'opinion qui soutient que c'est le président qui accorde l'autorisation de faire les perquisitions, amène à soutenir également qu'il ne saurait la refuser, car son refus empêcherait la constatation du délit.

445. — FORMULE *de la requête pour obtenir l'autorisation de pratiquer une perquisition avec saisie des papiers, au cas de postulation illicite.*

A Monsieur le président du tribunal de première instance de......

La communauté des avoués près le tribunal de première instance de....., poursuites et diligences de M^e....., président de la chambre de discipline, a l'honneur de vous exposer qu'elle a été informée que le sieur (*nom, prénoms et profession de la personne accusée*) se livre devant ledit tribunal à des actes de postulation illicite; que, notamment (*indiquer les faits reprochés et constituant la postulation*); que la Compagnie exposante a le plus grand intérêt à poursuivre le susnommé à raison de ces actes. En conséquence, elle demande qu'il vous plaise, Monsieur le président, conformément aux articles 4 et 6 du décret du 19 juillet 1810, l'autoriser, pour constater ladite postulation, à faire procéder, au domicile dudit sieur....., en présence de M. le juge de paix de....., à une perquisition et à la saisie de tous papiers afférents au délit, avec exécution de votre ordonnance sur minute vu l'urgence.

Présenté à....., le.....

Signature de l'avoué.

ORDONNANCE.

Nous, président du tribunal de première instance de.....,

Vu la requête qui précède et les faits y énoncés, ensemble les articles 4 et 6 du décret du 19 juillet 1810, autorisons la Compagnie des avoués, exposante, à faire procéder, en présence de M. le juge de paix de....., à une perquisition au domicile dudit sieur....., avec saisie de tous papiers afférents à la postulation illicite qui lui est reprochée, le tout à l'effet de constater ladite postulation ; disons que la présente sera, vu l'urgence, exécutoire sur minute et qu'il nous en sera référé en cas de difficulté.

Donné au palais de justice (ou en notre hôtel) à....., le.....

Signature du président.

§ 9. — **Caractère spécial des ordonnances comprises dans la présente section. — Pouvoirs du président qui les rend. — Voies de recours.**

446. — Les ordonnances de la présente section que nous venons d'examiner, constituent des décisions essentiellement provisoires, comme les mesures qu'elles autorisent. Elles n'ont point une vie propre et indépendante, car elles subissent le sort de la mesure à laquelle elles servent de base ; elles persistent, si cette

mesure est validée par le tribunal auquel elle doit être
soumise; elles tombent, si cette même mesure vient à
être annulée. Dans tous les cas, leur utilité cesse dès
que le but poursuivi se trouve réalisé.

447. — Contre celle qui repousse la requête, le demandeur, s'il est ainsi mis dans l'impossibilité d'exercer un droit reconnu par la loi, peut recourir à l'opposition devant le tribunal, voie d'ailleurs très contestée ;
mais il a surtout l'appel qui constitue la voie normale
de recours généralement admise.

448. — Contre celle accordant la permission sollicitée, celui qui doit subir la mesure ordonnée, a, en
premier lieu, l'opposition devant le magistrat, si elle
est autorisée par la réserve qu'il en sera référé insérée dans la décision : ce recours se présente comme le
plus pratique, le plus utile, puisqu'il prévient toute
exécution et empêche dès lors tout dommage.

449. — Il a aussi, suivant une opinion, l'opposition
devant le tribunal et l'appel devant la Cour, dans tous
les cas. Mais a-t-il vraiment intérêt à y recourir ?
Avant qu'il ait fait opposition, relevé appel, la
saisie, la description ou la perquisition permises
auront été effectuées, car elles ont lieu à l'instant
même. Sans doute, s'il triomphe, il fera tomber ces
mesures avec l'ordonnance qui les a permises. Mais,
s'il succombe, quelle sera sa situation ? Il aura exposé
des frais considérables et prolongé inutilement un état
nuisible à ses intérêts, puisqu'après les délais nécessités pour vider l'opposition ou l'appel, il devra encore
subir ceux qu'exigera l'instance en validité. A notre
avis, donc, celui qui ne peut recourir à l'opposition
devant le président ou qui n'obtient point par elle la

rétractation de l'ordonnance, fera mieux d'attendre et
de contester, lors des débats qui interviendront sur la
demande en validité, la saisie dont il a été l'objet. Il
pourra non seulement soutenir alors que cette saisie a
été mal à propos pratiquée, mais aussi invoquer
toutes les nullités dont elle et la procédure qui l'a suivie seraient entachées ; demander, enfin, tous dommages-intérêts pour le préjudice qu'il a subi. En agissant
ainsi, il marchera plus vite, attendu qu'il évitera le
retard qu'entraînent l'opposition et l'appel, et fera statuer, en même temps, sur toutes ses exceptions et
demandes.

SECTION II.

Ordonnances accordant la permission d'assigner à bref délai.

§ 1er. — Ordonnance qui permet d'assigner à bref délai devant le tribunal de première instance.

450. — Un demandeur peut, pour des motifs divers,
avoir intérêt à obtenir rapidement un jugement disant
droit à sa demande ; or, d'après les règles ordinaires
établies par le Code de procédure civile, on ne parvient à l'obtention d'une décision judiciaire qu'après
d'assez longs délais. D'abord, aux termes de l'article 48,
C. pr. civ., « *aucune demande principale introductive
d'instance entre parties capables de transiger et sur
des objets qui peuvent être la matière d'une transaction, ne sera reçue dans les tribunaux de première*

instance, que le défendeur n'ait été préalablement ap-
pelé en conciliation devant le juge de paix, ou que les
parties n'y aient volontairement comparu », à moins
que la demande ne rentre dans un des cas prévus par
l'article 49 du même code et dispensés de ce préliminaire par ce dernier texte.

451. — A la suite de l'essai de conciliation demeuré sans résultat, le demandeur introduit son instance par un ajournement qui doit accorder au défendeur le délai prescrit par l'article 72 du même code.
Mais ce même article vient en aide aux causes urgentes
en déclarant que, « *dans les cas qui requerront célérité, le président pourra, par ordonnance rendue sur
requête, permettre d'assigner à bref délai.* » Quels
sont exactement les pouvoirs conférés au président par
l'article 72, C. proc. civ. ; quels avantages et quels
effets découlent de la permission que ce magistrat est
autorisé à accorder ? Voilà les deux questions qui se
présentent et que nous avons à résoudre.

452. — Il faut se demander, tout d'abord, si le président, en accordant la permission d'assigner à bref
délai, peut, en même temps, dispenser du préliminaire
de conciliation imposé, en règle générale, par l'article 48. Une première opinion se prononce pour la négative ; elle refuse au président le droit de dispenser
du préliminaire de conciliation, droit qui, d'après
elle, n'appartient qu'au tribunal dans les cas spécialement prévus par l'article 49. — Voir en ce sens :
Paris, 8 décembre 1852 [D. 56, 2, 20 ; P. 53, 2, 608 ;
S. 53, 2, 177] ; — Besançon, 6 janvier 1863 [D. 63, 2,
112] ; — 18 avril 1905 [*Droit* du 20 octobre 1905] ; —
Boncenne, *loc. cit.*, t. II, p. 167 ; — Boitard, Colmet-

Daage et Glasson, *loc. cit.*, t. I, p. 199 ; — Garsonnet, *loc. cit.*, t. II, § 623, p. 373.

453. — Mais une seconde opinion, qui nous paraît
plus fondée, décide que le président a le droit de dispenser du préliminaire de conciliation, lorsqu'il permet
d'assigner à bref délai. La première opinion fait complètement abstraction de l'article 49 précité, qui dispense lui-même de ce préliminaire, dans son n° 2, *les
demandes qui requièrent célérité*. Or, le président ne
peut autoriser une assignation à bref délai que *dans
les cas qui requerront célérité*, déclare, à son tour,
l'article 72 ; donc, en accordant son ordonnance, le
président constate nécessairement que la cause à laquelle elle s'applique requiert célérité, c'est-à-dire se
trouve dispensée du préliminaire de conciliation. On
ne saurait comprendre qu'une affaire soit assez urgente
pour pouvoir être introduite à bref délai et ne le soit
pas en même temps assez pour être dispensée du préliminaire de conciliation. On pourrait, à la rigueur,
soutenir que la dispense doit virtuellement résulter de
l'autorisation d'assigner à bref délai, à défaut d'une
disposition formelle sur ce point dans l'ordonnance qui
accorde cette autorisation. — Voir en faveur de cette
seconde opinion : Pau, 29 février 1864 [P. 64, 620 ; S.
64, 2, 100] ; — Trib. de Lille, 7 juin 1905 [*Droit*, 20 octobre 1905] ; — Chauveau sur Carré, *loc. cit.*, quest.
208 et 378 ; — Rousseau et Laisney, *loc. cit.* V° Concil., n° 69.

On peut invoquer aussi, en faveur de cette seconde
opinion, un arrêt de la Cour de cassation qui a décidé
que la dispense de conciliation résultant de l'ordonnance du président, doit s'appliquer à un second ajour-

nement qui n'a fait que rectifier le chiffre de la demande porté dans le premier. — Cass., 17 nov. 1875 [P. 76, 44 ; S. 76, 1, 28].

454. — Nous devons cependant indiquer qu'un précédent arrêt de la Cour suprême avait déclaré que l'ordonnance du président n'est point souveraine au point de vue de la dispense de conciliation, comme elle l'est en ce qui concerne l'autorisation d'assigner à bref délai. — Cass., 20 mai 1840 [D. 40, 1, 223, et Rép. V° Concil., n° 163 ; P. 40, 2, 581 ; S. 40, 1, 609]. — Voir aussi, à cet égard, Bordeaux, 25 mai 1847 [P. 47, 2, 525 ; S. 47, 2, 661]. — D'où la conclusion que la partie a pu soutenir devant le tribunal que l'affaire a été à tort dispensée du préliminaire de conciliation.

455. — Dans ce même ordre d'idées, la Cour de Dijon a décidé que, l'article 72 n'accordant point au président le droit de disposer du préliminaire de conciliation, son ordonnance, sur ce point, n'est pas souveraine et ne lie point le tribunal. — Dijon, 15 juillet 1897 [D. 97, 2, 472 ; P. et S., 98, 2, 167].

456. — Mais il y a lieu de préciser que la Cour de cassation avait antérieurement déclaré, à cet égard, que, lorsque le tribunal reconnaît que la citation a été à bon droit notifiée à bref délai pour raison de célérité, il en résulte que la cause se trouvait dispensée de l'essai de conciliation. — Cass. 29 janv. 1838 [D. 38, 1, 93 et Rep., *loc. cit.*, n° 166 ; D. 38, 1, 502 ; S. 38, 1, 642].

457. — Il faut se demander, en second lieu, si le président a le droit d'abréger, non seulement le délai ordinaire des ajournements qui est de huitaine, mais encore celui des distances fixé par l'article 73 C. proc.

civ. La controverse existe encore ici; toutefois, la négative est plus généralement admise.

458. — Ainsi, une première opinion soutient que le président a seulement le droit d'abréger le délai ordinaire des ajournements, sans pouvoir toucher à celui accordé à raison des distances. — Cass., 29 mai 1866 [P. 66, 767; S. 66, 1, 291]; — Dijon, 4 août 1893 [D. 93, 2, 582]; — Aix, 25 nov. 1858 [P. 60, 332; S. 59, 2, 173]; — 8 déc. 1858; 11 déc. 1858 [P. 60, 2185]; — Limoges, 14 déc., 1878 [P. 79, 1037; S. 79, 2, 266]; — Pigeau, *loc. cit.*, t. I, p. 202; — Thomine-Desmazures, *loc. cit.*, t. I, n° 95, p. 176; — Bioche, *loc. cit.* V° ajournement, n° 60.

459. — Mais une seconde opinion reconnaît, au contraire, au président le droit d'abréger le délai légal des distances, aussi bien que celui ordinaire des ajournements. — Orléans, 18 juil. 1835 [D. Rép. V° Délai, n° 113; P. chr.; S. 35, 2, 494]; — Pau, 29 février 1864 [D. 64, 620; S. 64, 2, 100]; — Chauveau sur Carré, quest. 378 *ter*; — Garsonnet, *loc. cit.*, t. II, § 672, note 75, p. 446; — Bazot, *loc. cit.*, pp. 28 et s.

Cette seconde opinion ne se prononce pas en ce sens d'une façon absolue et elle établit des distinctions. Ainsi les délais des distances peuvent ne pas être observés par le président, lorsque la partie assignée se trouvait dans le lieu où siège le tribunal et a reçu elle-même l'assignation. — Cass., 30 juil. 1828 [D. 28, 1, 362 et Rép., V° Délai, n° 108; P. et S. chr.]. — Ou bien, lorsque le défendeur a eu tout le temps nécessaire pour se défendre. — Riom, 9 juil. 1839 [D. 40, 2, 52 et Rép. V°. Exploit, n° 581; P. 41, 1, 118; S. 39, 2, 500]. — On le voit, pour cette opinion, la question serait plutôt une question de fait qu'une question de droit.

460. — L'article 72 dit que la permission d'assigner à bref délai est accordée par le président; mais il est bien évident que cette faculté revient de droit au vice-président ou, à défaut, au juge plus ancien, lorsque le président se trouve légitimement empêché. Le seul point discuté est celui de savoir si le magistrat qui signe l'ordonnance à la place du président, doit, à peine de nullité, mentionner qu'il agit en l'absence ou par empêchement du président. La Cour de Toulouse a décidé que le défaut de cette mention ne rend point l'ordonnance nulle. — 13 juil. 1827 [D. 33, 2, 142; P. et S. chr.]; — 29 janv. 1845 [D. 45, 2, 129; D. 45, 1, 620; S. 45, 2, 471]. — Au contraire, la Cour de Colmar a déclaré que l'ordonnance devait porter la mention dont s'agit. — 11 nov. 1831 [D. 32, 2, 17 et Rép. V° Référé, n° 19; P. chr.; S. 32, 2. 353]. — Et la Cour de Bourges s'est prononcée dans le même sens : 7 avril 1832 [D. 32, 2, 163 et Rép. *loc. cit.*; P. chr.; S. 33, 2, 79]. — Le Tribunal de Toulouse a partagé cet avis : 28 nov. 1843 [*Journ. des avoués*, t. LXVII, p. 415].

Nous estimons que la mention n'est point indispensable, le magistrat remplaçant le président étant toujours présumé agir à raison de l'empêchement de celui-ci.

461. — Le président a donc le droit de permettre d'assigner à bref délai; mais quel délai doit-il accorder? L'article 72 ne le dit point; il est, en conséquence, libre à cet égard. On admet, toutefois, que l'ordonnance doit au moins accorder un jour franc entre l'assignation et la comparution devant le tribunal. La

Cour de Lyon a déclaré nulle une assignation donnée
pour comparaître du jour au lendemain. — 22 juin 1831
[D. 32, 2, 17 et Rép. V° Délai, n° 110 ; P. chr. ; S, 32,
2, 343] ; — Et plusieurs auteurs se sont prononcés
en ce sens : Rousseau et Laisney, V° Ajournement,
n° 65 ; — Garsonnet, *loc. cit.*, t. II, § 672, p. 446. —
Mais la Cour de Rouen a été d'un avis contraire :
25 juin 1861 [*Jour. des av.*, t. LXXXVIII, p. 148]. —
V. dans ce dernier sens : Rodière, *loc. cit.*, t. I,
p. 219.

462. — D'après les usages, le délai est d'un jour
franc, ce qui fait qu'il est finalement de trois jours,
puisqu'il y a entre ce jour celui de l'assignation et celui
de la comparution ; et effectivement l'ordonnance à
bref délai accorde, en général, trois jours.

463. — Il n'est pas nécessaire que l'ordonnance
désigne un huissier pour notifier l'assignation. — Besançon, 25 nov. 1812 [D. Rép. V° Exploit, n° 586] ; —
Colmar, 17 avril 1817 [D. *ibid.*, n° 586 ; P. et S. chr.].
— En ce sens : Chauveau sur Carré, *loc. cit.*, quest.
378, *quinquies ;* — Garsonnet, *loc. cit.*, t. II, § 672,
note 2, p. 446. — Cependant la Cour de Montpellier
s'est prononcée en sens contraire dans un arrêt du
27 janvier 1843 [D. Rép., V° Délai, n° 129 ; P. chr. ;
S. 43, 2, 499].

464. — Dans son ordonnance, le président doit-il
indiquer le jour où le défendeur devra comparaître devant le tribunal ; ou bien peut-il se borner à déclarer
qu'il autorise à assigner à bref délai ? Evidemment, il
faut que l'ordonnance porte que le défendeur sera
assigné soit à un jour fixé, soit à trois jours francs, car
le demandeur ne saurait avoir le droit de déterminer

lui-même le délai. — Chauveau sur Carré, *loc. cit.*,
quest. 378 *bis*.

465. — Le président peut-il refuser l'autorisation
d'assigner à bref délai? Il le peut, à notre avis; l'article 72 dit, en effet, qu'il *pourra permettre*; en refusant, il ne prive pas la partie de l'exercice d'un droit,
puisqu'elle peut intenter son action dans les formes
ordinaires. Le président jouit donc ici d'un droit d'appréciation absolue; son ordonnance, par suite, n'est
susceptible d'aucun recours. Un recours ne se comprendrait même pas; et voilà pourquoi il n'y a pas lieu
d'insérer la réserve qu'il en sera référé, car elle ne
pourrait être utilisée, le tribunal se trouvant immédiatement saisi.

466. — Le tribunal pourra-t-il, du moins, critiquer
ensuite l'ordonnance et dire que c'est à tort que le président l'a concédée? Il le pourra du chef de la dispense du préliminaire de conciliation, attendu qu'elle
est accordée en dehors d'un texte; mais il n'aura pas
ce droit en ce qui concerne l'autorisation d'assigner à
bref délai, que le président concède dans la plénitude
de son droit, en vertu de l'article 72. — Cass. 20 mai
1840; Bordeaux, 25 juin 1847, précités.

467. — La requête à fin de bref délai doit être présentée et signée par un avoué. Et l'ordonnance qui
intervient est rendue sans l'assistance et la signature
du greffier, car elle est déclarée exécutoire sur minute,
vu l'urgence.

La requête est naturellement présentée par l'avoué
devant occuper dans l'instance qui s'y trouve visée;
les motifs d'urgence qui doivent motiver l'autorisation
y sont soigneusement indiqués.

468 — FORMULE *de la requête présentée pour obtenir la permission d'assigner à bref délai.*

A Monsieur le président du tribunal de première instance de.....

Le sieur (*nom, prénoms, profession et domicile du demandeur*), ayant pour avoué Me....., a l'honneur de vous exposer qu'il est dans la nécessité d'intenter devant ledit tribunal contre le sieur (*nom, prénoms, profession et domicile du défendeur*) une action pour (*indiquer l'objet de la demande*); que le cas requiert célérité, attendu que (*indiquer les motifs d'urgence*). En conséquence, l'exposant conclut à ce qu'il vous plaise, Monsieur le président, l'autoriser à assigner ledit sieur..... à bref délai, devant le tribunal, aux fins précitées, sans préliminaire de conciliation et ce, conformément à l'article 72 du Code de procédure civile et, vu l'urgence, ordonner l'exécution de votre ordonnance sur minute.

Présenté à....., le.....

Signature de l'avoué.

ORDONNANCE.

Nous, président du tribunal de première instance de.....

Vu la requête qui précède et les faits y énoncés, ensemble l'article 72 du Code de procédure civile, attendu que le cas requiert célérité, autorisons l'exposant à faire assigner devant ledit tribunal, aux fins requises, ledit sieur..... à bref délai et sans préliminaire de conciliation, pour le (*indiquer le jour, ou bien à trois jours francs*); disons que, vu l'urgence, la présente sera exécutoire sur minute.

Donné au palais de justice (ou en notre hôtel) à....., le.....

Signature du président.

§ 2. — **Ordonnance qui permet d'assigner à bref délai devant le tribunal de première instance un notaire ou autre dépositaire pour obtenir expédition ou copie d'un acte.**

469. — Aux termes de l'article 839 C. pr. civ. « *Le notaire ou autre dépositaire qui refusera de délivrer expédition ou copie d'un acte aux parties intéressées en nom direct, héritiers ou ayants droit, y sera condamné, et par corps, sur une assignation à bref délai, donnée en vertu de permission du président du tribunal de première instance, sans préliminaire de conciliation.* »

470. — Tout ce que nous venons de dire à propos de l'ordonnance du président autorisant un demandeur à citer à bref délai en vertu de l'article 72 C. pr. civ., s'applique à l'espèce prévue par l'article 839. Seulement, ici, le président n'aura point, en donnant l'autorisation de citer à bref délai, à dispenser du préliminaire de conciliation, puisque le texte dispense lui-même de ce préliminaire la demande dont il s'occupe.

La requête présentée et signée par un avoué sera rédigée dans la même forme et l'ordonnance interviendra dans les mêmes conditions; seulement, dans l'une, on ne demandera point à être dispensé dudit préliminaire et, dans l'autre, la dispense ne sera point mentionnée.

§ 3. — **Ordonnance qui permet d'assigner de jour à jour et d'heure à heure devant les tribunaux de commerce.**

471. — Aux termes de l'article 417 C. pr. civ. « *Dans les cas qui requerront célérité, le président pourra permettre d'assigner, même de jour à jour et d'heure à heure.* »

Nous savons que, dans les ressorts où il n'existe pas de tribunal de commerce, c'est le tribunal de première instance qui remplace ce tribunal; dès lors, le président du tribunal de première instance sera appelé à accorder l'autorisation prévue par l'article qui précède édicté pour les matières commerciales. Il est, d'ailleurs, inutile de dire que ce magistrat est absolument incompétent dans le ressort qui a un tribunal de commerce et qu'il faut alors s'adresser au président de ce dernier tribunal. — Rodière, *loc. cit.*, t. II, p. 3 ; — Garsonnet, *loc. cit.*, t. III, § 1017, pp. 350 et 351.

472. — Ici se pose aussi la question de savoir si le président a le droit de réduire les délais de distance et elle est résolue dans le sens de la négative. — Boitard, Colmet-Daage et Glasson, *loc. cit.*, t. I, n° 191 ; — Lyon-Caen et Renault, *loc. cit.*, t. I, n° 417.

473. — Il est inutile de parler de la dispense du préliminaire de conciliation, car l'article 49, 4° C. proc. civ. n'y soumet pas les demandes en matière de commerce.

474. — Puisque nous sommes en matière commerciale, la requête pour obtenir l'autorisation dont s'agit en l'article 417 précité, doit être présentée et signée par la partie elle-même.

475. — L'ordonnance qui intervient n'est, d'ailleurs, susceptible d'aucun recours : elle constitue un acte purement gracieux du magistrat.

476. — FORMULE *de la requête aux fins qui précèdent.*

A Monsieur le président du tribunal de première instance de......,
    faisant fonctions de président du tribunal de commerce.

Le sieur (*nom, prénoms, profession et domicile du demandeur*), a l'honneur de vous exposer qu'il est obligé d'assigner devant ledit tribunal, jugeant commercialement, le sieur (*nom, prénoms, profession et domicile du défendeur*), pour (*indiquer l'objet de la demande*); que le cas requiert célérité, attendu que (*exposer les faits d'urgence*); en conséquence, l'exposant conclut à ce qu'il vous plaise, Monsieur le président, conformément à l'article 417 du Code de procédure civile, l'autoriser à faire assigner devant ledit tribunal, aux fins requises, ledit sieur..... pour aujourd'hui même, à l'heure que voudrez bien fixer et, vu l'urgence, autoriser l'exécution de votre ordonnance sur minute.

Présenté à....., le.....

Signature de la partie.

ORDONNANCE.

Nous, président du tribunal de première instance de....., faisant fonction de président du tribunal de commerce,

Vu la requête qui précède et les faits y énoncés, ensemble l'article 417 du Code de procédure civile, autorisons l'exposant à faire assigner ledit sieur..... devant ledit tribunal, aux fins requises, pour aujourd'hui, à l'heure de.....; disons que la présente sera exécutoire sur minute.

Donné au palais de justice (ou bien en notre hôtel) à....., le.....

Signature du président.

§. 4 — Ordonnance qui permet d'assigner en référé à heure indiquée, même les jours de fêtes.

477. — L'audience des référés, dont il sera parlé dans la deuxième partie de cet ouvrage à propos de la procédure des référés, est tenue par le président, au tribunal, aux jour et heure indiqués, suivant la règle établie par l'article 807 C. pr. civ. Mais l'article 808 permet de déroger à cette règle et il dispose que « *si néanmoins le cas requiert célérité, le président, ou celui qui le représentera, pourra permettre d'assigner, soit à l'audience, soit à son hôtel, à heure indiquée, même les jours de fêtes ; et, dans ce cas, l'assignation ne pourra être donnée qu'en vertu de l'ordonnance du juge, qui commettra un huissier à cet effet* ».

478. — Les référés ont donc leurs audiences ordinaires et, pour assigner en dehors de ces audiences, à jour et heure fixes, la permission du président autorisée par l'article 808 est indispensable. — Voir Cass., 6 nov. 1861 [D. 61, 1, 189 ; P. 62, 425 ; S. 62, 1, 150].

479. — L'ordonnance du président est, comme toujours, rendue à suite de la requête qui lui est adressée. Mais une opinion soutient qu'ici cette requête n'a pas besoin d'être présentée par un avoué parce que le ministère des avoués n'est pas nécessaire devant le juge des référés. — Voir en ce sens : Bertin, *loc. cit.*, n° 300 ; — Thomine-Desmazures, *loc. cit.*, t. II, n° 945 ; — Garsonnet, *loc. cit.*, t. VIII, § 3998. — Toutefois, d'autres auteurs affirment qu'elle doit être, suivant la règle générale, présentée et signée par un avoué. —

Nous sommes de leur avis, conformément à l'opinion que nous avons émise au numéro 51. — Chauveau sur Carré, *loc. cit.*, quest. 2770; — Boitard, Colmet-Daage et Glasson, *loc. cit.*, t. II, n° 1069.

480. — Dans tous les cas, l'ordonnance qui intervient, doit commettre un huissier pour donner l'assignation qui serait nulle si elle était signifiée par un autre. — Cass., 6 nov. 1861 précité; — Montpellier, 27 janv. 1843 [D. 44, 1, 131; S. 43, 2, 499].

481. — Le président peut accorder ou refuser à son gré l'autorisation dont parle l'article 808; il jouit ici d'un pouvoir absolument discrétionnaire et sa décision, quelle qu'elle soit, ne saurait être l'objet d'aucun recours. Son ordonnance est rendue sans l'assistance et la signature du greffier et est exécutoire sur minute. —Debelleyme, t. I, p. 421; — Bioche, *loc. cit.*, n° 262; — Garsonnet, *loc. cit.*

482. — FORMULE *de la requête tendant à obtenir l'autorisation prévue par l'article 808.*

A Monsieur le président du tribunal de première instance de......

Le sieur (*nom, prénoms, profession, domicile du demandeur*), ayant pour avoué M^e....., a l'honneur de vous exposer qu'il est obligé d'assigner en référé le sieur (*nom, prénoms, profession et domicile du défendeur*) pour (*indiquer et exposer l'objet du référé requérant célérité*). Et attendu que le cas requiert célérité, l'exposant conclut à ce qu'il vous plaise, Monsieur le président, conformément à l'article 808 du Code de procédure civile, l'autoriser à assigner aux fins requises ledit sieur..... devant vous, en référé, aujourd'hui même, à l'heure qu'il vous plaira fixer; commettre un huissier pour signifier l'assignation et autoriser l'exécution de votre ordonnance sur minute et avant l'enregistrement.

Présenté à....., le.....

Signature de l'avoué.

ORDONNANCE.

Nous, président du tribunal de première instance de .....

Vu la requête qui précède et les faits y énoncés, ensemble l'article 808 du Code de procédure civile, autorisons l'exposant à assigner, aux fins requises, ledit sieur..... devant nous, en référé, pour comparaître aujourd'hui même, à l'heure de....., à (*indiquer le lieu*); désignons Mᵉ....., huissier, pour signifier l'assignation et disons que la présente ordonnance sera exécutoire sur minute et avant son enregistrement.

Signature du président.

§ 5. — Ordonnance qui permet d'assigner à bref délai pour faire prononcer la nullité de l'emprisonnement exercé contre un débiteur contraint.

483. — La loi du 22 juillet 1867, dans son article 1ᵉʳ, déclare que la contrainte par corps est supprimée en matière civile et commerciale, et contre les étrangers. Toutefois, cette voie d'exécution est maintenue, d'après l'article 2, en matière criminelle, correctionnelle et de simple police. L'article 3 l'accorde, en ces matières, au profit de l'Etat, pour les amendes, restitutions et dommages-intérêts; et l'article 4, pour les condamnations en faveur des particuliers, pour réparations de crimes, délits ou contraventions commis à leur préjudice. La

contrainte par corps s'applique à ces dernières condamnations. d'après l'article 5, non seulement lorsqu'elles
émanent des tribunaux répressifs, mais encore des tribunaux civils saisis séparément par l'action civile. —
Voir Garsonnet et César-Bru, *loc. cit* , t. IV, § 1330,
p. 228 et t. V, § 1959, p. 596.

484. — Le débiteur emprisonné peut, à défaut
d'observation des formalités prescrites par les articles 780 et s. C. pr. cic., demander la nullité de l'emprisonnement, et l'article 795 déclare que, « *dans tous
les cas, la demande pourra être formée à bref délai,
en vertu de la permission du juge et l'assignation
donnée par huissier commis au domicile élu par
l'écrou...* »

485. — En cette matière, il est admis que le président peut abréger aussi le délai des distances. — Voir
Bordeaux, 1er déc. 1831 [D. 32, 2, 54 et Rép. V° cit.,
n° 1018 ; P. chr.; S. 32, 2, 54].

486. — Nous croyons que le président jouit encore,
ici, d'un pouvoir discrétionnaire, car, s'il refuse la
permission demandée, le débiteur emprisonné peut
toujours former sa demande en nullité aux délais ordinaires des ajournements, en la faisant notifier par un
huissier de son choix. — Chauveau sur Carré, *loc. cit.*,
quest. 2714 ; — Comp. Paris, 22 mai 1852 [D. 54, 5,
189; P. 52, 2, 42]. — Voir aussi : Bioche, *loc. cit.*,
n° 390.

487. — Comme pour le bref délai de l'article 72
C. pr. civ. la requête est présentée et signée par un
avoué ; et l'ordonnance est rendue exécutoire sur minute, sans l'assistance et la signature du greffier.

488. — FORMULE *de la requête pour demander à assigner à bref délai en nullité de l'emprisonnement.*

A Monsieur le président du tribunal de première instance de.....

Le sieur (*nom, prénoms, profession et domicile du demandeur*), ayant pour avoué Mᵉ....., a l'honneur de vous exposer qu'il se trouve détenu pour dettes à la maison d'arrêt de....., à la requête du sieur (*nom, prénoms, profession et domicile du créancier*); qu'il est dans l'intention de former une demande en nullité de l'emprisonnement dont il a été l'objet, ladite demande basée sur ce que (*indiquer les causes de nullité*). En conséquence, l'exposant conclut à ce qu'il vous plaise, Monsieur le président, conformément à l'article 795 du Code de procédure civile, l'autoriser à faire assigner ledit sieur..... à bref délai devant ledit tribunal pour y venir voir prononcer la nullité dudit emprisonnement et ordonner la mise en liberté de l'exposant; commettre en même temps tel huissier que vous voudrez désigner pour signifier l'assignation et permettre l'exécution de votre ordonnance sur minute.

Signature de l'avoué.

ORDONNANCE.

Nous, président du tribunal de première instance de.....

Vu la requête qui précède et les faits y énoncés, ensemble l'article 795 du Code de procédure civile, autorisons l'exposant à faire assigner devant ledit tribunal, aux fins requises, ledit sieur..... pour l'audience de..... (ou bien à trois jours francs); commettons Mᵉ....., huissier, pour signifier l'assignation; déclarons notre ordonnance exécutoire sur minute, vu l'urgence.

Donné au palais de justice (ou en notre hôtel) à....., le.....

Signature du président.

SECTION III

Ordonnances nécessaires pour l'introduction de certaines instances déterminées.

§ 1er. — Ordonnance nécessaire à la femme pour exercer la poursuite de ses droits.

489. — Une femme mariée a des droits a poursuivre, et elle se trouve ainsi dans la nécessité d'intenter une action en justice ; or, son mari lui refuse l'autorisation qui lui est nécessaire pour exercer cette action. Dans cette situation, elle doit faire sommation préalable à ce dernier, afin de faire constater son refus, et ensuite elle procède conformément à l'article 861, C. pr. civ., ainsi conçu : « *La femme qui voudra se faire autoriser à la poursuite de ses droits, après avoir fait une sommation à son mari, et sur le refus par lui fait, présentera requête au président, qui rendra ordonnance portant permission de citer le mari, à jour indiqué, à la chambre du conseil pour déduire les causes de son refus.* »

490. — La femme, aux termes de l'article 215, C. civ., ne peut ester en jugement sans l'autorisation de son mari. Ici, elle ne peut avoir cette autorisation, puisque son mari la lui refuse et elle doit plaider contre lui pour l'obtenir. La justice a prévu le cas et l'ordonnance du président remplacera l'autorisation maritale. Cette ordonnance est indispensable, car, sans elle, la femme serait mise dans l'impossibilité d'exercer ses droits ; le président est donc tenu de l'accorder sous peine de déni de justice, si, bien entendu, celle qui la demande se trouve dans les conditions voulues pour l'obtenir; un recours serait ouvert contre la décision portant un refus.

491. — La requête pour arriver à l'ordonnance est présentée et signée par un avoué; elle expose l'intérêt de la femme à obtenir l'autorisation demandée et le président statue en dehors du greffier, en déclarant sa décision exécutoire sur minute, vu l'urgence.

492. — FORMULE *de la requête présentée aux fins de l'article 861 du Code de procédure civile.*

A Monsieur le président du tribunal de première instance de.....

La dame (*nom, prénoms et profession de la femme*), épouse du sieur (*nom, prénoms, profession et domicile du mari*), domiciliée avec lui et ayant pour avoué Me....., a l'honneur de vous exposer qu'elle est dans la nécessité d'introduire contre le sieur (*nom, prénoms, profession et domicile du défendeur*) une demande à l'effet de (*indiquer l'objet de la demande*); que dans ce but elle a fait, par exploit de Me....., huissier à....., en date du...... sommation à son dit mari d'avoir à lui accorder, dans le délai indiqué, l'autorisation maritale nécessaire pour intenter l'action précitée devant ledit tribunal, mais qu'il n'a pas répondu à cette sommation et que, par suite, elle se trouve obligée de recourir à l'autorisation de la justice. En conséquence, l'exposante conclut à ce qu'il vous plaise, Monsieur le président, l'autoriser à faire assigner son dit mari en la chambre du conseil dudit tribunal, les jour et heure que vous indiquerez, pour y venir déduire les causes de son refus d'accorder l'autorisation demandée et comparaître ensuite à l'audience publique, afin d'y voir accorder par le tribunal l'autorisation demandée et, vu l'urgence, ordonner l'exécution de votre ordonnance sur minute.

Présenté à....., le.....

Signature de l'avoué.

ORDONNANCE.

Nous, président du tribunal de première instance de....,
Vu la requête qui précède, ensemble les faits et la sommation
y énoncés, ainsi que les pièces produites à l'appui; vu l'article 861 du Code de procédure civile, autorisons l'exposante à
faire assigner son mari à comparaître devant ledit tribunal, en
la chambre du conseil, le....., à l'heure de....., pour y venir
déduire les causes de son refus d'autoriser son épouse exposante, aux fins requises, et ensuite à l'audience publique, afin
d'y voir statuer sur l'autorisation demandée; disons que la présente sera exécutoire sur minute, vu l'urgence.
Donné au palais de justice (ou en notre hôtel), à....., le.....

Signature du président.

493. — Cette procédure n'est suivie que lorsque le
mari refuse son autorisation, quoique capable et présent. S'il est absent dans les conditions prévues par
l'article 863 du Code de procédure civile, ou incapable,
dans les termes de l'article 864 du même Code, ou se
trouve, en droit, dans l'impossibilité d'autoriser; alors
la femme doit obtenir l'autorisation par jugement rendu
en la chambre du conseil avec les formalités prescrites
par l'article 863 précité, qui sont celles suivies pour les
jugements rendus en chambre du conseil dont nous nous
occuperons plus loin.

§ 2. — Ordonnance nécessaire à la femme qui veut poursuivre sa séparation de biens.

494. — Aux termes de l'art. 1443 C. civ., « *la sépa-*
ration de biens ne peut être poursuivie qu'en justice
par la femme dont la dot est mise en péril et lorsque

le désordre des affaires du mari donne lieu de craindre
que les biens de celui-ci ne soient point suffisants pour
remplir les droits et reprises de la femme. Toute sépa-
ration volontaire est nulle. »

D'après la doctrine et la jurisprudence, qui sont unanimes à cet égard, la séparation de biens peut être demandée par la femme alors même qu'elle n'a ni dot ni
reprises, et ne possède pour tout bien que son talent ou
son industrie, dont elle veut sauvegarder les produits.
— Paris, 2 juillet 1878 [D. 79, 2, 107 ; P. 78, 841 ; S.
78, 2, 199] ; — Orléans, 6 juillet 1887 [D. 90, 2, 38];
— Aubry et Rau, *loc. cit.*, t. V, § 516, texte et note 12,
p. 391 ; — Laurent, *loc. cit.*, t. XXII, n° 315 ; — Guillouard, *Contrat de mariage*, t. III, n°s 1075, 1078; —
Rodière et Pont, *Contrat de mariage*, t. III, n° 2101;
— L. et A. Mérignhac, *Traité du régime de Commu-*
nauté, n°s 1683 et s.

495. — La femme, nous le savons, ne peut ester en
justice sans être autorisée de son mari ; or, elle ne peut
lui demander, ici, cette autorisation puisque, dans
l'instance en séparation de biens, elle va plaider contre
lui ; elle doit donc s'adresser à la justice et c'est le président du tribunal qui va l'autoriser. En effet, l'article 865, C. proc. civ., dispose comme suit : « *Aucune*
demande en séparation de biens ne pourra être formée
sans une autorisation préalable, que le président du
tribunal devra donner sur la requête qui lui sera pré-
sentée à cet effet. Pourra néanmoins, le président,
avant de donner l'autorisation, faire les observations
qui lui paraîtront convenables. »

496. — La femme demande l'autorisation dans une
requête qu'elle doit présenter elle-même, d'après le

texte, au magistrat, assistée de l'avoué qui a rédigé et signé cette requête où sont exposés les motifs de la séparation de biens ; elle soumet aussi les pièces qui justifient cette séparation. Dans la pratique, la femme ne se présente pas et c'est l'avoué qui soumet la requête. Cette pratique empêche, sans doute, le président de faire à la femme les observations dont parle l'article 865 ; mais, comme il n'est pas tenu de lui en faire, aucune irrégularité n'est commise. — Voir Bruxelles, 17 mars 1832 [D. Rép. V° *Contrat de mariage*, n° 1718] ; — Chauveau sur Carré, *loc. cit.*, quest. 2928 *ter* ; — Bioche, *loc. cit.*, V° Séparat. de biens, n° 16 ; — Garsonnet et César-Bru, *loc. cit.*, t. 7, § 2771, p. 471. Le président aurait néanmoins le droit d'exiger la comparution de la femme.

497. — L'autorisation du président n'est pas facultative ; elle est exigée par l'article 865 d'une manière impérative ; aucune demande en séparation de biens *ne pourra*, dit-il, être formée sans une autorisation préalable, et le texte ajoute *que le président du tribunal devra donner* ; le magistrat ne peut donc pas la refuser, sous peine de déni de justice, car il priverait la femme de l'exercice d'un droit que lui confère l'article précité ; un refus de sa part donnerait lieu dans tous les cas à un recours. — Lyon, 22 mars 1836 [P. chr.; S. 36, 2, 368] ; — Troplong, *Droit civil*, t. II, n° 524 ; — Bioche, *loc. cit.*, n° 16 ; — Rodière et Pont, *loc. cit.*, t. 3, n° 2123 ; — Chauveau sur Carré, *loc. cit.*, quest. 2930 ; — Guillouard, *Contrat de mariage*, t. III, n° 1114 ; — Garsonnet et César-Bru, *loc. cit.*, § 2771, p. 471 ; — Dutruc, *loc. cit.*, n° 104.

498. — L'ordonnance du président accorde à la

femme une autorisation générale qui lui sert pour tous
les actes de la procédure en séparation de biens et
même pour relever appel du jugement qui repousse sa
demande. — Cass., 15 juillet 1867 précité ; — Chauveau
sur Carré, *loc. cit.*, quest. 2932 ; — Dutruc, *loc. cit.*,
n° 106 ; — Bioche, *loc. cit.*, V° Sép. de biens, n° 18 ; —
Rodière et Pont, *loc. cit.*, t. II, n° 2141 ; — Garsonnet
et César-Bru, *loc. cit.*, t. VII, § 2771, p. 472.

499. — La requête expose les faits et conclut à l'autorisation. Le président peut, vu l'urgence, rendre son
ordonnance exécutoire sur minute et, par suite, sans
l'assistance ni la signature du greffier.

500. — FORMULE *de la requête aux fins de séparation de
biens.*

A Monsieur le président du tribunal de première instance de.....

La dame (*nom, prénoms, profession de la demanderesse*), épouse
du sieur (*nom, prénoms et profession du mari*), avec lequel elle
est domiciliée à....., a l'honneur de vous exposer qu'elle
s'est mariée avec ledit sieur..... sous le régime dotal, ainsi
que l'établit son contrat de mariage retenu le .... par Me.....,
notaire à....., et qu'aux termes de ce contrat elle a apporté en
dot une somme capitale de.....; qu'à la suite de mauvaises
affaires, les biens meubles et immeubles de son dit mari ont été
saisis et vendus, ainsi que le constatent les diverses pièces produites ; que, dès lors, suivant l'article 1443 du Code civil, la dot
de l'exposante se trouve en péril et les biens du mari ne suffi-
sent plus pour remplir ses droits et reprises. En conséquence,
l'exposante conclut à ce qu'il vous plaise, Monsieur le président, l'autoriser, conformément à l'article 865 du Code de procédure civile, à poursuivre contre son dit mari sa demande en
séparation de biens aux formes de droit et, vu l'urgence, permettre l'exécution de votre ordonnance sur minute.

Présenté à....., le.....

Signature de l'avoué.

ORDONNANCE.

Nous, président du tribunal de première instance de....,
Vu la requête qui précède et les faits y exposés, ensemble
les pièces produites à l'appui, vu l'article 1443 du Code civil et
l'article 865 du Code de procédure civile, autorisons l'exposante
à former contre son mari sa demande en séparation de biens,
disons que la présente sera, vu l'urgence, exécutoire sur
minute.

Donné au palais de justice (ou en notre hôtel) à....., le.....

Signature du président.

501. — Au cas où le mari se trouve en faillite, la
femme doit former sa demande non seulement contre
le mari, mais encore contre le syndic de la faillite.

502. — L'ordonnance du président dûment enregistrée est signifiée dans l'exploit d'ajournement intro-
ductif de l'instance en séparation de biens. — Bioche,
loc. cit., n° 20. — Cependant quelques auteurs prétendent que cette signification n'étant pas exigée par la
loi n'est pas nécessaire dans la demande. — En ce sens :
Rodière, *loc. cit.*, t. II, p. 429 ; — Garsonnet et César-
Bru, *loc. cit.*, t. VII, § 2772, p. 472.

§ 3. — **Ordonnances exigées pour l'action en divorce.**

503. — Le divorce établi en France durant la période
intermédiaire, maintenu avec certaines modifidations
par le Code civil, aboli par la loi du 8 mai 1816, a été
rétabli par la loi du 27 juillet 1884, qui s'est montrée
toutefois plus restrictive que le Code civil. Elle a, en

effet, supprimé le divorce par consentement mutuel, et elle n'accorde l'action en divorce que pour trois causes déterminées : 1° L'adultère différemment apprécié suivant qu'il a été commis par le mari ou par la femme; 2° Les excès, sévices ou injures graves; 3° Une condamnation à une peine qui maintenant doit être afflictive et infamante. La procédure de l'action en divorce a été simplifiée et définitivement réglée par la loi du 18 avril 1886. Enfin une loi du 6 février 1893 a été portée relativement au nom de la femme divorcée, à la capacité de la femme séparée de corps, à l'appel et à la cassation des jugements de divorce.

504. — Il est incontestable que l'action en divorce étant une question d'état ne peut être soumise à l'essai de conciliation, tel du moins qu'il est établi par l'article 48, C. pr. civ., car elle ne saurait faire l'objet d'une transaction et cet article, pour ce préliminaire, exige que la demande puisse être la matière d'une transaction. Mais la loi, à cause de la gravité de la demande en divorce, l'a soumise à une tentative de conciliation spéciale beaucoup plus sérieuse, puisque, avant qu'elle ne puisse être intentée, le demandeur doit d'abord comparaître seul, et ensuite avec le défendeur, devant le président du tribunal. Ainsi, la double tentative de conciliation devant ce magistrat remplace avantageusement l'essai de conciliation qui doit, pour les autres demandes non dispensées, se produire devant le juge de paix.

L'article 234 C. civ., modifié par la loi du 18 avril 1886 précitée, est ainsi conçu : « *L'époux qui veut former une demande en divorce, présente, en personne, sa requête au président du tribunal ou au juge qui en fait fonctions. En cas d'empêchement dûment constaté, le magistrat se transporte, assisté de son greffier, au domicile de l'époux demandeur. — En cas d'interdiction légale résultant d'une condamnation, la requête à fin de divorce ne peut être présentée par le tuteur que sur la réquisition ou avec l'autorisation de l'interdit. »*

L'article 235, toujours ainsi modifié par ladite loi du 18 avril 1886, ajoute : « *Le juge, après avoir entendu le demandeur et lui avoir fait les observations qu'il croit convenable, ordonne au bas de la requête que les parties comparaîtront devant lui au jour et à l'heure qu'il indique, et commet un huissier pour notifier la citation.* »

1° Ordonnance prescrivant la comparution des parties devant le président pour la tentative de conciliation.

505. — L'époux qui veut intenter une action en divorce, doit d'abord adresser une requête au président du tribunal de première instance; cette requête est présentée par le demandeur *en personne*. Et la loi prend le soin de spécifier qu'en cas d'empêchement dûment constaté du demandeur, le magistrat doit, assisté de son greffier, se transporter à son domicile.

506. — A quel président doit être présentée la requête? Evidemment au président du tribunal qui doit connaître de la demande en divorce. Quel est ce tribunal? Evidemment encore, c'est le tribunal du domicile du mari, qui est le domicile légal des époux (art. 108 et 214 C. civ.). C'est donc au président de ce tribunal que la requête devra être présentée, soit par la femme, soit par le mari, suivant que la demande sera faite par la première ou par le second.

Et c'est au président du tribunal du domicile véritable et non à celui du tribunal de la résidence que le demandeur doit s'adresser. Tel est le principe; cependant, les tribunaux jouissent d'un certain pouvoir d'appréciation pour se prononcer autrement, à raison soit de la stabilité de l'habitation, soit de l'exercice d'une profession ou des droits de citoyen. — Voir sur les diverses dérogations admises : Cass., 6 fév. 1884 [*Gaz. Pal.*, 84, 2, 611]; — Lyon, 17 mars 1891 [*Mon. Jud.*, 14 mai 1891]; — Trib. Mâcon, 20 fév. 1884 [*Gaz. Pal.*, 84, 1, 940]; — Trib. Seine, 3 juil. 1886 [*Gaz. des Trib.*, 22 août 1886].

507. — L'article 234 précise que la requête est présentée au président « ou au juge qui en fait fonctions », c'est-à-dire, en cas d'empêchement du président, à un juge le remplaçant d'une manière légale.

Ainsi, la requête présentée à un magistrat qui n'est pas légalement appelé à remplacer le président empêché ou qui n'est pas muni d'une délégation spéciale, serait entaché de nullité. — Cass. belg., 6 janv. 1881 [*Pasicr.* 81, 149]; — Vraye et Gode, *Le divorce et la séparation de corps*, art. 236, n° 4; — Carpentier, *Traité théorique et pratique du divorce*, t. II, n° 46; — Bonjean, *loc. cit.*, n° 626.

508. — Et le juge suppléant qui, à la place du président, rend l'ordonnance prévue par l'article 234, doit mentionner que le président et le juge titulaire se trouvent empêchés, et ce, à peine de nullité, car, en matière de divorce, les formalités substantielles sont d'ordre public. — Caen, 10 janv, 1893 [D. 93, 2, 113].

509. — La requête, avons-nous dit, doit être remise par le demandeur en personne, car la loi veut que, dès le début, le président puisse lui adresser des observations et arrêter, si c'est possible, une demande aussi grave. Et le demandeur ne saurait, dans cette démarche, se faire accompagner d'un conseil ou d'un avoué. — Vraye et Gode, *loc. cit.*, t. I, n° 188; — Carpentier, *loc. cit.*, t. I, n° 99, t. II, n° 44. — Dans la pratique pourtant, le demandeur, quelquefois, est assisté de son avoué.

510. — La loi tient tellement à ce que la requête soit présentée par la partie en personne, qu'en cas d'empêchement dûment constaté de celle-ci, le président doit se transporter, avec son greffier, à son domicile. Du reste, le magistrat est appréciateur souverain de l'excuse, et il n'est plus tenu d'exiger un certificat du médecin pour constater l'état de la partie. — Vraye et Gode, *loc. cit.*, t. I, n° 192.

511. — Si la partie doit présenter la requête en personne, elle n'est point tenue de la signer; c'est son avoué qui la rédige et la signe; du reste, elle serait valable si elle avait été rédigée par la partie et si l'avoué se l'était approprié par sa signature. — Vraye et Gode, *loc. cit.*, article 236, n° 15; — Carpentier, *loc. cit.*, t. II, n° 40.

512. — Il peut arriver que la partie qui demande le divorce et qui se trouve dans l'impossibilité d'aller présenter sa requête en personne, habite hors du ressort du tribunal; et l'on se demande si, dans ce cas, le président pourra aller la recevoir et faire les observations voulues, en sortant ainsi du ressort du tribunal qu'il préside. L'article 238, C. civ., déclare que si l'une des parties se trouve dans l'impossibilité de se rendre pour l'essai de conciliation, le président peut donner commission rogatoire d'entendre le défendeur; cet article servira donc à résoudre la question que nous venons de poser, si l'on admet que la commission rogatoire peut aussi être donnée pour aller recevoir la requête et faire les observations. Mais, dit-on, ce texte n'est pas édicté pour ce cas et ne doit s'appliquer qu'à celui qu'il prévoit. Un arrêt de la Cour d'Alger, rendu, il est vrai, avant la loi du 18 avril 1886, modificative de la procédure du divorce, s'est prononcé dans ce sens et a décidé qu'une commission rogatoire ne pouvait pas être donnée par le président compétent au président d'un autre tribunal, pour aller recevoir la requête en divorce. D'après cette doctrine, la partie empêchée de se rendre se trouverait donc dans l'impossibilité d'exercer son action en divorce, puisque, d'une part, elle ne pourrait point aller remettre sa requête et que, d'autre part, le seul magistrat compétent pour la recevoir ne saurait aller la chercher. — Voir Alger, 2 février 1885 [P. 86, 1, 682; S. 86, 2, 181].

513. — Nous ne saurions être de cet avis, car il n'est pas possible que la loi ait voulu mettre une partie dans l'impossibilité d'exercer un droit qu'elle concède. Il nous semble que, puisqu'elle a permis la commission rogatoire pour l'essai de conciliation, à plus forte raison elle l'a autorisée, dans son esprit, pour la réception de la requête qui constitue une formalité bien moins importante. — Voir dans ce sens : Coulon, *Le divorce et la séparation de corps*, t. IV, p. 113; — Vraye et

Gode, *loc. cit.*, t. I, n° 195; — Planiol, *Revue crit.*, 1887, p. 693; — Bonjean, *loc. cit.*, n°s 365 et s.

514. — Il est incontestable que, sauf le cas où le demandeur est dans l'impossibilité de présenter lui-même sa requête, celle-ci doit être remise au président au lieu où il remplit ses fonctions, c'est-à-dire en son cabinet au tribunal; cela est d'autant plus certain que le magistrat doit être assisté du greffier ; l'article 1040, C. proc. civ., exige d'ailleurs qu'il en soit ainsi. — Voir en ce sens, Limoges, 14 mars 1894 [D. 96, 2, 361].

515. — Comment devra être rédigée la requête en divorce? Avant la loi de 1886, l'article 236 du Code civil déclarait que toute demande en divorce devait détailler les faits; mais, depuis cette loi, l'article 234 du même Code est muet à cet égard et se borne à dire que l'époux qui veut former une demande en divorce, présente, en personne, sa requête au président. On admet, dans le silence de la loi, qu'il suffit que la requête indique l'objet de la demande, sans que le demandeur soit obligé d'entrer dans aucun détail; il n'est pas nécessaire non plus de présenter les pièces à l'appui; le but de la loi sera rempli, pourvu que le magistrat soit mis en mesure de faire les observations prescrites par l'article 234, c'est-à-dire pourvu qu'il connaisse les véritables causes du divorce. — En ce sens : Carpentier, *loc. cit.*, t. II, n° 42; — Faivre, Coulon et Jacob, *Manuel-formulaire du divorce*, p. 101; — Huc, *Comment. théor. et prat. du Code civil*, t. II, n° 312; — Bonjean, *loc. cit.*, n° 635.

516. — Le tribunal de Cambrai a décidé que le demandeur se conforme aux prescriptions de la loi, en

déclarant dans sa requête qu'il se réfère à la procédure en séparation de corps qui avait été d'abord
commencée. — Jugement du 25 février 1885, sous
Douai, 9 mai 1885 [D. 86, 2, 99].

517. — Toutefois, il faut remarquer que l'articula-
tion postérieure de faits qui n'auraient pas été indiqués
dans la requête, s'ils constituaient une cause nouvelle
et distincte de l'action en divorce, formerait une demande nouvelle qui pourrait être considérée comme
nulle, parce qu'elle n'aurait pas suivi la marche de la
procédure tracée par la loi. — Voir Douai, 9 mai 1885,
précité ; — Huc, *loc. cit.*, t. II, n° 312 ; — Carpentier,
loc. cit., t. I, n° 101 ; — Vraye et Gode, *loc. cit.*,
p. 140.

518. — On reconnaît, d'ailleurs, qu'il est permis de
compléter les énonciations de la requête, au moyen
des pièces y annexées et même au moyen de nouvelles
pièces à produire à l'audience. — Voir : Bruxelles,
18 avril 1875 [*Belg. judic.*, 1875, p. 644]. — Voir
Willequet, *Du divorce*, p. 138.

519. — Depuis la loi du 18 avril 1886, qui a abrogé
l'article 261, C. civ., la demande en divorce ne peut
être introduite que par la requête prescrite par l'article 234 du même code ainsi modifié par ladite loi. —
Besançon, 21 novembre 1894 [*Gaz. des Trib.*, 14 décembre 1894].

520. — Lorsque la requête lui est présentée conformément à l'article 234, le président doit entendre
la partie qui la présente, comme le prescrit l'article 235 ;
il faut qu'il l'entende, et ce, à peine de nullité, car il
s'agit d'une formalité substantielle. Si donc, le demandeur n'avait pas comparu en personne et s'était fait

représenter par un avoué, l'ordonnance du président autorisant à citer devant lui le défendeur en conciliation serait absolument nulle. — Voir Vraye et Gode, *loc. cit.*, t. I, n° 13 ; — Pouille, *La nouvelle procédure du divorce et la loi du 18 avril 1886*, p. 143 ; — Carpentier, *loc. cit.*, t. II, n° 51 ; — Huc, *loc. cit.*, t. II, n° 316.

521. — L'article 235 veut que le président entende le demandeur et qu'en outre il lui fasse les observations qu'il croit convenable, c'est-à-dire dont il demeure juge ; et il faut que l'ordonnance qu'il va rendre porte mention que ces observations ont été faites ; toutefois, l'absence de cette mention ne serait pas de nature à entraîner la nullité de l'ordonnance. Limoges, 14 mars 1894 précité ; — Vraye et Gode, *loc. cit.* — Du reste, l'accomplissement de la formalité résultera suffisamment des termes de ladite ordonnance portant notamment que le président donne acte au demandeur de ce que la requête lui a été présentée par lui ; qu'il l'a entendu et lui a adressé ses observations. — Voir Limoges, 14 mars 1894 précité ; — Voir également Grenoble, 14 mai 1889 *(Journ. arr. Grenoble*, 1889, 280).

522. — Nous avons indiqué qu'en général l'ordonnance que doit rendre le président, est préparée à l'avance, au bas de la requête, par l'avoué, lorsque ladite ordonnance est exécutoire sur minute et par suite sans l'assistance du greffier. Ici, cette pratique ne saurait être suivie, car le président doit être assisté du greffier ; donc, le président dictera son ordonnance à ce dernier et la signera ensuite avec lui. — Willequet, *loc. cit.*, p. 139 ; — Vraye et Gode, *loc. cit.*, art. 237,

n° 5 ; — Coulon, Faivre et Jacob, *loc. cit.*, pp. 42 et 187 ;
— Carpentier, *loc. cit.*

523. — La Cour de Limoges a cependant décidé, dans son arrêt du 14 mars 1894 précité, que le président n'a pas besoin d'être assisté du greffier et que, par suite, il n'est pas nécessaire que ce dernier signe l'ordonnance. Mais nous estimons, avec les auteurs précités, que la matière est, ici, trop grave pour que l'ordonnance puisse être déclarée exécutoire sur minute, c'est-à-dire rendue sans l'assistance du greffier ; d'abord, l'urgence n'existe pas ; et puis l'ordonnance constitue une partie essentielle de la procédure du divorce et, à ce titre, elle doit rester aux minutes du greffe.

524. — En résumé, pour obéir aux prescriptions des articles 234 et 235 C. civ., le président commence par constater dans son ordonnance que la requête lui a été présentée par le demandeur en personne ; qu'il l'a entendu et lui a adressé les observations qu'il a cru devoir lui faire ; puis, il ordonne que les parties comparaîtront devant lui au jour et à l'heure qu'il indique et commet un huissier pour notifier la citation aux fins du préliminaire de conciliation. Cette ordonnance mise au bas de la requête est, avec celle-ci, déposée au greffe, expédiée et signifiée avec-celle-ci aussi au défendeur par l'huissier commis, avec citation à comparaître pour la mesure ordonnée, comme le prescrit l'article 237.

525. — Ce dernier article veut que la citation soit donnée au moins trois jours avant celui fixé pour la comparution ; et ces trois jours doivent être francs. Il veut, en outre, que, s'il y a lieu, le délai légal des distances soit accordé au défendeur pour comparaître. Il veut, enfin, que la citation soit délivrée par l'huissier commis sous pli fermé et qu'elle contienne signification de la requête et de l'ordonnance.

526. — Une autre mission est confiée au président. En effet, aux termes de l'article 236, « *le juge peut, par l'ordonnance permettant de citer, autoriser l'époux demandeur à résider séparément en indiquant, s'il s'agit de la femme, le lieu de la résidence provisoire.* » Par ce texte, modifié en ce sens par la loi du 18 avril 1886, une double innovation sur la précédente législation se trouve introduite : d'abord, le président a le droit, dès la première ordonnance de fixer la résidence des époux ; et, ensuite, cette fixation peut être demandée aussi bien par le mari que par la femme ; toutefois, une résidence déterminée ne peut être imposée au mari. — Curet, *Code du divorce*, nos 175 s. —Bonjean, *loc. cit.*, no 638.

2o Ordonnance autorisant le demandeur à assigner en divorce, au cas de non conciliation.

527. — D'après l'article 238 C. civ. « *Au jour indiqué, le juge entend les parties en personne ; si l'une d'elles se trouve dans l'impossibilité de se rendre auprès du juge, ce magistrat détermine le lieu où sera tentée la conciliation, ou donne commission pour entendre le défendeur ; en cas de non conciliation ou de défaut, il rend une ordonnance qui constate la non conciliation ou le défaut et autorise le demandeur à assigner devant le tribunal.* »

Le président doit entendre les parties en personne et

sans l'assistance, soit d'un conseil, avocat ou avoué, soit du curateur, s'il s'agit d'un mineur émancipé, ou du conseil judiciaire s'il s'agit d'un prodigue, sans qu'il y ait à distinguer si le mineur émancipé ou le prodigue comparaît comme demandeur ou défendeur. — Voir : Coulon, Faivre et Jacob, *loc. cit.*, p. 120 ; — Vraye et Gode, *loc. cit.*, t. I, n° 222 ; — Depeiges, *De la procédure du divorce et de la séparation de corps*, n° 64 ; — Carpentier, *loc. cit.*, t. I, n° 105 et t. II, n° 58 ; — Laurent, *Principes de droit civil*, t. III, n° 238 ; — Huc, *loc. cit.*, t. II, n° 321 ; — Baudry-Lacantinerie, *Comment. de la loi sur le divorce*, n° 51 ; — Bonjean, *loc. cit.*, n° 655. La solution est la même pour la femme mineure ; elle n'a besoin d'être assistée ni d'un curateur, ni d'un tuteur *ad hoc*. — Voir Paris, 22 mars 1894 [D. 94, 2, 469].

Du reste, si le président le permet, les conseils ou les parents pourront être présents et aucune nullité ne saurait être invoquée de ce fait. A plus forte raison, le greffier a-t-il le droit d'assister à la comparution. — Voir sur ces points : Liège, 31 mai 1865 [*Pasicr.* 65, 2, 231] ; — Laurent, *loc. cit* ; — Baudry-Lacantinerie, *loc. cit.* ; — Coulon, Faivre et Jacob, *loc. cit.*

528. — Si l'une des parties ne se présente pas, le président peut, au cas d'empêchement légitime justifié, soit renvoyer à un jour ultérieur qu'il fixe, soit indiquer un autre lieu pour la comparution, soit enfin procéder par voie de commission rogatoire, lorsque la partie qui fait défaut, réside hors du ressort du tribunal qu'il préside. — Sur tous ces points, voir : Carpentier, *loc. cit.*, t. II, n° 60 ; — Depeiges, *loc. cit.*, n° 65 ; — Coulon, *Le divorce et la séparation de corps*, t. IV,

p. 128 ; — Vraye et Gode, *loc. cit.*, t. I, n° 253 ; — Huc, *loc. cit.*, t. II, n° 321 ; — Comp. Trib. Bayonne, 7 août 1894 [*Loi* du 16 nov. 1894].

529. — Au cas de non comparution du demandeur ou du défendeur non justifiée par l'impossibilité de se présenter, le président, dans le premier cas, prononce défaut-congé, la demande devant être considérée comme abandonnée, et, dans le second cas, donne le permis d'assigner. — Voir Vraye et Gode, *loc. cit.*, t. I, n°ˢ 234 et 235 ; —Coulon, Faivre et Jacob, *loc. cit.*, p. 120 ; — Depeiges, *loc. cit.*, p. 41 ; — Huc, *loc. cit.*, t. II, n° 322 ; —Demolombe *loc. cit.*, t. IV, n° 349 ; Lesenne, *Traité de la séparation de corps*, p. 136 ; — Carpentier, *loc. cit.*, t. II, n° 62 ; — Bonjean, *loc. cit.*, n° 622.

530. — Au cas de comparution des deux parties et de conciliation, le président n'aura à dresser aucun procès-verbal : il ne faut pas qu'il reste une trace quelconque de la mésintelligence qui s'était produite entre les époux. — Vraye et Gode, *loc. cit.*, p. 168 ; — Carpentier, *loc. cit.*, t. I, n° 108 ; — Willequet, *loc. cit.*, p. 141.

531. — Plaçons-nous dans l'hypothèse où la conciliation n'a pu être opérée ; dans ce cas, l'article 238 précité déclare que : « *Le juge, suivant les circonstances, avant d'autoriser le demandeur à citer, peut ajourner les parties à un délai qui n'excède pas vingt jours, sauf à ordonner les mesures provisoires nécessaires.* » L'ordonnance qui permet de citer en divorce, doit donc nécessairement être rendue à l'expiration du délai de vingt jours accordé par le texte, si le président impose ce sursis. La loi a ainsi permis au magistrat d'ajourner les parties pour leur donner la faculté de réfléchir encore et afin d'amener une entente au moyen d'une autre comparution. D'ailleurs, le président est libre de retarder ou non son ordonnance, et il peut la rendre dès que la première comparution a démontré que la réconciliation des époux était impossible. — Huc, *loc. cit.*, t. II, n° 324 ; — Depeiges, *loc. cit.*, n° 68; — Carpentier, *loc. cit.*, t. II, n° 62.

532. — L'ordonnance qui permet au demandeur de citer en divorce, ne doit point relater les explications qui ont été fournies devant le président; elle constate seulement le défaut du défendeur, s'il n'a pas comparu, ou la non conciliation des époux, si tous les deux ont été présents. Elle est, en principe, rédigée par le magistrat; mais elle peut aussi être écrite, sous la dictée de celui-ci, par le greffier qui, nous l'avons dit, est autorisé à assister à la comparution des époux. Elle est signée par le président et le greffier, et ce dernier la dépose au greffe et en délivre expédition à qui de droit.

533. — Cette ordonnance fait foi de son contenu jusqu'à inscription de faux. La Cour de cassation a jugé, à cet égard, que ses énonciations ne sauraient être combattues par une lettre du président qui l'a rendue. — Cass., 1er juin 1891 [D. 93, 1, 428; P. et S. 92, 1, 129].

534. — Constatons que, suivant les expressions de l'article 238 « *par le fait de cette ordonnance la femme est autorisée à faire toutes procédures pour la conservation de ses droits et à ester en justice jusqu'à la fin de l'instance et des opérations qui en sont les suites.* » Et la femme est ainsi habilitée, même si elle est mineure. — Jug. de la Seine du 23 juillet 1894 [*Gaz. des Trib.* du 21 octobre 1894].

535. — Mais ce ne sont pas là les seuls effets de l'ordonnance qui permet au demandeur de citer en divorce; et nous allons voir maintenant que le président jouit, ici, depuis la loi du 18 avril 1886, de pouvoirs très étendus, au point de vue de certaines mesures provisoires, au moyen desquelles il pourvoit à des nécessités qui ne sauraient attendre l'évacuation de l'instance en divorce.

536. — D'abord, il s'occupe de la résidence de l'époux demandeur; il s'en est déjà occupé dans sa première ordonnance qui a autorisé l'essai de conciliation; mais l'article 238, dans son § 2, veut qu'il s'en occupe encore; il déclare, en effet, que « *le juge statue à nouveau, s'il y a lieu, sur la résidence de l'époux demandeur.* »

Ainsi, le président, s'il y a lieu, peut régler à nouveau la résidence des époux; et il a ce droit tant que le tribunal n'est pas encore saisi par la citation en divorce; mais, dès que l'instance en divorce est introduite, son droit cesse à cet égard, comme il cesse pour les autres mesures conservatoires dont nous allons parler; il se trouve dessaisi par le fait que le tribunal est saisi. — Voir Chambéry, 19 juillet 1887 [D. 88, 2, 89; P. 90, 1, 1204; S. 90, 2, 217]; — Bastia, 12 juillet 1892 [D. 94, 2, 36; P. et S., 94, 2, 116]; — Montpellier, 31 janvier 1895 [D. 95, 2, 355]; — Riom, 10 juillet 1895 [D. 96, 2, 373; P. et S, 96, 2, 13].

537. — D'ailleurs, le président est absolument libre pour désigner la résidence provisoire de la femme : il fait cette désignation d'après les circonstances et l'intérêt des parties; il peut décider que la femme résidera hors du domicile conjugal, ou même dans ce domicile, dont il fera sortir le mari, si les intérêts de la femme l'exigent, notamment si elle y exerce un commerce. Sur tous ces points, les décisions intervenues sont nombreuses et la doctrine est d'accord avec la jurisprudence. — Voir : Cass., 18 janvier 1892 [D. 92, 1, 124 ; P. et S. 92, 1, 68] ; — Paris, 26 août et 24 nov. 1884 [*Gaz. Pal.*, 1884, 2, 166] ; — 25 février 1885 [P. 85, 1, 463 ; S. 85, 2, 87] ; — 20 déc. 1890 [D. 91, 2, 343 ; P. 91, 1, 333 ; S. 91, 2, 55] ; — Chambéry, 18 nov. 1885 [*Gaz. des Trib.*, 15 déc. 1885] : — Huc, *loc. cit.*, t. II, n° 317 ; — Coulon, Faivre et Jacob, *loc. cit.*, p. 260 ; — Carpentier, *loc. cit.*, t. II, n° 67 ; — Bonjean, *loc. cit.*, n°s 705 et s., 175 ; — Goirand, *Traité de divorce*, p. 147. —Quant au droit, cependant. du président de faire sortir le mari du domicile conjugal et d'y laisser la femme, les arrêts ne le reconnaissent que dans des circonstances assez graves : il faut, en général, que les intérêts de la femme soient mis en danger par la présence du mari à ce domicile. — Voir Cass. 3 août 1898 [*Gaz. des Trib.*, 5 août 1898] ; — Paris, 5 mars 1895 [D. 95, 2, 231 ; P. et S., 95, 2, 192].

538. — La femme, si elle quitte le domicile conjugal pour aller dans une autre résidence fixée par le président, ne peut sortir sans les effets qui lui sont nécessaires. Aussi l'article 878, C. proc. civ., déclare-t-il que les effets à son usage journalier lui seront remis; l'article 238, C. civ., se sert d'une autre expression et dit que remise lui sera faite de ces effets personnels. Le président appréciera ce que la femme doit emporter comme linges, vêtements ou autres effets mobiliers; et il fera cette appréciation en se basant sur la fortune de la femme et la condition sociale des époux. —

Coulon, *Le divorce et la séparation de corps*, t. IV, p. 272; — Debelleyme, *loc. cit.*, t. I, p. 335; — Laurent, *loc. cit.*, t. III, n° 261.

539. — L'article 238, C. civ., s'occupe ensuite de la garde des enfants issus du mariage et il dispose que le juge statue « *sur la garde provisoire des enfants* ». La garde des enfants constitue une mesure urgente ; la loi devait donc, comme elle l'a fait, autoriser le président à régler ce point. Jusqu'à la décision du président, les enfants restent sous la garde du père. — Voir : Paris, 25 nov. 1892 [D. 93, 2, 523 ; P. et S. 94, 2, 70]. — Du reste, les époux peuvent s'entendre entre eux sur la garde des enfants; et le juge doit respecter leur accord, s'il est, d'ailleurs, conforme à l'intérêt des enfants. — Même arrêt.

540. — La loi devait également songer aux besoins des époux durant l'instance en divorce, et aussi aux avances qui leur seront nécessaires pour soutenir cette instance. L'article 238 n'a pas oublié ce point, et il déclare que le président *a la faculté de statuer également, s'il y a lieu, sur la demande d'aliments.* Aujourd'hui, la demande d'aliments peut être formée non seulement par la femme, mais encore par le mari, s'il est dénué de ressources personnelles et si la femme peut venir à son aide, par exemple, au moyen du commerce ou de l'industrie qu'elle exercerait. — Voir en ce sens : Trib. de Lyon, 2 déc. 1889 [*Monit. judic. de Lyon*, 16 mars 1888] ; — Trib. de Nancy, 24 juin 1895 [*Rec. des arr. de Nancy*, 1895, p. 246] ; — *Sic :* Carpentier, *loc. cit.*, t. II, n° 70 ; — Vraye et Gode, *loc. cit.*, t. II, n° 73 ; — Coulon, *loc. cit.*, t. IV, p. 300 ; — Goirand, *loc. cit.*, p. 152 ; — Bonjean, *loc. cit.*, n°s 731 et s.

541. — La somme accordée pour aliments par le président, n'a qu'un caractère provisoire ; ainsi, le tribunal pourrait réduire celle allouée à la femme, si les ressources du mari venaient à diminuer ; même la supprimer, au cas où la femme, au moyen de biens par elle recueillis depuis, serait en mesure de pourvoir à ses besoins, — Voir sur ces points : Orléans, 3 avril 1889 [D. 89, 2, 184] ; — Trib. de la Seine, 3 mai 1890 [*Journ.le Droit*, 30 mai 1890].

542. — L'ordonnance du président ayant un caractère provisoire, comme nous venons de le préciser, pourrait bien servir de base à une saisie-arrêt au préjudice du mari ; mais elle ne saurait conférer hypothèque comme un véritable jugement. — Tribun. Seine, 24 mars 1891 [*Gaz. des Trib.*, 21 avril 1891] ; — 8 mai 1896 [*Ibid.*, 24 sept. 1896]; — 1er fév. 1894 [*Journ. le Droit*, 29-30 sept. 1894].

543. — Nous venons de dire que les époux ont besoin d'avances pour soutenir l'instance en divorce qui va se dérouler ; le président a-t-il le droit de statuer sur ce point, c'est-à-dire sur la provision *ad litem* suivant l'expression consacrée ? L'article 238 est muet à cet égard et il parle seulement d'*aliments* ; cependant on admet généralement, et avec raison, que dans le mot « aliments », on peut faire rentrer la provision *ad litem* ; toutefois, cette provision ne peut être accordée qu'à l'époux qui n'a pas les ressources nécessaires pour parer aux frais du procès en divorce. — Paris, 23 février 1893 [*Gaz. Pal.*, 93, 1, 64] ; — 13 avril 1893 [*Gaz. des Trib.*, 18 août 1893]. — Conf. Bonjean, *loc. cit.*, no 733 ; — Carpentier, *loc. cit.*, no 71 ; — Depeiges, *loc. cit.*, no 71 ; — Faivre et Coulon, *loc. cit.*,

t. IV, p. 361. — *Contra :* Vraye et Gode, *loc. cit.*, t. II, n° 583.

544. — Toutes les mesures dont nous venons de nous occuper n'étant que provisoires, elles ne sauraient acquérir l'autorité de la chose jugée; elles peuvent donc être modifiées ou rétractées en cours d'instance par le tribunal. Nous posons ici cette règle pour toutes ces mesures, comme nous l'avons posée pour les aliments au n° 541. — Cass., 6 fév. 1889 [D. 90, 1, 269 ; P. 91, 1, 947 ; S. 91, 1, 379] ; — Paris, 19 mars 1890 [D. 90, 2, 350] ; — Riom, 10 juil. 1895 [D. 96, 2, 373 ; P. et S., 96, 2, 113]. — *Sic :* Carpentier, *loc. cit.*, t. II, n° 76. — Voir aussi Trib. Seine, 16 juil. 1886, sous Paris, 19 mars 1890 [D. 90, 2, 350].

545. — Précisons que l'article 238 C. civ. déclare que l'époux demandeur en divorce devra user de la permission de citer qui lui a été accordée, dans un délai de vingt jours; qu'à défaut, les mesures provisoires ordonnées à son profit cesseront de plein droit.

546. — La jurisprudence reconnaît que l'époux cité devant un président qu'il prétend n'être point celui de son domicile, doit décliner la compétence de ce magistrat lorsqu'il comparaît devant lui pour l'essai de conciliation ; à défaut, le vice résultant de ce chef demeure couvert ; et le tribunal présidé par le président qui a rendu l'ordonnance sans protestation, reste lui-même définitivement compétent pour statuer sur l'instance en divorce. — Cass. 1er juin 1891 [D. 93, 1, 428 ; P. et S. 92, 1, 129] ; — Paris, 5 août 1886 [D. 87, 2, 117 ; P. 88, 1, 332 ; S. 88, 2, 55] ; — 5 février 1889 [D. 90, 2, 358 ; P. 89, 1, 210 ; S. 89, 2, 30] ; — 15 mars 1892 [D. 93, 2, 367 ; S. et P. 92, 2, 72] ; —

Grenoble, 2 mai 1891 [D. 92, 2, 561 ; P. et S. 93, 2, 177]; — Paris, 13 juin 1894 [*Droit* du 21 juillet 1894].

547. — Que doit faire le président, lorsque l'époux défendeur excipe de son incompétence? Deux systèmes sont en présence : suivant l'un, le président peut se prononcer sur l'exception ; suivant l'autre, il doit se borner à donner acte des conclusions d'incompétence et renvoyer devant le tribunal pour être statué. — Conf. en ce sens : Aix, 30 janvier 1905 [*Gazette des Trib*, du 25 février 1905]. — Dans ce dernier cas, l'époux défendeur, pour ne pas être déchu de son droit, doit-il relever appel de l'ordonnance rendue? Un arrêt de Grenoble du 2 mai 1891 [D. 92, 2, 560] a admis l'affirmative. Nous croyons, au contraire, avec l'arrêt de la Cour d'Aix que nous venons de citer, la solution inverse préférable. Comme le dit, en effet, exactement la Cour d'Aix, l'époux défendeur ne saurait être tenu de déférer à la juridiction d'appel « sur un point distinct des mesures provisoires ordonnées, une décision qui ne juge rien et qui, loin de lui faire grief, réserve formellement ses droits. »

548. — D'après l'article 238, « *l'ordonnance du président est exécutoire par provision ; elle est susceptible d'appel dans les délais fixés par l'article 809 du Code de procédure civile* », c'est-à-dire dans le délai de quinzaine accordé pour l'appel des ordonnances de référé par ce dernier article. Avant le nouvel article 238 précité, il existait une grande controverse sur la question de savoir si l'ordonnance du président était susceptible d'appel, soit au point de vue de la permission d'assigner en divorce, soit en ce qui concernait les mesures provisoires. La loi du 16 avril 1886, à la-

quelle est dû le nouvel article 238 C. civ., a fait disparaître toutes les discussions qui s'étaient produites
sous l'ancienne législation. Ainsi, aujourd'hui, l'ordonnance du président portant permission de citer en
divorce et statuant sur les mesures provisoires est
exécutoire par provision et susceptible d'appel dans le
délai précité. La Cour de Douai a eu à se prononcer
en ce qui concerne la garde des enfants. — Douai,
17 mai 1897 [*Loi* du 27 juin 1897].

549. — Mais l'appel ne sera pas possible contre la
disposition de l'ordonnance accordant la permission de
citer en divorce. Au contraire, il serait permis si l'ordonnance refusait la permission de citer, ou si elle im-
posait au demandeur un délai supérieur à vingt jours.
— Grenoble, 2 mai 1891 [D. 92, 2, 561; P. et S. 93,
2, 177].

L'appel devrait être formé par voie de requête, puisque l'appelant n'a pas un contradicteur à qui il puisse
le signifier par un exploit. — Pau, 26 janv. 1881 [P. 81,
1, 713; S. 81, 2, 140]; — Besançon, 21 nov. 1894 [*Gaz.
Pal.* 14 déc. 1894]; — *Sic* : Garsonnet, *loc. cit.*, t. V,
§ 961, note 4, p. 183; — Crépon, *Traité de l'appel*,
n° 2389.

L'exécution provisoire sera accordée par l'ordonnance. — Paris, 19 fév. 1812 [P. et S. chr.].

3° Ordonnance autorisant les mesures conservatoires.

550. — L'article 242 C. civ., ainsi modifié par la
loi du 18 avril 1886, déclare que « *l'un ou l'autre des*

époux peut, dès la première ordonnance et sur l'auto-
risation du juge, donnée à la charge d'en référer,
prendre pour la garantie de ses droits des mesures
conservatoires, notamment requérir l'apposition des
scellés sur les biens de la communauté. » — Le même
droit appartient à la femme même non commune, pour
la conservation de ceux de ses biens dont le mari a
l'administration ou la jouissance Ainsi, outre les or-
donances dont nous nous sommes ci-dessus occupés, le
président, en matière de séparation de corps ou de divorce, peut en rendre une autre pour autoriser des
mesures conservatoires dans l'intérêt de l'un ou l'autre des époux. Ici, le magistrat n'accorde sa permission qu'à la charge d'en référer, se réservant ainsi le
droit de statuer lui-même sur les difficultés auxquelles
elle pourrait donner lieu. Il pourra statuer notamment
sur ces difficultés, le cas échéant, lorsque, ayant permis la mesure dès sa première ordonnance, comme le
dit le texte, les époux comparaîtront devant lui pour
l'essai de conciliation. — Voir : Huc, *loc. cit.*, t. II,
n° 355 ; — Vraye et Gode, *loc. cit.*, t. II, p. 87 ; —
Goirand, *loc. cit.*, p. 226 ; Garsonnet, *loc. cit.*, t. IV,
§ 1366, p. 491.

Les mesures dont parle l'article 242 peuvent être autorisées maintenant à la demande de chaque époux et
même au profit de la femme non commune en biens.
Mais elles doivent être ordonnées par le tribunal, si
elles sont demandées lorsque l'instance en divorce ou
en séparation de corps est déjà introduite. Enfin, l'apposition des scellés n'est plus là seule mesure conservatoire permise avec l'inventaire, car l'article 242 ne
les donne qu'à titre d'indication ; et toute autre mesure

pourra être autorisée, s'il y a lieu, notamment la saisie-arrêt.

551. — Ainsi, d'après le nouvel article 242, le mari,
comme la femme, peut être autorisé à faire apposer
les scellés, s'il a intérêt à faire remplir cette mesure ;
et la femme, quel que soit le régime adopté par le contrat, a le droit d'y recourir pour la conservation de
ses droits et reprises. — Voir Alger, 1er mars 1893
[D. 93, 2, 520].

Par les deux époux aussi, suivant l'article 242 précité, l'inventaire pourra être exigé. S'il se trouve des
papiers et des titres, ils seront ou non inventoriés, suivant qu'ils intéresseront les droits communs des époux
ou qu'ils seront la propriété exclusive de l'un d'eux ;
dans ce dernier cas, ils seront remis à l'époux propriétaire. — Voir Paris, 2 mars 1886 [D. 87, 2, 200].

D'après la disposition finale de l'article 242, l'époux
qui est en possession des objets inventoriés en sera
constitué gardien judiciaire, s'il n'en est décidé autrement. Au cas de difficulté à cet égard, le juge des référés la tranchera, conformément aux articles 943 et
944 C. pr. civ. — Voir Depeiges, *loc. cit.*, n° 83 ; —
Vraye et Gode, *loc. cit.*, n° 605 ; — Bonjean, *loc. cit.*,
n° 746.

Le tiers ou l'époux constitué gardien des objets inventoriés doit évidemment les conserver en nature afin de
pouvoir les représenter. Si c'est le mari qui a été constitué gardien et s'il s'agit d'objets appartenant à la
communauté, on a soutenu qu'il avait le droit de les
aliéner, parce que le fait de l'apposition des scellés et
de l'inventaire ne saurait le dépouiller de son droit
sur les biens communs — Paris, 2 mars 1886 [D. 87,

2, 200]. — Cette opinion doit être repoussée, car l'article 242 nouveau du Code civil n'a pas reproduit la disposition de l'article 270 ancien qui semblait bien reconnaître ce droit au mari. Du reste, on doit faire remarquer que la solution que nous combattons aboutirait à ruiner la femme en cas d'insolvabilité soit réelle soit fictive du mari; au surplus le mari devient désormais *gardien*, ce qui fait qu'il cesse d'être administrateur avec droit de disposition. Enfin, si l'on objecte que la femme pourra faire annuler les aliénations, ce remède sera le plus souvent illusoire, puisque l'on est d'avis dans l'opinion opposée que les tiers acquéreurs de bonne foi seront à l'abri. Il convient donc d'admettre avec un arrêt de Paris du 26 mars 1885 [*Dalloz*, suppl., t V, p. 374] que ce qui prédomine en l'espèce c'est la qualité nouvelle de gardien judiciaire donnée au mari, qui doit comme tel représenter le mobilier en nature. — Conf. en ce sens : Bonjean, *loc. cit.*, n° 570 ; — Laurent, *loc. cit.*, III, n° 265 ; — Vraye et Gode, *loc. cit.*, n° 607 ; — Despeiges, *loc. cit.*, n° 83 ; — Conf. Cass., 12 août 1869 [*Dalloz*, *loc. cit.*, p. 375]. — Il faut toutefois faire une exception à la règle qui vient d'être posée, relativement aux choses qui se consomment par l'usage et aux marchandises des fonds de commerce.

552. — Le président pourrait encore autoriser, le cas échéant, une saisie-arrêt à pratiquer par l'un des époux, notamment par la femme, pour assurer le paiement de ses reprises. — Conf. jugement de Carcassonne du 16 nov. 1893 [*Gaz. des Trib.* du 29 mars 1894]. Il en serait de même du dépôt à la Caisse des dépôts et consignations, lorsque l'inventaire contiendra des espèces dont on pourrait craindre la disparition en l'absence de cette mesure.

Egalement sera permise la nomination d'un séquestre chargé d'administrer provisoirement et pendant l'instance, soit les biens de la femme, soit ceux de la communauté. Toutefois ce pouvoir a été contesté au président par une opinion d'après laquelle le mari est chef et administrateur de la communauté de par tous les textes et les principes généraux du contrat de mariage; en sorte que des nécessités d'ordre public s'opposent à ce qu'on lui enlève, durant l'instance en divorce, les pouvoirs qu'il tient de sa qualité même de mari pour en investir un tiers. Il faudrait pour cela une disposition législative formelle. — Conf. Lyon, 25 mai 1892 [D. 92, 2, 535]; — Paris, 30 oct. 1894 et 13 fév. 1896 [S. 96, 2, 92; *Gaz. du Palais*, 15 avril 1896]; — Orléans, 25 fév. 1897 [*Loi* du 11 mars 1897]; — Cass., 26 mars 1889 [D. 89, 1, 444].

Un arrêt de la Cour de Paris du 13 avril 1889 [D. 92, 2, 552] admet non la nomination d'un *séquestre*, car ce serait dépouiller totalement le mari de ses droits de chef de la communauté, mais d'un *gardien judiciaire* des valeurs communes, avec pouvoir de faire à la femme des remises sur ces valeurs. M. Bonjean fait observer avec raison qu'on ne voit pas très bien la différence qui existerait entre ce tiers gardien et un séquestre proprement dit *(loc. cit.)*.

Il faut donc admettre que la nomination d'un séquestre proprement dit est autorisée au cas qui nous occupe, car l'article 242 ne prescrit pas d'une façon limitative les mesures conservatoires à autoriser. Tout au contraire, le terme *notamment* montre d'une façon évidente que l'apposition des scellés est donnée à titre d'exemple et que, par suite, s'il y a lieu, on pourra recourir à toutes les mesures conservatoires que la situation comporte et par suite à l'établissement du séquestre. — Conf. Paris, 31 mars 1886 [*Gaz. des Trib.* du 26-27 avril 1886]; — Dijon, 11 juin 1887 [*Fr. jud.*, XI, 2, 235]; — Bonjean, *loc. cit.*, n° 760; — Depeiges, *loc. cit.*, n°s 81 et 82]; — Carpentier. *loc. cit.*, n°s 97 et 98. — Conf. ce qui sera dit au tome II de cet ouvrage (L. I, ch. V) à propos de la même question qui se pose en matière de référé.

553. — FORMULE *de la requête aux fins de divorce.*

A Monsieur le président du tribunal de première instance de......

La dame (*nom, prénoms, profession et domicile de la demande-resse*), épouse du sieur (*nom, prénoms, profession et domicile du mari*), ayant pour avoué Me....., a l'honneur de vous exposer qu'elle a contracté mariage avec ledit sieur....., le... . et que cette union n'a pas tardé à devenir malheureuse pour elle; qu'en effet, son mari, d'un caractère brutal et emporté, s'est livré bientôt contre elle et se livre encore à des excès et sévices tellement graves que sa santé et même sa vie se trouvent compromises; que ces excès et sévices se sont renouvelés plusieurs fois; qu'ainsi, notamment (*indiquer en général les faits reprochés au mari et de nature à motiver le divorce*); que, dès lors, l'exposante est dans la nécessité de former contre son dit mari une demande en divorce. En conséquence, et à cet effet, en vous présentant en personne sa requête, conformément aux prescriptions de l'article 234 du Code civil, l'exposante conclut à ce qu'il vous plaise, Monsieur le président, ordonner qu'elle comparaîtra avec son mari devant vous, aux jour, lieu et heure que vous voudrez bien fixer, pour être, tous les deux, par vous entendus; lui permettre, par suite, de faire citer son dit mari

à ces fins et commettre un huissier pour la citation à lui notifier ;
enfin, l'autoriser à résider provisoirement chez ses parents
à.....; le tout en vertu des articles 235 et 236 du Code civil.

Présenté en personne par l'exposante au palais de justice,
à. ..., le.....

Signature de l'avoué.

ORDONNANCE.

Nous, président du tribunal de première instance de.....,
assisté de M....., greffier,

Vu la requête qui précède présentée en personne par l'exposante, et les faits y énoncés, ensemble les articles 234, 235
et 236 du Code civil, après avoir entendu la dame exposante et
lui avoir fait les observations que nous avons jugé convenable, ordonnons qu'elle comparaîtra, avec ledit sieur....., son
dit mari, devant nous, le....., à l'heure de....., en notre
cabinet. au palais de justice dudit tribunal, pour l'essai de conciliation ; l'autorisons, par suite, à faire citer son dit mari à ces
fins par Me....., huissier, que nous désignons à cet effet ; lui
permettons provisoirement de résider à....., chez ses parents.

Donné au palais de justice à....., le.....

Signatures du président et du greffier.

Si le divorce est demandé par le mari, la requête
sera la même, seulement les rôles y seront intervertis.
En général, le mari n'aura pas à demander le divorce
pour excès, sévices ou injures graves de sa femme, et
sa demande se basera ordinairement sur l'inconduite
et l'adultère de celle-ci ; dans ce cas, la requête donnera pour motif de la demande cet adultère, dont les
détails devront être indiqués.

Dans tous les cas, attendu que l'article 234 actuel ne
porte pas, comme l'article 236 ancien, que la requête
détaillera les faits, le demandeur, nous l'avons dit

ci-dessus, pourra se borner à y donner les motifs de
sa demande sans les détailler ; mais il est nécessaire
que le président soit mis en mesure d'interroger les
parties. Il ne faut pas, d'ailleurs, oublier que tout
motif nouveau et d'une nature absolument différente,
ne saurait plus tard être invoqué ; ainsi, l'époux qui
s'est borné, dans sa requête, à invoquer des excès,
sévices et injures graves, ne pourrait pas ensuite arti-
culer des faits d'adultère.

554. — ORDONNANCE *permettant de citer en divorce, après
inutile essai de conciliation.*

Nous, président du tribunal de première instance de....,
assisté de M....., greffier, après avoir entendu en personne
la dame (*nom et prénoms*), demanderesse en divorce et le sieur
(*nom et prénoms du mari*), son mari, défendeur, en leurs explications, et après avoir vainement essayé de les concilier ; vu
la demande d'aliments faite par ladite dame, qui justifie se
trouver sans ressources, et aussi d'une provision *ad litem ;* vu
encore sa demande tendant à avoir la garde de l'enfant issu du
mariage et à reprendre ses effets personnels ; vu l'article 238 du
Code civil, constatons la non conciliation des époux et autorisons,
en conséquence, ladite dame à intenter son action en divorce
devant ledit tribunal ; ce faisant, la maintenons dans la résidence que nous lui avions déjà fixée ; disons que la garde de
l'enfant issu du mariage et âgé de....., lui sera provisoirement
confiée et que son dit mari sera tenu de lui payer, à titre d'aliments, une somme de..... par mois et d'avance, à partir du.....
jusqu'à l'évacuation de l'instance en divorce et, en outre, une
somme de..... comptant pour parer aux frais du procès ; condamnons enfin son dit mari à lui remettre immédiatement
(*indiquer les hardes, linges et effets à remettre à la demanderesse*) ;
disons que la présente sera exécutoire par provision.

Donné au palais de justice à....., le.....

Signatures du président et du greffier.

L'article 238 ne dit pas que la citation en divorce
sera notifiée par huissier commis, comme elle le prescrit pour la citation aux fins de conciliation (art, 235,
237); mais le président pourrait, ici, également commettre un huissier. —Voir Vraye et Gode, *loc. cit.*, t. I,
p. 241; — Coulon, *loc. cit.*, p. 143; — Garsonnet,
loc. cit., t. VII, § 2732.

555. — FORMULE *de la requête présentée par l'avoué de la
femme pour demander des mesures conservatoires et spécialement
l'autorisation de faire apposer les scellés.*

A Monsieur le président du tribunal de première instance de.....

La dame (*nom, prénoms, profession et domicile*), épouse du sieur
(*nom, prénoms, profession et domicile du mari*), ayant Mᵉ.....
pour avoué, a l'honneur de vous exposer qu'à suite de la requête
en divorce qu'elle vous a présentée, vous l'avez, par votre
ordonnance en date du....., autorisée à faire citer son dit
mari, à l'effet d'avoir, avec elle, à comparaître devant vous, en
votre cabinet, au palais de justice à....., le....., à l'heure
de......, pour l'essai de conciliation qui doit précéder la
demande en divorce qu'elle se propose de former contre lui au
cas de non conciliation; mais qu'en l'état il lui importe, pour
sauvegarder ses droits, de faire apposer les scellés sur les effets
et meubles de la communauté qui existe, aux termes de son
contrat de mariage (ou à défaut de contrat) entre elle et son dit
mari, effets et meubles renfermés dans..... En conséquence,
l'exposante conclut à ce qu'il vous plaise, Monsieur le président, conformément aux dispositions de l'article 242 du Code
civil, l'autoriser, à charge d'en référer, à faire apposer par M. le
juge de paix de..... lesdits scellés sur lesdits effets renfermés
dans lesdits locaux, avec exécution de votre ordonnance sur
minute, vu l'urgence.

Présenté à....., le.. ..
Signature de l'avoué.

ORDONNANCE.

Nous, président du tribunal de première instance de....,
Vu la requête qui précède et les faits y énoncés, ensemble
l'article 242 du Code civil, permettons à l'exposante de faire
apposer par M. le juge de paix de....., lesdits scellés sur les
effets de ladite communauté, renfermés dans..... et, vu l'urgence, autorisons l'exécution de notre ordonnance sur minute,
à la charge de nous en référer, s'il y a lieu, suivant les
prescriptions de l'article précité.

Donné au palais de justice (ou en notre hôtel) à....., le.....

Signature du président.

La requête et l'ordonnance en vue de la levée des
scellés et de l'inventaire sont rédigées dans la même
forme, en appropriant à la demande l'exposé et les conclusions de l'une et le dispositif de l'autre.

Il en serait de même pour la requête et l'ordonnance,
au cas de séquestre.

Dans tous les cas, la requête est présentée et signée
par l'avoué, et le président, vu l'urgence, déclare son
ordonnance exécutoire sur minute; dès lors, le magistrat n'a besoin ni de l'assistance ni de la signature du
greffier, et la décision rendue n'est ni déposée au greffe
ni, par conséquent, expédiée.

§ 4. — Ordonnance exigée pour l'action en séparation de corps

556. — Aux termes de l'article 306, C. civ, ainsi
modifié par la loi du 24 juillet 1884, « *dans le cas où il y
a lieu à la demande en divorce, il sera libre aux époux
de former une demande en séparation de corps.* » Ce

qui veut dire qu'aujourd'hui les causes de la demande
en séparation de corps et de la demande en divorce sont
absolument les mêmes, puisque les époux sont libres
d'opter entre les deux voies. Pourtant, nous devons
préciser que la Cour de cassation reconnaît aux juges
le pouvoir de décider que tels faits jugés assez graves
pour entraîner une séparation de corps, ne sont pas
cependant de nature à motiver le divorce. — Cass.,
11 janv. 1887 [D. 87, 1, 334; P. 88, 1, 917; S. 88, 1,
374]; — Sic : Huc, loc. cit., t. II, n° 436 ; — Planiol,
Revue critique 1889, p. 550.

557. — L'article 307, C. civ., ainsi modifié par la
loi du 18 avril 1886, déclare ensuite que la demande en
séparation de corps « sera intentée, instruite et jugée
de la même manière que toute autre action civile; néanmoins les articles 236 à 244 lui seront applicables;
elle ne pourra avoir lieu par le consentement mutuel
des époux. — Le tuteur de la personnne judiciairement
interdite peut, avec l'autorisation du conseil de famille,
présenter la requête et suivre l'instance à fin de séparation. »

La procédure de l'action en séparation de corps se
rapproche sur bien des points de celle de l'action en
divorce; mais elle s'en sépare sur certains que nous
allons indiquer, bien entendu en ne nous occupant encore, ici, que de ce qui a trait à l'intervention du président.

558. — Comme l'action en divorce, l'action en séparation de corps est introduite par voie de requête présentée au président du tribunal.

Mais, ici, cette requête est régie par l'article 875,
C. proc. civ., qui est ainsi conçu : « L'époux qui

voudra se pourvoir en séparation de corps sera tenu de présenter au président du tribunal de son domicile, requête contenant sommairement les faits ; il y joindra les pièces à l'appui, s'il y en a ». Nous remarquons, tout d'abord, que cet article n'exige pas que la requête soit présentée par le demandeur en personne; et par suite, le président n'aura pas à lui faire ses observations, double formalité exigée, pour le divorce, par les articles 234 et 235, C. civ. Le législateur n'a pas rendu applicables à la séparation de corps ces deux textes, probablement parce qu'il l'a regardée comme moins grave que le divorce. — Trib. de Bayonne, 7 août 1894 [*Loi* du 16 nov. 1894]. — Huc, *loc. cit.*

559. — Une autre conséquence de la non-application de l'article 234 à la séparation de corps c'est que le président n'aura pas à se transporter chez l'époux qui demande la séparation de corps et qui se trouve empêché de comparaître, puisque celui-ci n'a pas à remettre lui-même sa requête, et qu'il peut charger de ce soin son avoué. — Huc, *loc. cit.*

560. — Mais, tandis que l'article 234, C. civ., se borne à déclarer que le demandeur en divorce présente sa requête, l'article 875, C. proc. civ., précise que le demandeur en séparation de corps présente sa requête *contenant sommairement les faits,* en y joignant les pièces à l'appui s'il y en a. Le demandeur en séparation de corps devra donc détailler dans sa requête les faits sur lesquels il se base.

561. — D'après l'article 876, C. proc. civ., « *la requête sera répondue d'une ordonnance portant que les parties comparaîtront devant le président au jour qui sera indiqué par ladite ordonnance.* »

1° **Ordonnance prescrivant la comparution des époux devant le président aux fins du préliminaire de conciliation.**

562. — Le président compétent pour rendre l'ordonnance et auquel, par suite, la requête doit être adressée, est celui du tribunal du domicile du mari, tribunal compétent pour connaître de la demande en séparation de corps ; nous avons vu qu'il en est de même en matière de divorce. Le président, à cette requête, dressée et présentée par l'avoué, répond par l'ordonnance indiquée par l'article 876, C. proc. civ. précité, dans laquelle il déclare que les parties comparaîtront devant lui aux jour, heure et lieu qu'il indique.

563. — Nous avons vu qu'en matière de divorce le président peut, dès cette première ordonnance, autoriser l'époux demandeur à avoir une résidence séparée de celle de son conjoint. Le magistrat a-t-il le même pouvoir en matière de séparation de corps ? Il l'a, sans nul doute, car l'article 236, C civ., qui le confère a été déclaré applicable à la séparation de corps par l'article 307 du même code.

564. — D'autre part, la citation à fin de comparaître sera donnée dans les conditions prescrites par l'article 237 également applicable à la séparation de corps Or ce texte veut que la requête et l'ordonnance soient signifiées en tête de cette citation donnée à l'époux défendeur trois jours au moins avant le jour fixé pour la comparution, outre les délais de distance, et remise sous pli cacheté. D'autre part, cet article exige

I.   21

que la citation soit signifiée par l'huissier que le président a commis dans l'ordonnance, suivant l'article 235. Mais cette dernière formalité n'est point, ici,
nécessaire, attendu que ce dernier texte n'a pas été
déclaré applicable à la séparation de corps. Donc,
dans son ordonnance, le président n'est pas obligé de
commettre un huissier pour signifier la citation aux
fins du préliminaire de conciliation. — Huc, *loc. cit.* ;
— Baudry-Lacantinerie, *loc. cit.*, n° 780. — Voir
cependant, en sens contraire : Carpentier, *loc. cit.*,
t. II, n° 286.

565. — D'après l'article 877, C. proc. civ., « *les
parties seront tenues de comparaître en personne,
sans pouvoir se faire assister d'avoués ni de conseils.* »
Et l'article 878 ajoute : « *le président fera aux deux
époux les représentations qu'il croira propres à opérer un rapprochement ; s'il ne peut y parvenir, il
rendra, en suite de la première ordonnance, une
seconde portant qu'attendu qu'il n'a pu concilier les
parties il les renvoie à se pourvoir.* « On le voit, les
choses se passent comme en matière de divorce.

2° **Ordonnance autorisant le demandeur à assigner en séparation
de corps devant le tribunal, à défaut de conciliation.**

566. — Si le président parvient à une conciliation,
aucun procès-verbal ne doit être dressé, afin qu'aucune
trace ne reste de la mésintelligence qui un moment a
régné entre les époux.

567. — Si le rapprochement ne peut être opéré, le
président rend une seconde ordonnance constatant qu'il

a fait aux deux époux les représentations propres à
opérer un rapprochement, mais qu'il n'a pu les concilier et autorisant le demandeur à se pourvoir devant
le tribunal, c'est-à-dire à assigner le défendeur en
séparation de corps. L'article 878, C. proc. civ. précité déclare que le président autorisera, par la même
ordonnance, la femme à procéder sur la demande ;
cette dernière disposition est devenue inutile, car
l'article 307, C. civ., a déclaré l'article 238 du même
Code applicable à la séparation ; or ce dernier texte se
borne à déclarer que le président autorise le demandeur à assigner devant le tribunal, et, d'autre part,
il précise que la femme, par le fait de l'ordonnance,
est autorisée à faire toutes procédures pour la conservation de ses droits et à ester en justice jusqu'à la fin
de l'instance.

568. — Par cette seconde ordonnance, le président
statue sur les mesures provisoires, comme nous
l'avons vu pour le divorce, en exécution de l'article 238, C. civ., rendu applicable à la séparation de
corps. Mais, dans la première, il a pu déjà autoriser la
femme à résider dans le lieu qu'il fixe, par application
de l'article 236, C. civ. Comme en matière de divorce,
faute par l'époux demandeur d'avoir cité en séparation
de corps sous les vingt jours fixés par l'article 238,
C. civ., les mesures provisoires ordonnées à son profit
cesseront de plein droit.

569. — Ce même article 238 autorise le président
à ajourner les parties à un délai qui n'excède pas
vingt jours, avant d'autoriser à citer en divorce, sauf
à ordonner les mesures provisoires nécessaires. Pour
la séparation de corps, le président jouit de la même

faculté, en vertu du même article applicable à la matière.

570. — Si le défendeur prétend que le président devant lequel il a été cité aux fins de conciliation est incompétent à raison du domicile, il doit opposer l'exception d'incompétence *in limine litis*, devant ce magistrat; cette exception sera couverte s'il fournit ses explications sans la proposer; et, par suite, le tribunal lui-même se trouvera définitivement saisi. — Voir les autorités et les décisions que nous avons citées ci-dessus à propos du divorce, où la question s'est aussi présentée.

571. — Nous avons indiqué, en parlant des ordonnances rendues en matière de divorce, la voie de recours autorisée contre elles; cette voie de recours, qui est l'appel, est également recevable en matière de séparation de corps.

572. — Pas plus qu'en matière de divorce, l'ordondonnance pour citer en conciliation ne peut être refusée par le président, car il empêcherait ainsi l'action en séparation de corps et commettrait un déni de justice; pour ce motif, le demandeur pourra se pourvoir au cas de refus, tandis que le défendeur ne le pourra pas; il en sera de même quant à l'ordonnance pour assigner ensuite devant le tribunal; mais, dans tous les cas, cette dernière ordonnance sera susceptible d'appel du chef des deux parties, en ce qui concerne les mesures provisoires.

573. — FORMULE *de la requête en séparation de corps.*

A Monsieur le président du tribunal de première instance de .....

La dame (*nom, prénoms, profession et domicile*), épouse du sieur

(*nom, prénoms, profession et domicile du mari*), ayant pour avoué
M⁰....., a l'honneur de vous exposer qu'elle a contracté mariage avec ledit sieur..... le ....; que, depuis, elle a eu de
nombreux sujets de plainte contre lui et que, dans plusieurs
circonstances récentes, il s'est livré contre elle à des excès et
sévices tels que sa santé s'est trouvée compromise; que notamment (*indiquer en détail chacun des faits de nature à motiver la
séparation de corps, avec leurs circonstances et les dates*); que
dans ces circonstances l'exposante se voit dans la nécessité
de former contre son dit mari une demande en séparation
de corps. En conséquence, elle conclut à ce qu'il vous plaise,
Monsieur le Président, conformément aux articles 875 et 876
du Code de procédure civile, l'autoriser à faire citer son dit
mari à comparaître devant vous aux jour, lieu et heure que
vous voudrez bien fixer, pour être entendu contradictoirement
avec elle sur la demande qu'elle se propose d'intenter contre
lui; et, au cas de non conciliation, voir autoriser l'exposante à
former sa dite demande; ce faisant et conformément à l'art. 236,
C. civ., lui permettre, dès à présent, de se retirer provisoirement chez ses parents à....., avec exécution de votre ordonnance sur minute, vu l'urgence.

Présenté au palais de justice à....., le.....

Signature de l'avoué.

ORDONNANCE.

Nous, président du tribunal de première instance de.....,
assisté de M....., greffier,

Vu la requête qui précède et les faits y énoncés, ensemble
les articles 875 et 876 du Code de procédure civile et l'art. 236
du Code civil, ordonnons que l'exposante et le sieur....., son
mari, comparaîtront devant nous le....., à l'heure de....., en
notre cabinet, au palais de justice à....., pour s'expliquer sur
les faits énoncés en ladite requête; autorisons l'exposante à
se retirer provisoirement chez ses parents, à..... et permettons
l'exécution de la présente sur minute, vu l'urgence.

Donné au palais de justice à....., le.....

Signatures du président et du greffier.

574. — ORDONNANCE *autorisant la femme à assigner devant le tribunal, au cas de non conciliation.*

Nous, président du tribunal de première instance de....., assisté de M..... greffier, après avoir entendu les parties et leur avoir fait nos représentations sans avoir pu opérer un rapprochement, autorisons la dame..... à citer ledit sieur......, son mari, en séparation de corps devant ledit tribunal ; ce faisant, maintenons ladite dame dans la résidence que nous lui avons provisoirement fixée (*statuer également sur les mesures provisoires pouvant être demandées en ce qui concerne la garde des enfants, les aliments, la provision* ad litem *et la remise des effets personnels, comme dans la formule donnée pour le divorce*).

Donné au palais de justice à....., le.....

Signatures du président et du greffier.

Quant à la requête et à l'ordonnance relatives aux mesures conservatoires, on se rapportera à la formule ci-dessus donnée à propos du divorce.

§ 5. — **Ordonnance nommant un juge rapporteur et prescrivant la communication des pièces au ministère public, dans les demandes portées devant la chambre du conseil.**

575. — Le tribunal est appelé à se prononcer, en chambre du conseil, sur de nombreuses affaires qui ne comportent point la publicité de l'audience ; dans ces divers cas, il statue plutôt comme un tribunal de famille, ordonnant des mesures de protection dans l'intérêt des incapables ou des absents, accordant des autorisations pour certains actes qui, sans son intervention, seraient nuls ou engageraient la responsabilité de celui qui les accomplirait. C'est ainsi qu'il intervient notamment, en vertu des articles 863 et 864, C. proc. civ., pour autoriser une femme à poursuivre ses droits, lorsque son mari est en état d'absence ou interdit; pour homologuer les délibérations du conseil de famille, aux termes des articles 885 et 886, même Code; pour les poursuites en interdiction, conformément à l'article 891, même Code; pour l'envoi en possession des biens d'un absent, suivant l'article 859, même Code; pour autoriser la vente des immeubles des mineurs, des biens dotaux dans le cas où elle est autorisée par la loi, des biens dépendant d'une succession bénéficiaire ou vacante, suivant les articles 959, 987, 988, 997, 1001, même Code.

Dans toutes ces hypothèses et autres semblables, car nous n'avons pas eu l'intention de donner une énumération complète, le tribunal est saisi par une requête qui est adressée, non plus au président, mais au tribunal lui-même. Cette requête est rédigée, signée et présentée par l'avoué de la partie, avec constitution dudit avoué. Elle expose au tribunal les faits qui la motivent, la demande à laquelle elle sert de base; puis, s'adressant au président, elle lui demande de vouloir bien commettre un juge chargé de faire son rapport et d'ordonner la communication des pièces au ministère public, pour être ensuite statué ce que de droit par le tribunal. Le président rend, à la suite, son ordonnance désignant le juge qui fera le rapport et ordonnant la communication des pièces au ministère public. Cette ordonnance est exécutoire sur minute, sans l'intervention du greffier. L'avoué la prend, la porte avec les pièces au parquet; obtient le visa du ministère public;

et ensuite remet le dossier au juge désigné, qui fera son rapport à une audience ultérieure.

576. — FORMULE *de la requête.*

A Messieurs les président et juges composant le tribunal de première instance de....., siégeant en chambre du conseil.

Le sieur (*nom, prénoms, profession et domicile du demandeur*), ayant pour avoué Mᵉ....., qu'il constitue près ledit tribunal aux fins de la présente et de ses suites, a l'honneur de vous exposer qu'à la suite de la mort du sieur (*nom, prénoms, profession et domicile*), son père, survenue le....., il a dû accepter sa succession sous bénéfice d'inventaire, ainsi que le constate sa déclaration faite au greffe dudit tribunal le.....; qu'à la suite de cette acceptation il a fait procéder à l'inventaire exigé par la loi, par Mᵉ....., notaire à....., le.....; qu'il dépend de la succession une maison sise à....., rue....., numéro.....; qu'il y a lieu de faire procéder à la vente de cet immeuble dans les formes prescrites et aux enchères publiques, conformément aux prescriptions des articles 987 et suivants du Code de procédure civile, sur la mise à prix qui sera fixée par le tribunal. En conséquence, l'exposant conclut à ce qu'il vous plaise, Monsieur le président, commettre un juge pour faire son rapport et ordonner la communication des pièces au ministère public, pour être ensuite statué par le tribunal ce qu'il appartiendra.

Présenté au palais de justice à.....; le.....

Signature de l'avoué.

ORDONNANCE.

Nous, président du tribunal de première instance de......
Vu la requête qui précède et les faits y énoncés, ensemble l'article 987 du Code de procédure civile, désignons M.....; juge, pour faire son rapport et ordonnons la communication des

pièces au ministère public, pour être ensuite statué par le tribunal ce que de droit.

Donné au palais de justice à......, le.....

Signature du président.

577. — L'ordonnance sollicitée ne peut pas être refusée par le président, puisqu'elle est nécessaire pour porter la demande devant le tribunal; cette ordonnance est, ici, de pure forme et rentre pleinement dans les attributions gracieuses du président chargé de l'administration générale de la justice Un recours serait ouvert au demandeur si, par impossible, sa requête était repoussée.

SECTION IV

Caractère spécial des ordonnances des deux sections précédentes. — Voies de recours.

578. — Les ordonnances de la section II accordant le permis d'assigner à bref délai, soit devant le tribunal de première instance, soit devant le tribunal de commerce, soit devant le président comme juge des référés, sont toutes de pure forme; elles émanent de la juridiction gracieuse du magistrat, dont la décision ne saurait, dès lors, être attaquée par le demandeur ou le défendeur : le premier, si sa demande est rejetée, pourra exercer son action en la forme ordinaire; le second n'a pas le droit de se plaindre si la permission est accordée, car le président a agi dans la plénitude

absolue de sa juridiction, sauf, nous l'avons vu, au cas
où il dispense du préliminaire de conciliation, faculté
qui n'est pas écrite en termes exprès dans l'article 72
C. proc. civ.

Les ordonnances de la section III ont, elles aussi, ce
caractère de pure forme, soit qu'elles autorisent la femme
à exercer ses droits ou à agir en séparation de biens,
soit qu'elles accordent à l'un des époux la permission
d'intenter contre l'autre une action en divorce ou en
séparation de corps. Mais, si elles sont encore gracieuses à l'égard du défendeur contre qui l'autorisation
est accordée, elles deviennent contentieuses vis-à-vis
du demandeur à qui cette autorisation est refusée,
puisque, par ce refus, il est mis dans l'impossibilité
d'exercer un droit qui lui est reconnu par la loi.

Enfin, les ordonnances aux fins de divorce ou de séparation de corps sont, en outre, contentieuses en raison des mesures qu'elles peuvent contenir; et voilà
pourquoi l'article 238, C. civ., a expressément accordé
le droit de les attaquer par la voie de l'appel.

Quant à l'ordonnance nommant le juge rapporteur
et prescrivant la communication des pièces au ministère public pour les jugements de la chambre du conseil, elle est absolument de pure forme et ne saurait
être refusée sans déni de justice.

SECTION V

Ordonnance constatant l'accord ou le désaccord des parties en matière d'accidents du travail.

579. — Il ne s'agit plus ici d'une autorisation à accorder pour intenter une instance, mais d'un essai de conciliation qui doit précéder son introduction. La loi du 9 avril 1898 concernant les responsabilités des accidents dont les ouvriers sont victimes dans leur travail, déclare dans son article 15 : « *Les contestations entre les victimes d'accidents et les chefs d'entreprise relatives aux frais funéraires, aux frais de maladie ou aux indemnités temporaires, sont jugées en dernier ressort par le juge de paix du canton où l'accident s'est produit, à quelque chiffre que la demande puisse s'élever.* »

Aux termes de l'article 16 de la même loi : « *En ce qui touche les autres indemnités prévues par la présente loi, le président du tribunal de l'arrondissement convoque, dans les cinq jours à partir de la transmission du dossier, la victime ou ses ayants droit et le chef d'entreprise, qui peut se faire représenter. — S'il y a accord des parties intéressées, l'indemnité est définitivement fixée par l'ordonnance du président qui donne acte de cet accord. — Si l'accord n'a pas lieu, l'affaire est renvoyée devant le tribunal qui statue comme en matière sommaire.* »

En cette matière, la loi a voulu éviter à toutes parties une instance devant le tribunal; et, à cet effet,

elle a imposé une tentative de conciliation devant le
président. Ce magistrat convoque donc les parties intéressées devant lui dans le délai imparti ; il fait ses
efforts pour amener un accord entre elles ; s'il réussit
à les concilier, il rend une ordonnance constatant cet
accord et fixant définitivement l'indemnité accordée à
la victime ou à ses ayants droit ; s'il ne peut les concilier, il constate la non-conciliation et les renvoie devant le tribunal. D'ailleurs, la conciliation doit toujours être tentée, car, ici, ne s'applique pas l'article 49,
C. proc. civ., d'après lequel certaines demandes, notamment celles intéressant l'État, les communes, les
établissements publics, les mineurs et interdits, sont
dispensées du préliminaire de conciliation.

Le président n'a qu'une mission de conciliation; il
n'a pas le droit de statuer au fond ; il ne saurait, par
exemple, comme l'a déclaré la Cour de Rouen, décider
que la loi de 1898 n'est pas applicable à l'espèce qui se
discute devant lui. — Rouen, 23 janvier 1901 [*Moni-
teur jud. Lyon*, 4 mai 1901].

Il n'a pas non plus le pouvoir d'accorder une provision à la victime de l'accident, car cette question touche
le fond.

580. — Le président doit convoquer les parties devant lui dans les cinq jours de la réception du dossier,
comme le prescrit l'article 16 ; mais il est libre de fixer
leur comparution au jour qui lui convient. La convocation peut avoir lieu par lettre ordinaire ou recom-
mandée, par l'intermédiaire du maire ou du commissaire de police. Toute liberté est laissée sur ces points
au magistrat, en présence du silence de la loi.

Le président peut ordonner une nouvelle comparution ultérieure si elle est nécessaire, lorsque, par exemple, les conséquences de l'accident ne peuvent pas être exactement déterminées lors de la première, ou que toutes les parties ne se sont pas présentées. Au cas où la blessure ne serait pas consolidée et où il ne serait pas possible d'en prévoir toutes les suites, le magistrat, en renvoyant la tentative de conciliation à un jour ultérieur, dresse un procès-verbal où il est constaté que le patron reconnaît le principe de la responsabilité, reconnaissance qui constitue un acte interruptif de la prescription.

La partie intéressée n'est pas autorisée à convoquer directement devant le président ; c'est à celui-ci seul qu'appartient le droit de convocation. Cependant, si aucune convocation n'était faite, la victime pourrait présenter, à ces fins, requête au magistrat, et citer ensuite devant le tribunal, si la convocation n'intervenait pas. Nous sommes, ici, en présence d'un cas où le président ne saurait opposer un refus ; et la partie, si par impossible il se produisait, n'aurait que le moyen que nous indiquons pour exercer son droit.

Les parties peuvent se faire représenter; mais elles doivent, à cet effet, donner un mandat régulier et spécial, car il s'agit d'une transaction. — Voir Besançon, 11 juillet 1900 [P. et S. 1901, 2, 193].

581. — Si l'accord intervient, le président le constate et son ordonnance le rend authentique. Mais, comme il s'agit d'une transaction, les parties doivent, pour le consentir valablement, être capables de transiger et avoir qualité ; ainsi, la Cour de Besançon, dans son arrêt précité du 11 juillet 1900, a décidé que, lorsque l'accident a eu lieu dans l'établissement d'une société anonyme, l'accord doit être passé avec celui qui a qualité pour engager cette société.

Du reste, la transaction intervenue ne saurait ensuite être attaquée pour cause d'erreur de droit ou de lésion. — Voir Pau, 14 juin 1900 [P. et S. 1901, 2, 235]; mais elle pourrait l'être pour erreur sur la personne ou l'objet de la contestation, ou pour dol ou violence. — Même arrêt. — Voir aussi Besançon, 6 mars 1901 [Mon. jud. de Lyon, 9 juillet 1901].

L'ordonnance constatant l'accord est susceptible d'opposition devant le président, au cas où elle a été rendue en l'absence de l'une des parties, ou d'appel si elle est contradictoire vis-à-vis de toutes. — Voir Rouen, 23 janv. 1901 [Mon. jud. de Lyon, 4 avril 1901]. — Voir, en sens contraire, arrêt de la Cour de Lyon du 7 juillet 1905 [Droit du 21 octobre 1905], qui décide que l'ordonnance est purement gracieuse, se borne à constater et authentiquer les accords des parties sans préjuger de leur validité, et, par suite, n'est pas susceptible d'appel. — Conf. en ce sens Sachet, Accidents du travail, t. II, p. 1196.

Peut-elle être revêtue de la formule exécutoire et avoir ainsi force d'exécution? Le tribunal de Thonon a répondu négativement dans une espèce où le débiteur n'avait pas signé l'accord. — Jugement du 5 mars 1902 [Gaz. Pal., 1902, 1, 504].

Mais, en supposant, ce qui sera le cas ordinaire, que l'accord a été signé par le débiteur, faut-il dire, avec le même jugement, que l'ordonnance du président est un acte de juridiction gracieuse et ne saurait, à ce titre, être revêtue de la formule exécutoire? L'article 49, C. proc. civ., déclare qu'au cas de conciliation devant le juge de paix, les conventions des parties, insérées au procès-verbal, ont force d'obligation privée, ce qui signifie qu'elles n'ont pas force exécutoire; dans ce cas, le législateur s'est expliqué et a dénié formellement à la transaction intervenue toute force exécutoire. Mais la loi de 1898 n'a rien dit à cet égard et n'a pas fait la déclaration que porte l'article 49, C. proc. civ.; donc rien ne défend au président de rendre son ordonnance exécutoire; ici, la loi a voulu éviter que l'affaire ne fût portée devant le tribunal; or, si la victime de l'accident est obligée de s'adresser à la justice pour obtenir paiement de la somme qu'elle a obtenue devant le président, le but du législateur ne sera pas atteint, puisque l'action qu'il a voulu éviter deviendra nécessaire.

Au cas où l'accord ne peut intervenir, ou bien si l'une des parties ne comparaît pas, le président en dresse procès-verbal et renvoie l'affaire devant le tribunal.

582. — FORMULE *du procès-verbal dressé et de l'ordonnance rendue, lorsque les parties se mettent d'accord sur le chiffre de l'indemnité.*

Par-devant nous, président du tribunal de première instance de....., en notre cabinet, au palais de justice à....., assisté de M....., greffier, ont comparu, sur l'invitation que nous leur avions adressée : 1° le sieur (*nom, prénoms, profession et domicile de la victime de l'accident*), lequel nous a dit qu'en travaillant comme ouvrier (*désigner le métier*) pour le compte du sieur (*nom, prénoms, profession et domicile de l'entrepreneur*) il a été victime d'un accident (*indiquer en quelques mots la date, le lieu et la nature de l'accident*), ainsi, d'ailleurs, que le constatent les indications du dossier à nous transmis; que dans cet accident il a reçu une blessure (*indiquer la blessure*) aujourd'hui en voie de guérison, mais qui lui a occasionné un grave préjudice dont réparation lui est due et qu'il réclame, à titre d'indemnité, de ce chef, une somme de.....; 2º le sieur (*nom, prénoms, profession et domicile de l'entrepreneur*), qui a répondu que, sans contester le principe de l'indemnité, il trouve exagérée la somme réclamée et qu'il offre celle de..... Après nos efforts pour concilier les parties, ledit sieur..... a réduit sa réclamation à la somme de..... et ledit sieur..... a consenti à la payer et ce, comptant. Et lesdites parties ont signé chacune le procès-verbal constatant leur accord, après lecture.

Signatures des parties.

ORDONNANCE.

Nous, président du tribunal de première instance de.....,
Vu l'article 16 de la loi du 9 avril 1898, ensemble l'accord des parties, leur donnons acte de cet accord; disons, en conséquence, que l'indemnité due audit sieur..... à raison de l'accident dont s'agit, demeure définitivement fixée à la somme de....., laquelle ledit sieur..... doit lui payer comptant, suivant son engagement.

Fait en notre cabinet, au palais de justice à....., le.....

Signatures du président et du greffier.

Le procès-verbal et l'ordonnance écrite à suite sont déposés au greffe et le greffier en délivre, s'il y a lieu, expédition à la victime; suivant notre opinion, l'expédition peut être délivrée en forme de grosse, c'est-à-dire revêtue de la formule exécutoire; en ce cas, le paiement de l'indemnité convenue peut être poursuivi par voie de commandement et de saisie. Si l'expédition ne porte pas la formule exécutoire, le paiement de l'indemnité ne pourra être obtenu qu'en vertu d'un jugement de condamnation.

Lorsque les parties ne peuvent s'entendre, le procès-verbal est dressé dans les mêmes formes; seulement la partie finale change ainsi que l'ordonnance, et la rédaction en est la suivante : Nous, président, n'ayant pu concilier les parties malgré tous nos efforts, renvoyons l'affaire devant le tribunal.

CHAPITRE III

Ordonnances pour la police de l'audience et la marche des instances en cours jusqu'à l'expédition du jugement.

SECTION PREMIÈRE

Ordonnances pour la police de l'audience.

583. — L'article 89, C. pr. civ. et les articles 267, 2° et 504 C. instr. crim. confient au président la police de l'audience. Le premier et le dernier de ces textes déclarent dans des termes différents que si un ou plusieurs individus ne gardent pas le silence, donnent des marques d'approbation ou d'improbation, soit à la défense des parties, soit aux discours des juges ou du ministère public, causent ou excitent du tumulte de quelque manière que ce soit, le président les fera expulser et, s'ils résistent, ordonnera de les arrêter et de les conduire dans la maison d'arrêt où ils seront retenus pour vingt-quatre heures. Ces mesures sont des actes de police et dépendent du pouvoir discrétionnaire du président ; elles n'exigent donc ni procédure, ni formalités, ni explications, ni défense ; les conclusions du ministère public ne sont pas même nécessaires. — Voir sur ces points : Cass., 6 août 1844 [P. 45, 1, 749 ; S. 44, 1, 577] ; — Le Sellyer, *Traité de la compétence et de l'organisation des tribunaux chargés de la répression*, t. II, n° 892-2 ; — Chassan, *Traité des délits et contraventions de la parole, de l'écriture et de la presse*, t. II, n° 2020 ; — Legraverand, *Traité de la législation criminelle en France*, t. I, p. 533.

584. — Ainsi, pour l'expulsion ou le dépôt dans la maison d'arrêt, il suffit d'un simple ordre du président délivré dans une forme quelconque. — Voir : Cass. 26 janv. 1854 [D. 55, 1, 431] ; — Chassan, *loc. cit.*, t. II, n° 2126.

585. — L'article 91, C. pr. civ. prévoit des faits plus graves : les juges peuvent être outragés, menacés. Dans ce cas, le président rend une ordonnance prescrivant l'arrestation du délinquant et il dresse un procès-verbal constatant les faits ; le délinquant est saisi à l'instant et déposé dans la maison d'arrêt, interrogé dans les vingt-quatre heures et jugé par le tribunal sur le vu du procès-verbal constatant le délit. L'interrogatoire prescrit par le texte constitue une formalité substantielle.

586. — L'article 92 vise le cas où un crime serait commis à l'audience. Si ce crime a eu lieu à l'audience d'un juge seul ou d'un tribunal sujet à appel, l'article 506, C. instr. crim., déclare que le juge ou le tribunal, après avoir fait arrêter le délinquant et

dressé procès-verbal des faits, enverra les pièces et le
prévenu devant les juges compétents. Tel est, dans ce
cas, le rôle du juge ou du tribunal, et il appartient
alors au procureur de la République, agissant d'office,
ou sur l'avis qui lui en a été donné, de faire transférer
le coupable devant le tribunal compétent, en adressant
les pièces de la procédure au greffe de ce tribunal. —
Massabiau, *Manuel du ministère public*, n° 460; —
Ortolan et Ledeau, *Du min. publ.*, t. II, n° 227. — Le
tribunal ou le juge n'a plus le droit de décerner un
mandat de dépôt, ainsi que le permettait l'article 92,
C. proc. civ. — Le Sellyer, *loc. cit.*, t. II, n° 909; —
Carnot, *Comment. sur le Code pénal* sur l'article 506,
n° 3.

SECTION II

Ordonnances pour la marche des instances en cours, jusqu'à l'expédition du jugement.

587. — Les instances en cours peuvent être l'objet
de jugements interlocutoires ou d'incidents qui retar-
deront ou suspendront leur marche; il faudra remplir
l'interlocutoire ordonné, vider l'incident et, ici encore,
le président intervient au moyen de ses ordonnances.

§ 1er. — Ordonnance nommant un autre juge pour procéder à
une enquête ordinaire, à la place du juge commissaire qui
se trouve empêché.

588. — L'enquête, en matière ordinaire, est confiée
à un juge désigné par le jugement même qui l'autorise;

ellé est soumise à des formalités minutieuses presque toutes prescrites à peine de nullité, et renfermée dans des délais dont l'inobservation emporte déchéance. Ainsi, aux termes de l'article 257, C. pr. civ., l'enquête doit être commencée dans la huitaine de la signification à avoué du jugement contradictoire qui l'ordonne; et, d'après l'article 259 du même Code, elle est censée commencée, pour chacune des parties, par l'ordonnance du juge commissaire fixant les jours, lieu et heure où il y sera procédé. D'un autre côté, l'enquête doit être respectivement parachevée, comme le veut l'article 278 du même Code, dans la huitaine de l'audition des premiers témoins. Or, supposons que, lorsque l'avoué, dans le délai de huitaine qui lui est accordé, se présente pour obtenir l'ordonnance du juge commissaire, ce magistrat se trouve malade ou absent par congé; s'il est obligé de demander un jugement pour faire nommer un autre juge commissaire, le délai de huitaine accordé par l'article 257 précité sera depuis longtemps expiré avant que ce jugement n'ait été rendu et la déchéance se trouvera ainsi encourue par le demandeur. Supposons, d'un autre côté, que l'ordonnance a été rendue par le juge commissaire dans le délai imparti; mais que le jour même où les témoins doivent être entendus, le magistrat se trouve aussi empêché ou légalement absent; si, encore, l'avoué demandeur doit recourir à un jugement pour le faire remplacer, il ne sera pas possible de procéder à l'enquête au jour fixé. Dans les deux cas, donc, apparaît l'utilité de l'ordonnance du président intervenant sans délai, à l'instant, pour remplacer le juge commissaire empêché. A notre avis, cette voie con-

stitue le seul moyen de parer à une situation qui ne
peut attendre, de sortir d'une impasse que sans elle
on ne saurait franchir. Sans doute, dans l'hypothèse,
l'ordonnance du président remplaçant le juge commissaire n'est pas prévue par la loi ; mais elle n'est pas
prohibée par elle, et elle rentre manifestement dans la
pensée du législateur qui a voulu qu'au moyen des
pouvoirs confiés au président, l'administration de
la justice ne fût jamais entravée. D'ailleurs, la voie
proposée est utile, non seulement au demandeur,
mais même au défendeur ; sans doute, ce dernier a
intérêt à éviter l'enquête qui pourra le faire condamner ; mais son but ne sera pas rempli, car l'enquête
nulle par la faute du juge commissaire peut, dit l'article 292, C. pr. civ., être recommencée aux frais du
magistrat ; or, ces frais, dans l'espèce, ne sauraient
être mis à la charge de ce dernier, attendu qu'il s'est
trouvé légitimement empêché. Pour éviter la situation
que nous venons de prévoir, plusieurs tribunaux désignent deux juges commissaires, le second devant remplacer le premier s'il se trouve empêché.

589. — Notre opinion est soutenue par plusieurs
arrêts et par la majorité de la doctrine, qui décident
que le juge nommé pour procéder à l'enquête peut être
remplacé par une ordonnance du président du tribunal.
— Cass., 13 fév. 1850 [D. 50, 1, 170 ; P. 50, 1, 726 ;
S. 50, 1, 276] ; — Angers, 19 juil. 1832 [P. chr. ; S. 33,
2, 97] ; — Chauveau sur Carré, *loc. cit.*, quest. 984 ;
— Thomine-Desmazures, *loc. cit.*, t. I, p. 499 ; — Boitard, *loc. cit.*, t. I, n° 478 ; — Rodière, *loc. cit.*. t. I,
p. 389 ; — Rousseau et Laisney, *loc. cit.*, V° enquête,
n° 75.

590. — L'opinion contraire peut invoquer des arrêts plus nombreux et quelques auteurs qui soutiennent que le tribunal seul a qualité pour nommer un juge commissaire à la place de celui que le jugement avait désigné et qui se trouve empêché, — Cass., 18 juil. 1833 [D. 34. 1, 69 et Rép. V° Enquête, n° 91 ; P. ch. ; S. 33, 1, 628] ; — 4 janv. 1881 [D. 81, 1, 123 ; P. 81, 1, 506 ; S. 81, 1, 207 ; — Colmar, 29 août 1833 ; — Sous Cass., 18 janv. 1837 [D. *ibid.*, n° 94 ; P. 37, 2, 54 ; S. 37, 1, 794] ; — Dijon, 20 mai 1881 [D. 83, 2, 58 ; P. 82, 1, 447 ; S. 82, 2, 80] ; — Bioche, *loc. cit.*, V° Enquête, n°s 105 et s. ; — Garsonnet, *loc. cit.*, t. III, § 836, p. 40.

591. — FORMULE *de la requête aux fins de remplacement du juge-commissaire empêché.*

A Monsieur le président du tribunal de première instance de.....

Le sieur (*nom, prénoms, profession et domicile du demandeur*), ayant pour avoué M^e....., a l'honneur de vous exposer que, dans l'instance pendante devant ledit tribunal entre l'exposant et le sieur (*nom, prénoms, profession et domicile du défendeur*), ayant pour objet (*indiquer l'objet de l'instance*), il a été rendu le..... un jugement interlocutoire qui a autorisé l'exposant à rapporter la preuve des faits y articulés ; que ce jugement a été notifié à M^e....., avoué du défendeur, le..... et que, par suite, le délai de huitaine accordé pour commencer l'enquête expire aujourd'hui même ; que M....., juge-commissaire, se trouve légitimement empêché et ne peut rendre l'ordonnance prescrite par l'article 259, par laquelle l'enquête est censée commencée. En conséquence, et attendu qu'il y a la plus grande urgence, l'exposant conclut à ce qu'il vous plaise, Monsieur le président, nommer un autre de Messieurs les juges pour remplacer le juge-commissaire nommé et empéché, avec exécution de votre ordonnance sur minute.

Présenté à....., le.....

Signature de l'avoué.

ORDONNANCE.

Nous, président du tribunal de première instance de.....,

Vu la requête qui précède et les faits y énoncés ; attendu qu'il y a la plus grande urgence, nommons M....., juge du siège, pour procéder à l'enquête dont s'agit, en remplacement de M....., juge-commissaire, légitiment empéché. Disons que la présente sera exécutoire sur minute.

Donné au palais de justice (ou en notre hôtel) à....., le.....

Signature du président.

§ 2. — Ordonnance prescrivant la remise des pièces communiquées à l'avoué.

592. — Aux termes de l'article 188, C. proc. civ., « *les parties pourront respectivement demander, par un simple acte d'avoué, communication des pièces employées contre elles, dans les trois jours où lesdites pièces auront été signifiées ou employées.* »

Ce droit accordé aux parties de demander respectivement communication des pièces dont elles veulent se servir, était indispensable sous peine de méconnaître les intérêts les plus légitimes.

L'article 189 du même Code indique le mode de communication : Elle sera faite, dit le texte, « *entre avoués, sur récépissé, ou par dépôt au greffe; les pièces ne pourront être déplacées, si ce n'est qu'il y en ait minute, ou que la partie y consente.* »

L'article 190 dit que « *le délai de la communication*

sera fixé, ou par le récépissé de l'avoué, ou par le jugement qui l'aura ordonné; s'il n'était pas fixé, il sera de trois jours. »

593. — Les pièces communiquées peuvent être très importantes; aussi la loi règle-t-elle avec soin le mode de communication; d'autre part, la partie qui les a communiquées peut en avoir un besoin urgent; il ne faut donc pas qu'elle puisse en être longtemps privée; aussi le délai fixé pour leur rétention est-il très court; dans tous les cas, ce délai expiré, il faut qu'elles soient restituées sans retard. En conséquence, la loi, dans l'article 191, fixe de la manière suivante les moyens qui pourront être employés pour arriver à leur restitution : « *Si, après l'expiration du délai, l'avoué n'a pas rétabli les pièces, il sera, sur simple requête, et même sur simple mémoire de la partie, rendu ordonnance portant qu'il sera contraint à ladite remise, incontinent et par corps; même à payer trois francs de dommages-intérêts à l'autre partie par chaque jour de retard, du jour de la signification de ladite ordonnance, outre les frais desdites requête et ordonnance qu'il ne pourra répéter contre son constituant.* »

Cette sanction est sévère, on le voit, mais elle est motivée par l'intérêt urgent de la partie qui réclame ce qui est sa propriété. L'avoué est tenu de restituer, immédiatement après le délai fixé, les pièces qui lui ont été communiquées, sans pouvoir les retenir sous aucun prétexte; ainsi, il doit les rendre alors même que son client prétendrait qu'elles lui appartiennent et lui aurait fait défense de s'en dessaisir. — Bordeaux, 28 avril 1868 [P. 68, 837; S. 68, 2, 214]. — Garsonnet, *loc. cit.*, t. II, § 796, note 22, p. 646.

594. — De nombreux auteurs soutiennent que ce n'est pas le président, mais le tribunal qui doit accorder la sanction établie par l'article 191 contre l'avoué n'ayant pas rendu les pièces dans le délai fixé. — Chauveau sur Carré, *loc. cit.*, Quest. 794 ; — Boitard, Colmet-Daage et Glasson, *loc. cit.*, t. I, n° 417 ; — Rodière, *loc. cit.*, t. I, p. 351 ; — Pigeau, *loc. cit.*, t. I, p. 170 ; — Garsonnet, *loc. cit.*, t. II, § 796, p. 646 ; — Rousseau et Laisney, *loc. cit.*, V° Communication de pièces, n° 36. M. Coin-Delisle estime que la question doit être déférée à la chambre du conseil. — *Com. du Code int.*, art. 2067, n° 3.

595. — Mais la jurisprudence et d'autres auteurs accordent, à cet égard, compétence au président seul, et décident que c'est à lui et non au tribunal qu'il faut s'adresser pour obtenir contre l'avoué l'ordre de restituer les pièces communiquées. — Montpellier, 13 mars 1893, sous Cass., 30 juillet 1894 [D. 94, 1, 529] ; — trib. de Carcassonne, 27 janvier 1892 [D. 92, 2, 196]. — En ce sens : Carré, *loc. cit.*, Quest. 794 ; — Favard de Langlade, Rép., V° Exception, n° 3 ; — Deniau-Crouzilhac, *loc. cit.*, p. 154 ; — Bonjean, *loc. cit.*, n° 490 ; — Thomine-Desmazures, *loc. cit.*, t. I, p. 218 ; — Bertin, *loc. cit.*, p. 455 ; — Debelleyme, *loc. cit.*, I, p. 132.

596. — Nous précisons ici que la contrainte par corps a été abolie en matière civile par la loi du 22 juillet 1867.

597. — L'ordonnance qui intervient est rendue à suite de la requête présentée par l'avoué ; elle est exécutoire sur minute, vu l'urgence, et, par suite, ne nécessite pas la présence et la signature du greffier ; le

président la signe seul. Elle est évidemment susceptible de recours, car elle a un caractère éminemment
contentieux, et constitue une véritable décision judiciaire. Ce recours qui est porté devant le tribunal, est
prévu et réglé par l'article 192, C. proc. civ., dans les
termes suivants : « *En cas d'opposition, l'incident sera
réglé sommairement ; si l'avoué succombe, il sera condamné personnellement aux dépens de l'incident,
même en tels autres dommages-intérêts et peines qu'il
appartiendra suivant la nature des circonstances.* »
— Conf. Bonjean, *loc. cit.*, n° 491 ; — Bertin, *loc. cit.*

598. — FORMULE *de la requête aux fins de restitution des
pièces communiquées.*

A Monsieur le président du tribunal de première instance de.....

· Le sieur (*nom, prénoms, profession et domicile du demandeur*),
ayant pour avoué Mᵉ....., a l'honneur de vous exposer qu'il a
fait remettre en communication par Mᵉ....., son avoué, à
Mᵉ....., avoué du sieur (*nom, prénoms, profession et domicile du
défendeur*), les pièces à l'appui de la demande qu'il a formée
contre ledit sieur....., lesdites pièces consistant en (*énumérer
et désigner les pièces communiquées*), communication constatée par
le récépissé dudit Mᵉ.. .., en date du.....; que, bien que le
délai accordé pour en prendre connaissance soit depuis longtemps expiré, ledit Mᵉ..... n'a pas encore rétabli lesdites pièces,
malgré les réclamations réitérées à lui adressées. En conséquence, l'exposant conclut à ce qu'il vous plaise, Monsieur le
président, ordonner que ledit Mᵉ....., avoué dudit sieur.....,
sera tenu incontinent de rétablir entre les mains dudit Mᵉ.....,
son avoué, les pièces sus désignées et, faute par lui de ce faire,
le condamner, en son nom personnel, en trois francs de dommages-intérêts par chaque jour de retard, à compter de la signification de votre ordonnance qui sera exécutoire sur minute, ·

vu l'urgence, en outre aux dépens de la présente requête et de votre ordonnance.

Présenté au palais de justice à....., le.....

Signature de l'avoue.

ORDONNANCE.

Nous, président du tribunal de première instance de.....

Vu la requête qui précède et les faits y énoncés, ensemble l'article 191 du Code de procédure civile, ordonnons à M⁰....., avoué du sieur....., de remettre incontinent à M⁰....., avoué de l'exposant, les pièces à lui communiquées suivant son récépissé en date du..... et consistant en..... et, faute de ce faire, le condamnons personnellement à payer à l'exposant trois francs par chaque jour de retard à partir de la signification de la présente ordonnance ; le condamnons aussi aux frais de ladite ordonnance et de la requête qu'il ne pourra répéter contre son constituant ; disons que notre ordonnance sera exécutoire sur minute, vu l'urgence.

Donné au palais de justice à....., le.....

Signature du président.

§ 3. — Ordonnance remplaçant le juge rapporteur dans une affaire sur délibéré ou sur instruction par écrit.

599. — *Le délibéré sur rapport* est prévu et réglé par l'article 93, C. proc. civ., dans les termes suivants : « *Le tribunal pourra ordonner que les pièces seront mises sur le bureau, pour en être délibéré au rapport d'un juge nommé par le jugement, avec indication du jour auquel le rapport sera fait.* » Le texte ne s'occupe que du délibéré sur rapport ; mais il est un autre délibéré appelé *délibéré simple* et qui se produit lorsque le tribunal, sans confier à l'un de ses membres le soin de lui faire un rapport sur l'affaire, délibère immédiatement, soit sur le siège même, soit en chambre du conseil, ou lorsqu'il continue la cause à une des prochaines audiences pour prononcer son jugement, comme l'y autorise l'article 116 du même Code. D'un autre côté, comme le déclare l'article 95 du même code, « *si une affaire ne paraît pas susceptible d'être jugée sur plaidoirie ou délibéré, le tribunal ordonnera qu'elle sera instruite par écrit, pour en être fait rapport par l'un des juges nommés par le jugement.* »

Dans tous les cas, déclare l'article 110 du même Code, « *si le rapporteur décède, se démet ou ne peut faire son rapport, il en sera commis un autre, sur requête, par ordonnance du président, signifiée à partie ou à son avoué trois jours au moins avant le rapport.* »

600. — L'ordonnance nommant un autre juge rapporteur est rendue à suite de la requête présentée et signée par l'avoué ; elle est exécutoire sur minute et, dès lors, le greffier n'assiste pas le magistrat et ne signe pas ; elle constitue une décision de pure forme que le président ne peut refuser, sous peine d'entraver l'instruction de l'affaire ; au cas de refus, la partie pourrait s'adresser au tribunal pour obtenir la nomination du nouveau rapporteur.

601. — FORMULE *de la requête aux fins de nomination d'un nouveau juge rapporteur.*

A Monsieur le président du tribunal de première instance de.....

Le sieur (*nom, prénoms, profession et domicile du requérant*), ayant pour avoué M^e....., a l'honneur de vous exposer que, par jugement en date du....., le tribunal a ordonné une instruction par écrit dans la cause pendante entre l'exposant et le sieur (*nom, prénoms, profession et domicile du défendeur*); mais que M....., l'un des juges du siège, nommé rapporteur par le dit jugement, se trouve dans l'impossibilité de faire son rapport (*indiquer le motif*); que, dès lors, il y a lieu, conformément à l'article 110 du Code de procédure civile, de commettre un autre magistrat pour faire ledit rapport. En conséquence, l'exposant conclut à ce qu'il vous plaise, Monsieur le président, nommer l'un de Messieurs les juges du siège pour faire ledit rapport, avec exécution de votre ordonnance sur minute, vu l'urgence.

Présenté à....., le.....

Signature de l'avoué.

· ORDONNANCE.

Nous, président du tribunal de première instance de.....

Vu la requête qui précède et les faits y énoncés, ensemble l'article 110 du Code de procédure civile, nommons M....., juge du siège, pour faire le rapport dont s'agit, aux lieu et place de M......, empêché (ou autre motif); disons que la présente sera exécutoire sur minute, vu l'urgence.

Donné au palais de justice à....., le.....

Signature du président.

§ 4. — **Mandat d'amener décerné par le président du tribunal, lorsque des indices de faux ou de falsification résultent d'une procédure sur faux incident civil.**

602. — Le faux principal est poursuivi devant la Cour d'assises; mais le faux incident civil n'est jugé qu'accessoirement à un procès civil qui constitue le *principal*, dont le faux n'est que l'*incident*, d'où son nom de faux incident civil. Dans le faux principal, c'est l'auteur du faux qui est poursuivi; dans le faux incident civil, c'est la pièce arguée de faux que l'on attaque, afin de la faire écarter.

603. — Néanmoins, le faux incident civil peut donner lieu à une poursuite en faux principal, soit d'office, soit sur la plainte de la partie qui prétend être victime du faux. A cet égard, l'article 239, C. pr. civ., s'exprime ainsi : « *S'il résulte, de la procédure, des indices de faux ou de falsification, et que les auteurs ou complices soient vivants, et la poursuite du crime non éteinte par la prescription, d'après les dispositions du Code pénal, le président délivrera mandat d'amener contre les prévenus, et remplira à cet égard les fonctions d'officier de police judiciaire.* »

L'article 462 du Code d'instruction criminelle ajoute : « *Si une Cour ou un tribunal trouve dans la visite d'un procès, même civil, des indices sur un faux et sur la personne qui l'a commis, l'officier chargé du ministère public ou le président transmettra les pièces au substitut du procureur général près le juge d'instruction, soit du lieu où le délit paraîtra avoir été commis, soit du lieu où le prévenu pourra être saisi, et il pourra même délivrer le mandat d'amener.* »

L'article 240, C. pr. civ., déclare ensuite que, dans le cas de l'article 239 précité, il sera sursis à statuer sur le civil jusqu'après le jugement sur le faux. C'est là l'application du principe écrit dans l'article 3, C. instr. crim., qui suspend l'exercice de l'action civile, jusqu'à ce qu'il ait été définitivement prononcé sur l'action publique mise en mouvement, soit avant, soit pendant la poursuite de la première.

604. — Le président, dans le cas dont nous nous occupons, remplit donc les fonctions du juge d'instruction, puisque les textes précités lui donnent le pouvoir de décerner des mandats d'amener contre les auteurs et complices du faux. — Voir Debelleyme, *loc. cit.*, t. I, p. 126 ; — Garsonnet, *loc. cit.*, t. VIII, § 2981.

§ 5. — Ordonnance nommant un expert en remplacement de celui désigné par le jugement qui, pour un motif quelconque, ne peut procéder.

605. — Un expert nommé par le jugement qui ordonne l'expertise, ne peut procéder pour une cause quelconque ; on se demande si, dans ce cas, le président pourra en désigner un autre par ordonnance, ou bien s'il faudra obtenir un jugement pour le remplacer. A Paris, le remplacement a lieu par voie d'ordonnance rendue sur requête. A ce sujet, voici comment s'exprime M. Debelleyme : « Le président commet par ordonnance sur requête un expert en remplacement d'un autre expert décédé, malade, absent ou empêché par toute autre cause, pour procéder à l'opération ordonnée par un jugement ou une ordonnance de référé. L'usage à consacré ce mode de remplacement, parce que rien ne justifiait, pour un simple acte d'exécution, le délai et les frais d'un jugement. Cependant, ajoute-t-il, pour effacer toute apparence d'irrégularité, le tribunal délègue ce pouvoir au président par une disposition que l'on insère dans le jugement ordonnant l'expertise » (*loc. cit.*, t. I, p. 125). — M. Debelleyme dit qu'on insère dans le jugement une clause spéciale pour éviter toute apparence d'irrégularité ; donc, en principe, il admet la compétence du président, car, s'il croyait la clause indispensable, il parlerait d'une irrégularité et non d'une apparence d'irrégularité.

606. — Nous ne pensons pas pourtant que le président puisse, en vertu de son seul pouvoir, remplacer un expert ; la nomination d'un expert est, en effet, un acte très important et ne constitue plus une pure formalité ; d'ailleurs, il ne présente pas ce caractère d'urgence qui, seul, en l'absence d'un texte, peut rendre compétente la juridiction du président en matière d'ordonnances. Nous sommes donc d'avis que le président doit puiser, dans une disposition spéciale du jugement, le pouvoir qu'il n'a pas ici personnellement.

607. — L'ordonnance, suivant la règle générale, sera rendue à suite de la requête présentée et signée par l'avoué du demandeur. Mais le président sera assisté du greffier qui signera la décision, car elle ne sera pas déclarée exécutoire sur minute, attendu que, dans l'espèce, l'urgence n'est pas justifiée. L'ordonnance sera, dès lors, déposée au greffe.

608. — FORMULE *de la requête aux fins de remplacement d'un expert.*

A Monsieur le président du tribunal de première instance de.....

Le sieur (*nom, prénoms, profession et domicile du demandeur*), ayant pour avoué Me....., a l'honneur de vous exposer que, dans l'instance pendante entre lui et le sieur (*nom, prénoms, profession et domicile du défendeur*), le tribunal a rendu, le....., un jugement par lequel il a ordonné une expertise et désigné

I.   23

les sieurs (*nom, prénoms, profession et domicile des experts*) pour procéder à cette expertise ; mais que l'un d'eux, le sieur....., se trouve empêché (*indiquer le motif*) et qu'il y a lieu de le remplacer. En conséquence, l'exposant conclut à ce qu'il vous plaise, Monsieur le président, désigner un autre expert en remplacement dudit sieur..... qui ne peut remplir le mandat qui lui a été confié.

Présenté au palais de justice à....., le.....

Signature de l'avoué.

ORDONNANCE.

Nous, président du tribunal civil de....., assisté de M..... greffier,

Vu la requête qui précède et les faits y énoncés, ensemble le jugement y mentionné désignons le sieur (*nom, prénoms, profession et domicile du nouvel expert*) comme expert, en remplacement dudit sieur..... empêché, pour remplir à sa place le mandat porté audit jugement.

Donné au palais de justice à....., le.....

Signatures du président et du greffier,

Si la disposition autorisant le président est insérée dans le jugement comme nous le conseillons, la requête et l'ordonnance en feront mention.

§ 6. — Ordonnance réglant les parties sur l'opposition formée aux qualités d'un jugement.

609. — Un jugement ne peut être exécuté qu'en vertu d'une expédition délivrée en forme de grosse, c'est-à-dire revêtue de la formule exécutoire ; mais de cette expédition nécessite une formalité préalable consistant dans un acte qui vient compléter le jugement et dont elle comprend copie ; et tandis que le jugement est l'œuvre des magistrats, cet acte est rédigé par l'avoué de la partie ayant obtenu gain de cause : nous avons nommé *les qualités*. Cette manière de procéder employée par le législateur peut surprendre tout d'abord, mais elle s'explique facilement. D'après l'article 141, C. proc. civ., « *la rédaction des jugements contiendra les noms des juges, du procureur de la République, s'il a été entendu, ainsi que des avoués ; les noms, professions et demeures des parties, leurs conclusions, l'exposition sommaire des points de fait et de droit, les motifs et le dispositif des jugements.* » Or les jugements, tels qu'ils sont rédigés sur les minutes du greffe, ne comprennent que certaines de ces mentions, et les autres indications doivent être fournies par l'avoué dans l'acte dont nous venons de parler et qui porte le nom de *qualités*. Ce mandat confié à l'avoué est écrit dans l'article 142, C. proc. civ. ainsi conçu : « *La rédaction sera faite sur les qualités signifiées entre les parties : en conséquence, celle qui voudra lever un jugement contradictoire sera tenue de signifier à l'avoué de son adversaire les qualités contenant les noms, professions et demeures des parties, les conclusions et les points de fait et de droit.* » Les qualités, telles qu'elles sont prescrites par l'article 142, contiennent toutes les indications portées dans l'article 141, à l'exception des noms des magistrats, des motifs et du dispositif. Si la loi a confié à l'avoué la rédaction des *qualités*, c'est qu'il possède seul les renseignements nécessaires, notamment ceux relatifs aux noms, professions, demeures des parties et ceux concernant les points de fait.

610. — Surtout à cause des points de fait y exposés, les qualités ont une grande importance, car un fait inexact qui y serait consigné ferait désormais foi jusqu'à inscription de faux, au même titre que le jugement lui-même, puisque les qualités font partie du jugement. Aussi, la loi a-t-elle accordé contre les qualités un droit de surveillance et d'opposition à l'avoué adverse, pour qu'il puisse faire redresser toute inexactitude que leur rédaction pourrait contenir. L'article 143 dispose, à cet effet, que l'original de la signification des qualités restera pendant vingt-quatre heures entre les mains des huissiers audienciers ; et l'article 144 ajoute que « *l'avoué qui voudra s'opposer soit aux qualités, soit à l'exposé des points de fait et de droit, le déclarera à l'huissier qui sera tenu d'en faire mention* ». Sur cette opposition, et sur un simple acte, les parties, conformément, à l'article 145, C. proc. civ., *seront réglées par le juge qui aura présidé ; en cas d'empêchement, par le plus ancien, suivant l'ordre du tableau* ».

611. — Les avoués, en général, se mettent d'accord entre eux ; et ce n'est qu'autant qu'ils ne peuvent y parvenir, qu'ils se retirent devant le président, comme le prescrit l'article 145. L'ordonnance que rend le magistrat a ici une grande importance ; car, si elle venait à être déclarée nulle, les qualités seraient nulles comme elle ; et nous allons constater que leur nullité entraîne non seulement celle de l'expédition à laquelle elles ont servi de base, mais aussi, ce qui est bien plus grave, celle du jugement lui-même.

612. — Et, d'abord, quel est le magistrat compétent pour régler les parties sur l'opposition aux

qualités? l'article 145 précité répond à cette question :
c'est le juge qui a présidé, et, en cas d'empêchement,
le juge le plus ancien; sa disposition, à cet égard, est
absolument limitative. Des arrêts très nombreux de la
Cour de cassation, dont nous ne citerons que les plus
récents, ont décidé, sans jamais varier, que les parties
ne peuvent être réglées sur l'opposition aux qualités
d'un jugement ou d'un arrêt que par l'un des juges
qui ont rendu la décision, et qu'une incompétence
absolue et d'ordre public existe à cet égard pour tout
autre magistrat. — Voir : Cass., 11 août 1880 [D. 81,
1, 232; P. 82, 1, 1173; S. 82, 1, 472]; — 16 nov. 1881
[D. 82, 1, 219; P. 82, 1, 248; S. 82, 1, 111]; —
26 août 1884 [D. 85, 1, 64; P. 85, 1, 386; S. 85, 1,
164]; — 31 mars 1885 [D. 85, 1, 285; P. 85, 1, 887;
S. 85, 1, 360]; — 30 mai 1888 [D. 88, 1, 293; P. 88, 1,
773; S. 88, 1, 320]; — 14 janv. 1890 [D. 90, 1, 317;
P. 90, 1, 519; S. 90, 1, 215]; — 21 janv. 1890 [D. 90,
1, 317; P. 90, 1, 519; S. 90, 1, 215]; — 2 mai 1892
[D. 92, 1, 379; P. et S. 92, 1, 312]; — 17 janv. 1893
[P. et S. 93, 1, 136]; — 4 mars 1896 [D. 96, 1, 239];
— 30 juin 1898 [D. 98, 1, 528; P. et S. 99, 1, 436]; —
Conf. Bordeaux, 20 mai 1887 [D. 90, 2, 275; P. 90,
1, 567; S. 90, 2, 90].

613. — Ni le tribunal, ni la Cour d'appel eux-
mêmes ne sauraient régler les parties sur cette opposition : telle est la décision de la Cour suprême. —
Voir : Arrêt du 16 avril 1890 [D. 90, 1, 445; P. et S. 93,
1, 178]; — 15 nov. 1893 [D. 94, 1, 182; P. et S. 94,
1, 85].

614. — Et, à défaut du président, c'est le juge le
plus ancien parmi ceux qui ont siégé, qui se trouve

seul compétent. — Cass., 9 juill. 1890 [D. 90, 1, 367 ; P. 90, 1, 1137 ; S. 90, 1, 480].

615. — Tous les arrêts que nous venons de citer, décident que le règlement des qualités fait par un magistrat incompétent est radicalement nul ; et, conséquence grave, que nous avons déjà annoncée, ils déclarent nulle la décision elle-même dont les qualités ont été réglées par un magistrat incompétent. — Cass., 26 août 1884, précité ; — 25 juin 1890 [D. 90, 5, 318 ; P. 90, 1, 1137 ; S. 90, 1, 480] ; — 2 mai 1892, précité ; — 1er juin 1892 [D. 92, 1, 384 ; P. et S. 92, 1, 312]; — 17 janvier 1893, précité. — Voir encore Cass., 29 décembre 1857 [P. 58, 197 ; D. 58, 1, 121]. — *Sic :* Garsonnet, t. III, § 1179, note 12, p. 642.

616. — Lorsque le président est empêché, la loi donne compétence au juge le plus ancien suivant l'ordre du tableau. Si le cas se réalise, la jurisprudence admet que le magistrat qui règle alors les parties sur l'opposition aux qualités, n'a pas besoin de mentionner, dans son ordonnance, qu'il a agi pour le président et juge plus ancien empêchés ; l'empêchement est présumé exister par cela même qu'un autre magistrat a opéré le règlement. — Cass., 1er mai 1893 [D. 93, 1, 320 ; P. et S. 93, 1, 288]; — 28 janvier 1895 [D. 95, 1, 184 ; P. et S. 95, 1, 211]. — Voir encore sur ce point, Cass., 8 novembre 1859 [D. 59, 1, 506 ; P. 60, 78 ; S. 60, 1, 437]; — 16 avril 1866 [P. 66, 878 ; S. 66, 1, 321]; — 14 décembre 1868 [D. 69, 1, 222 ; P. 69, 290 ; S. 69, 1, 126]; — 26 novembre 1872 [D. 72, 1, 436 ; P. 73, 370 ; S. 73, 1, 155].

617. — Donc le règlement des qualités doit être fait par un magistrat ayant pris part à la décision ; une seule exception est admise pour les membres de la chambre des vacations, pendant les vacances, à raison du caractère d'urgence que présente ce règlement. Toutefois, dans cette hypothèse, encore faut-il que tous les magistrats ayant pris part à la décision soient absents ou empêchés et que leur absence ou leur empêchement soient constatés. — Voir : Cass., 13 nov. 1889 [D. 89, 5, 289; P. 89, 1, 747; S. 89, 1, 304]; — 5 novembre 1890 [D. 91, 5, 318; P. 91, 1, 280; S. 91, 1, 120]; — 12 mai 1891 [D. 91, 1, 318; P, 91, 1, 795; S. 91, 1, 332]; — 15 mai 1895 [D. 95, 1, 422; P. et S. 95, 1, 328].

618. — Naturellement ce sont les avoués des parties qui se présentent devant le magistrat pour le règlement des qualités. Comment sont-ils convoqués devant lui? L'article 145 se borne à dire que c'est « *sur un simple acte d'avoué à avoué* » ; ce texte est trop laconique et on doit suppléer à ce qui lui manque. Ce simple acte, qui, suivant les termes consacrés, s'appelle *avenir*, doit d'abord désigner à l'avoué sommé le magistrat devant lequel il doit comparaître pour le règlement des qualités. — Cass., 23 juillet 1889 [D. 89, 1, 280; P. 89, 1, 887; S. 89, 1, 356]; — 13 novembre 1889 [D. 89, 1, 288; P. 90, 1, 134; S. 90, 1, 61]; — 20 mars 1893 [D. 93, 1, 448; P. et S. 93, 1, 232]; — 23 octobre 1895 [D. 96, 1, 32; P. et S. 97, 1, 228].

Ainsi, le règlement serait nul, quoique opéré par le magistrat compétent, si l'avenir avait sommé l'avoué opposant de comparaître, non devant ce magistrat, mais devant un autre qui se trouvait incompétent pour n'avoir point concouru à la décision. — Cass., 23 juillet 1889, précité; — 20 mars 1893, également précité.

Un arrêt a cependant précisé que l'erreur dans la désignation du magistrat n'entraîne pas la nullité du règlement, si elle n'a pu tromper l'avoué qui a reçu l'avenir contenant la désignation inexacte. — Cass., 7 mai 1866 [D. 66, 1, 348; P. 66, 615; S. 66, 1, 236].

619. — La loi s'étant bornée à dire, dans l'art. 145, que le règlement aura lieu sur un simple acte, n'a pas indiqué quel délai l'avenir devra accorder entre sa signification et la comparution devant le magistrat; il faut nécessairement qu'un délai soit donné; mais, dans le silence de la loi, l'avoué qui notifie l'avenir aura le droit de le fixer ainsi qu'il l'entendra, pourvu qu'il soit reconnu suffisant. Sur ce point, la controverse existe et les décisions varient.

Ainsi, il a été jugé que l'avenir donné à l'avoué opposant pour comparaître le lendemain, accordait un délai suffisant. — Cass., 16 juin 1879 [D. 80, 1, 374; P. 81, 1, 132; S. 81, 1, 60]; — 5 mai 1885 [D. 85, 1, 341; P. 86, 1, 876; S. 86, 1, 353]; — 13 juillet 1893 [D. 93, 1, 480; P. et S. 94, 1, 32].

620. — Il avait été soutenu qu'un délai de trois jours au moins était nécessaire; mais il a été décidé que le délai pouvait être moindre et la Cour de cassation a déclaré valable un règlement fait par défaut à suite d'un avenir donné à moins de trois jours. — Arrêts des 24 décembre 1879 [D. 80, 1, 204; P. 80, 859; S. 80, 1, 353]; — 4 juin 1890 [D. 90, 1, 316; P. 91, 1, 179]. — Voir en ce sens : Chauveau sur Carré, *Suppl.*, p. 172; — Chauveau et Glandaz, *Formul. de proc.*, t. I, n° 315.

621. — Dans la pratique, les magistrats exigent

que l'avenir accorde au moins un jour franc. — Voir Chauveau sur Carré, *loc. cit. Suppl.*, p. 172.

622. — Enfin, toujours à cause du silence de l'article 145 précité, la jurisprudence décide qu'il n'est pas nécessaire que l'avenir indique, pour le règlement, un jour absolument déterminé. Elle déclare donc valable le règlement intervenu par défaut un autre jour que celui fixé dans l'avenir, lorsque cet avenir a été donné pour *un jour déterminé et jours suivants ;* cette expression *jours suivants* donne la latitude au magistrat de faire le règlement le lendemain du jour fixé, comme aussi plusieurs jours après, ainsi que l'ont admis plusieurs arrêts. — Voir : Cass., 18 novembre 1878 [D. 79, 1, 232; P. 79, 1066 ; S. 79, 1, 408]; — 14 juil. 1879 [D. 80, 1, 340; P. 80, 44; S. 80, 1, 29]; — 11 février 1880 [D. 80, 5, 226; P. 80, 1155; S. 80, 1, 461]; — 25 avril 1881 [D. 82, 1, 155 ; P. 81, 1, 1047; S. 81, 1, 406]; — 21 décembre 1886 [D. 87, 1, 230; P. 87, 1, 274; S. 87, 1, 117].

623. — Quelles conditions doit réunir, pour être valable, l'ordonnance portant règlement des qualités? La loi ne dit rien sur ce point; il faut donc suppléer à son silence.

624. — Il est d'abord nécessaire qu'elle soit datée et l'absence de date la rendrait nulle; il faut, en effet, savoir si le règlement est intervenu au jour où il devait avoir lieu et si l'avoué opposant a eu, par suite, la faculté de soutenir son opposition. — Cass. 16 janvier 1883 [D. 84, 1, 309 ; P. 86, 1, 23 ; S. 86, 1, 15]; — 6 janv. 1886 [D. 86, 1, 335 ; P. 89, 1, 615; S. 89, 1, 244]; — 23 mars 1886 [D. 86, 1, 335 ; P. 89, 1, 615 ; S. 89, 1, 244]; — 24 juil. 1893 [P. et S. 93, 1, 376].

Ainsi serait nulle l'ordonnance portant uniquement ces mots : *Bon à expédier*. — Cass., 16 mai 1898 [P. et S. 99, 1, 169].

625. — Mais, quoique non datée, l'ordonnance sera valable, soit lorsque les qualités porteront la preuve qu'elles ont été rectifiées et que, dès lors, l'opposition a été utilisée par le défendeur, soit lorsque la date qui fait défaut pourra être reconstituée d'une manière incontestable. — Cass., 18 mai 1881 [D. 82, 1, 115; P. 82, 2, 126; S. 82, 1, 57]; — 24 mars 1890 [D. 91, 1, 427 ; P. 90, 1, 620 ; S. 90, 1, 247]. — En résumé, il suffit qu'il résulte des énonciations de l'ordonnance qu'elle est intervenue au délai fixé dans l'avenir et qu'ainsi l'avoué opposant a pu faire valoir son opposition : alors le défaut ou l'erreur de date n'entraîne plus nullité du règlement, — Cass., 2 fév. 1886 [D. 86, 1, 126; P. 87, 1, 38; S. 87, 1, 25].

626. — Comment doit être conçue l'ordonnance portant règlement des qualités? Ici encore, la loi garde le silence ; dès lors, le magistrat n'est pas tenu, à peine de nullité, d'employer une formule exclusive et sacramentelle, suivant l'expression d'un arrêt de cassation du 23 novembre 1829 [D. Rép., V° Jugement, n° 254 ; P. chr.]; — *Sic* : Bioche, *loc. cit.*, V° Jugement, n° 402.

627. — Dans la pratique, lorsqu'aucune rectification n'est par lui apportée aux qualités signifiées, le président y appose la mention suivante : « *Bon à expédier* » ou « *Bon pour mainlevée d'opposition* » ou « *Réglé l'opposition.* » Cette formule est approuvée par la jurisprudence et la doctrine. — Voir Cass., 3 mars 1868 [D. 68, 1, 156]; — Bioche, *loc. cit.* ; —

Bonnier, *loc. cit.*, n° 341 ; — Garsonnet, *loc. cit.*, t. III, § 1179, p. 644.

628. — Si des rectifications sont faites aux qualités, le président peut y apposer la mention : « *n'expédier sur les présentes qualités que sous les rectifications suivantes* » et écrire en même temps les rectifications opérées. — *Sic* : Bioche, *loc. cit.* ; — Garsonnet, *loc. cit.* — Il peut aussi y consigner cette autre mention approuvée par la Cour de cassation : « *Vu, bon à expédier sous les modifications indiquées plus haut.* » Arrêt du 2 janvier 1895 [D. 95, 1, 279; P. et S. 95, 1, 440]; — dans ce cas, les rectifications ont été faites plus haut et le président s'y réfère dans son ordonnance.

629. — Le magistrat a-t-il le droit de faire retrancher des qualités les détails qui lui paraissent inutiles? La Cour de cassation s'est prononcée pour l'affirmative, dans son arrêt du 2 février 1881 [D. 82, 1, 179 ; P, 82, 1, 936 ; S. 82, 1, 373]. M. Garsonnet critique cette décision, *loc. cit.*, t. III, § 1179, note 24, p. 644.

630. — La jurisprudence et la doctrine sont d'accord pour reconnaître que l'ordonnance réglant les qualités n'a pas besoin d'être motivée. — Cass., 17 déc., 1879 [D. 80, 1, 375; P. 81, 1, 54; S. 81. 1, 34]; — 16 janv. 1895 [D. 95, 1, 283; P. et S. 95, 1, 224]; — Bioche, *loc. cit.*, n° 408; — Garsonnet, *loc. cit.*, t. III, § 1179, p. 643; — Rousseau et Laisney, *loc. cit.*, V° jugement, n° 317.

631. — D'un autre côté, la Cour de cassation décide que l'ordonnance dont nous nous occupons, n'a pas le caractère d'une décision judiciaire et ne constitue qu'un acte d'administration ; que, par suite, elle est dispensée de publicité et n'est pas régie par l'article 1040 C. proc. civ., d'après lequel « *tous les actes et procès-verbaux* *du ministère du juge seront faits au lieu où siège le tribunal : le juge y sera toujours assisté du greffier. »* Les décisions à ce sujet sont très nombreuses, et quoique plusieurs arrêts se rencontrent en sens contraire, la doctrine que nous signalons prédomine dans les décisions les plus récentes. — Voir : Cass., 27 mars 1893 [D. 93, 1, 311 ; P. et S. 95, 1, 34] ; — 26 juillet 1893 [D. 94, 1, 260 ; P. et S. 96, 1, 502] ; — 6 juin 1894 [D. 94, 1, 260 ; P. et S. 97, 1, 124] ; — 16 janv. 1895 [D. 95, 1, 253 ; P. et S, 95, 1, 224] ; — 26 janv, 1898 [P. et S. 98, 1, 320].

632. — A raison du caractère attribué à son ordonnance, le président pourra donc la rendre sans le greffier, en son hôtel ou au palais et, dans ce dernier cas, en son cabinet ou dans la chambre du conseil ; toute latitude lui est laissée à cet égard et des usages divers existent sur ce point. Dans les petits tribunaux, les avoués sont reçus par le magistrat, soit chez lui, soit au tribunal, tous les jours, lorsqu'il n'est pas empêché ; dans les tribunaux plus importants, les avoués font régler les qualités au tribunal, les jours d'audience, soit avant, soit après l'audience, soit durant la suspension ; enfin, dans les plus grands tribunaux, notamment à Paris, le règlement a lieu en la chambre du conseil à l'heure ordinaire des référés. Voir décret 30 mars 1808, articles 57 et 63 ; — Bioche, *loc. cit.*, Vᵒ jugement nᵒ 401 ; — Bonnier, *loc. cit.*, nᵒ 341 ; — Garsonnet, *loc. cit.*, t. III, § 1170, p. 643.

633. — Plusieurs arrêts ont spécialement décidé que l'assistance et la signature du greffier ne sont pas nécessaires. — Voir Cass. 2 mars 1858 [D. 58, 1, 215 ; P. 59, 38 ; S. 58, 1, 604] ; — 2 déc. 1868 [D. 69, 1,

129 ; P. 69, 293 ; S. 69, 1, 128]. — Garsonnet, *loc. cit.*

634. — Ce qui n'est pas permis au président, c'est de faire le règlement un jour férié, même lorsqu'il y procède chez lui. — Voir en ce sens : Cass., 8 août 1893 [D. 94, 1, 233 ; P. et S. 94, 1, 137].

635. — On s'est demandé si l'ordonnance devait faire mention de la procédure qui l'a précédée, notamment de l'avenir qui a été notifié aux fins du règlement. La jurisprudence répond, d'une manière unanime, que, dans le silence de la loi, aucune mention à cet égard n'est nécessaire. — Voir Cass., 24 déc. 1888 [D. 89, 1, 165 ; P. 89, 1, 400 ; S. 89, 1, 173] ; — 19 juin 1889 [D. 89, 1, 337 ; P. 90, 1, 726 ; S. 90, 1, 292] ; — 30 octobre 1889 [D. 90, 1, 349 ; P. 91, 1, 967 ; S. 91, 1, 391] ; — 27 octobre 1890 [D. 91, 1, 172 ; P. 90, 1, 1270 ; S. 90. 1, 528].

636. — En définitive, il suffit que l'ordonnance prononce la mainlevée de l'opposition, porte la date du jour fixé dans l'avenir et soit revêtue de la signature du magistrat qui l'a rendue. — Voir Cass., 15 juin 1892 [P. et S. 93, 1, 196].

637. — Il n'est pas même nécessaire qu'elle constate qu'elle a été rendue par défaut contre l'opposant qui ne se présente pas. — Cass., 30 juill. 1896 [D. 97, 1, 98 ; P. et S. 98, 1, 133].

638. — L'ordonnance de règlement, malgré le caractère d'acte d'administration qui lui est attribuée, ne saurait être refusée par le président ; il est obligé de régler les qualités, car, sans cette formalité, l'expédition ne peut pas être délivrée par le greffier, à moins, bien entendu, que les avoués ne se mettent d'accord et que l'opposition ne soit levée amiablement par celui qui l'a formée. Mais, à raison même du caractère dont nous parlons, la jurisprudence décide que cette ordonnance n'est point susceptible de recours : ainsi, même rendue par défaut, elle ne saurait être entreprise par voie d'opposition portée devant le magistrat qui l'a rendue; et, contradictoire ou non, elle échappe à la censure de la Cour de Cassation, aussi bien qu'à l'appel. — Cass., 16 août 1876 [D. 77, 1, 316; P. 77, 283; S. 77, 1, 122]; — 6 juin 1894 [P. et S. 97, 1, 124]; — 18 avril 1905 [*Droit* du 6 mai 1905]; — Paris, 7 juin 1867, sous Cass., 5 avril 1870 [P. 72, 402; S. 72, 1, 173]; — Agen, 13 février 1867 [P. 67, 463; S. 67, 2, 107]. — Voir en ce sens : Favard de Langlade, *loc. cit.*, V° jugement, sect. 1, § 4. n° 5; — Thomine-Desmazures, *loc. cit.*, t. I, p. 272; — Boncenne, *loc. cit.*, t. II, p. 437; — Chauveau sur Carré, *loc. cit.*, quest. 603; — Garsonnet, *loc. cit.*, t. III, § 1179, note 28, p. 645.

639. — La Cour de Bordeaux a cependant déclaré l'appel admissible dans un arrêt du 22 mai 1840 [D. 41, 2, 24 et Rép. V° Jugement, n° 163 [P. 43, 1, 493; S. 40, 2, 365]. Et la Cour d'Agen, en posant comme principe que l'appel n'est pas admis, a fait une exception pour le cas où le président, dans son ordonnance, a désigné la partie qui serait chargée de lever et d'exécuter le jugement. — Arrêt précité du 13 février 1867.

§ 7. — **Ordonnance de taxe des frais des avoués et huissiers.**

640. — Nous avons vu, au paragraphe 1er de la section XII du chapitre 1er du présent livre II, que, d'après la loi du 24 décembre 1897, les frais des actes des notaires sont taxés par le président du tribunal civil de leur résidence et, au cas d'empêchement, par un juge qu'il commet.

La même loi, dans son article 3, déclare que, pour les avoués et huissiers, la taxe sera faite par le président du tribunal ou par le premier président de la Cour d'appel où les frais ont été faits, ou, à leur défaut, par un juge qu'ils désigneront. S'il s'agit de frais relatifs à une instance, le magistrat taxateur devra, à moins d'empêchement, avoir pris part au jugement ou à l'arrêt. En matière de compte, liquidation ou partage, les frais exposés par l'avoué devant le tribunal seront, à moins d'empêchement, taxés par le juge commissaire.

Ici doit être observé tout ce que nous avons dit, pour les notaires, à propos de la signification de l'état détaillé des frais taxés et de l'ordonnance de taxe revêtue, sur la minute, de la formule exécutoire, ainsi que ce qui concerne l'opposition, sa forme, ses délais et son jugement, toutes formalités détaillées dans l'article 4 de la loi précitée.

Ladite loi de 1897, dans son article 5, précise que « les mêmes règles s'appliquent aux frais non liquidés par le jugement ou l'arrêt, réclamés par un avoué, distractionnaire des dépens, contre la partie adverse condamnée à les payer. Toutefois, en ce cas : 1° le délai d'opposition ne sera pas augmenté à raison des distances, si le jugement ou l'arrêt sur le fond est contradictoire; 2° l'appel ne sera recevable que s'il y a appel de quelque disposition sur le fond; 3° l'ordonnance de taxe pourra être exécutée dès qu'elle aura été signifiée, et l'inscription de l'hypothèque judiciaire pourra être valablement prise avant même sa signification. L'exécution de l'ordonnance de taxe sera suspendue s'il y est fait opposition ou si la décision sur le fond est frappée d'opposition ou d'appel. »

§ 8. — Ordonnance relative au paiement des frais en cas de désistement.

641. — Il est permis de se désister d'un procès qu'on a mal à propos intenté; mais le désistement doit être accepté par la partie adverse et ses formes aussi bien que celles de son acceptation sont réglées par l'article 402, C. pr. civ. Aux termes de l'article 403 du même Code, le désistement accepté emporte de plein droit consentement que les choses soient remises de part et d'autre au même état où elles étaient avant la demande, et aussi soumission de payer les frais. Pour le paiement de ces frais, ledit article 403 déclare que la partie qui se sera désistée « *sera contrainte, sur simple ordonnance du président, mise au bas de la taxe, parties présentes, ou appelées par acte d'avoué à avoué.* » Et l'article ajoute : « *cette ordonnance, si elle émane du tribunal de première instance, sera exécutée nonobstant opposition ou appel; elle sera exécutoire nonobstant opposition, si elle émane d'une Cour d'appel.* »

Le texte se sert d'une expression inexacte, quand il dit que l'ordonnance peut émaner du tribunal ou d'une Cour ; il faut dire que l'ordonnance peut émaner du président du tribunal ou du premier président de la Cour d'appel, suivant que le désistement porte sur une affaire pendante devant un tribunal ou devant une Cour.

Les frais peuvent être taxés, soit par le juge commis à cet effet, soit par le président lui-même dans son ordonnance qui est apposée au bas de la taxe et qu'il rend ainsi exécutoire.

642. — L'ordonnance constitue, ici, une véritable décision judiciaire rendue parties présentes ou appelées par acte d'avoué à avoué, et elle contraint la partie qui s'est désistée au paiement des frais taxés. Le magistrat a reçu à cet effet, un mandat spécial dans l'article 403; aussi l'ordonnance qu'il rend est-elle susceptible d'opposition et d'appel si elle émane du président du tribunal et d'opposition seulement, unique voie alors possible, si elle émane du premier président de la Cour d'appel. Dans ce dernier cas, l'opposition est permise même si la décision est contradictoire. Dans tous les cas, elle est exécutoire nonobstant opposition ou appel. — Voir Carré et Chauveau, *loc. cit.*, quest. 1469; — Pigeau, *loc. cit.*, t. II, p. 458; — Garsonnet, *loc. cit.*, t. III, § 500.

643. — FORMULE *de la requête pour obtenir l'ordonnance qui rend la taxe exécutoire.*

A Monsieur le président du tribunal de première instance de.....

Le sieur (*nom, prénoms, profession et domicile de la partie qui a obtenu le désistement*), ayant pour avoué Me....., a l'honneur de vous exposer que le sieur (*nom, prénoms, profession et domicile de la partie qui s'est désistée*) s'est désisté de la demande qu'il avait introduite contre l'exposant, devant le tribunal, par exploit de....., huissier, en date du.....; que ce désistement, fait par acte d'avoué à avoué du..... et signifié par exploit de....., huissier, en date du... ., a été accepté par autre acte d'avoué à avoué du....., signifié par exploit de....., huissier, en date du..... et que, par un avenir signifié par exploit de....., huissier, en date du....., ledit sieur..... a été sommé, en la personne de son avoué, de comparaître devant vous, à ces jour, lieu et heure, pour y venir voir rendre par vous exécutoire la taxe desdits frais faite par M....., juge, et exposés par l'exposant dans l'instance dont ledit sieur..... s'est désisté. A l'appui, l'exposant produit l'état de frais taxés et les divers actes constatant le désistement, son acceptation, ainsi que la sommation.

Présenté au palais de justice à....., le.....

Signature de l'avoué.

Ordonnance mise au bas de la taxe.

Nous, président du tribunal de première instance de....., assisté de M....., greffier,

Vu la requête à nous présentée par Me....., avoué du sieur....., ensemble le désistement, l'acceptation et la sommation y mentionnés ; vu l'état de frais qui précède, dûment taxé ;

Ouïs Me....., avoué du sieur..... et Me....., avoué du sieur (ou bien nul pour le sieur), déclarons la taxe qui précède exécutoire pour la somme de....., montant de ladite taxe, et disons que ledit sieur..... sera contraint au paiement de ladite somme, nonobstant opposition ou appel.

Signatures du président et du greffier.

Bien que l'ordonnance soit, d'après l'article 403, mise au bas de la taxe, la requête est prévue par l'article 76, § 10 du tarif, du 16 février 1807.

CHAPITRE IV

Ordonnances prescrites pour la validité de certains actes, de certaines notifications et l'ouverture de certaines procédures.

––––––––

SECTION PREMIÈRE

Ordonnance autorisant des annonces extraordinaires pour les ventes sur saisie immobilière.

644. — Toute poursuite en saisie immobilière aboutit nécessairement à la mise aux enchères des immeubles saisis, si elle n'est point arrêtée par le débiteur; et la mise aux enchères aboutit elle-même, nécessairement aussi, à l'adjudication des mêmes immeubles. En effet, le poursuivant est obligé de fixer une mise à prix et, si aucune enchère n'est faite, il demeure adjudicataire lui-même pour cette mise à prix, comme le déclare l'article 706, C. proc. civ. Voilà pourquoi l'avoué poursuivant établit prudemment une mise à prix assez basse pour des immeubles ayant une valeur beaucoup plus considérable. Mais le poursuivant n'a pas intérêt à devenir adjudicataire de biens qui peuvent n'avoir pour lui ni convenance, ni utilité et constituer même un embarras; son but est de faire vendre le gage à un prix suffisant pour que sa créance soit payée; et le débiteur, à son tour, désire que les immeubles dont on va le priver, soient poussés jusqu'à leur véritable valeur. Donc, l'intérêt de tous est de donner à la vente la plus grande publicité et de prévenir le plus grand nombre possible d'enchérisseurs. Cette publicité se fait au moyen d'annonces dans les journaux et d'affiches légales, conformément aux indications des articles 696 et 699, C. proc. civ. Mais, pour chaque vente, une seule annonce dans un seul journal est prescrite par l'article 696 et sept affiches seulement sont apposées aux lieux désignés par l'article 699. Or cette annonce et ces affiches qui sont rédigées sur le même modèle donné par ces articles, contiennent des détails trop longs, inutiles, d'ailleurs, à celui qui a l'intention d'enchérir et qui est obligé de faire des efforts, de se livrer à une lecture attentive pour découvrir ce qui l'intéresse. Ainsi, qu'importe à l'enchérisseur de savoir que la saisie a été transcrite, dénoncée; que le cahier des charges a été lu; que la poursuite a été abandonnée et reprise; que des renvois ont été accordés; toutes ces procédures intéressent le poursuivant et le saisi; elles sont prescrites à peine de nullité, mais l'enchérisseur, nous le répétons, n'a nul intérêt à les connaître; son avoué sait que toute nullité doit être proposée dans un délai déterminé (art. 728, 729, C. proc. civ); qu'aucune ne peut plus être invoquée au jour de l'adjudication; et cela suffit.

A notre avis, ce qu'on doit surtout mettre devant les
yeux du futur enchérisseur, en termes clairs et précis,
c'est la désignation exacte de l'immeuble. S'il s'agit
d'une maison, il faut qu'il connaisse sa situation par le
nom de la ville, de la rue et son numéro, la description
de sa façade, le nombre de ses étages ; s'il s'agit d'un
bien rural, il faut qu'on lui dise s'il comprend une
maison d'habitation ou simplement des bâtiments
d'exploitation ; qu'on lui indique les diverses natures de
ses terres et sa contenance totale par le nombre de ses
hectares et non point au moyen de la désignation si
longue et si inutile de chaque numéro de la matrice
cadastrale avec ses tenants et aboutissants. L'insertion
dans le journal, telle qu'elle est prescrite par la loi,
coûte une somme importante qui suffirait à en payer
plusieurs plus courtes et plus pratiques. Dès lors, nous
estimons qu'une réforme serait à ces divers points de
vue très sage et très utile.

645. — En attendant, le législateur a bien compris
qu'une seule insertion dans un seul journal est assez
insuffisante, car, dans une ville où plusieurs journaux
existent, une personne ayant intérêt à enchérir peut
ne pas recevoir celui où elle est insérée, et, dans tous
les cas, négliger de lire le numéro qui la porte. Aussi,
dans les ventes importantes, l'article 697, C. proc.
civ. autorise-t-il des annonces supplémentaires dans
plusieurs journaux ; ce texte s'exprime, en effet, ainsi :
« *Lorsque, indépendamment des insertions prescrites
par l'article précédent, le poursuivant, le saisi ou
l'un des créanciers inscrits estimera qu'il y aurait
lieu de faire d'autres annonces de l'adjudication par
la voie des journaux, le président du tribunal devant*

*lequel se poursuit la vente, pourra, si l'importance
des biens paraît l'exiger, autoriser cette insertion
extraordinaire. Les frais n'entreront en taxe que dans
le cas où cette autorisation aurait été accordée. L'ordonnance du président ne sera soumise à aucun
recours. »*

646. — Le président est ici absolument libre ; son
pouvoir d'appréciation est absolu, non seulement pour
décider s'il y a lieu de permettre des insertions extraordinaires, mais encore pour indiquer les journaux où
elles seront faites et pour fixer leur nombre ; même,
d'après une pratique fort sage, l'ordonnance qui autorise les insertions extraordinaires, limite pour elles le
coût qu'elles ne pourront dépasser. L'ordonnance est
rendue à suite de la requête présentée d'habitude par
l'avoué poursuivant ; elle est exécutoire sur minute et
n'est susceptible d'aucun recours, d'après l'article précité.

647. — FORMULE *de la requête pour faire des insertions
extraordinaires.*

A Monsieur le président du tribunal de première instance de.....

Le sieur (*nom, prénoms, profession et domicile du poursuivant*),
ayant pour avoué Me....., a l'honneur de vous exposer qu'il
poursuit, devant le tribunal, la vente sur saisie immobilière
d'une maison située à....., rue....., numéro....., au préjudice du sieur (*nom, prénoms, profession et domicile du débiteur
saisi*); que l'insertion légale prescrite par l'article 696 du Code
de procédure civile, a été faite dans le journal le..... mais que,
vu l'importance de l'immeuble à vendre, il y a lieu, conformément à l'article 697, de faire des insertions extraordinaires. En
conséquence, l'exposant conclut à ce qu'il vous plaise, Monsieur
le président, l'autoriser à faire faire des insertions extraordi-

naires, pour annoncer la vente dont s'agit dans les journaux suivants (*indiquer le nombre*), avec exécution de votre ordonnance sur minute, vu l'urgence.

Présenté au palais de justice à....., le.....

Signature de l'avoué.

ORDONNANCE.

Nous, président du tribunal de première instance de....,

Vu la requête qui précède et les faits y énoncés, ensemble l'article 697 du Code de procédure civile, autorisons des insertions extraordinaires annonçant la vente dont s'agit dans les journaux suivants..... et ce, pendant..... fois dans chacun desdits journaux; disons que la présente sera exécutoire sur minute, vu l'urgence.

Donné au palais de justice à....., le.....

Signature du président.

Le poursuivant peut, en outre, demander l'autorisation de faire faire des affiches spéciales pour les distribuer aux avoués et aux notaires et les afficher au lieu de la situation de l'immeuble et ailleurs.

SECTION II

Ordonnance accordant l'autorisation de saisir simultanément des immeubles situés dans des ressorts différents et ne dépendant pas d'une même exploitation.

648. — D'après l'article 2210, C. civ., «. *la vente forcée des biens situés dans différents arrondissements ne peut être provoquée que successivement, à moins qu'ils ne fassent partie d'une seule et même exploita-*

tion. » Mais la loi du 14 novembre 1808 a introduit
une exception à cette prohibition, lorsque la valeur
totale des biens est inférieure au montant des créances
dues au saisissant et aux autres créanciers inscrits sur
lesdits biens. D'après l'article 3 de la loi, le créancier
qui voudra user de cette faculté accordée par l'article
premier, doit présenter requête au président du tribunal de l'arrondissement où le débiteur a son domicile
et y joindre : 1° copie des baux authentiques ou, à
défaut, copie de la contribution foncière ; 2° l'extrait
des inscriptions prises dans les divers arrondissements
où les biens sont situés. La requête est communiquée
au ministère public et répondue d'une ordonnance
portant permis de faire saisir tous les biens situés
dans les arrondissements et départements désignés.

Aux termes de l'article 4 de la loi, les procédures
relatives tant à l'expropriation forcée qu'à la distribution du prix des immeubles, seront portées devant les
tribunaux respectifs de la situation des biens.

649 - FORMULE *de la requête pour saisir simultanément
des immeubles situés daus divers arrondissements.*

A Monsieur le président du tribunal de première instance de......

Le sieur *(nom, prénoms, profession et domicile du créancier)*,
ayant pour avoué Me....., a l'honneur de vous exposer qu'en
vertu d'un acte public d'obligation retenu le....., par Me.....,
notaire à....., il est créancier, d'une somme de....., du sieur
(nom, prénoms, profession et demeure du débiteur) ; que ne pouvant
être payé de son débiteur, il est dans l'obligation de faire procéder à la saisie immobilière de ses immeubles sur lesquels
repose son inscription hypothécaire ; mais que lesdits immeubles se trouvent situés dans le ressort du tribunal de..... et
dans celui du tribunal de..... ; que des états d'inscriptions et des

extraits de la matrice des rôles de la contribution foncière produits à l'appui de la présente requête, il résulte que la valeur totale desdits immeubles se trouve inférieure au montant réuni des sommes dues tant à l'exposant qu'aux autres créanciers inscrits ; qu'il y a donc lieu, conformément à l'article 3 de la loi du 14 novembre 1808, de saisir simultanément les immeubles appartenant au débiteur, situés dans les arrondissements susindiqués. En conséquence, l'exposant conclut à ce qu'il vous plaise, Monsieur le président, l'autoriser à faire procéder à la saisie simultanée de tous lesdits immeubles et, vu l'urgence, permettre l'exécution de votre ordonnance sur minute.

Présenté a....., le.....

Signature de l'avoué.

Conformément à la loi, le président écrit au bas de la requête :

Soit la présente requête communiquée à M. le procureur de la République.

Signature du président.

A son tour, au bas de la requête, le procureur de la République, s'il donne son adhésion, inscrit à la suite :

Vu, ne s'oppose.

Date et signature.

ORDONNANCE.

Nous, président du tribunal de première instance de.....,

Vu la requête qui précède et les pièces produites à l'appui, ensemble l'article 3 de la loi du 14 novembre 1808 ; vu les conclusions conformes de M. le procureur de la République, permettons à l'exposant de faire saisir simultanément les immeubles dont s'agit ; disons que la présente ordonnance sera exécutoire sur minute, vu l'urgence.

Donné au palais de justice (ou en notre hôtel) à....., le.....

Signature du président.

L'ordonnance qui ne peut être refusée, si les conditions voulues se trouvent réunies, est rendue sans
l'assistance et la signature du greffier.

SECTION III

Ordonnance autorisant la vente des objets saisis dans un lieu plus avantageux que celui désigné par la loi.

650. — D'après l'article 617, C. pr. civ., la vente
des objets mobiliers saisis, « *sera faite au plus pro-*
chain marché public, aux jour et heure ordinaires des
marchés, ou un jour de dimanche ; pourra, néanmoins,
le tribunal permettre de vendre les effets en un autre
lieu plus avantageux. »
Cet article dit que l'autorisation dont il parle doit
être donnée par le tribunal ; sans doute et en principe,
c'est le tribunal qui est compétent, comme le reconnaissent en général les auteurs. — Voir Pigeau, *loc.*
cit., t. II, p. 109 ; — Chauveau sur Carré, *loc. cit.*,
quest. 2087 ; — Bioche, *loc. cit.*, V° Saisie-exécution,
n° 289 ; — Garsonnet et Cézar-Bru, *loc. cit.*, t. IV,
§ 1359, p. 279.
Mais, lorsque le cas requiert célérité, lorsqu'il y a
urgence, si un jugement est nécessaire, la faculté
accordée par le texte ne pourra être utilisée, car le
temps de requérir un jugement fera défaut. Il s'agit ici
d'une question de pure forme, d'une de ces formalités
qui légitiment, dans les cas urgents, l'intervention du
président chargé de rendre les ordonnances. Nous
estimons donc que, s'il y a urgence, ce magistrat aura

le droit d'accorder l'autorisation prévue par l'article 617. On peut invoquer en ce sens un arrêt de Caen du 8 mai 1873 (*J. des Avoués*, 1899, III). — Conf. également Thomine-Desmazures, *loc. cit.*, t, II, n° 685.

651. — M. Chauveau, que nous venons de citer comme se prononçant pour la nécessité du jugement, dans sa question 2087, fait remarquer néanmoins que le président du tribunal de la Seine est dans l'usage d'accorder cette autorisation dans la forme des ordonnances sur requête.

652. — Le président accordera l'autorisation à suite de la requête à lui présentée à cet effet par un avoué qui signera cette requête. L'ordonnance du président sera exécutoire sur minute et, par suite, sera rendue sans que le greffier ait à la signer, ni à la déposer au greffe et, par suite encore, elle ne sera pas expédiée.

Elle pourrait, à notre avis, être susceptible de recours, puisque le magistrat la rendra en dehors d'un texte formel.

653. — FORMULE *de la requête pour obtenir l'autorisation de vendre les objets saisis dans un autre lieu que celui indiqué par la loi.*

A Monsieur le président du tribunal de première instance de.....

Le sieur (*nom, prénoms, profession et domicile du saisissant*), ayant pour avoué Me....., a l'honneur de vous exposer que, par procès-verbal de Me....., huissier à....., en date du.....; il a fait saisir les meubles et effets du sieur (*nom, prénoms, profession et domicile du débiteur saisi*), son débiteur; que, parmi les objets saisis, les uns sont fragiles et les autres difficiles à transporter, car ils comprennent notamment (*indiquer les objets fragiles et d'un transport difficile*); qu'en conséquence, il serait plus

avantageux d'en faire la vente au lieu même où ils se trouvent ;
et attendu qu'il y a la plus grande urgence et que, par suite, le
cas rentre dans votre compétence, l'exposant conclut à ce qu'il
vous plaise, Monsieur le président, autoriser la vente des objets
dont s'agit, au lieu même où ils ont été saisis et où ils se trouvent, avec exécution de votre ordonnance sur minute, vu
l'urgence.

Présenté à....., le.....

Signature de l'avoué.

ORDONNANCE.

Nous, président du tribunal de première instance de.....,

Vu la requête qui précède et les faits y énoncés, attendu
que le cas présente la plus grande urgence, autorisons, sur les
lieux même, la vente des objets dont s'agit, comme devant être
ainsi plus avantageuse ; disons que la présente ordonnance sera
exécutoire sur minute et qu'il nous en sera référé en cas de
difficulté.

Donné au palais de justice (ou en notre hôtel) à....., le.....

Signature du président.

SECTION IV

**Ordonnances autorisant la vente de divers objets à la requête
des Domaines, des hospices, de la douane, ou d'objets abandonnés dans les gares et magasins de commissionnaires
de transport.**

654. — Le président du tribunal accorde l'autorisation de vendre certains objets mobiliers dans divers
cas indiqués par la loi.

Ainsi il l'accorde à la demande du directeur des
domaines, soit quand il y a déshérence, soit pour les

objets ayant servi de pièces à conviction non réclamés
ou trouvés sur les suicidés, pour ceux dont la con-
fiscation se trouve définitivement prononcée par un
jugement. — Loi du 11 germinal an X et Ordonnance
du 22 février 1829.

Il l'accorde également sur la demande de l'administration des hospices, pour les objets des aliénés, de
nature à dépérir, ou à occasionner des embarras. —
Loi du 30 janvier 1838, art. 31.

Il l'accorde aussi pour les objets laissés en douane
— loi du 9 août 1891, titre IX — et pour ceux abandonnés dans les gares et magasins de commissionnaires
de transport. — Conf. Bonjean, *loc. cit.*, n°s 1796 et s.
Dans ce dernier cas, il précise que l'officier public par
lui commis pour procéder à la vente, devra dresser
inventaire sommaire des objets et qu'il en sera référé
si, de cet inventaire, résulte l'existence de valeurs,
papiers ou bijoux. Conf. Bonjean, *loc. cit.*, n°s 1796 et s.

655. — Avant la loi du 31 mars 1896, le président
autorisait la vente des objets abandonnés dans les
hôtels et auberges. Cette loi, dite : « loi relative à la
vente des objets abandonnés ou laissés en gage par les
voyageurs aux aubergistes et hôteliers », a donné à cet
égard compétence au juge de paix du canton, qui rend
son ordonnance au bas de la requête à lui présentée,
énonçant les faits et désignant les objets et leur valeur
approximative. L'ordonnance fixe les jour, lieu et heure
de la vente qui ne pourra être faite que six mois après
le départ constaté du voyageur, indique en même temps
la mise à prix des objets à vendre et commet l'officier
public qui devra y procéder, en donnant, s'il y a lieu,
l'évaluation de la créance du requérant (art. 2).

Enfin, une loi du 31 décembre 1903, relative à la vente des objets abandonnés chez les ouvriers et industriels, donne également compétence au juge de paix du canton du domicile de l'ouvrier ou industriel pour autoriser la vente des objets mobiliers qui n'auront pas été retirés dans le délai de deux ans à partir du jour où ils lui auront été confiés pour être travaillés, façonnés, réparés ou nettoyés. L'ordonnance du juge, mise au bas de la requête et rendue après l'audition du propriétaire, s'il n'en est ordonné autrement, fixera le jour, l'heure et le lieu de la vente, commettra l'officier public qui doit y procéder et contiendra, s'il y a lieu, l'évaluation de la créance du requérant. La requête énonce les faits et contient, pour chacun des objets, la date de réception, la désignation, le prix de façon réclamé, le nom du propriétaire et le lieu où l'objet aura été confié (art. 2).

SECTION V

Ordonnance autorisant une signification ou une exécution avant ou après l'heure légale ou un jour de fête légale.

656. — L'article 1037, C. proc. civ., établit la règle suivante : « *Aucune signification ni exécution ne pourra être faite, depuis le 1ᵉʳ octobre jusqu'au 31 mars, avant six heures du matin et après six heures du soir, et depuis le 1ᵉʳ avril jusqu'au 30 septembre, avant quatre heures du matin et après neuf heures du soir ; non plus que les jours de fête légale, si ce n'est* *en vertu de permission du juge, dans le cas où il y aurait péril en la demeure.* »

Tel est le principe posé par le législateur, et il se comprend facilement, soit au point de vue des heures, soit au point de vue des jours pendant lesquels toute notification et exécution par huissier demeurent interdites : il est des heures et des jours où le domicile d'une personne ne saurait être troublé par une signification ou une exécution ayant toujours un caractère pénible. Le magistrat cependant peut permettre de déroger à ce principe ; mais la loi fixe les cas où la permission pourra être accordée ; ces cas doivent présenter une urgence plus qu'ordinaire, car il faut, comme le dit le texte, qu'*il y ait péril en la demeure.* Et encore nous allons nous demander si cette permission peut concerner les heures et les jours.

§ 1er. — **Ordonnance autorisant une signification ou une exécution avant ou après l'heure légale.**

657. — Le président peut-il permettre de faire une signification ou une exécution avant ou après l'heure légale ? Telle est la question qui se pose tout d'abord. Une première opinion se prononce pour la négative ; d'après elle, le pouvoir donné au magistrat n'est relatif qu'à la disposition finale du texte ainsi conçue : *non plus que les jours de fête légale, si ce n'est en vertu de permission du juge.* La loi, déclare cette opinion, a prohibé toute signification ou exécution avant ou après l'heure qu'elle indique ; voilà ce qui regarde l'heure ; passant ensuite aux jours fériés, le législateur ajoute : toute signification ou exécution est également prohibée les jours de fête légale, à moins que le juge ne donne son autorisation ; donc l'autorisation ne peut être accordée qu'en ce qui concerne les jours fériés — Voir en ce sens : Chauveau sur Carré, *loc. cit.*, Quest. 2639 et 3422 ; — Boitard, Colmet-Daage et Glasson, *loc cit.*, t. II, n° 1219 ; — Glasson, *loc. cit.*, t. I, p. 19 ; — Bonfils, *loc. cit.*, n° 613 ; — Dutruc, suppl. *Formul. des huissiers*, p. 899, n° 34 ; — Bioche, *loc. cit.*, V° Exécution, n° 160 ; — Thomine-Desmazures, *loc. cit.*, n° 1273 ; — Garsonnet et César-Bru, *loc. cit.*, t. II, § 562, p. 283.

658. — Une autre opinion moins suivie affirme, au contraire, que le président peut autoriser une signification ou une exécution pendant l'heure prohibée ; que l'article 1037 contient une disposition indivisible et que les motifs qui l'ont fait édicter pour les jours fériés existent en ce qui concerne les heures prohibées. — Voir en ce sens : Pigeau, *loc. cit.*, t. I, p. 173 ; — Demiau-Crouzilhac, *loc. cit.*, p. 64.

659. — En ce qui nous concerne, nous estimons, avec la première opinion, que la rédaction même de l'article 1037 indique bien que le président ne peut donner son autorisation que pour ce qui regarde les jours fériés. Le législateur, en effet, ne peut avoir voulu permettre de faire des significations ou des exécutions pendant la nuit ou à des heures consacrées au repos. La gendarmerie elle-même n'a pas le droit d'entrer dans le domicile des citoyens aux heures dont s'agit. — Voir décret du 4 août 1806 ; ordonnance du 29 oct. 1820, article 184. — Et le décret du 1er mars 1854 déclare qu'elle ne peut y pénétrer la nuit qu'au cas d'incendie, d'inondation ou de toute réclamation venant de l'intérieur de la maison.

660. — Du reste, il a été jugé que les significations faites avant ou après les heures prohibées ne sont pas nulles ; que seulement l'huissier devient passible d'une amende. — Cass., 29 juin 1819 [D. A. 9, 709 et Rép. V° Exploit. n° 359 ; P. et S. chr. ; — Bordeaux, 27 janv. 1837 [D. 38, 2, 160 et Rép. ibid. ; S. 37, 2, 281] ; — *Sic :* Thomine-Desmazures, *loc. cit.*, t. II, n°ˢ 1273 et 1275 ; — Chauveau sur Carré, *loc. cit.*, Question. 3426 ; — Dutruc, *loc. cit.*, p. 899, n° 35 ; — Deffaux et Harel, *Encyclop. des Huissiers*, V° Exploit, n° 542 ; — Morin, *Discipline judic.*, t. II, n° 613. — Voir cependant en sens contraire : Carré, *loc. cit.*, Quest. 3426 ; — Garsonnet et César-Bru, *loc. cit.*, t. II, § 563, n°ˢ 284 et 285 ; — Comp. Cass., 17 déc. 1856 [D. 57, 1, 200 ; P. 55, 335 ; S. 57, 1, 846].

661. — L'opinion qui ne reconnaît pas au président le droit d'autoriser une signfication ou une éxecution avant ou après l'heure légale, opinion que nous partageons, peut invoquer à son appui l'article 781, C. proc. civ., ainsi modifié par la loi du 26 mars 1855, aux termes duquel « le débiteur ne pourra être arrêté avant le lever et après le coucher du soleil ». Le motif que nous avons donné déjà milite surtout ici : il est des heures où il faut respecter le repos, le domicile des citoyens. Un arrêt de Paris a décidé qu'une arrestation ne pouvait avoir lieu après le coucher du soleil, même avec l'autorisation du juge. — Arrêt du 8 mai 1856 [D. 56, 2, 180 ; P. 56, 2, 335 ; S. 56, 2, 269].

§ 2. — **Ordonnance autorisant une signification ou une exécution un jour de fête légale.**

662. — La disposition de l'article 1037 C. proc. civ., en ce qui concerne la prohibition de faire des significations les jours de fête légale, se trouvait déjà écrite dans l'article 63 du même Code, qui déclare : « *Aucun exploit ne sera donné un jour de fête légale, si ce n'est en vertu de la permission du président du tribunal.* »

Il résulte de ces textes que le juge, c'est-à-dire le président du tribunal de première instance, peut permettre des significations et exécutions les jours fériés; mais il ne doit accorder son autorisation que s'il y a péril en la demeure, comme le précise l'article 1037 ; d'ailleurs, il jouit d'un pouvoir discrétionnaire absolu pour décider si ce péril existe réellement et si, par suite, le demandeur se trouve dans la situation voulue. — Voir Riom, 29 janvier 1844 [D. 44, 2, 197 et Rép. V° Exploit, n° 356 ; P. 44, 2, 403 ; S. 45, 2, 96].

663. — Jouissant d'un pouvoir d'appréciation absolu, le président est libre d'accorder ou de refuser son autorisation, et, dès lors, son ordonnance est à l'abri de tout recours, soit qu'elle l'accorde, soit qu'elle la refuse.

664. — Quel est le président compétent? Plusieurs auteurs décident que, pour un ajournement qu'une partie veut signifier un jour de fête légale, le président compétent est celui du tribunal devant lequel l'instance doit être portée, à l'exclusion du président du tribunal du lieu où doit se faire la signification. — Favard de Langlade, *loc. cit.*, Rép. V° Ajournement, § 3, n° 9 ; — Carré, *loc. cit.*, quest. 329 ; — Demiau-Crouzilhac, *loc. cit.*, p. 60.

665. — D'autres auteurs soutiennent qu'à cet égard il n'y a point de règle absolue ; et la Cour de Riom a jugé que, pour un exploit d'appel, l'autorisation peut être donnée par le président du tribunal d'où émane le jugement contre lequel on relève appel ; il n'est pas nécessaire de s'adresser au président de la Cour à laquelle l'appel va être déféré. — Riom, 25 janvier 1844, précité. Voir sur la question : Chauveau, *loc. cit.*, quest. 329 ; — Bonfils, *loc. cit.*, n° 614 ; — Rousseau et Laisney, *loc. cit.*, V° Exploit, n° 230.

666. — L'interdiction de l'article 1037 s'applique-t-elle en toute matière ? La jurisprudence est unanime à décider qu'en matière répressive les significations et condamnations sont exclues de cette règle et peuvent intervenir à un jour de fête légale. — Cass., 10 mai 1849 [D. 49, 5, 258 et Rép, *loc. cit.*, n° 37 ; P. 50, 2, 66 ; S. 49, 1, 542] ; — 6 déc. 1850 [D. 51, 1, 268 et Rép. *loc. cit.* ; P. 51, 2, 634 ; S. 51, 1, 451] ; — 6 août 1896 [P. et S. 97, 1, 255] ; — *Sic* : Garsonnet et César-Bru, *loc. cit.*, t. II, § 34, note 6, p. 66.

667. — Du reste, d'après l'article 8, C. pr. civ., les juges de paix peuvent tenir audience les dimanches et jours de fête.

668. — Les significations faites les jours fériés sans permission du juge sont-elles nulles ? La question est controversée, comme l'est celle, nous l'avons vu, relative aux significations faites aux heures défendues. Cependant, la grande majorité de la jurisprudence déclare qu'il n'y a pas nullité, mais que seulement l'huissier qui a signifié est passible d'une amende. — Cass., 26 avril 1839 [D. 39, 1, 305 et Rép., V° Jour férié, n° 37 ; P. 39, 2, 285 ; S. 39, 1, 867] ; — Toulouse, 8 mars 1834 [D. 34, 2, 176 ; P. chr. ; S. 34, 2, 378] ; — Orléans, 22 janv. 1851 [D. 51, 2, 147 et Rép., loc. cit., n° 30 ; P. 31, 1, 156 ; S. 32, 2, 353] ; — Douai, 9 août 1892 [D. 94, 2, 81 ; P. et S. 93, 2, 41]. — Voir en sens contraire : Bordeaux, 10 fév. 1827 [D. Rép., V° Exploit, n° 355 ; P. et S. chr.] ; — Pau, 22 juin 1833 [D. 34, 2, 26 ; P. chr. ; S. 33, 2, 603] ; — Ces arrêts se sont prononcés pour la nullité de la signification.

669. — La doctrine est également divisée ; de nombreux auteurs admettent la validité de la signification. — Voir en ce sens : Chauveau sur Carré, loc. cit., quest. 330 ; — Thomine-Desmazure, loc. cit., t. II, p. 1273 et 1275 ; — Morin, discuss, jud.. II, n° 613 ; Debelleyme, loc. cit., t. I, p. 116 ; — Rousseau et Laisney, loc. cit., V° Exploit, n° 235 ; — Dutruc, Formul. des huissiers, p. 899, n° 35 ; — Garsonnet et César-Bru, loc. cit., t. II, § 583, p. 315 ; — Bonjean, loc. cit., n° 415.

670. — Et des auteurs non moins nombreux se prononcent pour la nullité. — Carré, loc. cit., quest. 330 et 3426 ; — Perrin, Nullités, p, 209 ; — Pigeau, loc. cit., t. I, p. 185 ; — Boncenne, loc. cit., t. II, p. 239 ; — Bonfils, loc. cit., n° 612 ; — Boitard, Colmet-Daage et Glasson, loc. cit., t. I, n° 159 ; — Conf. toutefois en sens opposés Colmet-Daage, loc. cit., note 1, p. 159.

671. — La loi, dans plusieurs textes, a pris le soin d'indiquer certains cas dans lesquels le président a ou n'a pas le droit d'accorder la permission de signifier ou d'exécuter les jours de fête légale ; nous allons les passer en revue.

672. — 1° *Ajournement.*

Aux termes de l'article 63, C. pr. civ., aucun ajournement ne sera signifié un jour de fête légale, si ce n'est en vertu de la permission du président du tribunal.

673. — 2° *Arrestation d'un débiteur.*

D'après l'article 781, C. pr. civ., le débiteur ne pourra être arrêté « les jours de fête légale ». L'arrestation peut-elle être permise par le président du tribunal, malgré la disposition formelle du texte? La question est controversée. L'affirmative a été admise par la Cour de Paris, qui a décidé que, lorsqu'il y a péril en la demeure, le juge peut, conformément à l'article 1037, autoriser l'emprisonnement comme toute autre exécution. — Arrêt du 17 sept. 1862 [D. 62, 5, 85 ; P. 62, 948 ; S. 63, 2, 4] et arrêt du 12 janv. 1863 [D, 63, 5, 94 ; P, 63, 136 ; S. 63, 2, 4] ; — Voir en ce sens : Carré, *loc. cit.*, quest. 2639 ; — Chauveau sur Carré, *même question* ; — Berriat-Saint-Prix, *Cours de proc.*, p. 144 ; — Favard de Langlade, *loc. cit.*, V° Contrainte par corps, § 4.

Mais la négative est soutenue par la majorité de la doctrine. — Voir : Bioche, *loc. cit.*, V° Contrainte par corps, n° 241 ; — Demiau-Crouzilhac, *loc. cit.*, n° 477 ; Coin-Delisle, *Contrainte par corps*, sur l'article 2069, n° 36 ; — Boitard, Colmet-Daage et Glasson, t. II, n° 1050 ; Garsonnet et César-Bru, *loc. cit.*, t. V, § 1969, note 6, p. 624.

674. — 3° *Assignation en référé.*

L'article 808, C. proc. civ, permet au président, lorsque le cas requiert célérité, d'accorder l'autorisation d'assigner en référé, même les jours de fête.

675. — 4° *Saisie-revendication.*

L'article 828, C. proc. civ., déclare que le juge pourra permettre la saisie-revendication, même les jours de fête légale.

676. — Tous ces cas ne constituent que des applications du principe posé par l'article 1037, car, dans tous, on trouve soit l'urgence, soit le péril en la demeure. En vertu dudit principe et chaque fois qu'il y aura péril en la demeure, la demande d'assigner, de signifier ou d'exécuter un jour férié pourra être faite et accordée : par exemple, il s'agit d'interrompre une prescription ; d'éviter une péremption ; et le dernier jour utile pour signifier, à cet effet, une citation, un commandement ou tout autre acte d'huissier, est arrivé et se trouve être un jour férié. Evidemment la permission de signifier ce jour devra alors être donnée, puisque le péril en la demeure prévu par le texte existe. Ou bien un débiteur enlève son mobilier un jour férié, après avoir reçu un commandement de payer, notifié en vertu d'un titre authentique ; dans cette hypothèse, l'autorisation de pratiquer une saisie exécution ce jour férié sera accordé. Ou bien encore, une personne s'est, un jour férié, rendue chez une tierce personne pour recevoir paiement d'un capital qui lui est dû ; ce jour férié, une saisie-arrêt pourra être pratiquée à son préjudice, en vertu de la permission du juge.

677. — FORMULE *de la requête pour obtenir l'autorisation*

de faire une exécution un jour férié, requête qui doit être pré-
sentée et signée par un avoué.

A Monsieur le président du tribunal de première instance de.....

Le sieur (*nom, prénoms, profession et domicile du demandeur*),
ayant pour avoué Mᵉ....., a l'honneur de vous exposer que,
par jugement dudit tribunal rendu le..... par défaut faute de
constituer avoué, le sieur (*nom, prénoms, profession et domicile du débiteur*), a été condamné à payer à l'exposant la somme
de.....; que ce jugement a été signifié avec commandement
suivant exploit de Mᵉ....., huissier, à ces fins commis, en date
du.....; que, depuis, ledit sieur..... s'était soustrait à toutes
poursuites en changeant de domicile et en faisant disparaître
son mobilier; que l'exposant vient d'apprendre que son débiteur a réintégré son ancien domicile et y a replacé ses meubles; qu'aujourd'hui même expire le délai de six mois dans
lequel, suivant l'article 156 du Code de procédure civile, tout
jugement par défaut faute de constituer avoué doit être exécuté
sous peine de péremption ; mais qu'aujourd'hui est un jour férié
et que l'exposant ne peut, ce jour, faire procéder à une exécution qu'en vertu de votre permission, suivant les dispositions
de l'article 1037 du Code précité. En conséquence, l'exposant
conclut à ce qu'il vous plaise, Monsieur le président, conformément à cet article et vu qu'il y a péril en la demeure, l'autoriser
à pratiquer aujourd'hui même une saisie-exécution contre ledit
sieur..... en déclarant votre ordonnance exécutoire sur minute et avant même son enregistrement.

Présenté à....., le.....

Signature de l'avoué.

ORDONNANCE.

Nous, président du tribunal de première instance de.....
Vu la requête qui précède et les faits y énoncés, ensemble
l'article 1037 du Code de procédure civile, autorisons l'exposant
à pratiquer une saisie-exécution aujourd'hui, jour férié, contre

ledit sieur. ...., vu le péril en la demeure; disons que notre ordonnance sera exécutoire sur minute, même avant l'enregistrement, et qu'il nous en sera référé en cas de difficulté.

Donné en notre hôtel à....., le.....

Signature du président.

Suivant la règle établie pour l'ordonnance exécutoire sur minute, celle-ci sera rendue sans l'assistance et la signature du greffier et directement remise à l'avoué; elle ne sera donc pas déposée au greffe.

SECTION VI

Ordonnances commettant un huissier pour une signification.

678. — Dans plusieurs circonstances, la loi veut qu'une signification soit faite par un huissier spécialement commis à cet effet. Cette mesure lui a été inspirée par des motifs divers, suivant les cas : tantôt c'est parce que la signification qui va avoir lieu, présente une plus grande importance, une plus grande gravité; tantôt parce qu'une première copie est présumée n'avoir pas été remise à la partie ou que celle-ci est assignée à un délai excessivement court; dans tous les cas, elle veut être sûre que la signification arrivera cette fois à sa destination. Les significations par huissier commis sont nombreuses; nous pouvons citer : celle du jugement par défaut faute de constituer avoué (art. 156, C. proc. civ.), celle qui a lieu dans les vérifications d'écriture (art. 199, C. proc. civ.), celle qui est prescrite dans l'interrogatoire sur faits et articles (art. 329, même Code), celle du jugement de défaut dans une demande en reprise d'instance ou en constitution de nouvel avoué (art. 350 du même Code), celle des jugements de défaut rendus par les tribunaux de commerce (art. 435 du même Code), celle du commandement aux fins de contrainte par corps (art. 780 du même Code), celle du nouveau commandement aux mêmes fins (art. 784 du même Code), celle par laquelle le débiteur contraint assigne à bref délai son créancier en nullité de l'emprisonnement (art. 795 du même Code), celle par laquelle le même débiteur demande la validité de la consignation de sa dette (art. 802 du même Code), celle contenant assignation à bref délai devant le juge des référés (art. 808 du même Code), celle faite pour la purge des hypothèques inscrites (art. 832 du même Code), celle contenant surenchère du dixième (même article), celle aux fins de la tentative de conciliation qui doit précéder la demande en divorce (art. 235, C. civ.).

679. — Nous avons déjà étudié plusieurs ordonnances dans lesquelles le président commet un huissier pour notifier l'acte qu'il prescrit ou qu'il autorise; mais, dans toutes, cette mesure n'était que l'accessoire, que la conséquence de sa décision principale. Nous allons maintenant, au contraire, le voir déléguer un huissier dans une procédure où il n'a pas été, où il ne doit pas être mêlé.

§ 1er. — Ordonnance qui commet un huissier pour les notifications aux fins de purge des hypothèques inscrites.

680. — Comme on le sait, toute hypothèque dûment inscrite donne naissance à deux droits : le droit
de préférence et le droit de suite, et le second constitue
la sanction du premier. En effet, le but principal de
l'hypothèque, le seul, pouvons-nous dire, est de faire
payer le créancier hypothécaire, d'abord, avant les
créanciers chirographaires et, ensuite, par préférence
aux autres créanciers hypothécaires comme lui, mais
inscrites après lui. Or, pour arriver au paiement,
l'immeuble doit être vendu, soit contre le débiteur par
la voie de la saisie immobilière, soit par le débiteur
lui-même par une aliénation volontaire. Dans la vente
sur saisie immobilière, l'immeuble étant adjugé aux
enchères, aucune fraude n'est à redouter ; d'ailleurs,
les créanciers inscrits sont prévenus et ils ont le droit
de pousser les enchères. Dans les aliénations volontaires, au contraire, le débiteur fait sortir de son patrimoine l'immeuble hypothéqué, sans prévenir ceux
à qui il a concédé hypothèque ; il peut vendre leur
gage à vil prix ou, du moins, à un prix qui ne représente pas la valeur réelle de ce gage, et qui se trouve
insuffisant pour les payer. Dans ce cas, les créanciers
inscrits n'ont rien à faire, pourvu, d'ailleurs, qu'ils
aient le soin de renouveler leurs hypothèques et qu'ils
n'attendent pas l'expiration du délai après lequel leur
droit hypothécaire serait prescrit vis-à-vis de l'acquéreur (art. 2180, C. civ.). C'est l'acquéreur, s'il veut se

libérer de leur droit de suite qui frappe l'immeuble par lui acquis, qui doit prendre un des trois partis que la loi lui offre : purger, payer ou délaisser. C'est ordinairement le premier qu'il choisit et c'est lui qui nous amène à étudier l'ordonnance que le président doit rendre pour la purge des hypothèques inscrites.

681. — Suivant l'article 832, C. proc. civ., les notifications prescrites par l'article 2183, c'est-à-dire aux fins de purge, seront faites par un huissier commis à cet effet, sur simple requête, par le président du tribunal de première instance de l'arrondissement où elles auront lieu. Cette condition est de rigueur et doit être remplie à peine de nullité de la purge. — Ainsi, le tiers détenteur qui veut purger valablement doit, d'abord, faire commettre un huissier par le président du tribunal conformément aux prescriptions du premier alinéa de l'art. 832, précité. — Paris, 11 mars 1808 [D. *Rép.*, Vº Surenchère, nº 111; P. et S. chr.]. — En ce sens : Carré, *loc. cit.*, quest. 2824; — Bioche, *loc. cit.*, Vº Surenchère, nºs 110 et 111; — Rodière, *loc. cit.*, t. II, p. 407; — Glasson, *loc. cit.*, t. II, p. 376; — Boitard, Colmet-Daage et Glasson, *loc. cit.*, t. II, nº 1094; — Garsonnet et César-Bru, *loc. cit.*, t. VIII, § 2893, p. 48.

682. — L'ordonnance, comme le déclare l'article 832, et suivant d'ailleurs la règle générale, est rendue par le président sur la requête qui lui est présentée, à cet effet, par un avoué qui l'a signée. Cette ordonnance ne peut pas être refusée par le magistrat, car il empêcherait, par son refus, le tiers détenteur de remplir une formalité que la loi a établie en sa faveur; ou du moins il l'obligerait à faire une procédure nulle. L'ordonnance intervient sans l'assistance et la signature du greffier; elle n'est pas, dès lors, déposée au greffe, et elle est délarée exécutoire sur minute.

683. — FORMULE *de la requête pour faire commettre un huissier aux fins de purge.*

A Monsieur le président du tribunal de première instance de.....

Le sieur (*nom, prénoms, profession, domicile du demandeur*), ayant pour avoué Me....., a l'honneur de vous exposer que, suivant acte public passé le..... devant Me....., notaire à......, dûment transcrit, il a acquis du sieur (*nom, prénoms, profession et domicile du vendeur*), une maison sise à....., au prix de.....; qu'il résulte de l'état délivré par le conservateur du bureau des hypothèques de..... que cet immeuble se trouve grevé d'inscriptions pour des sommes dépassant le prix d'acquisition; que l'exposant a donc intérêt, pour se garantir des poursuites autorisées par les articles 2166 et suiv. du Code civil, à faire aux créanciers inscrits les notifications aux fins de purge autorisées par l'article 2183 du même code; et attendu que ces notifications, aux termes de l'article 832 du Code de procédure civile, doivent avoir lieu par un huissier par vous commis, l'exposant conclut à ce qu'il vous plaise, Monsieur le président, commettre tel huissier que vous voudrez bien désigner pour y procéder et, vu l'urgence, vous voudrez bien permettre l'exécution de votre ordonnance sur minute.

Présenté à....., le.....

Signature de l'avoué.

ORDONNANCE.

Nous, président du tribunal de première instance de.....,

Vu la requête qui précède et les faits y énoncés, ensemble l'article 832 du Code de procédure civile, commettons Me....., huissier du tribunal, pour faire les notifications dont s'agit;

autorisons l'exécution de notre ordonnance sur minute, vu l'urgence.

Donné au palais de justice (ou en notre hôtel) à......, le.....

Signature du président.

684. — Tant qu'aucun créancier inscrit n'a point fait signifier au débiteur le commandement et au tiers détenteur la sommation de payer ou de délaisser prescrits par l'article 2169, C. civ., aucun délai n'est imparti pour procéder à la purge ; mais dès que ces deux actes ont été notifiés, elle doit intervenir dans les trente jours de la notification ; dans ce cas, la requête, comme motif d'urgence, peut invoquer cette double notification.

§ 2. — Ordonnance qui commet un huissier pour notifier une réquisition de surenchère du dixième.

685. — Dans les notifications aux fins de purge, le tiers détenteur doit indiquer le prix de son acquisition et offrir de payer ce prix aux créanciers inscrits et ce, sans délai et sans distinction entre les créances exigibles ou non exigibles (art. 2184, C. civ.). Le créancier inscrit qui reçoit les notifications, est libre d'accepter ou de refuser le prix offert ; et, s'il le refuse, il peut, en vertu du droit de suite que lui confère son hypothèque, frapper l'immeuble vendu d'une surenchère du dixième et faire revendre ainsi cet immeuble devant le tribunal, aux enchères publiques. Ce droit lui est reconnu par l'article 2185, C. civ., qui déclare que lorsque le nouveau propriétaire a fait les notifications prescrites pour la purge, tout créancier inscrit peut requérir « *la mise de l'immeuble aux enchères et adjudications publiques.* »

686. — Mais la réquisition de surenchère doit, comme les notifications à fin de purge et en vertu du même article 832, C. pr. civ., être faite par un huissier à ce commis par le président du tribunal de première instance. Et la surenchère qui serait signifiée par un autre huissier qu'un huissier commis par le président, serait frappée de nullité. — Poitiers, 9 janv. 1881 [P. 84, 1, 1118; S. 84, 2, 205]; — *Sic :* Chauveau sur Carré, *loc. cit.*, quest. 2461 ; — Rodière, t. II, *loc. cit.*, p. 407 ; — Glasson, *loc. cit.*, t. II, p. 376 ; — Dutruc, *loc. cit.*, p.773, note 1 ; — Rousseau et Laisney, *loc. cit.*, Vº Vente judic. d'imm. et Vº Surenchère, nº 93 ; — Garsonnet, *loc. cit.*, t. VIII, § 2893, p. 48. — Voir cependant en sens contraire : Paignon, *Commentaire théorique et pratique sur les ventes judiciaires de biens immeubles*, t. II, nº 212.

687. — Il peut se faire, comme nous l'avons vu, d'ailleurs, à propos des autres ordonnances, que le président se trouve empêché et que *la désignation de l'huissier* soit faite par un autre magistrat; dans ce cas, il n'est pas nécessaire que, dans l'ordonnance, il soit fait mention de l'empêchement du président. — Voir en ce sens : Toulouse, 13 juil. 1827 [D. 33, 2, 142; P. et S. chr.]; — dans le même sens, Garsonnet et César-Bru, *loc. cit.*

688. — Le président compétent, d'après l'article 832, est celui du tribunal de l'arrondissement où la réquisition a lieu ; toutefois, si l'ordonnance avait été rendue par le président d'un autre tribunal, la réquisition de surenchère ne serait pas nulle, attendu que l'article précité n'édicte pas la peine de nullité ; c'est ce qui a été décidé par la Cour de Toulouse, dans un arrêt du 6 juillet 1816 [D. Rép. V° Surenchère, n° 111 ; P. et S. chr.]. — Dans tous les cas, a déclaré la Cour de cassation, la nullité ne pourrait être proposée que par la partie ayant reçu la notification défectueuse ; ainsi, le tiers détenteur ne serait pas reçu à invoquer la nullité de la signification adressée au vendeur. — Arrêt du 9 août 1820 [D. Rép. *loc. cit.* ; P. et S. chr.].

689. — Comme celle qui demande la désignation d'un huissier pour signifier les notifications aux fins de purge, la requête pour faire désigner l'huissier chargé de notifier la surenchère du dixième, doit être présentée et signée par un avoué. L'ordonnance est rendue à suite de la requête ; elle ne peut pas être refusée par le magistrat, car son refus empêcherait le créancier de notifier une surenchère valable ; elle est déclarée exécutoire sur minute, vu l'urgence, et intervient sans l'assistance et la signature du greffier ; elle n'est donc pas déposée au greffe, point consacré par l'arrêt précité de la Cour de Toulouse du 13 juillet 1827.

690. — FORMULE *de la requête aux fins de désignation d'un huissier pour signifier la surenchère du dixième.*

A Monsieur le président du tribunal de première instance de.....

Le sieur (*nom, prénoms, profession et domicile du demandeur*), ayant pour avoué Me....., a l'honneur de vous exposer qu'il est créancier inscrit sur une maison sise à..... (ou tout autre immeuble à désigner) ; que, suivant acte passé le..... devant Me....., notaire à....., le sieur (*nom, prénoms, profession et domicile du vendeur*), son débiteur, qui était propriétaire de cet immeuble, l'a vendu au sieur (*nom, prénoms, profession et domicile de l'acquéreur*) et que celui-ci a fait procéder à la purge des hypothèques inscrites grevant ledit immeuble, par exploit de Mᵉ....., huissier à....., en date du.....; que l'exposant a intérêt à pratiquer sur cet immeuble, qui constitue son gage, la surenchère du dixième à lui permise par l'article 2185 du Code de procédure civile; et attendu que la réquisition de cette surenchère doit, aux termes de l'article 832 du Code de procédure civile, être signifiée par un huissier par vous commis, l'exposant conclut à ce qu'il vous plaise, Monsieur le président, désigner un huissier de votre choix aux dites fins, avec exécution de votre ordonnance sur minute, vu l'urgence.

Présenté à....., le.....

Signature de l'avoué.

ORDONNANCE.

Nous, président du tribunal de première instance de....., Vu la requête qui précède et les faits y énoncés, ensemble l'article 832 du Code de procédure civile, commettons Mᵉ....., huissier du tribunal pour notifier la réquisition de surenchère du dixième dont s'agit; disons que notre ordonnance sera exécutoire sur minute, vu l'urgence.

Donné au palais de justice (ou en notre hôtel) à....., le.....

Signature du président.

691. — La réquisition de surenchère doit, d'après l'article 2185. C. civ., être notifiée au plus tard dans quarante jours de la purge, outre le délai légal des distances s'il y a lieu.

§ 3. — **Ordonnance qui commet un huissier pour signifier un jugement rendu par défaut faute de constituer avoué, lorsque le jugement n'a pas commis cet huissier ou que l'huissier commis ne peut pas faire la signification.**

692. — On sait qu'une partie peut être jugée par

défaut, soit lorsqu'elle n'a point constitué avoué, soit lorsqu'ayant constitué avoué, ce dernier ne se présente pas à l'audience pour conclure : dans le premier cas, le jugement est qualifié de jugement par défaut faute de comparaître ou de constituer avoué ; dans le second, de jugement par défaut faute de conclure. La partie qui ne constitue pas avoué, est présumée n'avoir pas reçu la copie de l'ajournement qui lui a été notifié ; voilà pourquoi le législateur a pris ses précautions pour que la signification du jugement de défaut lui soit remise d'une manière certaine, afin qu'elle puisse y faire opposition. C'est cette pensée qui a inspiré la précaution prise dans l'article 156, C. proc. civ., ainsi conçu : « *Tous jugements par défaut contre une partie qui n'a pas constitué avoué, seront signifiés par un huissier commis soit par le tribunal, soit par le juge du domicile du défaillant que le tribunal aura désigné ; ils seront exécutés dans les six mois de leur obtention, sinon seront réputés non avenus* ». Or, il peut se faire que, par suite d'une omission, aucun huissier n'ait été commis dans le jugement, ou que l'huissier commis ne puisse effectuer la signification soit parce qu'il n'est plus en exercice, soit parce qu'il se trouve momentanément empêché. Alors, la question se pose de savoir si le porteur du jugement est obligé de s'adresser au tribunal pour faire commettre un huissier ou faire remplacer celui qui a été commis, ou s'il peut, dans les deux cas, recourir au président. A notre avis, le président est compétent, si l'on suppose qu'il y a urgence ; et l'urgence existera si depuis quelque temps déjà le jugement a été rendu, car il doit être exécuté dans le délai fixé par l'article 156, c'est-à-dire dans les six mois, et son

exécution ne peut avoir lieu qu'autant qu'il a été signifié
par huissier commis. Il s'agit, ici, d'un acte de pure
forme, qui rentre dans l'administration générale de
la justice dont est chargé le président, et pour
laquelle la loi lui accorde compétence dans les cas d'urgence. — Voir en ce sens : Cass,, 31 mai 1858 [D. 58, 1,
407 ; P. 58, 805 ; S. 58, 1, 821] ; — Bourges, 19 avril 1829
[D. 29, 2, 157 et Rép, V° Jugement par défaut n° 373 ;
P. et S. chr] ; — *Sic* Garsonnet *loc. cit.*, t. V, § 1019,
p. 396.

693. — Mais, ici, le président demeure libre d'accorder ou de refuser son ordonnance, car il doit apprécier
souverainement si l'urgence nécessaire pour légitimer
son intervention, existe ou non. Dans tous les cas, son
ordonnance sera rendue sur la requête qui sera présentée et signée par l'avoué ; et sa décision exécutoire
sur minute interviendra en dehors du greffier qui
n'aura ni à la signer, ni à la déposer au greffe.

694. — FORMULE *de la requête aux fins de désignation
d'un huissier pour la signification du jugement de défaut faute de
comparaître ou de constituer avoué.*

A Monsieur le président du tribunal de première instance de.....

Le sieur (*nom, prénoms, profession et domicile du demandeur*),
ayant pour avoué Mᵉ....., a l'honneur de vous exposer qu'à la
date du....., il a obtenu du tribunal un jugement par défaut
faute de constituer avoué, qui a condamné le sieur (*nom, prénoms, profession et domicile du débiteur*) à lui payer une somme
de......; que ce jugement a omis de commettre un huissier pour
sa signification (ou bien que l'huissier commis n'exerce plus
ces fonctions ou se trouve empêché) ; que cependant il doit être
isgnifié par huissier commis, ainsi que l'exige l'article 156 du Code

de procédure civile ; que cette signification est urgente, car, aux termes du même article, ledit jugement doit être exécuté dans les six mois de sa date sous peine de demeurer non avenu, et que l'exécution doit être précédée de la signification dont s'agit. En conséquence, l'exposant demande qu'il vous plaise, Monsieur le président, commettre un huissier (ou bien désigner un autre huissier) pour faire ladite signification et, vu l'urgence, permettre l'exécution de votre ordonnance sur minute.

Présenté à....., le.....

Signature de l'avoué.

ORDONNANCE.

Nous, président du tribunal de première instance de....., Vu la requête qui précède et les faits y énoncés, ensemble l'article 156 du Code de procédure civile, désignons Me....., huissier, pour faire la signification dudit jugement et, vu l'urgence, autorisons l'exécution de la présente ordonnance sur minute.

Donné au palais de justice (ou en notre hôtel) à....., le.....

Signature du président.

SECTION VII

Ordonnance désignant un juge pour le règlement d'un ordre, dans les tribunaux où un juge spécial n'est pas chargé du règlement des ordres.

695. — L'ordre, le mot le dit, est la distribution du prix de vente d'un immeuble entre les créanciers privilégiés et hypothécaires, d'après la nature de leurs privilèges et le rang ou l'ordre de leurs inscriptions d'hypothèques. L'ordre est dressé par un juge ; il n'y a qu'un seul cas où le tribunal soit tenu d'y procéder

lui-même, c'est lorsqu'il existe moins de quatre créanciers inscrits; dans ce cas, dit l'article 773, C. proc.
civ., la distribution du prix est réglée par le tribunal
comme en matière sommaire.

696. — D'après l'article 749, C. proc. civ., ainsi
modifié par la loi du 21 mai 1858, dans les tribunaux
où les besoins du service l'exigent, un ou plusieurs
juges sont spécialement chargés du règlement des
ordres. Et l'article ajoute : « *En cas d'absence ou
d'empêchement, le président, par ordonnance inscrite
sur un registre spécial tenu au greffe, désigne d'autres
juges pour les remplacer.* »

697. — Dans les tribunaux où un juge spécial n'a
pas été chargé du règlement des ordres, c'est le président du tribunal qui, chaque fois qu'un ordre est
ouvert, désigne le juge qui sera chargé d'y procéder.

698. — Avant la loi de 1858 précitée, un décret
du 19 mars 1852 permettait de désigner pour les
ordres les juges suppléants, à l'exception de ceux qui
étaient en même temps officiers ministériels. Bien que
la loi de 1858 ait gardé le silence sur ce point, on
admet généralement que le décret de 1852 est encore
en vigueur et que, par suite, le président ne peut pas
charger du règlement d'un ordre un juge suppléant
qui est en même temps officier ministériel. — Voir :
Chauveau sur Carré, *loc. cit.*, quest. 2540. — Bioche,
loc. cit., V° Ordre, n° 189 ; — Boitard, Colmet-Daage
et Glasson, *loc. cit.*, t. II, n° 1023 ; — Garsonnet, *loc.
cit.*, t. V, § 1769, p. 248.

699. — Qu'il s'agisse d'un juge spécial ou d'un juge
commissaire, le président, en cas d'absence ou d'empêchement, le remplace par un autre juge du siège, en

vertu d'une ordonnance inscrite sur un registre spécial tenu au greffe, comme le déclare l'article 749 précité. Le remplacement a lieu d'office, lorsque le juge
commissaire est en congé régulier. — Chauveau sur
Carré, *loc. cit.*, quest. 2542 ; — Seligmann, *loc. cit.*,
n° 114. — La réquisition d'ouverture de l'ordre est
également faite sur le registre du greffe par l'avoué du
poursuivant.

700. — Comme nous l'avons dit plusieurs fois, à
propos des ordonnances de pure forme, le président ne
peut pas refuser de rendre son ordonnance quand il
y a lieu de commettre ou de remplacer un juge pour
le règlement d'un ordre. En cas de refus, il pourrait
être pris à partie, comme peut l'être tout magistrat
qui refuse de répondre aux requêtes qui lui sont adressées. D'ailleurs, sa décision portant ce refus serait
sujette à l'appel, soit devant la Cour, d'après une
opinion ; — voir, en ce sens, Pont sur Seligmann,
loc. cit., n° 114, note 1-5 ; soit devant le premier président de la Cour, d'après une autre opinion. — Voir
en ce sens : Garsonnet et César-Bru, *loc. cit.*, V,
§ 1772, p. 254.

SECTION VIII

**Ordonnance désignant un juge pour procéder à une
distribution par contribution.**

701. — La distribution par contribution consiste
à répartir, entre créanciers chirographaires, des sommes provenant d'une saisie-arrêt pratiquée au pré-

judice d'un débiteur ou de la vente de son mobilier et se trouvant insuffisantes pour payer tous lesdits créanciers ; c'est à raison même de cette insuffisance que l'opération a reçu le nom de distribution par *contribution*, car chaque créancier *contribue*, d'après sa créance, à la perte subie par tous. Une exception est faite cependant au profit des créanciers privilégiés qui reçoivent, avant les créanciers chirographaires, le montant de leurs créances respectives, d'après la nature et le rang de leurs privilèges.

702. — L'article 656, C. proc. civ., accorde aux créanciers et au débiteur un mois pour s'entendre sur une distribution amiable. A défaut, les sommes sont versées à la Caisse des dépôts et consignations dans la huitaine qui suit, suivant les prescriptions de l'article 657 ; et, sur cette consignation, la distribution par contribution s'ouvrira. Aux termes de l'article 658 : « *Il sera tenu au greffe un registre des contributions sur lequel un juge sera commis par le président, sur la réquisition du saisissant, ou, à défaut, de la partie la plus diligente ; cette réquisition sera faite par simple note portée sur le registre.* »

703. — Comme pour les ordres, la réquisition d'ouverture de la distribution par contribution est faite par un avoué sur le registre tenu au greffe. La loi n'indique point en quels termes elle doit être conçue, mais on peut préciser qu'elle doit indiquer les noms du requérant, ceux du débiteur, la somme à distribuer, la mention de sa consignation, le certificat délivré à suite et les oppositions motivant la distribution. Le président désigne alors le juge commissaire qui sera chargé de la procédure, par une ordonnance consignée au registre. Si un juge se trouvait spécialement chargé, comme pour les ordres, du règlement des contributions, il serait saisi de plein droit au moyen de la réquisition consignée au registre. — Voir Carré, *loc. cit.*, quest. 2168; — Chauveau sur Carré, *loc. cit.*, quest. 2168 *bis*; — Bioche, *loc. cit.*, Vᵒ Distribution par contribution, nᵒˢ 57 et 72; — Garsonnet et César-Bru, *loc. cit.*, t. V, § 1922, p. 541.

704. — Comme pour les ordres, le décret du 19 mars 1852 permet au président de confier la distribution par contribution à un juge suppléant, pourvu qu'il ne soit pas en même temps officier ministériel.

705. — Un juge doit nécessairement procéder à la distribution par contribution; le tribunal n'est point compétent pour faire cette procédure, et s'il était saisi, il devrait renvoyer devant un juge commissaire. — Cass., 29 août 1832 [D. 32, 1, 402 et Rép. Vᵒ Distribution par contribution, nᵒ 38; P. chr.; S. 32, 1, 721].

706. — Pas plus qu'en matière d'ordre, le président ne saurait refuser de rendre son ordonnance nommant le juge commissaire, car, par son refus, il empêcherait la distribution par contribution. Sa décision négative qui pourrait, d'ailleurs, être déférée au premier président de la Cour ou à la Cour elle-même, l'exposerait à être poursuivi pour déni de justice. — Voir ce que nous avons dit à propos du refus en matière d'ordre ci-dessus au nᵒ 700.

CHAPITRE V

Caractère spécial des ordonnances comprises dans les deux chapitres précédents. — Voies de recours.

---

707. — Les ordonnances comprises dans les deux précédents chapitres, sont rendues par le président en sa qualité d'administrateur général de la justice dans le ressort du tribunal à la tête duquel il se trouve placé, en vertu de sa juridiction purement gracieuse. C'est ainsi qu'en cette qualité et dans la plénitude de cette juridiction, il préside à la police de l'audience; qu'il assure la marche des affaires; qu'il désigne un juge commissaire à la place d'un autre empêché; qu'il fait rendre les pièces communiquées; qu'il délivre des mandats d'amener dans les faux incidents civils; qu'il nomme un expert à la place d'un autre; qu'il règle les qualités; qu'il autorise soit des insertions extraordinaires, soit la vente des meubles dans un lieu autre que le lieu légal; qu'il permet une signification ou une exécution les jours fériés; qu'il commet un huissier pour les notifications devant avoir lieu par huissier commis ; qu'il désigne le juge commissaire pour le règlement des ordres et des distributions par contribution. A part l'ordonnance qui remplace un juge commissaire pour une enquête, ou qui commet un huissier pour la signification d'un jugement de défaut et aussi celle qui permet la vente du mobilier saisi dans un lieu autre que le lieu légal, lesquelles rendues en dehors d'un texte formel peuvent être refusées ou entreprises, toutes les autres ordonnances des troisième et quatrième chapitres basées sur un article de loi, absolument indispensables pour la marche des instances ou des procédures, s'imposent au président qui, en les refusant, se rendrait coupable d'un véritable déni de justice. Celui qui les subit n'a aucun recours à exercer, puisqu'il est nécessaire qu'elles soient rendues ; mais celui qui les sollicite peut se pourvoir s'il éprouve un refus, à moins qu'il ne s'agisse d'une pure faveur, comme lorsqu'il demande l'autorisation de faire des insertions extraordinaires ou de signifier ou exécuter un jour férié.

CHAPITRE VI

Ordonnances intervenant dans des cas non prévus
par la loi, mais autorisées par les usages ou la
jurisprudence. — Rappel de certains cas antérieurement indiqués et principe général.

---

708. — Nos avons déjà rencontré un certain nombre
de ces cas dans nos applications antérieures et, si nous
en avons parlé alors, bien que l'ordre logique eût dû
les faire réserver pour le présent chapitre, c'est à
raison de la similitude des hypothèses auxquelles nous
les avons joints et afin de ne point rompre l'unité des
exposés généraux dans lesquels ils trouvaient leur
place naturelle. Il convient donc de les rappeler simplement ici, comme donnant lieu à des ordonnances
intervenant en dehors des prévisions de la loi, mais
acceptées par les usages ou la jurisprudence à cause de
leur incontestable utilité. Dans la section II, § 1er du
chap. III consacré aux *Ordonnances rendues pour la
police de l'audience et la marche des instances en*

cours jusqu'à l'expédition du jugement, nous avons dit que le président pouvait rendre une ordonnance pour désigner, lorsqu'il y a urgence, un juge commissaire à l'effet de procéder à une enquête ordinaire, à la place du juge commissaire nommé par le jugement qui a autorisé l'enquête et qui se trouve empêché ; mais nous avons constaté que, sur ce point, il y a divergence en l'absence d'un texte et nous avons alors justifié cette pratique au point de vue qui nous occupe.

Au paragraphe 5 de la même section II, nous avons adopté l'opinion suivant laquelle le président pouvait, par ordonnance, nommer un expert en remplacement de celui désigné par le jugement ordonnant l'expertise et qui ne peut opérer. Nous avons toutefois précisé qu'ici il était nécessaire que le magistrat fût autorisé à agir ainsi par ledit jugement.

Dans la section III du chapitre IV qui a trait aux *Ordonnances prescrites pour la validité de certains actes et notifications et l'ouverture de certaines procédures*, nous avons soutenu l'usage d'après lequel l'urgence légitime l'intervention du président autorisant par ordonnance la vente des meubles saisis dans un lieu autre que le lieu désigné par la loi, alors que l'article 617 du C. de proc. civ. exige un jugement pour cette autorisation. Enfin au § 3 de la section VI du même chapitre IV, nous avons admis que, toujours à raison de l'urgence, le président avait le droit de commettre, par voie d'ordonnance, un huissier pour signifier un jugement par défaut faute de constituer avoué, lorsque le jugement a omis de le désigner, comme l'exige l'article 156 C. proc. civ., ou bien lorsque l'huissier commis n'exerce plus ou se trouve empêché. Nous avons

également indiqué qu'ici encore la compétence du président est discutée en l'absence de texte.

Dans ces divers cas, nous avons légitimé l'intervention du président, soit par l'extrême urgence et le péril
en la demeure, soit par la grande analogie existant
entre eux et plusieurs autres où la loi autorise formellement cette invervention.

709. — Mais les hypothèses que nous venons d'énumérer sont-elles les seules où la compétence du président puisse être soutenue ; et n'y en a-t-il pas d'autres
dans lesquelles les circonstances de la cause puissent
amener de nouvelles ordonnances? Dans deux arrêts
des 6 et 23 janvier 1866 [D, 66, 1, 27 ; P. 66, 205 ;
S. 66, 2, 43], la Cour de Paris a déclaré que les cas
d'intervention du président ayant été déterminés par la
loi, ce magistrat demeure sans compétence dans les cas
non prévus; toutefois la Cour a précisé qu'il pourra
intervenir lorsqu'il s'agira de circonstances analogues
à celles pour lesquelles il a été autorisé, pourvu,
d'ailleurs, qu'il ne s'agisse pas d'une demande véritable donnant lieu à contradiction.

710. — Ces arrêts nous paraissent correspondre à
un besoin véritable ; mais il ne faut pas limiter l'intervention du président aux cas où il s'agit de circonstances analogues à celles prévues par les textes.
S'il en est ainsi dans quelques rares hypothèses, notamment dans celle où l'ordonnance remplace, comme
on va le voir, un juge commissaire empêché, dans la
pluralité, au contraire, l'analogie n'existera point et
pourtant l'urgence commandera d'une façon impérieuse
l'intervention du président. « La nature même de l'autorisation sur requête, dit, avec raison, M. Bertin, les

besoins auxquels elle est appelée à donner satisfaction, exigent impérieusement et plus impérieusement encore que pour l'ordonnance de référé, que son domaine ne soit pas renfermé dans les limites des cas spécifiés, et que, pour accomplir sa mission, elle puisse se développer sous la seule condition de l'urgence. Le législateur a bien pu indiquer certains cas particuliers qui se produisent ordinairement et qui nécessitent l'intervention du pouvoir discrétionnaire du président; mais il aurait vainement tenté de spécifier tous les cas dans lesquels le président doit venir en aide, sous peine de déni de justice, à des droits et à des intérêts qu'il n'est pas permis à la loi de laisser sans défense. » *Loc. cit.*, I, n° 32. — *Sic* : Garsonnet, *loc. cit.*, t. VIII, § 2979 2°.

Au surplus, l'usage général des ordonnances sur requête, à la seule condition qu'il y ait urgence, est autorisé par l'article 54 du décret du 30 mars 1808, aux termes duquel on peut présenter au président « toute requête à fin d'arrêt ou de revendication de meubles ou marchandises ou *autres mesures d'urgence.* » Le principe une fois posé et étant admise la faculté de présenter requête à fin d'ordonnance dans tous les cas d'urgence, nous allons indiquer les principaux cas acceptés par la pratique et nous donnerons ensuite une appréciation générale sur les ordonnances rendues par application de la règle que nous venons de poser.

§ 1er. — **Ordonnance remplaçant un juge commissaire empêché.**

711. — Dans cette hypothèse, pourvu, suivant la règle générale ci-dessus indiquée, qu'on se trouve en présence d'une urgence certaine, nous croyons que le président peut, par ordonnance, remplacer le juge commissaire. De plus, nous nous trouvons, ici, dans un cas où la loi nous fournit une analogie évidente et où, par suite, peut s'appliquer absolument la doctrine des arrêts précités de Paris des 6 et 23 janvier 1866. En effet, puisque l'article 110, C. proc. civ., dans les affaires sur délibéré et instruction par écrit, reconnaît au président le droit de remplacer, par son ordonnance, le juge rapporteur empêché, le président doit avoir la faculté de remplacer, de la même manière, tout juge commissaire empêché dans une autre instance. Nous ne lui accorderons néanmoins cette faculté que lorsque le rôle du juge commissaire, comme celui du rapporteur, se borne à remplir un acte isolé, par exemple à faire prêter serment aux experts, dans les affaires où une expertise a été ordonnée; nous la lui refusons, au contraire, lorsque le mandat du juge commissaire s'exerce dans les diverses phases de la procédure, comme dans les vérifications d'écritures, les inscriptions de faux, les faillites, car alors la procédure en cours implique l'intervention constante du tribunal tout entier saisi et auquel, par suite, toutes les opérations du juge commissaire doivent être déférées.

§ 2. — **Ordonnance prescrivant à la femme de réintégrer le domicile conjugal.**

712. — Lorsque la femme méconnaît l'obligation que la loi lui impose d'habiter avec le mari et de le suivre partout où il juge à propos de résider (art. 214, C. civ.), celui-ci peut la priver de tout secours pécuniaire. Alors, n'ayant aucun moyen d'existence, la femme sera le plus souvent obligée de réintégrer le domicile conjugal. Mais, si ces mesures demeurent insuffisantes, le mari a-t-il le droit de recourir à la force publique ? La question est discutée. D'après une opinion généralement suivie en doctrine et en jurisprudence, le mari est investi de ce droit, car, ramenée au domicile conjugal, la femme se trouvera peut-être soustraite à des influences pernicieuses et se prêtera ainsi plus facilement à une réconciliation. — Voir en ce sens : Cass., 9 août 1826 [D. 26, 1, 447 ; P. et S. chron.]; — Paris, 29 mai 1808 [S. chron.]; — Pau, 11 mars 1863 [D. 63, 2, 97; P. 63, 587; S. 63, 2, 97]. — *Sic* : Troplong, *De la contrainte par corps*, n° 258 ; — Bonjean, *loc. cit.*, n° 1080 ; — Demante et Colmet de Santerre, *loc. cit.*, t. I, n° 297 *bis* III ; — Marcadé, *loc. cit.*, sur l'article 214, n° 4 ; — Coin-Delisle, *De la contrainte par corps*, article 2063, n° 4 ; — Aubry et Rau, *loc. cit.*, t. V, § 471, texte et note 7, p. 135 ; — Bertier, *loc. cit.*, I, n° 601 ; — Bazot, *loc. cit.*, p. 271.

713. — Mais une autre opinion refuse absolument ce droit au mari. — Voir Aix, 22 mars 1884 [P. 84, 1, 495; S. 84, 2, 93]. — En ce sens : Delvincourt,

Droit civil, t. I, p. 57, note 4 ; — Duranton, *loc. cit.*, t. II, n° 440; — Duvergier sur Toullier, t. I, n° 616, note 1; — Rolland de Villargue, *loc. cit.*, V° Abandon d'épouse, n° 3 ; — Chardon, *Puissance maritale*, n° 10; — Laurent, *loc. cit.*, t. III, n° 93 ; — Pont, *Rev. crit.*, 1851, p. 594 et 1852, n° 530; — Huc, *loc. cit.*, t. II, n° 238.

Si on reconnaît au mari le droit de recourir à la force publique, de contraindre sa femme *manu militari*, quelle voie devra-t-il suivre ? On admet généralement qu'il doit être porteur d'un jugement ou tout au moins d'une ordonnance de référé pour pouvoir ramener sa femme par la force publique. — Paris, 29 mai 1808 précité, — Conf. Cass., 9 août 1826, précité. — Le référé, au surplus, serait plus utile, car le président, si la femme se présentait devant lui, pourrait lui donner des conseils utiles ; mais il est bien à craindre qu'elle ne fasse défaut. En tout cas, M. Bonjean est d'avis, avec raison, qu'il faudrait alors éviter le référé à l'audience pour ne pas donner un débat public à un pareil conflit, — *loc. cit.*, n° 1083.

Pour les motifs qui précèdent, il paraît difficile que le mari puisse être autorisé à recourir à la force publique pour contraindre sa femme à réintégrer le domicile conjugal en vertu d'une simple ordonnance sur requête. Toutefois, on admet généralement que le président peut faire droit à la requête, mais à la condition que l'ordonnance contiendra simplement autorisation pour le mari de se présenter au lieu où réside sa femme, avec l'assistance du juge de paix ou du commissaire de police, pour l'inviter à réintégrer le domicile conjugal et lui faire à cet égard toutes sommations nécessaires. Si elle refuse d'obtempérer à cette injonction, il en sera dressé procès-verbal par le magistrat assistant le mari. Dans ces conditions, l'ordonnance se présente ici comme ayant une portée très limitée ; et sans avoir besoin d'y recourir, le mari peut parfaitement faire, par huissier, les sommations et constations qu'elle autorisera. Nous comprenons néanmoins que l'intervention du président pourra avoir sur l'esprit de la femme une certaine influence ; et voilà pourquoi nous estimons que le magistrat a qualité pour rendre ici son ordonnance et que le mari fait sagement d'y recourir. Bien entendu, le magistrat jouit d'un pouvoir absolument discrétionnaire, et sa décision, accordant ou refusant la demande, nous paraît à l'abri de tout recours, vu les limites dans lesquelles elle se trouve renfermée. — Voir en ce sens : Bonjean, *loc. cit.*, n° 1089 ; — Garsonnet, *loc. cit.*, § 2979 2° ; — Debelleyme, *loc. cit.*, I, p. 31 ; — Bertin, *loc. cit.*, n° 582 et s.

§ 3. — Ordonnance prescrivant au mari de recevoir la femme au domicile conjugal.

714. — La doctrine qui décide que le mari a le droit de recourir à la force publique pour contraindre sa femme à réintégrer le domicile conjugal, accorde logiquement à la femme le droit d'employer le même moyen pour obliger son mari à la recevoir à ce domicile. Cette dernière pourra donc, par la force publique, se faire ouvrir les portes du dit domicile et y pénétrer avec l'aide de cette force. — Demolombe,

I.   27

loc. cit., t. IV, n° 110 ; — Toullier, *loc. cit.*, t. XIII,
n° 110 ; — Ducaurroy, Bonnier et Roustain, *Commen-taire théorique et pratique du code civil*, t. I, n° 368.
— Valette, *Explic. somm. du livre 1 du Code civil*,
p. 118 ; — Aubry et Rau, *loc. cit.*, t. V, § 471, texte
et note 13, p. 137.

Et pour se faire autoriser à entrer dans ledit domi-cile, la femme pourra encore s'adresser au président
du tribunal qui, vu l'urgence, est compétent pour ren-dre une ordonnance en cette matière. — Conf. Garson-net, *loc. cit.* ; — Bertin, *loc. cit.*, t. I, n° 610 ; — Bon-jean, *loc. cit.*, n° 1079. — Elle sera assistée du juge
de paix ou du commissaire de police.

§ 4. — Ordonnance pour faire constater un adultère.

715. — Vis-à-vis de chacun des époux, l'adultère
se prouve de la même manière que tout autre délit
(art. 164-6 et 189, C. instruc. crim.) ; par conséquent,
toute preuve est admissible ; et on reconnaît, notam-ment, que l'article 338, C. pén., qui n'autorise contre
le complice d'autres preuves que le flagrant délit et les
lettres ou écrits, ne s'applique pas à la femme. Or, il
peut se faire qu'un mari plaidant ou sur le point de
plaider en séparation de corps ou en divorce, ait inté-rêt à faire constater immédiatement l'adultère de sa
femme ; la femme, de son côté, plaidant ou disposée à
plaider contre son mari, peut avoir à faire opérer la
même constatation ; dans cette double hypothèse, on
décide que le président pourra, par ordonnance, com-mettre un commissaire de police ou un huissier dans

le but d'opérer cette constatation. L'intervention du magistrat est toujours motivée et légitimée par l'urgence. — Bertin, *loc. cit.*, t. I, n° 614 ; — Garsonnet, *loc. cit.*, § 2979 2° ; — Bonjean, *loc. cit.*, n° 498 ; — Debelleyme, *loc. cit.*, t. I, p. 613.

§ 5. — Ordonnance pour faire constater une contravention aux clauses d'un acte ou au dispositif d'un jugement.

716. — Un acte a été passé entre plusieurs parties contenant des stipulations diverses ; or, une partie contrevient à cet acte ; il faut à l'instant constater cette contravention, dont les traces vont disparaître ou qui sera plus tard déniée. On peut supposer aussi qu'un jugement a défendu certains faits, certains actes ou les a autorisés au contraire ; or, une infraction est commise à ce jugement, il faut la faire constater à l'instant. Dans les deux cas, à raison de l'extrême urgence, le président pourra intervenir et, par son ordonnance, autoriser la constatation, notamment par huissier ou expert. — Conf. Bertin, *loc. cit.*, t. I, n°s 614, 930 et s. ; — Garsonnet, *loc. cit.*

§ 6. — Ordonnance nommant un séquestre ou un administrateur judiciaire, en remplacement d'un autre empêché ou décédé.

717. — Lorsqu'il y a lieu de pourvoir au remplacement d'un séquestre ou administrateur provisoire, faut-il procéder comme pour sa nomination, ou bien le

président peut-il opérer le remplacement par ordonnance sur requête?

La Cour de Paris, dans un arrêt du 25 avril 1874
[D. 74, 2, 208], se fondant sur l'article 54 du décret du
30 mars 1808, a jugé que le président du tribunal pouvait opérer ce remplacement par une ordonnance de sa
juridiction gracieuse, non susceptible d'appel. Et la
Cour de cassation, dans un arrêt du 15 mai 1876
[D. 76, 1, 344; P. 76, 788], a décidé que le président,
en répondant à la requête, s'était borné à nommer un
autre séquestre, dans les mêmes conditions de la décision ayant pourvu à la première nomination; que, par
suite, son ordonnance n'intéressant pas les prétentions
opposées des parties et ne faisant que rendre possible
l'exécution d'une mesure provisoire et urgente, était
légalement intervenue dans la sphère de la juridiction
gracieuse attribuée au président par l'article 54 du décret du 30 mars 1808.

718. — En ce qui nous concerne, nous estimons qu'il
appartient seulement à la juridiction qui a nommé le
séquestre de pourvoir à son remplacement. Sans doute,
la mesure avait été ordonnée par l'autorité compétente;
le principe avait été posé, et il s'agissait uniquement
d'assurer l'exécution d'une première décision; mais le
choix de l'administrateur ou du séquestre présente une
grande importance; et il est nécessaire que les parties
soient appelées à le débattre. A notre avis, donc, le
séquestre ou l'administrateur judiciaire ne saurait être
remplacé que par l'autorité qui la nommé. — *Contra :*
Garsonnet, *loc. cit.* — Un arrêt de Riom du 6 décembre 1878 [D. 80, 2, 3], exige en l'espèce une ordonnance de référé.

§ 7. — Ordonnance désignant un interprète pour assister un étranger dans un acte notarié ou judiciaire.

719. — Un étranger ne connaissant pas la langue française peut être appelé, en France, à passer un acte soit devant notaire, soit au greffe d'une juridiction, ou à prendre part à un inventaire. Dans ces diverses hypothèses ou autres analogues, à raison de l'urgence, le président sera autorisé à désigner, par une ordonnance, un interprète chargé d'assister cet étranger. — Bertin, *loc. cit.*, t. I, n° 928 ; — Garsonnet, *loc. cit.*

§ 8. — Ordonnance désignant la partie ayant droit de se faire délivrer la grosse d'un jugement ou d'un acte notarié.

720. — Lorsque les parties ne peuvent s'entendre sur le point de savoir à qui appartiendra le droit de demander l'expédition du jugement, le président qui a rendu la décision, peut, par une ordonnance, désigner celle qui doit obtenir cette expédition (décret du 30 mars 1808). Le président est également autorisé à indiquer, par son ordonnance, quelle est la partie qui doit obtenir la grosse d'un acte notarié, en cas de contestation à cet égard. — Debelleyme, *loc. cit.*, t. I, pp. 103 et 120 ; — Bertin, t. I, n° 928 ; — Garsonnet, *loc. cit.*

§ 9. — **Ordonnance désignant le lieu où les enfants qui doivent être confiés au père ou à la mère seront reçus jusqu'à la signification du jugement statuant de ce chef.**

721. — Il a été décidé que les enfants issus du mariage seront confiés soit à la mère, soit au père ; mais avant que la mesure ordonnée reçoive son exécution, il faut que le jugement qui la prescrit soit expédié et signifié. Or, il peut y avoir urgence ; il peut être indispensable d'arriver sans retard. Dans ce cas, le président statuera provisoirement par ordonnance ; et le pouvoir qui lui est ici attribué n'est que la suite des attributions qu'il a reçues en matière de séparation de corps et de divorce, où il est autorisé à statuer provisoirement sur la garde des enfants — Conf. Garsonnet, *loc. cit.* ; — Paris, 1er mai 1874 [D. 75, 2, 73].

§ 10. — **Ordonnance autorisant un créancier dépourvu de titre à prendre l'inscription voulue pour la séparation des patrimoines.**

722. — Aux termes de l'article 878, C. civ., les créanciers de la succession peuvent demander la séparation du patrimoine du défunt d'avec le patrimoine de l'héritier. Et, d'après l'article 2111 du même Code, cette séparation ne procure privilège sur les immeubles de la succession que si elle est inscrite dans les six mois à compter de l'ouverture de celle-ci.

Or, pour prendre l'inscription voulue, il suffit, ici, que le créancier ait un titre sous seing privé ; et même, à notre avis, aucun titre n'est nécessaire, puisque l'inscription est requise en vertu de la loi, comme l'est l'inscription de l'hypothèque légale de la femme. Toutefois, comme certains auteurs veulent qu'à défaut de titre, le créancier obtienne l'autorisation de justice; — Voir Aubry et Rau, *loc. cit.*, t. VI, p. 483; — Demolombe, *loc. cit.*, t. XVII, p. 106; — on décide par analogie avec l'article 558, C. pr. civ., relatif à la saisie-arrêt, que c'est le président qui, par son ordonnance, doit accorder cette autorisation.

§ 11. — **Nature spéciale des ordonnances prévues dans le présent chapitre. — Formules des requêtes et ordonnances.**

723. — Les ordonnances étudiées dans les divers paragraphes du chapitre VI, émanent toutes du pouvoir discrétionnaire du président, puisqu'il agit en dehors d'un texte formel. Il intervient, soit parce que le cas à lui soumis en dehors de la loi présente une certaine analogie avec un autre prévu par elle, soit en dehors de toute analogie, mais toujours en présence de l'urgence extrême qui, seule, légitime son intervention. Il est donc toujours absolument libre d'accorder ou de refuser son ordonnance, car il est naturellement, en l'absence de texte, souverain appréciateur de l'utilité et de la nécessité de la mesure demandée. Il peut, au surplus, s'il refuse, motiver sa décision toujours sur le défaut d'urgence. L'intéressé, dont il repousse la demande, n'a, dès lors, aucun recours à exercer contre sa décision; mais le défendeur, si cette demande est admise, peut attaquer l'ordonnance qui la consacre lorsqu'elle lui porte grief, à moins qu'elle ne se borne à prescrire une mesure de pure forme exigée par la loi.

724. — Dans les diverses hypothèses prévues aux paragraphes du chapitre VI, la requête sera présentée et signée par un avoué. Elle mentionnera les faits sur lesquels elle se base qui varieront suivant les cas; et l'urgence sera, pour toutes, le motif nécessairement invoqué, à défaut de texte.

L'ordonnance interviendra dans les mêmes conditions, s'il y a lieu, c'est-à-dire si le président estime que l'urgence existe; et, s'il y a lieu encore, le magistrat y insérera la réserve qu'il lui en sera référé. Etant basée sur l'urgence, elle sera toujours rendue exécutoire sur minute, sans assistance ni signature du greffier, sans dépôt au greffe ni expédition.

Nous donnons ci-après la formule de la requête et l'ordonnance concernant la séparation des patrimoines parce qu'elles se réfèrent à l'un des cas les plus importants où le président intervient en dehors d'un texte formel.

725. — FORMULE *de la requête présentée aux fins de l'inscription de la séparation des patrimoines.*

A Monsieur le président du tribunal de première instance de.....

Le sieur (*nom, prénoms, profession et domicile du créancier*), ayant M^e..... pour avoué, a l'honneur de vous exposer qu'il est créancier de la succession du sieur (*nom, prénoms, profession et domicile du défunt*) pour une somme de.. ..; qu'il a intérêt à obtenir la séparation du patrimoine délaissé par son débiteur d'avec celui de ses héritiers (*les indiquer s'ils sont connus*); que cette séparation, pour conférer sur les immeubles le privilège qui en résulte, doit, aux termes de l'article 2111 du Code civil, être inscrite dans les six mois de l'ouverture de la succession ; et, attendu que l'exposant n'a pas de titre constatant sa créance, il conclut à ce qu'il vous plaise, Monsieur le président, l'autoriser à prendre l'inscription dont s'agit et permettre, vu l'urgence, l'exécution de votre ordonnance sur minute.

Présenté à....., le.....

Signature de l'avoué.

ORDONNANCE.

Nous, président du tribunal de première instance de.....,

Vu la requête qui précède et les faits y énoncés, vu l'urgence, autorisons l'exposant à prendre, au bureau des hypothèques de....., contre les héritiers du sieur....., l'inscription prescrite par l'article 2111 du Code civil, sur les immeubles situés dans l'étendue dudit bureau et dépendant de la succession dudit....., pour le montant de sa créance se portant à.....

Disons que la présente sera exécutoire sur minute.

Donné au palais de justice (ou en notre hôtel) à....., le.....

Signature du président.

APPENDICE

Enregistrement et Timbre.

---

726. — Les ordonnances sur requête constituent des actes judiciaires devant être écrits sur papier timbré et soumis à l'enregistrement dans les vingt jours de leur date (art. 20 de la loi du 22 frimaire an VI). Toutefois, il y a quelques exceptions à cette règle ; ainsi, l'ordonnance portant règlement des qualités, dont nous avons parlé aux numéros 609 et s., est affranchie des formalités de l'enregistrement et du timbre ; — décision du ministre des finances du 15 novembre 1816. — De plus, aux termes de l'article 15 de la loi du 1er janvier 1895, relative à la saisie-arrêt des salaires et petits traitements des ouvriers ou employés, l'autorisation du juge de paix permettant la saisie en l'absence de titres est dispensée des droits d'enregistrement et de timbre. — Conf. nos 409 et s.

D'autre part, l'article 8 de la loi du 31 mars 1896, concernant la vente des objets abandonnés ou laissés en

gage par les voyageurs aux aubergistes ou hôteliers,
et l'article 7 de la loi du 31 décembre 1903, relative à
la vente des objets abandonnés chez les ouvriers et industriels dont il a été question ci-dessus au numéro 655,
dispensent des droits de timbre et d'enregistrement
tous les actes, spécialement les ordonnances du juge de
paix intervenant en exécution de ces lois. Pour remplacer ces droits, il est perçu sur le procès-verbal de
vente, lorsqu'il est présenté à la formalité, 7 % du
produit de la vente sans addition de décimes.

727. — L'enregistrement des ordonnances sur requête doit avoir lieu dans le bureau de l'arrondissement où siège le magistrat qui les a rendues (Loi du
22 frimaire an VII, art. 26). Toutefois, on accorde pour
elles la faculté réservée aux notaires, par l'article 13
de la loi du 16 juin 1824, de « *faire des actes en
vertu et par suite d'actes sous seing privé non enregis-
trés, et de les énoncer dans leurs actes, mais sous la
condition que chacun de ces actes sous seing privé
demeurera annexé à celui dans lequel il se trouvera
mentionné et qu'il sera soumis avec lui à la formalité
de l'enregistrement.* » Donc, le notaire qui aura annexé
une ordonnance à l'un de ses actes, aura le droit de la
soumettre à l'enregistrement au bureau des actes notariés et concurremment avec l'acte principal; — solution
de la régie du 30 novembre 1867 (*Répert. per.*, n° 2824).
Quand le délai de vingt jours est écoulé, le défaut
d'enregistrement n'entraîne pas de sanction, les parties devant, d'elles-mêmes, requérir cette formalité à
l'exclusion du greffier qui n'y prend aucune part et la
loi n'ayant prévu de pénalité que contre le greffier, le
cas échéant. — Loi du 22 frimaire an VII, article 29; —

solution régie, 2 mars 1881 (*Répert. per.*, n° 5695 ; — 17 janvier 1900, *Revue enregist.*, n° 2557).

728. — Avant la loi du 26 janvier 1892 réduisant les droits fixes dus sur certains jugements (art. 17) et supprimant en la matière la pluralité des droits (art. 11), le tarif était le suivant : 1 fr. 50 pour les ordonnances du juge de paix (art. 68, § 1, n°s 46 et 48 de la loi du 22 frimaire an VII et 4 de la loi du 28 juin 1872) ; — 4 fr. 50 pour les ordonnances des juges des tribunaux civils et de commerce (art. 44, n° 10, de la loi du 28 avril 1816 et 4 de la loi du 28 février 1872) ; — 7 fr. 50 pour les ordonnances des magistrats de cour d'appel (art. 45, n° 6 de la loi du 28 avril 1816 et 4 de la loi du 28 février 1878). L'instruction de la régie pour l'application de la loi de 1892, publiée le 31 mai 1892 [S. et P., lois annotées, 1892, p. 339], décida que la loi nouvelle ne s'appliquait pas aux ordonnances sur requête qui n'étaient pas des jugements, en sorte que ses articles 11 et 17, visant les jugements et arrêts, ne pouvaient concerner des dispositions qui n'avaient pas ce caractère et qui restaient, dès lors, soumises à la législation antérieure. Conf. en ce sens, Besson, *Frais de justice*, n° 263 1°. La régie a persisté dans cette manière de voir par des solutions du 20 janvier 1893 [S. et P., 1895, p. 319] et du 29 novembre 1894 [S. et P., *ibidem*].

Ces solutions décident que le tarif de 7 fr. 50, applicable aux ordonnances rendues en matière de divorce d'après les lois antérieures, n'a pas été modifié par l'article 17 de la loi du 26 janvier 1892. En conséquence, est soumise à ce droit de 7 fr. 50, l'ordonnance sur requête par laquelle le président, au cours d'une ins-

tance en divorce, prescrit que les parties comparaîtront personnellement et autorise la femme à résider
dans un domicile séparé.

Mais la régie estime que cette ordonnance ne donne
lieu qu'à un seul droit fixe, car les dispositions qu'elle
contient ne sont pas indépendantes. Si elles l'étaient,
elles auraient été passibles chacune d'un droit spécial,
puisque l'unité du droit réalisée par l'article 11 de la
loi de 1892 ne les concerne pas. On a fait observer,
avec raison, que cette solution, considérant comme dé-
pendantes deux décisions, l'une relative à la comparution personnelle et l'autre à la séparation d'habitation,
est singulière, puisque ces deux dispositions ne sont
nullement la conséquence l'une de l'autre et auraient
pu faire l'objet de deux décisions en sens diamétrale-
ment opposé. — Wahl, note dans S. et P., 1895, 2,
320. — La régie décide également que le droit de
7 fr. 50 est dû sur l'ordonnance rendue par le président du tribunal civil relativement aux publications
prescrites par l'article 250 du C. civ. en matière de
divorce.

Les mêmes solutions déclarent, toutefois, que le
droit de condamnation de 2 % est dû sur l'ordonnance
par laquelle le président condamne le mari à payer à
la femme demanderesse en divorce, à titre de pension
alimentaire, pour elle et ses enfants, durant l'instance,
une somme déterminée par mois, et à lui remettre des
objets mobiliers.

729. — Les solutions de la régie se refusant à appliquer aux ordonnances sur requête les dispositions de la
loi de 1892, ont été fortement critiquées par M. Wahl,
qui assimile absolument, au point de vue fiscal, les

ordonnances sur requête et les jugements. Pour qu'il
en fût différemment, dit-il, il faudrait un texte formel,
— note dans S. et P., 1895, 2, pp. 319 et s.; 1898,
pp. 319 et s. — Il semble pourtant bien difficile de
voir un jugement véritable dans une décision qui n'a
rien de contradictoire en règle générale et où la comparution des deux parties est l'exception. Nous ne pensons pas que les termes généraux de *jugements* et
arrêts dont se sert la loi nouvelle, soient applicables
au cas qui nous occupe et qui paraît avoir été en
dehors de ses préoccupations. Mais, si la régie a raison
de considérer la loi nouvelle comme inapplicable aux
ordonnances sur requête en règle générale, elle a tort
de leur appliquer le droit proportionnel de 2 % prévu
par l'article 16, § 6 de la loi de 1892. Les deux solutions sont contradictoires. Il est arbitraire de scinder
le caractère de l'ordonnance et de prétendre, suivant
l'intérêt de la régie, qu'elle est à la fois et ordonnance
et jugement. Il faut décider absolument ou que les ordonnances sur requête sont de véritables jugements et
que, dès lors, d'après la loi nouvelle, elles donnent ouverture au droit proportionnel si elles contiennent condamnation, liquidation ou collocation de sommes ou
valeurs; ou qu'elles ne sont pas, comme nous l'avons
indiqué, de véritables jugements, auquel cas il n'y a
pas lieu de percevoir sur elles un droit proportionnel
quelconque. Et c'est très exactement, croyons-nous, que
le tribunal de la Seine, dans un jugement du 6 novembre 1897, a déclaré que l'ordonnance ne constituant
pas un jugement, n'était pas soumise à l'application
des articles 69, § 2 de la loi de frimaire an VII, et 16
de la loi du 26 janvier 1892 [D. 98, 2, 476; P. et S.,

1898, 2, 320; *Revue enregist.*, n° 1612; *J. enregistrement*, n° 25329; *Répertoire périodique* de Garnier, n° 9271].

730. — A la suite d'un jugement du tribunal de Bagnères, qui a décidé que les ordonnances de référé ne pouvaient être assimilées à des jugements [21 février 1896; S. et P. 98, 2, 318; *Revue enregistrement*, n° 1424; *J. enregistrement*, n° 25098], la régie a, par une solution du 3 décembre 1896 (S. et P. *ibidem*), reconnu elle-même que ces ordonnances, vu leur caractère provisoire, ne constituaient pas les mesures définitives que la loi de l'an VII a entendu frapper seules du droit proportionnel. Nous reviendront sur ce jugement et sur cette solution à propos de la matière des référés, au tome II de cet ouvrage — *Appendice, Enregistrement et Timbre*. Mais, par contre, la régie décidait que les ordonnances sur requête pouvaient donner ouverture à un droit proportionnel, soit de condamnation si elles conféraient à l'une des parties contre l'autre un titre exécutoire produisant les effets d'une véritable condamnation, soit de titre, si elles consacraient l'existence et la validité d'une convention verbale dans des termes assez positifs pour constituer le titre au sens fiscal du mot. Cette solution était inexacte, car la loi de frimaire an VII, dans son article 69, § 2, n° 6, met sur la même ligne que les ordonnances de référé celles rendues sur requête. Et, d'autre part, le même article 69, § 2, n° 9, n'assujettit au droit de condamnation que les jugements proprement dits, ce qui implique qu'il en écarte les ordonnances sur requête aussi bien que celles de référé qui ne sont, ni les unes ni les autres, des jugements. La loi de 1892, comme celle de

l'an VII, ne parle également pour le droit proportionnel que des seuls jugements (art. 16, § 6). C'est la
manière de voir qui a été admise, on l'a vu par le
jugement précité de la Seine du 6 novembre 1897. Et la
régie elle-même la justifie pleinement, par analogie
dans sa solution précitée du 3 décembre 1896, où il est
dit : que c'est dans les termes les plus généraux, sans
exception ni distinction d'aucune sorte, que l'article 68, § 2, n° 6 de la loi du 22 frimaire an VII a
soumis au droit fixe les ordonnances de référé; que,
d'autre part, l'article 69, § 2, n° 9, de la même loi n'a
assujetti au droit de condamnation que les jugements
proprement dits, à l'exclusion des ordonnances de
référé que cette disposition ne mentionne pas. Tout ce
raisonnement est applicable aux ordonnances sur
requête comme à celles de référé. La dernière
évolution logique consistait donc à adhérer au jugement de la Seine du 6 nov. 1897 précité, en décidant que le droit proportionnel de condamnation
ne devait pas être perçu à propos des ordonnances
sur requête. C'est cette dernière solution que la régie
a fini par accepter par plusieurs décisions successives.
Citons une solution du 28 janvier 1898 (D. 98, 2,
477; *Revue de l'enregist.*, n° 1747), aux termes de
laquelle « les dispositions du tarif ne devant pas, en
principe, être étendues, par voie d'analogie, à des
cas qu'elles n'ont pas prévus, on a reconnu que
c'était aller à l'encontre de ce principe de perception
et exagérer la portée de l'article 69, § 2, n°s 9 de la loi
du 22 frimaire, que de l'appliquer aux ordonnances,
lesquelles n'y sont pas mentionnées. » Dans l'espèce
qui a donné lieu à la solution précitée, il s'agissait

d'un droit de condamnation à 2 p. 100 perçu en exécution des lois du 22 frimaire, article 69, § 2, n° 9 et du 26 janvier 1892, article 15, § 1er et 16, § 6, à propos d'un exécutoire délivré par le greffier à un notaire à suite de la taxe de ses frais, en vertu de l'article 3 de la loi du 5 août 1881. Par une solution antérieure du 29 mai 1695 (*Revue enregistrement*, n° 1269), la régie avait, en ce cas, réclamé le droit de condamnation. Elle abandonne donc sa jurisprudence antérieure par la solution du 28 janvier 1898. Et elle a persisté dans cet abandon par deux nouvelles solutions des 11 juin 1898 et 15 novembre 1899, relatives toutes deux à des ordonnances de taxe. La solution du 15 novembre 1899 expose qu'aux termes de l'article 3 de la loi du 24 décembre 1897 dont il a été ci-dessus question aux n°s 266 et s., les notaires, avoués et huissiers ne pourront poursuivre le paiement des frais s'appliquant aux actes de leur ministère qu'en vertu d'une ordonnance de taxe du président du tribunal civil pour les notaires et du président ou du premier président pour les avoués et huissiers, suivant que les frais ont été exposés devant le tribunal ou devant la Cour. Si l'état taxé n'a pas été revêtu de la formule exécutoire, il n'est dû qu'un droit fixe de 1 fr. 50 pour son enregistrement. Mais la régie est fondée à percevoir le supplément du droit si elle vient à reconnaître ultérieurement que l'état taxé a été revêtu de la formule exécutoire. Dans ce cas, en effet, on est en présence d'un acte unique, qui, par suite, ne comporte qu'un droit unique; on impute donc sur le droit plus fort le droit plus faible antérieurement perçu.

D'après la même solution, dans l'hypothèse où l'état

de frais taxé et l'ordonnance suivie de la formule exécutoire sont contenus dans deux écrits distincts, les deux droits, sont de 1 fr. 50 sur l'état taxé et de 4 fr. 50 ou 7 fr. 50 sur l'ordonnance exécutoire, sont dus tous les deux. Ici, la perception du double droit est légitimée par la pluralité des actes. Il n'y a donc pas lieu, comme dans le premier cas, à la perception du simple supplément, mais à celle du droit complet de 4 fr. 50 ou 7 fr. 50, indépendamment du droit de 1 fr. 50 antérieurement perçu. — Voir les deux solutions précitées de 1898 et 1899 dans la *Revue de l'enregistrement*, nos 1860 et 2235 (D. 1900, 5, 307). Conf. le *Supplément au Traité alphabétique des droits et d'enregistrement de timbre et d'hypothèque* de Maguero, 2e édit., 1906, V° Ordonnance.

731. — La pratique aujourd'hui suivie par la régie relativement au tarif des ordonnances sur requête, peut se résumer dans les deux propositions suivantes :

1° On ne perçoit plus qu'un droit fixe par chaque ordonnance (art. 11 de la loi du 26 janvier 1892). — 2° L'ordonnance sur requête ne donne en aucun cas ouverture au droit proportionnel. On s'en tient donc au droit fixe de 1 fr. 50 pour les ordonnances des juges de paix ; de 4 fr. 50 pour les ordonnances des présidents des tribunaux civils ou de commerce ; et de 7 fr. 50 pour les ordonnances des magistrats de Cour d'appel.

732. — Les ordonnances sur requête sont soumises, en principe, à la formalité de l'enregistrement avant tout usage. Toutefois, le président du tribunal peut en autoriser l'exécution, en cas d'urgence, avant l'accomplissement de la formalité.

INDEX ALPHABÉTIQUE

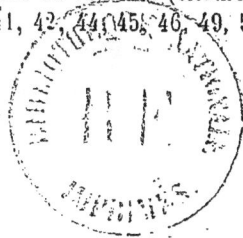

TABLE GÉNÉRALE DES MATIÈRES

—————

LIVRE II

Toulouse. — Imprimerie LAGARDE et SEDILLE, rue Romiguières, 2.

www.ingramcontent.com/pod-product-compliance
Lightning Source LLC
Chambersburg PA
CBHW060523220326
41599CB00022B/3412